Um die Ecke in die Welt

Wolfgang Kohlhaase

UM DIE ECKE IN DIE WELT

Über Filme und Freunde

Mit einer Laudatio
von Andreas Dresen

Ausgewählt
und herausgegeben
von Günter Agde

neues leben

aktualisierte Neuausgabe

Inhaltsverzeichnis

11 *Andreas Dresen*
Laudatio für Wolfgang Kohlhaase

ÜBER EIGENE UND ANDERE FILME

13 **Hilfe Filme! Ein Volontär geht ins Kino**

20 **BERLIN – ECKE SCHÖNHAUSER**
Eine Erinnerung

23 **DER FALL GLEIWITZ**
Eine Erinnerung

25 **DIE BESTEN JAHRE**

29 **Sowjetische Filme**

31 **ICH WAR NEUNZEHN**
Der deutsch-sowjetische Leutnant
Ein Brief

34 **DER NACKTE MANN AUF DEM SPORTPLATZ**
Filmmotiv

42 **MAMA, ICH LEBE**
Weder Nippfigur noch Kieselstein
Interview zu den Dreharbeiten

46 **SOLO SUNNY**
Ein glückliches Ende ist doch unser aller Hoffnung
Werkstattgespräch vor der Uraufführung

58 **DER AUFENTHALT**
Zwei Briefe
Auszug aus einer Diskussion mit Schülern

74 **DIE STILLE NACH DEM SCHUSS**
Zwei Interviews

85 **SOMMER VORM BALKON**
Zwei Interviews

98 **MENSCHEN AM SONNTAG**
Bei Ansicht eines alten Films

100 **ALS WIR TRÄUMTEN**
Interview mit Wolfgang Kohlhaase und Clemens Meyer

106 **IN ZEITEN DES ABNEHMENDEN LICHTS**
Gespräch mit Wolfgang Kohlhaase und Matti Geschonneck

ÜBER FILM UND LEBEN, KUNST UND GESCHICHTE

113 **Aus dem verbotenen Heft**
Antwort auf eine Umfrage

115 **Das Einzige, was uns hilft: Realismus!**
Diskussionsbeitrag auf dem II. Kongress
des Verbandes der Film- und Fernsehschaffenden

120 **Vergnügen stiller Art**
Wie ich lesen lernte

126 **Ortszeit ist immer auch Weltzeit**
*Diskussionsbeitrag auf dem VII. Kongress
des Schriftstellerverbandes*

132 **Filme, die von uns selbst handeln**
*Diskussionsbeitrag auf dem III. Kongress
des Verbandes der Film- und Fernsehschaffenden*

136 **Das Bedürfnis nach Emanzipation richtet sich an alle Kunst**
*Diskussionsbeitrag auf dem VIII. Kongress
des Schriftstellerverbandes*

139 **Dass man das Publikum nicht aus dem Auge verliert
und das Handwerk nicht missachtet ...**
Werkstattgespräch für Sinn und Form

149 **In den eigenen Fragen die gemeinsamen suchen**
*Diskussionsbeitrag auf dem IV. Kongress
des Verbandes der Film- und Fernsehschaffenden*

152 **Poesie meint immer die größere menschliche Möglichkeit**
*Zwei Beiträge zum Thema Technologie
und Humanismus heute*

156 **Dank für den Helmut-Käutner-Preis der Stadt Düsseldorf**

157 **Ich will nicht ohne Spur leben**
Interview mit Rosemarie Rehahn für die Wochenpost

160 **Zur Person**
Interview mit Günter Gaus

173 **Blicke auf die deutsche Geschichte
SOLO SUNNY und die Schwierigkeit, heute Filme zu machen**
Interview mit Arno Widmann

183 **Die sinnliche Erfindung des filmischen Augenblicks**
Gespräch in »Schreiben für den Film«

212 **Ermutigung ist angenehm in jedem Alter**
Dank für den Preis der DEFA-Stiftung

213 **Schreiben in zwei Systemen**
Werkstattgespräch für den »Drehbuch-Almanach scenario«

229 **»Auf Wiedersehen« war mehr als eine Redensart**
Gespräch über Berlinale-Besuche

236 **Dank für die Verleihung des Goldenen Ehren-Bären**

237 **Poesie und Gebrauchsanweisung**
Dank für den Ehrenpreis des Deutschen Filmpreises

238 **Nachrichten aus der Welt – Das Kino in der DDR**

ÜBER KOLLEGEN UND FREUNDE

243 **Edith Hancke**
245 **Slatan Dudow**
254 **Gerhard Klein**
256 **Walter Gorrish**
261 **Bruno Apitz**
263 **Wieland Herzfelde**
265 **Günther Rücker**
267 **Für Koni**
268 **Rosemarie Rehahn**
272 **Ludwig Turek**
274 **Konrad Wolf**
283 **Wieland Herzfelde**
284 **Werner Bergmann**

287 **Walter Beltz**
288 **Karl Kohlhaase**
290 **Konrad Wolf**
294 **Alfred Hirschmeier**
297 **Renate Krößner**
298 **Ulrich Schamoni**
301 **Bernhard Wicki**
302 **Ludwig Engelhardt**
304 **Günter Reisch**
307 **Klaus Wischnewski**
310 **Peter Hacks**
312 **Eberhard Esche**
314 **Frank Beyer**
318 **Hermann Kant**
324 **Willy Moese**
325 **Ulrich Plenzdorf**
328 **Werner Stötzer**
328 **Jutta Hoffmann**
329 **Kurt Maetzig**
332 **Horst Pehnert**
334 **Andreas Dresen**
336 **Doris Borkmann**

339 **Ortszeit ist immer auch Weltzeit**
Nachwort des Herausgebers

347 *Filmografie*
361 *Danksagung*
363 *Personenregister*

Andreas Dresen
Laudatio für Wolfgang Kohlhaase

»In den folgenden drei Tagen werde ich Ihnen erklären, wie man ein Drehbuch schreibt. Am vierten Tag bin ich weg, denn dann würden Sie merken, dass ich es selbst nicht weiß.« So spricht Wolfgang Kohlhaase gerne, wenn er beispielsweise Studenten etwas über seine Arbeit erzählen soll.

Das ist keine Koketterie, sondern die Klugheit eines Mannes, der weiß, auf welch rätselhaftem, unerklärlichem Gelände man sich von Zeit zu Zeit bewegt, wenn man Filme erfindet ...

Ich bin mit Wolfgangs Geschichten aufgewachsen. Manche zielten auf die Jahre, in denen er noch ein Kind war, den Krieg, die Nazizeit, andere mitten in die Gegenwart: Ich war 19, Der nackte Mann auf dem Sportplatz, Solo Sunny, Der Aufenthalt. Filme, die Wolfgang geschrieben hat. Sie haben meine Sicht auf die Welt und das Kino nachdrücklich geprägt.

Die Kunst von Wolfgang ist Poesie in Kurzform. Pathos oder Sentimentalität sind ihm fremd. Er beschreibt komplizierte Dinge mit einfachen Worten. Seine Texte sind klar und direkt. In ihrem Lakonismus treffen sie trotzdem mitten ins Herz. Das hat damit zu tun, dass er die Menschen und seine Figuren mit Liebe betrachtet.

Kleine Leute und ihre großen Träume. Bei Wolfgang ist das lustig, aber nie lächerlich. Er wirkt mit seinen vielen Jahren manchmal wie ein großer Junge, der sich gerade einen neuen Streich ausgedacht hat. Im Gespräch reibt er sich bisweilen die Hände an der Brust, so wie andere sich an der Stirn kratzen. Es ist eine unbewusste Geste, als wolle er sich im Gedankenflug seiner Körperlichkeit versichern, sich konzentrieren, ohne grüblerisch zu sein. So bleibt er im Nachdenken offen.

Die gemeinsame Arbeit ist wunderbar unkompliziert. Es geht darum, eine Sache so gut wie möglich zu machen, da ist Wolfgang pragmatisch und vollkommen uneitel. »Dramaturgie ist ein System von Regeln gegen die permanente Bereitschaft eines Publikums, sich zu langweilen.«, sagt er. Sätze wie dieser führen einen in Versuchung, ständig mitzuschreiben.

Wolfgang hat ein unglaubliches Gedächtnis für besondere Dialoge, besondere Begebenheiten. Manchmal scheinen sie Jahrzehnte bewahrt, bis er die passende Szene für sie gefunden hat ...

Jede Art von Künstlerattitüde ist ihm fremd, intellektuelle Phrasendrescherei sowieso. Seine Kunst hat immer etwas mit Partnerschaft, Freundschaft zu tun. Wolfgang trifft sich nicht nur mit Menschen, um mit ihnen zu arbeiten. Er möchte mit ihnen das Leben teilen. Er ist treu. Gerhard Klein, Konrad Wolf, Frank Beyer hießen einige seiner wichtigsten Weggefährten.

Große historische Brüche haben sein Leben geprägt. Das Ende der Nazizeit, der Bau und Fall der Mauer. Alles auch in seiner Stadt, hier in Berlin. Dass er sich immer für Menschen interessiert hat und nicht für Ideologien, machte die Übergänge in Bezug auf die künstlerische Arbeit leichter ...

In unserem Film WHISKY MIT WODKA wird der Regisseur von einem Bühnenarbeiter gefragt, was denn nun eigentlich die Botschaft seines Drehbuchs wäre. Wolfgang lässt ihn antworten: »Die Botschaft, wie Sie es meinen, gibt es vielleicht nicht. Man macht einen Film ja nicht, weil man Bescheid weiß, sondern um etwas zu entdecken. Film ist Vermutung, verstehen Sie? Es geht um immer neue Bilder für die Dinge, die sich immer wiederholen. Wie soll ich es ausdrücken? Die großen Phänomene. Die Liebe, der Tod und das Wetter.«

Wolfgang Kohlhaase sagt: »Ein Drehbuch schreiben ist das Notieren einer Geschichte zum Zwecke ihrer Verfilmung.« So einfach ist das. Und doch so schwer.

2014

ÜBER EIGENE
UND ANDERE FILME

Hilfe Filme! Ein Volontär geht ins Kino

Wirklich gute Filme sollen noch unsere Vorfahren gesehen haben. Abgesehen von den Klavieren, die damals im Hintergrund der Kinos standen und während der Vorführung bedient wurden, der Inhalt, der machte es damals. Da gab es immer ein armes Mädchen und immer einen reichen Grafen, sie liebten sich immer, und sie heirateten sich immer, und alles war so wundervoll unbekümmert kitschig.

Heute hat sich der Film entwickelt. Der Kitsch ist veredelt und will alles andere sein: Kunst, gute Unterhaltung, leichte Unterhaltung, beschwingte Unterhaltung, nur nicht Kitsch. In den alten Filmen liebte man sich oder nicht, man lebte oder starb, und wenn jemand tot war, blieb er tatsächlich liegen. Heute darf man in dieser Hinsicht vor dem letzten Bild nie sicher sein.

Das ist symbolisch für die Situation der Hersteller und ihrer Kreise. Sie wissen selbst nicht genau, ob sie leben oder tot sind. Früher war auch eine Fliege eine Fliege; seit die Fliegen ein Theaterstück sind, ist das nicht mehr so sicher. So teilt man sich in schlechte Philosophen und in gute Geschäftsleute oder verbindet beides. Dementsprechend sehen viele Filme aus, jedenfalls die am Kurfürstendamm:

MIRANDA (England)
Hier hat ein Mädchen einen Fischschwanz, das ist ein neuer, ziemlich blöder Einfall. Drei Männer lieben dieses Mädchen vergebens, wobei die geliebten kleinen männlichen Schwächen offen zutage treten; das ist ein alter, ziemlich abgedroschener Einfall. Aus der Verbindung dieser Einfälle besteht der Film (Produzent: J. Arthur Rank).

DER DOPPELADLER (Frankreich)
Hier ist der Kitsch, der mehr sein will, unter der Regie Jean Cocteaus. Eine aus der Nähe schaurige und aus der Distanz lächerliche Geschichte. Ein Anarchist will die Königin-Witwe ermorden, doch sieht er ihrem verstorbenen Gatten ähnlich, worauf sie sich zu lieben beginnen. Nach mancherlei Verwicklungen aber erdolcht er sie doch, nicht ohne vorher Gift geschluckt zu haben. Sie fallen anschließend beide sterbend eine Treppe hinunter. Diese Treppe nach unten ist symbolisch.

HERZKLOPFEN (Frankreich)
Dabei fängt es ganz gut an. Es gibt eine Schule für Taschendiebe, wer arbeitslos ist, wer keine Papiere hat, besucht sie. Ja, es bleibt ihm auch kaum etwas anderes übrig, als Taschendieb zu werden. Bis dahin ist der Film nicht unglaubwürdig. Aber dies Stück groteske Wahrhaftigkeit ist nur ein Ausflug, vielleicht sogar ein unfreiwilliger. Zum Schluss bekommt die arme Taschendiebin den Diplomaten, dem sie die Taschenuhr stahl: Danielle Darrieux verkürzt die Längen etwas.

DER ENGEL MIT DER POSAUNE (Österreich)
Der Engel mit der Posaune ist ein Firmenschild, nicht etwa die auf den Plakaten groß angekündigte Paula Wessely. Sonst allerdings macht diese alles. Sie hat zuerst einen Liebhaber, dann einen Ehemann, dann zwei Söhne, mehrere Enkel und meistens den Kopf oben. Im Laufe des Films wird sie fast achtzig Jahre alt. Dem Zuschauer wird die Zeit nicht ganz so lang.

DIE LETZTE ETAPPE (Polen)
Die Aufführung des polnischen Films DIE LETZTE ETAPPE in Deutschland verlangt mehr als fachliche Stellungnahme. Es ist der Film über das Frauenlager des Konzentrationslagers Auschwitz, Frauen aus allen Ländern des unterdrückten Europas zeigend, in einem Maße erniedrigt wie vielleicht niemals zuvor. Menschen, kämpfend leidend, verzweifelt, sterbend oder auf den Sieg der Freiheit hoffend. Die Nummern, die in ihre Haut gebrannt waren, wurden in deutschen Listen geführt, die Ermordeten aus deutschen Listen gestrichen, die ihnen abgeschnittenen Haare von deutschen Stellen gesammelt, das Lager von Deutschen ausgedacht, errichtet und bewacht. Das alles sagt der Film. Er beweist einen Teil des ungeheuren Verbrechens, das im Namen Deutschlands begangen wurde. Wir Deutschen müssen es wieder gutmachen. Mit den Menschen aller Welt teilen wir die Erschütterung, die dieser Film weckt. Aber sie bekommt nur wirklichen Sinn, wenn durch sie unsere Kraft gestärkt und unsere Bereitschaft gefestigt wird, unser Bestes daranzusetzen, eine Wiederholung der barbarischen Taten der Vergangenheit unmöglich zu machen.

Fachlich ist genug Lobendes zu diesem Film zu sagen. Seine dokumentarische Darstellung des Konzentrationslagers ist ungewöhnlich stark. Aber daneben tritt die künstlerische Dichte der Spielhandlung nicht für einen Augenblick zurück, sie erscheint, wenn man so sagen darf, gar nicht als Spielhandlung, sie verschmilzt so mit der furchtbaren Kulisse, dass nur ein Bild bleibt in jedem Ausdruck jeden Gesichts: Auschwitz. Es ist schwer, aus dieser geschlossenen Leistung internationaler Schauspieler einzelne Namen hervorzuheben. Barbara Drapińska war die polnische Hauptdarstellerin. Gurezkaja und Winogradowa ihre sowjetischen Kolleginnen. Wanda Jakubowska, die Regisseurin, war bis zur Befreiung selbst in Auschwitz.

Dies ist, wie gesagt, kein Film nur zum Ansehen. Seine große Handlung, der Kampf um die Menschlichkeit, ist nicht abgeschlossen, und wir besonders müssen dazu beitragen, das positive Ende zu erringen.

ROTATION (Sowjetische Besatzungszone)

Ein deutscher Arbeiter, von den Nazis verfolgt, weil er Kommunist ist, von manchem alten Freund nicht verstanden, in einer der ersten brennenden Nächte des Krieges in Berlin, sagt: Man muss die Menschen lehren, sich zu lieben.

Der Satz könnte als Motto über dem Film stehen, der thematisch das Gegenteil aufzeigt. Was geschah, weil wir uns nicht liebten, weil wir uns nicht verstanden, weil wir nicht zusammenhielten, weil nicht die Vernunft uns beseelte, die uns unsere gemeinsamen Interessen erkennen ließ? Der Arbeiter Hans Behnke lebt das Leben von Millionen. Im Elend der Krise um 1930 drohen ihm Frau und Kind fast zu verhungern, er ist verbittert gegen die da oben. Gegen wen eigentlich da oben? Sein ehrliches Gefühl wird nicht zur klaren Erkenntnis. So ist er näher daran, an den Wänden hochzugehen, als die Tür ins Freie zu finden.

Ein paar Jahre später ist diese Tür von innen nicht mehr zu öffnen. Behnke ist bestimmt kein Faschist, aber auch kein Antifaschist. Behnke ist Maschinenmeister. Man drängt ihn in die Partei. Er lässt sich drängen. Man holt die Juden aus dem Haus. Er lässt es zu. Erst in der Nacht, als die Nachbarhäuser brennen und seine eigenen Fenster zerbrechen, als ihn sein Schwager, der Illegale, oben erwähnt, besucht und seine Hilfe beim Drucken von Antikriegs-Flugblättern fordert, kehrt Behnke um. Er verliert die Freiheit (sein in der HJ erzogener Sohn denunziert ihn), er verliert seine Frau (sie stirbt in den letzten Tagen des Kampfes um Berlin); und er gewinnt die Erkenntnis, die man nicht mehr verlieren kann, wenn man sie einmal besitzt: Das alles geschah, weil wir nicht zusammengingen. Das alles würde wieder geschehen, wenn wir nicht zusammengingen.

Der Regisseur Wolfgang Staudte beherrscht die Form der in sich geschlossenen kleinen Szene, er reiht so Motiv an Motiv, nicht alle sind gleich gelungen, nicht jedes stimmt genau auf das folgende, aber doch entsteht schließlich ein Streifen von ausgezeichneter Wirksamkeit.

Manche Szenen werden lange unvergessen bleiben. So einmal, als die lapidare Benachrichtigung vom Tod des Schwagers im KZ ins Haus kommt; die Frau liegt vom Weinen geschüttelt auf dem Bett, während der Teekessel, von niemandem beachtet, laut und schrill pfeift, und der Mann nimmt langsam einen Aschenbecher vom Tisch und wirft ihn in das »Führer«-Bild. Oder der Augenblick, in dem die letzten Überlebenden des Moabiter Gefängnisses erschossen werden sollen, und sowjetische Soldaten eindringen. Die Gefangenen stehen in einer Ecke des Hofes zusammengedrängt, während das Gefängnis den Besitzer wechselt, ganz langsam gleitet die Kamera an ihren Körpern entlang, und in ihren Augen und Gesichtern erwacht die Erlösung.

Paul Esser spielt den Arbeiter Behnke, einfache Gedanken einfach aussprechend und in die Tat umsetzend, ohne zu vereinfachen, ohne das Gefühl zu erwecken, er stiege »hinunter«, wie das bisher im bürgerlichen »Kino« üblich war. Ein für den deutschen Film bisher ungewöhnlicher Darsteller, Reinhold Bernt, macht den Antifaschisten Kurt Blank zur geschlossensten Gestalt des Films. Es gab viele neue Gesichter: Irene Korb, Brigitte Krause, Karl-Heinz Deickert, wohltuende neue Gesichter, die man gern wiedersehen wird. Bruno Mondi führte die Kamera sehr sauber und eindringlich. Er machte das Experiment, sich auf keine Experimente einzulassen.

ROTATION gibt den Menschen eine gute Gewissheit: dass es immer und gerade heute am Menschen selbst liegt, was aus ihm wird.

DER HELLE WEG *(Sowjetunion)*

Verdienstvoll ist es zweifellos, die Welt der Operette (oder Filmoperette) mit der wirklichen Welt in Einklang zu bringen; sie wegzuführen aus den Bereichen adliger Familienkonflikte und hin zu den Problemen des Publikums. Diese locker zu behandeln, wäre ihre Aufgabe.

Der sowjetische Film DER HELLE WEG ist ein Versuch in dieser Richtung. Interessant und gut ist der Vorwurf. Es ist die alte Geschichte vom Aschenbrödel. Im Märchen holt sie ein Prinz in sein Schloss, das Glück kommt von außen zu ihr, ohne ihr Zutun, wie in moderneren Märchen der Geldbriefträger. In diesem Film aber ist das Schloss eine Fabrik. Und Tanja, das kleine, unscheinbare Mädchen vom Dorf, erarbeitet sich das große Glück des freien, schöpferischen Menschen. Sie kommt dahinter, dass man mehr Maschinen bedienen kann, als bisher üblich, sie wird ausgezeichnet, ihr Name steht in den Zeitungen, schließlich ist sie Ingenieurin.

Aber leider bringt ein gutes Thema die gute Form nicht zwangsläufig mit sich. DER HELLE WEG hat viele Fehler, fundamentale und weniger schwerwiegende. Ihm fehlt die durchgehende große Linie, die Schnur, auf die man die Perlen reihen könnte. Aber auch die einzelnen Szenen sind keine Perlen. Es gibt Bilder wie auf einer bedruckten Bonbonschachtel, und andere, die sich um eine belehrende Aussage bemühen, sie folgen übergangslos aufeinander. Unmotivierte Groteske wechselt mit Szenen, die ernst genommen werden wollen. Auch die Personen sind wenig organisch entwickelt, bei mancher Gelegenheit plastisch und anschaulich, dann wieder pathetisch und unpersönlich. Regie führte G. Alexandrow, in der Hauptrolle Ljuba Orlowa.

ES WEHT EIN FRISCHER WIND (Sowjetunion)

Der Tanker »Derbent« wird im Wettbewerb von seinem Schwesternschiff überholt, weil auf der Werft seine Maschinen schlecht überholt wurden. Nach diesem Ergebnis aber beginnt ein frischer Wind zu wehen, weniger auf dem Kaspischem Meer, als auf dem »Derbent«, der es befährt – zu langsam befährt. Der Ingenieur Bassow hatte auf der Werft an den »Derbent«-Motoren gearbeitet. Aber kein Mensch wollte auf ihn hören, als er sagte, dass er schlecht gearbeitet habe. Er wurde als Nörgler versetzt, eben auf diesen »Derbent«, wo er nun als Obermechaniker Dienst tut. Auch seine Frau, Telegraphistin einer Küstenstation, verstand ihn nicht. Hier setzt die Handlung eigentlich ein. Bassow, die Landratte, hat fünf Maschinisten unter sich, Seeleute. Natürlich gibt es anfangs Spannungen, doch dann wird gezeigt, dass eine tüchtige Landratte und fünf tüchtige

Seeleute zusammen sechs tüchtige Sowjetbürger sind. Sie überholen die Maschinen auf See, sie entdecken den Fehler, der die Tourenzahl drückte. Schließlich, als der Schwestertanker defekt auf See liegt und in Brand gerät, reißen sie das Steuer herum, das der herzverfettete Kapitän und der Steuermann, ein »Romantiker des Meeres«, auf den die dummen Mädchen hereinfallen und dem die gewitzten Ohrfeigen geben, in Fluchtrichtung gestellt hatten. Sie rudern zu Hilfe, der Brand wird gelöscht, das Schiff wird gerettet.

Das ist kurz und grob der Inhalt des Films, an dessen gutem Ende der Tanker »Derbent« und seine Besatzung im Hafen gefeiert werden, und Bassow auch seine Frau wiederfindet. Es ist der Sieg der Tatkraft über die Gleichgültigkeit, der Triumph der selbstkritischen Arbeit über die behagliche Selbstzufriedenheit.

Der Film hat das Milieu vollkommen eingefangen oder das Milieu ihn. Die fünf Maschinisten vertuschen mit seltenem Erfolg, dass sie im Nebenberuf Schauspieler sind. Wo sie sitzen, weht die Luft einer kleinen, abgelegenen Hafenstadt, wo sie arbeiten, arbeiten wirkliche Schiffsmotoren. Sie vereinen breiten, urwüchsigen Volkshumor mit der gerissenen Pfiffigkeit alter Seefahrer. Die Fotografie von Sergej Iwanow ist ausgezeichnet, ganz der Verdichtung der Atmosphäre zugetan, obgleich sie und der Regisseur Alexander Fainzimmer sich beim Brand des Tankers auf hoher See einige Möglichkeiten entgehen ließen. Einige Namen aus der unvollkommenen Liste der Schauspieler: A. Krasnopolski, W. Merkurjew, W. Kuznezow und A. Gorjunow.

CASANOVA (Frankreich)

Obgleich vom Titel nicht viel zu erwarten ist, hätte man von den Franzosen doch etwas mehr Temperament erwartet. Aber die Liebe wird in jedem besseren schlechten Film interessanter demonstriert als hier. Casanova säbelt im Duell einige Gegner nieder, in zunehmendem Maße bekommt auch der Zuschauer Stiche im Herz. Der alte Casanova, obgleich wir ihn nicht kennen, war sicher doch kein Operettenheld wie dieser hier. Die Fotografie, sonst oft Lichtblick auch schlechter französischer Filme, bietet ebenfalls wenig. In der undankbaren Hauptrolle: Georges Guétary.

1949

Die Ostberliner Jugendzeitschrift *Start* erschien als »illustriertes Blatt der jungen Generation« wöchentlich mit 12 Seiten im schwarz-weißen Bleisatz: erste Ausgabe 7. Juni 1946, letzte Ausgabe 2. Dezember 1949, anschließend wurde das Personal der Redaktion von der FDJ-Tageszeitung *Junge Welt* übernommen. W. K. arbeitete beim *Start* zunächst als Volontär, dann als Redakteur und Autor. Er schrieb zahlreiche Texte: Reportagen, Feuilletons, Miszellen etc., oft unter dem Pseudonym Wolf Haase und auch zusammen mit anderen Autoren. Die Auswahl sammelt die Texte Kohlhaases mit Bezügen zu Film.
MIRANDA, GB 1948, Regie Ken Annakin, DER DOPPELADLER (L'Aigle à deux têtes), F 1948, Regie Jean Cocteau, HERZKLOPFEN, auch ZUM KLEINEN GLÜCK (AU PETIT BONHEUR), F 1946, Regie Marcel L'Herbier, DER ENGEL MIT DER POSAUNE AU 1948, Regie Karl Hartl, in: *Start* Nr. 22/1949, DIE LETZTE ETAPPE, (OSTATNI ETAP) P 1949, Regie Wanda Jakubowska, Produktion Film Polski, in: *Start* Nr. 36/1949, ROTATION, SBZ 1949, Regie: Wolfgang Staudte, Produktion DEFA Potsdam-Babelsberg, in: *Start* Nr. 39/1949, DER HELLE WEG (SWETLY PUTJ), UdSSR 1940, Regie Grigori Alexandrow, Produktion Mosfilm Studio Moskau, in: *Start* Nr. 46/1949, ES WEHT EIN FRISCHER WIND (TANKER DERBENT) UdSSR 1940, Regie Alexander Fainzimmer, Produktion Filmstudio Odessa, in: *Start* Nr. 48/1949, CASANOVA, (LES AVENTURES DE CASANOVA), F 1948, Regie Jean Boyer, in: *Start* Nr. 49/1949, (unterzeichnet mit Wolf Haase, dem Pseudonym Wolfgang Kohlhaases).

BERLIN – ECKE SCHÖNHAUSER
Eine Erinnerung

Bei BERLIN – ECKE SCHÖNHAUSER ging es mal wieder darum – es ging ja immer darum! –: Wie ist die Welt? Darauf konnte man sich schwer einigen, und wenn man darüber einig wurde, hieß die abgeleitete zweite Frage: Wie soll man sie dann zeigen? Darum ging es eigentlich vierzig Jahre lang.

Wir hatten uns damals zum Neorealismus bekannt, wenn wir nach unseren Vorbildern gefragt wurden. Andere fielen uns nicht ein. Einige entgegneten, der kritische Realismus, auch der sozialkritische, kann doch für die Fragestellung des Sozialismus kein Vorbild sein. Wo ist das Positive? Gut, zugegeben, es gibt solche jungen Leute an der Straßenecke, aber es gibt doch auch ganz andere, und warum wird der Film über die gemacht und nicht über die anderen?

Bei irgendeiner Abnahme hatte ein hochrangiger Mann geäußert, er hätte jetzt einmal genau hingesehen: Das sei ja wohl ein Film über das Alltagsleben der Jugend in der DDR, so müsse man es ja sehen, und in diesem Film scheine nur dreimal die Sonne. Und er setzte sich. Einige Leute waren durch diesen Satz etwas angeschlagen, denn er war von großer Beweiskraft. Ich weiß noch, wie ich erwiderte – wir waren ja nicht so verängstigt: »Um zu einer solchen Beobachtung zu kommen, muss man allerdings bis drei zählen können.« Aber es gab auch andere Leute, die den Film – auch aus politischen Gründen – mochten und sagten: »Das ist gut, auch solche Leute muss es auf der Leinwand geben. Aber im nächsten Film muss gezeigt werden, dass es auch eine andere Jugend gibt.«

Es ging darum, welche Rolle die FDJ spielte, die kommt im Film ja nur einmal vor. Es gab den Wunsch, dass die politischen Institutionen des Alltagslebens, die Partei- und FDJ-Sekretäre, die es in jedem Betrieb gab, in einem Film, der dort spielt, auch vorkommen sollten. Und die schlechteren Filme hatten ja auch zuweilen solche Pfeife rauchenden Weisheitszähne. Man hatte wohl auch die illusorische Vorstellung, man könnte eine so flüchtige und gerade erst auf die Welt gekommene Institution mit dem Gewicht eines Priesters oder Pfarrers ausrüsten, aber die sind schon seit 2000 Jahren da, sind also Standardmodelle. Man dachte, wenn die einen Pfarrer haben, haben wir unser Pendant. Ein FDJler ist nur einmal drin, den spielt Hartmut Reck. Er und Ekkehard Schall haben einen kurzen Dialog. Die Figur, die am ehesten für die Gesellschaft stand, spielt Raimund Schelcher, er ist Volkspolizist, der sich mit Behutsamkeit und Respekt zu schwierigen Fragen verhielt. Das war nicht listenreich von uns.

Ich habe damals viele Polizeiakten gelesen und auch mit Leuten geredet, denn der Stoff, der sich in Aktenlagen und in Delikten zeigte, hatte sehr viel mit der allgemeinen Realität zu tun. Wenn man mit Leuten von der Volkspolizei sprach, traf man Realisten, die waren auf der Straße und wussten, es hilft ihnen oft wenig, was im *Neuen Deutschland* steht. Ich wollte Leuten wie diesen in einer solchen Figur gerecht werden und mir kein Zaubermännchen ausdenken. Dann kam der Film heraus und wurde bei Teilen der Kritik und beim Publikum ein deutlicher Erfolg. Damit waren die Leute, die ihn nicht so mochten, nicht in der besten Position. (…) Unter den politischen Funktionären oder denen, die im engeren Sinne das Filmwesen zu verwalten hatten, traf ich in all den Jahren Simplifikateure, aber auch Freunde des Kinos, die wussten, wir kommen nur mit der Wahrheit ein Stück weiter, anders wird es wohl nicht gehen. Beides gab es. Auch unter Kollegen habe ich Leute getroffen, die mit drei Handgriffen ganz gut zurecht kamen. Wenn man sie ihnen angeboten hat, haben sie sie auch benutzt. Es war nicht so simpel. Hier ist das permanent gute Gewissen, was verletzt ist, und hier ist die permanente Uneinsichtigkeit.

Der Film hatte also auch ein paar Freunde. Er wurde auf irgendeiner Konferenz kritisiert, wohl auf der Filmkonferenz, auf der ich auch geredet habe, wofür mir hinterher Martin Hellberg dankbar war, an den ich aber nicht gedacht hatte. (…) Ich habe, nebenbei gesagt, immer gedacht, es wäre merkwürdig, wenn man Filme über eine konfliktreiche Welt machen will, dass man dabei selbst keine Konflikte hätte. Ich dachte, unser Konflikt ist das Wunschdenken und die Wirklichkeit, die Utopie und die Realität, worüber man sich wohl ein Leben lang streiten wird. Also ich war nicht erschrocken oder habe gedacht, wer diesen Film nicht liebt, bringt mein Weltbild durcheinander.

1957

In: *Spur der Filme. Zeitzeugen über die DEFA.* Hrsg. Ingrid Poss, Peter Warnecke. Ch. Links Verlag Berlin 2006, S. 120 f.

Der Fall Gleiwitz
Eine Erinnerung

Der Film hatte einen politischen Gedanken. Wir befanden uns im Kalten Krieg. Da war der Luftkorridor, und es waren immer Zwischenfälle möglich. Wenn man die Definitionshoheit hat, kann man ein Ereignis herstellen, wie man will. Und sollte man zu solcher Mechanik, an einem historischen Beispiel, nicht einen Film machen? (…) Und natürlich kannten wir Hitlers Satz vor den Generälen am 20. März 1939: »Ich werde Grund zur Auslösung des Krieges geben, gleichgültig, ob glaubhaft.« (…) Dieser Stoff kam uns sofort entgegen. (…) Wir wollten Leute zeigen, die in bestimmten Zusammenhängen funktionieren, und zugleich noch etwas anderes versuchen, nämlich etwas vom Gemüt des Faschismus in Deutschland zeigen.

Also wir wollten keinen über Einfühlung hergestellten Bericht über den Fall Gleiwitz. Und irgendwann verband sich dieser Stoff mit der Erinnerung an den tschechoslowakischen Film Die weisse Taube von František Vláčil, mit dieser Symmetrie der Bilder und ihrer Kälte und Nüchternheit. Und wir überlegten, ob wir das nicht auch so machen könnten, und guckten uns Fotos aus der Nazizeit an. Auch bei Leni Riefenstahl findet man das: die Mittelachse, den einen Mann, der durch alle anderen geht, die Blöcke, die Symmetrie, die die Perspektive vermeidet. Wir wollten dem Publikum ein kaltes Bild dieser Vorgänge vermitteln.

Wir wollten uns den Film von Vláčil in Prag noch einmal ansehen und den Kameramann befragen. So lernten wir Jan Čuřík kennen, und der wollte unseren Film machen und war auch für unsere Überlegungen zu gewinnen. Rücker und ich schrieben im Kontakt zu Klein das Drehbuch im Bewusstsein der beabsichtigten Stilistik. (…)

Wir fuhren nach Gleiwitz und fanden dort noch den Sendeturm und das Original-Sendehaus und besichtigten alles. Der Sendeturm bot auch wieder die Symmetrie an, denn der stand beim Blick von der Straße aus wirklich symmetrisch dahinter. Wir überlegten, ob wir eventuell auch etwas von oben machen könnten, und stiegen auf den Turm. Er hatte eine Holzkonstruktion und knarrte wie ein altes Segelschiff. Ich bin nach zwanzig Metern wieder abgestiegen. Klein stieg etwas weiter, der Kameramann noch ein Stück höher und unser Regie-Assistent Erwin Stranka ist bis ganz hoch geklettert, und alle bewunderten ihn. Als er wieder unten war, stellte er fest, dass er sein Drehbuch mit allen Eintragungen oben liegen gelassen hatte. Es folgte ein bitterer zweiter Aufstieg. Er brauchte fast eine Stunde und ging wortlos ins Bett.

Aber es passierte noch etwas anderes: Am letzten Abend vor dem Drehen, alles war abgesprochen, hatten wir noch Zeit und gingen in Gleiwitz ins Kino. Dort lief ein ganz schöner, auf jeden Fall respektabler Film von Jerzy Kawalerowicz, NACHTZUG. Čuřík fand den Film ausgezeichnet, und Klein fand ihn gut, aber schlecht. Und da beide ernsthafte Menschen waren, endete das Gespräch nach einer Stunde damit, dass Čuřík sagte: »Ich reise ab, das Ganze ist ein Missverständnis, wir können den FALL GLEIWITZ nicht zusammen drehen.« Die beiden beschlossen, nicht mehr miteinander zu reden, es war laut geworden. Die ganze Nacht gingen Emissäre im Hotel umher und fragten, ob man sich nicht doch noch am nächsten Morgen versuchsweise treffen könnte. So war es dann auch. (…)

1961 kam DER FALL GLEIWITZ heraus, gleich nach dem Bau der Mauer. Er hatte es nicht leicht beim Publikum, weil er bestimmte Sehgewohnheiten nicht bediente. Konsequenz unserer Inszenierung war auch, dass der Film beim Schnitt immer kürzer wurde. Damit hatten wir ein Problem: Wenn er noch kürzer würde, würde er dem Studio gar nicht als Spielfilm abgenommen werden. Wir wollten ihn aber auf keinen Fall länger machen, als er nach dem Zwang der Bilder sein musste. (…)

Die Abnahme im Studio war durchwachsen. Dudow gefiel er, ihm gefiel die Radikalität. (…) Völlig unvermutet traf uns der Verdacht, wir könnten den Faschismus ästhetisiert haben. Ich glaube, das war in erster Linie durch Alfred Kurella angestoßen. Ihm fehlte auch völlig das Positive. Es reichte nicht, dass diese große stumme Figur im Film das erste Opfer eines Krieges ist, der am Ende 50 Millionen Menschen das Leben kostet. Wo ist der Widerstand? Das war der alte Hut: Wo ist das Positive? Aber der neue Hut war: Ästhetisierung des Faschismus. Das war der Riefenstahl-Vorwurf. Ich meine aber, dass dieser Film eine Gegenposition aufbaut und dass er die kalte Mechanik nicht verklärt, sondern darstellt.

1961

In: *Spur der Filme. Zeitzeugen über die DEFA.* Hrsg. Ingrid Poss, Peter Warnecke. Ch. Links Verlag Berlin 2006, S. 168

DIE BESTEN JAHRE

Ein Mann kommt aus dem Krieg. Die Vorgeschichte wird nicht erzählt, nur so viel ist klar; es ist nicht die Heimat, in die er zurückkehrt; die war in Böhmen. Ein Hund läuft ein Stück mit ihm, dem erzählt er davon; dort waren Berge, und die Pferdeschlitten hatten Glöckchen. Wird man hier leben können?

Der Mann hat einen Einweisungsschein als Untermieter, eine Frau öffnet die Tür einer Baracke, man begrüßt sich förmlich, sie hat einen Teller Suppe übrig; erst als er schon isst, bemerkt er, dass sie auch ein Kind hat. Er borgt sich einen Bogen Papier und schreibt einen Aufnahmeantrag für die Partei. Er legt sich ins Bett, zur Wand gedreht, die Frau tritt zu ihm, um ihn zuzudecken, er greift nach ihrer Hand, sie gibt nach. Anderntags geht er in die Fabrik, die demontiert wird, anderntags schlachtet er den Hund, der wieder hinter ihm herläuft, anderntags träumt er, vom Hundefleisch satt, neben der Frau auf dem Sofa den Traum vom Tucheweben oder von einer Neulehrerstelle, wegen der besseren Lebensmittelkarte.

So der Anfang. Am Ende, zwanzig Jahre danach, steigt ein Mann aus einem Tatra, derselbe Mann, hat den ersten Herzanfall hinter sich und ein Ministeramt vor sich. Die Zeit dazwischen umschreibt der Titel des Films DIE BESTEN JAHRE und meint wohl beides, die besten, die man hat, und die besten, die man zu geben hat.

Günther Rücker (Buch und Regie) hat seinen ersten Film gemacht. Er hat vorher Drehbücher, Dokumentarfilmtexte und Hörspiele geschrieben und hat auch inszeniert, vor allem im Funk. Daraus haben sich offensichtlich für die vorliegende Arbeit einige Vorteile ergeben, vor allem ein genauer, sprachlich differenzierter Dialog, der des Zitierens wert ist, aber auch eine ausgezeichnete Führung der Schauspieler. Drinda, Lissy Tempelhof, Hindemith, Grosse leisten Vorzügliches, jeder ist gewissermaßen neu zu entdecken, jeder fügt dem Bild, das man sich in den letzten Jahren von seiner Filmarbeit machte, ein paar wesentliche Züge hinzu. Und Hoppe, bisher wenig bekannt, liefert als Lehrer Klein eine ungewöhnlich perfekte Episodenfigur.

Die Geschichte des Ernst Machner und seiner besten Jahre wird unspektakulär erzählt, den wirklichen Begebenheiten angepasst, in denen es wenig Sensationen gab, aber viel Mühe und zu lange Diskussionen und zu kurze Nächte. Fünfzehn Jahre im Leben Machners meinen fünfzehn Jahre alltäglicher Revolution. Rücker teilt etwas über einen Mann mit, der dabei war, und der künftig dabei sein wird. Wie ist er durchgekommen? Nicht mit Glanz und Gloria. Nicht mit dem fertigen Plan der Zukunft in der Tasche. Mit Schweiß. Mit Pervitin-Tabletten. Mit sehr langsam wachsendem Selbstvertrauen. Mit einem Herzknacks. Aber dennoch: Machner, der einmal nichts wollte, als sich satt essen und Tuche weben, und der, als er kaum Lehrer war, schon eine Schule leiten musste, und den man, als er sich an die Dorfschule gerade gewöhnt hatte, als Rektor in ein Gymnasium schickte, der die Bücher einen Tag vor seinen Schülern las, und der Französisch nicht verstand und Englisch falsch aussprach, und der nun auf das Ministerium losmarschiert und schon weiß, dass die gerade fertigen Lehrpläne schon morgen nicht ausreichen werden, Machner ist durchgekommen. Und indem darüber berichtet wird, erfahren wir etwas von dem offenen Geheimnis, warum wir alle durchgekommen sind, und mit uns dieses nüchterne und fantastische Unternehmen DDR.

Die Ankunft Machners im Gymnasium und seine Führung durch Haus und Friedhof und Bibliothek zähle ich zu dem Besten, was zum

Thema der deutschen Teilung im DEFA-Film gemacht worden ist, da ist alles, was so oft als fehlend gerügt wird; geschichtlicher Aspekt und klassenbedingte Haltungen in einem zwangsläufigen, völlig glaubwürdigen Vorgang. Machners Gegenspieler, der nun nach dem Westen gehen wird, ist als Vertreter historischen Unrechts, doch persönlich durchaus im Recht, schmerzliches Berührtsein wird beiden Seiten zugestanden, und die Ironie, mit der Rücker die Szene ausstattet, lässt der Tradition doch die Würde, die ihr zukommt. Das Motiv wird später noch einmal verwendet, wenn Machner selbst die junge Lehrerin durchs Haus führt, der Spaß kehrt sich gegen ihn, aber er klingt wie ein Echo aus der Vergangenheit, und deutlich wird, wie Tradition aufgehoben worden ist, in jenem bekannten doppelten Sinn.

Ein sich änderndes Motiv wird noch ein anderes Mal verwendet, Machners jeweiliger Protestruf gegen seine zu frühen Berufungen, der da lautet: »So kann man doch nicht mit Menschen umgehen.« Gegen Schluss übernimmt Machners junge Frau den Text, es ist ihr so ernst, wie es ihm war, und er sitzt in komischer Resignation dabei. Auch hier hat die Situation einen ironischen Ton, gerade dadurch bleibt sie ernsthaft.

Die gewisse Relativierung seines Helden scheint mir ein Vorzug des Films zu sein, es geht nicht darum, einen Mann zu rechtfertigen, sondern von ihm zu berichten, so wie man über ein Wegstück spricht, das man hinter sich hat. Dass da Platz auch für Traurigkeit ist, etwa in der ersten Liebesgeschichte, und für Zweifel an der eigenen Kraft, dass nicht nur von erreichtem Glück die Rede ist, sondern auch von dem, das nicht erreicht wird, darin liegt die Redlichkeit den wirklichen Machners gegenüber, ohne die die Parteinahme für sie künstlerisch wenig produktiv wäre. Und es zeigt sich da auch, dass eine Sache zu erzählen zugleich verlangt, sie moralisch zu verarbeiten.

Die Notwendigkeit, viele Jahre im Leben Machners in den Blick zu bekommen, hat Rücker mit Recht zu einer epischen Erzählweise veranlasst, er gibt die Essenz der Vorgänge, er springt in die Pointe, er zeigt Resultate. Das ist kaum anders möglich. Rücker hat versucht, den Stil seines Films aus den oft vor allem gedanklichen Vorgängen seiner Geschichte zu entwickeln, er rechnet mit der möglichen Dramatik gehirnlicher Aktion, er hat nicht nach Tricks, Finessen, nach einem Korsett aus filmischer Form gesucht. Von Peter Krauses Kameraarbeit in diesem Sinn unterstützt, hat er gerade so eine Anzahl ausgezeichneter Szenen geschaffen, Vorgänge voller intellektueller Substanz, welche die häufig gehandelten Vorstellungen, wie viel davon wohl für eine Filmszene zuträglich sei, vielleicht ein wenig erweitern. Ich glaube aber, dass er sich einige Möglichkeiten, Konflikte direkt vorzuführen, nicht hätte entgehen lassen sollen, weil er damit einen exemplarischen Beleg für die ganze Entwicklung Machners hätte liefern können, der dem möglichen Einwand vorgebeugt hätte, Machners Weg sei nicht konfliktreich genug dargestellt. Eine solche direkte, wenn man will naturalistisch-dramatische Behandlung einer Situation wäre beispielsweise bei der Übernahme des Geschichtsunterrichtes durch Machner denkbar gewesen. Der, für sich genommen, schöne Robespierre-Text führt die Szene zu schnell und zu glatt ins Gleichnis.

Was ist sonst zu tadeln? Meiner Ansicht nach vor allem ein Mangel an Fabel im letzten Teil des Films, ein Missverhältnis zwischen der Summe der aufgeworfenen Probleme und den dafür vorhandenen naiven Belegen, ohne die Poesie schwer möglich ist. Der Besuch des Kybernetikers, der die Methoden der Schulbildung in Frage stellt, führt zu einem glänzenden Dialog über Mathematik und Menschenbildung und die technische Revolution und letztlich über die Dialektik von Geduld und Ungeduld, aber was sich dahinter verbirgt, für Machner, in der Mitte seines Lebens, wird mehr genannt als bewiesen. Machners zweite Liebe könnte in verschiedener Richtung erzählt werden, man erfährt zu wenig davon. Machner zieht in eine neue Wohnung in einer neuerbauten Stadt, er soll ein ganzes Schulkombinat übernehmen, das heißt, man hört davon, denn Machner verlässt die Stadt schon wieder, um nach dem Tod Schmellers nach Berlin zu gehen. Hier sind, etwas überspitzt gesagt, die Vorgänge durch die Information über sie ersetzt. Der Film, der seinen Zuschauer durch behutsame Genauigkeit gewonnen hat, verletzt, die

Gangart wechselnd, seine eigene künstlerische Ökonomie, zu viel ist zu wenig, zu knapp ist zu glatt, und ein Mangel an ästhetischer Verarbeitung rächt sich an der Realität: sie erscheint geebnet und Machners Weg künftig weniger beschwerlich. Dieser Eindruck entsteht, obwohl Rücker verschiedentlich deutlich macht, etwa im Dialog mit dem Kybernetiker und in den Gesprächen mit Schmeller, dass er dies gerade nicht meint. Aber »gesagt ist gesagt« gilt nicht im Film, wenn nicht Entsprechendes gezeigt wird, die Figur Machners verliert in diesem Abschnitt an Repräsentanz und Verbindlichkeit für den Betrachter, und darum ist es schade, weil die Höhe des Vergnügens, womit hier die Summe der Wirkungen eines Films gemeint ist, natürlich maßgeblich vom Ende einer Geschichte bestimmt wird.

So viel ist allerdings klar; hier liegt kein simplifizierender Blick auf die Gegenwart vor, sondern ein nicht gelöstes Arbeitsproblem in einem Film, der insgesamt ein bemerkenswertes spezifisches Gewicht hat, einen sehr eigenen Ton, eine Reihe von Schönheiten. Und vor allem eine Qualität, die letzthin nicht immer anzutreffen war; in einer Geschichte in Bildern gibt er ein Stück Geschichtsbild.

Er ist einer der Wichtigsten der letzten Jahre.

1966

In: *Filmwissenschaftliche Mitteilungen* Nr. 1/1966, S. 217 ff.

Sowjetische Filme

Die ersten Filme aus der Sowjetunion sah ich bald nach Kriegsende in demselben Berliner Vorortkino, in dem die Filme meiner Kindheit gelaufen waren, gute und böse. Nun schritt Iwan der Schreckliche über die gewohnte Leinwand, Matrosen stürmten das Winterpalais, und wenn ich versuche, das Bild von damals von später hinzugekommenen Eindrücken zu trennen, so leben in meiner Erinnerung Szenen mit scharfen Schwarz-Weiß-Kontrasten, Menschenmassen in dynamischer Bewegung,

Bojarenbärte, die alten Maschinengewehre mit den Handwagenrädern, dazu spielt eine fremde, heroische Musik.

Vielleicht gewannen wir, die damals Vierzehnjährigen, aus dieser ersten Begegnung nicht mehr, aber auch nicht weniger, als eine Ahnung von einer großen, uns bis dahin unbekannt gebliebenen Welt. Was das Verständnis für diese Welt anging, so wurden Bücher für mich zunächst ergiebiger als Filme, Gorki war zu entdecken, Scholochow, Gladkow, Makarenko.

Als ich anfing, für den Film zu arbeiten, beeindruckte mich am stärksten der italienische Neorealismus. Bis heute scheint mir, dass es in den frühen fünfziger Jahren nirgendwo sonst eine Filmkunst gab, die ihrer philosophischen und sozialen Position so konsequent ästhetischen Ausdruck verlieh. Die Erwähnung des Neorealismus gehört insofern zur Sache, als man weiß, wie viel er dem revolutionären sowjetischen Film verdankt. Und vielleicht ist das etwas Wichtiges, was zum Lob der Kunst eines Landes gesagt werden kann, dass sie über Grenzen hinweg nicht nur Genüsse, sondern auch Erkenntnisse liefert, und dass sie Impulse gibt, die humanistisches Engagement und künstlerische Entdeckungen fördern, bei Freunden, bei Abseitsstehenden, manchmal sogar bei Gegnern.

In den letzten Jahren habe ich verschiedene sowjetische Filme gesehen, die ich für bedeutsam halte, Beispiele der moralischen Verantwortung, der intellektuellen Redlichkeit und der poetischen Kraft sozialistischer Filmkunst. Ich nenne Romm, Jutkewitsch, Tschuchrai, Tarkowski; aber ihre Namen sollen auch für andere stehen, vor allem auch für junge Regisseure, Schriftsteller, Kameraleute und Schauspieler. Von ihnen allen, dessen bin ich sicher, ist Qualität zu erwarten; es ist schön und ermutigend, sich befreundet und verbündet zu wissen.

1967

Antwort Wolfgang Kohlhaases auf eine Bitte der Redaktion an verschiedene Filmkünstler der DDR, über die Einflüsse des sowjetischen Films auf ihre persönliche Entwicklung zu berichten. In: *Filmwissenschaftliche Mitteilungen* Nr. 2/1967, S. 401

ICH WAR NEUNZEHN
Der deutsch-sowjetische Leutnant
Ein Brief

Liebe Freunde, sich über die eigene Arbeit im Voraus zu äußern, über ein Buch, das noch nicht erschienen, einen Film, der noch nicht aufgeführt ist, das ist ein Unterfangen, dem ein Autor sich nicht gern unterzieht. Vor allem deshalb nicht, weil er sich ja angestrengt hat, das, was er mitteilen will, in eben seiner Arbeit auszudrücken. Und eine Gänsehaut befällt ihn, wenn er sich der Erwartung ausgesetzt sieht, er solle das Stück Welt, das er sich abzubilden bemüht hat, nun etwa katalogisieren und dem Besucher eine Liste der zu erhoffenden Einsichten zur Eintrittskarte mitliefern: die Moral von der Geschichte in der Vorschau. Täte er das, müsste er der Schlüssigkeit des von ihm Gelieferten misstrauen, aber auch der Fähigkeit und Lust des Zuschauers, Entdeckungen selbst zu machen und gerade dadurch etwas zu gewinnen. Gewiss, Filme wie andere Kunstprodukte werden nach gewissen Regeln gemacht, und nach gewissen Regeln wollen sie auch verbraucht werden. Aber das sind keine Vorschriften. Eher ist es eine bestimmte Erfahrung, mit Kunst umzugehen, die wie jede Erfahrung durch Übung gewonnen wird, eine Fähigkeit des Gefühls und des Verstandes, ein Buch oder ein Bild oder einen Film als einen auf eine besondere Weise geordneten, verdichteten Ausschnitt Leben zu verstehen und sich selbst darin zu finden, aber auch anderes, als sich selbst und andere Möglichkeiten von sich selbst.

Natürlich wünscht sich ein Filmmacher einen produktiven Zuschauer, der auf die Abenteuer des Lebens aus ist und auf den Sinn dahinter. Auf ihn baut er, seinen Ansprüchen will er genügen, mit ihm will er reden, aber er will ihm nichts vorsagen. Denn so sehr wir uns wünschen, dass Film ein Massenbedarfsartikel sei, so spielt doch die Gebrauchsanweisung dabei nicht die gleiche Rolle wie beispielsweise bei Büchsenöffnern.

Ich will auch nicht die Handlung des Films ICH WAR NEUNZEHN erzählen, nur dass runde zehn Tage im Leben eines Neunzehnjährigen gezeigt werden, und die hatten es in sich, denn es waren die letzten Tage des letzten Krieges, Ende und Anfang, und der Junge war ein Deutscher, und zugleich war er ein Leutnant der sowjetischen Armee. Er begegnet Menschen und wechselt Worte und Schüsse. Und was ihm dabei widerfährt, ihm und seinen sowjetischen Genossen, ist so etwas wie eine Bestandsaufnahme deutscher Haltungen. Wird Euch das interessieren? Das haben wir uns oft gefragt.

Wenn man mit der Arbeit zu einem Film beginnt, geht man jedes Mal von neuem auf die Suche nach dem Publikum. Man hat eine Geschichte zu erzählen und will sie so erzählen, wie sie erzählt werden muss, und manchmal hat man wenig Lust, sich um etwas anderes zu kümmern als um die Schwierigkeiten, die in der Sache selbst stecken. Aber selbstverständlich will man die Geschichte jemandem erzählen. Und falls man einen Film macht, muss man sich darauf einrichten, sie vielen Leuten zu erzählen, unterschiedlich nach Alter, Bildung und Interessen, und das in einem bestimmten, mehr oder weniger zufälligen Moment, nämlich dann, wenn der Film herauskommt.

So viel war klar, als wir ICH WAR NEUNZEHN machten: Von den vielen, an die wir uns wenden, sind uns besonders wichtig die Jungen, zugespitzt gesagt, die, die heute neunzehn sind. Ihnen vor allem soll ihr Altersgenosse Gregor Hecker begegnen, wenn er mit seinem klappernden SIS über die Oder kommt und in ein ihm unbekanntes Land einfährt, von dem man ihm sagt, es sei seine Heimat. Das ist jetzt über zwanzig Jahre her, eine lange, kurze Zeit. Was sollen die heute Neunzehnjährigen davon lernen?

Möglicherweise nichts, wenn jemand meint, man könne aus einem Film wie aus einer Fibel lernen. Aber wenn Ihr die Geschichte eines Burschen sehen wollt, der zu jung für den Krieg ist und ihn doch bestehen muss, ein Deutscher in der Uniform eines Russen, einer, der gern lacht, aber man sieht ihn weinen, ein Leutnant, der von Moskau bis Berlin gekommen ist, aber nur bis zur siebenten Klasse, wenn Ihr so einen sehen wollt und was er verliert und was er gewinnt, dann kann es sein, dass Euch der Kinositz nicht hart wird. Es kann sein, dass Ihr für eine Weile einsteigt in den Lautsprecherwagen, der damals am nördlichen Rand der Schlacht um Berlin mit kochendem Motor seinen Weg machte. Es kann auch sein, dass Ihr diesem deutsch-sowjetischen Leutnant und seinen Prüfungen zuseht, und durch den Sinn geht Euch dieser und jener Vergleich mit Eurem eigenen Leben, das dem seinen ganz unähnlich ist, aber nur unähnlich? Es kann schließlich auch passieren, in Eurer Fantasie, dass Gregor Hecker aus seiner Zeit in unsere herübertritt und sieht aus wie einer von heute.

Denn auch heute muss sich einer sein Vaterland erwerben, sein sozialistisches Vaterland, um es wirklich zu besitzen. Auch heute muss einer seinen Freunden Freund und seinen Feinden Feind sein und muss herausfinden, wer das eine und wer das andere ist. Auch heute muss einer sein Wissen und Gewissen an einer Welt erproben, die gleichermaßen voller Hoffnung und Bedrohung ist.

Der Mai 1945 hat seine Vorgeschichte und seine Nachgeschichte und die Geschichte danach, das sind wir. Was wir erreicht haben, wofür wir uns Mühe geben, was wir bewachen, nichts von dem wäre ohne diesen Mai. Und von ein paar Tagen und ein paar Leuten in jenem Frühjahr berichtet unser Film, weil alle Geschichte die Geschichte von Menschen ist. Wenn Ihr Euch anseht, was wir gemacht haben, so hoffen wir sehr, Eure Meinung zu hören, auch Widerspruch, auch Fragen. Wir, das sind Konrad Wolf, der damals neunzehn war, ich, der vierzehn war, Jaecki Schwarz, der noch nicht geboren war, und alle anderen, die auf dem Vorspann stehen, der einem im Kino meist zu lang vorkommt.

1968

An die Leser der FDJ-Tageszeitung *Junge Welt* zur bevorstehenden Premiere von ICH WAR NEUNZEHN.
In: *Junge Welt* 30. Januar 1968

DER NACKTE MANN AUF DEM SPORTPLATZ
Filmmotiv

1

Ich berichte von zwei Männern. Der eine ist Bildhauer. Der andere war Bauleiter, er lebt nicht mehr. Er ist gestorben in der Mitte seiner und unserer Jahre. Ich habe bei dem einen gesessen und bei dem anderen, sie haben erzählt, und ich habe mir etwas aufgeschrieben.

2

Ein Anruf: Wollen Sie etwas für die Kunstausstellung machen, Herr E.? Ich bin dicke in der Arbeit, andererseits brauche ich Geld, ich antworte: Ein Porträt ja. Nur nichts Größeres.

Ausgezeichnet, Sie wissen, wir brauchen vor allem Porträts von unseren Schrittmachern. Ihr Partner ist der VEB Tiefbaukombinat Berlin. Am besten, Sie melden sich beim Direktor.

Ich habe an sich nicht viel Lust, einen Arbeiterkopf zu machen. Ich bin da einfach unsicher, wenn man so will; das verändert sich alles, die Gesichter, die Haltungen, aber andererseits herrscht so eine statische Vorstellung, wie ein Arbeiterkopf auszusehen habe. Arbeiterklasse, den Blick geradeaus usw., ich vereinfache jetzt natürlich.

Ich melde mich beim Direktor, der hat nicht viel Zeit, ist aber freundlich, verschafft mir einen Betriebsausweis, wünscht mir viel Glück und weist mich dem Betriebsteil 3 zu, das ist der Tunnelbau. Der Chef dort ist ein forscher Mann, ein Ingenieurstyp, nicht unsympathisch. Wo kann ich die für Sie wichtigen Leute sehen? Ohne Aufsehen. Vielleicht in der Kantine? Du kannst gleich mitkommen in die Baracke, da ist eine Besprechung.

Ich möchte einfach beobachten.

Er läuft mir voran zur Baracke, in einem Raum sitzt ein Mann in Zimmermannskluft, Mitte fünfzig. Komm mal mit, Willi. Dann kommen wir in ein anderes Zimmer, da sitzt einer krumm am Tisch und kaut an seiner Stulle. Der Chef sagt: Hanne, hier will einer einen Kopf von dir machen. Oder von dir, Willi.

Das ist genau die Situation, die ich nicht wollte.

Da wird nichts draus, sagt der am Tisch und isst weiter.

Wenn einer, dann du, sagt der, der Willi heißt.

Nee, nee, sagt der am Tisch.

Ich bin wirklich in einer blöden Lage. Denn so viel ist mir auf den ersten Blick klar, mich interessiert der, der am Tisch sitzt. Aber wie vermeide ich es, den anderen zu kränken, zumal dieser Hannes sagt: Nee, nee, machen Sie mal den Kopp von Willi. Mit mir wird das nichts. Ich will das nicht.

Mir ist es völlig egal, sagt Willi, und ich lächle etwas verkrampft in seine Richtung.

Gut, überlegen Sie sich das, sage ich zu dem Mann am Tisch. Ich komme in drei Tagen wieder.

Sie können kommen, sagt er. Aber es wird nichts. Und falls Sie irgendwelchen Ärger haben sollten, schicken Sie die Leute zu mir. Vierzehn Tage lang gehe ich alle zwei, drei Tage hin, meist treffe ich ihn nicht an. Ist Herr B. da? Nee, der wird aber gleich kommen. Ich sitze und warte und komme mit der Zeit ins Gespräch. Wie machen Sie denn das, so einen Kopf? Aus was für Material? Innen ein Gestell? Hält denn der Gips? Wird die Bronze rübergegossen? Nein, das ist ein Sandguss. Wie man ein Maschinenteil gießt ...Wo haben Sie denn das gelernt? Studiert? Was verdient man dabei? Kann viel sein oder mager. Je nachdem, wie schnell man ist. Und ob man Aufträge kriegt. Und ob man mehrere Abgüsse verkaufen kann ... Und der muss sich also hinsetzen und stillhalten? Zeichnen Sie den erst?

Nur B., wenn er kommt, fragt nie etwas. Er spricht mit keinem Wort von der Sache. Die anderen reden ihm zu: Na mach doch, Hanne. Du wirst in Bronze gegossen, Mensch ...

Was ich von B. erfahre, höre ich nicht von ihm. Er war in der Wismut, ein Held der frühen Jahre, hoch dekoriert, sehr jung. Dann Staublunge,

Schluss. Anscheinend sah es eine Weile so aus, als ob er unterginge, aber er ging nicht unter, er fing von vorn an, machte seinen Bauingenieur, und jetzt leitet er eine Schicht beim Tunnelbau.

Schließlich, von den anderen genötigt, fragt er doch mal: Wie stellen Sie sich denn das vor? Ich sage, dass ich ihn etwa zwanzigmal eine Stunde brauchte, er müsste vielleicht über Mittag zu mir ins Atelier kommen, es wäre nicht weit.

Das wird nichts, sagt er, ich kann hier nicht weg.

Der Betriebsleiter hört davon: Der kann natürlich weg. Ich spreche mit ihm. Nein, sprechen Sie nicht mit ihm, sage ich.

Einmal lässt einer in der Baracke einen Text los, Künstler und nackte Weiber usw. B. sagt, ohne die Stimme zu heben: Setz dir mal die Mütze gerade. Und der andere geht gleich raus. Aber ich komme nicht weiter.

Ich war, wie schon gesagt, ein bisschen allergisch gegen proletarische Typen, mein Bild davon wandelt sich. Aber als ich B. sah, wusste ich, dass der noch einmal meine ganze Aufmerksamkeit weckt. Je öfter ich ihn sehe ... Alle Formen fesseln nicht. Das ist so, das ergibt sich auch aus der Geschichte der Bildhauerei. Aber er fesselt mich. Er ist klein und drahtig, unbrechbare Energie im Gesicht. Und vielleicht, scheint mir manchmal, auch ein Schleier von Tragik, seine Vergangenheit oder vielleicht Krankheit.

Aber ich komme nicht weiter.

Mal scheint er weich zu sein, dann wieder nicht.

Dann kommt mir ein Gedanke. Vielleicht kann ich ihn dort machen. Nicht im Atelier. Ich sage seinen Kollegen, ich könnte ihn dort machen, wenn sie einen Raum hätten. Das lässt sich machen. Nun hat B. kein Argument mehr, er muss ja nicht weg. Aber es gibt keinen Raum mit Oberlicht ... Kein Problem, denn nun nehmen alle ein ziemliches Interesse an der Sache, alle außer B. Sie installieren zwei Baustellenscheinwerfer, die gegen die Decke strahlen, besorgen eine Drehscheibe von einem alten Lkw-Hänger, bauen ein Podest, auf dem B. sitzen kann, weil es günstiger ist, man hat den Kopf in Augenhöhe, wenn man im Stehen modelliert. Bis wann brauchen Sie das? Na ja, es ist natürlich schon viel Zeit verloren ... Na, kommen Sie morgen mal vorbei.

Als B. merkt, dass er auf einem Podest sitzen soll, besteht er darauf, dass der Raum abgeschlossen wird. Die Fenster werden zugehängt. Wenn ich weggehe, muss ich den Schlüssel bei ihm abgeben. Wenn er reinkommt, ehe er Platz nimmt, schließt er von innen ab. Mir ist es immer peinlich, wenn einer meinethalben stillhalten muss. Das ist ein Problem für mich, mich von der eingebildeten Not des anderen zu befreien.

Ich bringe ein paar Reclam-Hefte mit und lege sie ihm hin, etwas von Sarah Lipman und etwas über den Bau eines Staudamms in Afrika. Er sieht sie sich an, legt sie weg und sagt: Da bringe ich mir selber was mit. Das nächste Mal liest er: Schomburgk, Erlebnisse mit Tieren.

Er kommt auf die Minute pünktlich um vier Uhr. Guten Tag, guten Tag, er setzt sich. Können Sie Ihren Kragen ein bisschen aufmachen? Er tut es. Ich lege meine Uhr hin. Nach einer Stunde sage ich: Es ist fünf. Er steht auf, knöpft seinen Kragen zu und geht.

Nach vier Sitzungen fragt er: Haben Sie schon öfter solche Köpfe gemacht? Ja. Er stellt keine weitere Frage. Beim fünften oder sechsten Mal sagt er: Meine Kumpels haben mir zugeredet. Wenn Sie hier auf die Angebertour hergekommen wären, wäre es nichts geworden. Aber so, und wo Sie auch nicht ganz gesund sind ... Man will ja einem Menschen auch gefällig sein ...

Mit der Zeit schlägt er seinen Kragen von allein um. Ich setze mich auch mit dazu, wenn er mit seinen Kollegen Skat spielt, und beobachte ihn aus verschiedenen Blickwinkeln. Er lässt es zu. Einmal kommt jemand hereingestürzt: Die Grube säuft ab ...

B. sammelt ohne äußere Aufregung die Karten ein, aber sein Gesicht lebt auf. Im Krieg hat es Leute gegeben, die aus Stumpfsinn Stoßtrupps machten, gleichgültig auch gegen das eigene Leben. Das war es nicht. Es war eher eine kaum gezeigte Lust daran, dass jetzt Entscheidungen zu treffen waren. Und wenn es schwierig wird, wird er ruhig, scheint mir. Auch darauf beruht seine Autorität. Als die Arbeit dem Ende zugeht, frage

ich ihn: Können wir den Kopf vielleicht jemand zeigen? Den Kollegen vielleicht?
Er sagt: Gut. Aber das mache ich ... Ich sage Ihnen dann, was die gesagt haben.
Vielleicht sollte eine Diskussion sein?
Nein.
Verstehen Sie, ich bin auch nicht so scharf darauf, aber gewöhnlich soll so eine Sache doch benutzt werden, um Interesse an Kunst zu wecken ...
Nein, nein, in diesem Fall nicht. Wenn Sie Ärger haben, schicken Sie die Leute zu mir.
Ich habe keinen Ärger.
Na gut.
Der Kopf steckt auf einer Eisenstange. Als er fertig ist, muss er abgeschnitten werden. Ich trage ihn in die Schlosserbude. B. kommt mit seiner Truppe vorbei. Nun sagen Sie mal was ...
Alle sind verlegen. Na ja, das ist er ... Das ist Hannes, klar ... Er selbst sagt kein Wort. Was wird denn nun damit? fragen die anderen. Na ja, mal sehen. Er kommt auf die Ausstellung ... Ach so.
Ich nehme den Kopf mit und verabschiede mich von B.
Wir sind allein. Also, Herr B., dann sind wir fertig ...
Ja.
Also dann möchte ich mich bedanken ...
War ja nichts bei.
Wir geben uns die Hand, er geht. Dann dreht er sich noch mal um und lächelt, höflich, nicht mehr fremd, ein bisschen wie ein Komplize vielleicht, jedenfalls wie zu jemand, den man kennt. Ich bin froh, dass ich ihn getroffen habe und dass ich ihn kenne, und ich würde ihn gern noch besser kennen. So einen Nachbarn könnte man sich wünschen. Wie soll ich es ausdrücken? Wenn mein Auto kaputt wäre, würde ich gern sagen: Sehen Sie mal mit rein, Herr B. Ich würde gern mit ihm zusammen daran rumbauen. Mir geht es immer mehr so: Nur die sinnlichen Beziehungen sind eine Bereicherung. Man kann sie nur haben durch Aktion. Etwas

miteinander machen ... In dem Mann war auch irgendetwas Müdes, Hoffnungsloses, ihm selbst vielleicht gar nicht bewusst. Er war einmal eine Figur, ein Held, und wenn er wollte, könnte er es vielleicht noch sein. Aber er hat keinen Ehrgeiz außerhalb seiner Lebensgewohnheiten. Am Anfang, als er sich weigerte, Modell zu sitzen, sagte er: Womöglich noch lächeln, was?

Ich hätte gern seine Frau kennengelernt, darauf ist er nicht eingegangen. Einmal, als er in sein Auto stieg, er wohnt in Potsdam, sagte ich: Na, vielleicht komme ich in Potsdam mal vorbei ...

Ja, sagte er, soll schön sein dort.

Der Betrieb hat nie nach dem Kopf gefragt. Der Kopf war ausgestellt und steht jetzt bei mir zu Hause. Es ist komisch, vorher hatte ich den LPG-Vorsitzenden S. gemacht, der kam in die Ausstellung »Das Gesicht unseres Zeitgenossen« und schlug ein wie eine Bombe. Es war eine Kettenreaktion, ich habe ihn in vierzehn Tagen viermal verkauft, er wird überall hingeschleppt, gehört zu den Standard-Porträts. Der B. ist nicht schlechter, glaube ich, aber keiner will ihn.

3

Ein Mann steht in einer Baubude am Ofen und wartet. Auf den ersten Blick sieht er schmächtig aus, auf den zweiten sieht man, dass er zäh ist und wahrscheinlich kräftig. Er spricht leise, lächelt oft dabei.

E., ja ich weiß. Der hat es nicht leicht mit mir gehabt. Ich bin an sich nicht dafür. Auch nicht, dass dauernd Bilder in der Zeitung sind oder so was. Jedenfalls nicht von einem Mann. Das sieht so aus, als wenn nur einer arbeitet. Die meisten Kollegen sind hier nicht für so was, da können Sie fragen. Oder dass man zum Beispiel lächeln soll, wenn einer fotografiert wird, so was wirkt immer künstlich. Ja, wenn man sowieso gerade lacht, weil einer einen Witz erzählt, oder so, das ist was anderes. Wie gesagt, ich wollte erst nicht. Aber er war hartnäckig und kam immer wieder. Und schließlich habe ich mir dann gesagt, du tust ihm einen Gefallen. Es ist ja sein Lebensunterhalt. Er war auch nicht unsympathisch.

Wir waren ihm auch anders behilflich, mit Scheinwerfern und so. Wir hatten so ein Gestell und oben noch ein Stuhl drauf, auf dem musste ich sitzen. Die Kollegen waren natürlich neugierig und wollten immer mal einen Blick reinwerfen. Aber es war zugeschlossen, den Schlüssel habe ich nicht aus der Hand gegeben. Wenn da noch einer zugesehen hätte, hätte ich es nicht gemacht. Jeder ist eben kein Schauspieler. Die haben natürlich auch versucht, durchs Fenster zu linsen, es waren Milchglasscheiben, aber manchmal stand es offen. Na ja, aber das habe ich verhindert. So etwa zwanzigmal habe ich da gesessen. Ich habe mir dann immer was zu lesen mitgebracht, weil es ziemlich langweilig war. Manchmal hat sich auch eine Stunde lang an dem Kopf nichts verändert, er hat nur was abgekratzt. Na ja, das ist sicher schwierig. Der Kopf soll wohl in Bronze gegossen worden sein, aber ich habe ihn nur in Ton gesehen. Was soll ich sagen? Es ist ja keine Fotografie, es kommt vielleicht nicht nur auf die Ähnlichkeit an. Die Kollegen fanden ihn auch ähnlich. Nur warum die Augen geschlossen sind, haben sie nicht verstanden, das war eine Frage. Meine Frau fand es wieder nicht ähnlich, allerdings hat die nur ein Foto davon in der Zeitung gesehen, da kann man sich vielleicht keine richtige Vorstellung machen. Der Betrieb hat keine Notiz von der Sache genommen, ich wüsste nicht. Nur dass er von der Direktion aus hergeschickt worden war. Zuerst bin ich ausgewichen, auch wenn er angerufen hat. Aber als er immer wieder herkam, wollte ich ihm schließlich den Gefallen tun. Er hat mir auch mal erzählt, dass es ihm gesundheitlich nicht gut geht. Das ist ja sein Lebensunterhalt, diese Arbeit, das muss er ja machen. Obgleich, wenn er forsch angekommen wäre, mit ›das muss jetzt sein‹ oder so, dann wäre vielleicht nichts daraus geworden.

In so einer Ausstellung war ich noch nicht. Ich habe ein Bild zu Hause, im Schlafzimmer. Ja, eine Landschaft. Ja, ich glaube, auf einem Bild muss was Schönes drauf sein, aber es muss ja nicht so wie früher sein, nackte Elfen oder so was …

Ja, damals war ich bei der Wismut. Zuerst sollte es nur ein Jahr sein, dann sind sechs daraus geworden. Ja, ich bin ziemlich hoch ausgezeichnet worden, Nationalpreis und Held der Arbeit und so ... Aber ich bin dann da weg. Ich hatte ja eigentlich keine richtige Ausbildung, hatte ja als ungelernter Häuer angefangen. Ich hätte natürlich auch im Bergbau bleiben können. Aber meine Eltern wohnten inzwischen in der Gegend von Potsdam, und da bin ich hierher und habe mit Tiefbau angefangen. Zuerst habe ich ein Jahr Maurer gelernt. Ich hätte ja vielleicht auch andere Möglichkeiten gehabt, aber ich wollte die Sache von Grund auf lernen. Zuerst war die Haltung von den Kollegen immer ein bisschen abwartend, was ist denn das für einer mit so viel Orden. Aber wenn sie dann gemerkt haben, dass man ein Mensch wie jeder andere war ...

Während wir uns unterhalten, läutet in der Baubude das Sprechfunkgerät, verschiedene Nummern werden gerufen, zwei oder dreimal auch die Nummer von B. Man fragt ihn, er gibt Anweisungen. »Acht Lastwagen Schutt, können wir die nicht mal schnell kriegen?«

B., der Bauleiter ist, spricht über sein Metier, den Tiefbau.

Ich will nichts gegen den Hochbau sagen, aber in gewissem Sinne bauen die einfach nach Vorlage. Beim Tiefbau dagegen ist es jedes Mal anders. In dieser Gegend zum Beispiel Schichtenwasser. Da muss man sich auskennen. Jetzt ist ein Bauleiter gekommen, von Eberswalde, ein alter erfahrener Mann, bestimmt, aber der sieht sich ganz schön um.

Ich habe ein Segelboot gehabt, so zehn Quadratmeter, bei Potsdam ist ja viel Wasser. Aber seit ich den Wagen habe, komme ich nicht mehr so dazu. Jetzt habe ich einen Angelkahn, aus Plaste, ich angle, und da kann auch der Schäferhund mit, ohne was zu zerschrammen mit seinen Pfoten.

Der Sprechfunk ist eine große Erleichterung für die Arbeit. Meist habe ich ein transportables Gerät bei mir, das habe ich im Moment nur verborgt. Wenn ich morgens nach Berlin reinkomme, mit dem Auto, dann stelle ich es an, so höre ich schon unterwegs, was los ist.

Ein Mann kommt in die Baubude, mit Wattejacke und Hut. B. sagt: Hier, ich hatte ihn vorgeschlagen für den E. Sein Kopf ist doch gut. Der andere sagt: Nee, nee, das ist nichts für mich, ich bin schon über fünfzig ...

4

Ich habe meine Notizen in einem Film verwendet, den sich nicht viele Leute angesehen haben. Vielleicht haben wir manches zu leise erzählt; davon soll hier nicht die Rede sein. Ich habe E. getroffen. Wir kamen wieder auf B. zu sprechen, auf das Porträt, auf Uran und Silikose, auf seinen Tod. Wir kamen ins Schweigen. Dann dachte ich daran, wie das Neue, das Schwierige, das Schöne, auch das Traurige miteinander verflochten sind, wenn Menschen und Welt in Bewegung geraten (...).

1974

In: *Berliner Schriftsteller erzählen*, hrsg. vom Vorstand des Bezirksverbandes Berlin des Schriftstellerverbandes der DDR, 1976, S. 215 ff.

MAMA, ICH LEBE
Weder Nippfigur noch Kieselstein
Interview zu den Dreharbeiten

JUTTA VOIGT Sie waren zu Dreharbeiten in der Sowjetunion, in Kalinin. An was erinnern Sie sich?

WOLFGANG KOHLHAASE An eine offene Landschaft mit vielen kleinen Flüssen, vielen Feldern, Wald eigentlich nur am Horizont. Ich erinnere mich an ein ganz bestimmtes Licht über diesem Land. Aber vor allem denke ich an Begegnungen mit verschiedenen Menschen. Wenn in so einem Dorf ein Film gedreht wird, interessiert es die Leute, die Schauspieler liefen ja in Uniformen herum, teils in sowjetischen, teils in deutschen, es war also schnell klar, es dreht sich um den Krieg. Und dann ist unvermittelt der wirkliche Krieg wieder lebendig, vor allem bei den Älteren. Es kommt eben eine Frau und sagt: Es sind von fünf Brüdern vier nicht wiedergekommen. Sie weint. Die Mitteilung ist unmittelbar, die Frau erzählt das nicht, weil sie etwas beabsichtigt, sie spricht darüber, als wäre es gestern.

VOIGT Was macht man in einem solchen Fall?

KOHLHAASE Man ist sehr still, man fühlt sich, selbst nach so langer Zeit, noch sehr zuständig, und man fühlt sich ermutigt, dass man einen Film macht, der helfen kann, bestimmte Dinge nicht zu vergessen. Obgleich man im selben Moment weiß: Was immer man sagt über diese Zeit, es bleibt viel Ungesagtes.

VOIGT Haben Sie noch umgeschrieben am Drehort, verändert?

KOHLHAASE Ja. Zum Beispiel die Liebesgeschichte hat sich in den Nuancen ziemlich verändert durch das Hinzukommen von Margarita Terechowa. Als wir die Szene schrieben, war ja die Rolle nicht besetzt. Da die Geschichte im Film nicht so sehr viel Platz hat, hat sie keinen langen Anlauf. Sie muss glaubhaft sein, obwohl sie unter damaligen Umständen nicht alltäglich war, strenggenommen sogar kaum möglich. Die Geschichte muss so geschehen, dass man gleichzeitig versteht, dass sie eigentlich gar nicht geschehen dürfte.

VOIGT Was ist passiert mit der Terechowa?

KOHLHAASE Sie hat sich weigern wollen, das so zu spielen. Sie sagte, das hat es nicht gegeben, das war in diesem Krieg nicht möglich, eine Beziehung zwischen einer Russin, die noch dazu Offizier war in der Armee, und einem Deutschen. Aus allem, was ihre Mutter erzählt hatte, wusste sie, was dieser Krieg an Hass notwendig gemacht hat, um überhaupt durchhalten zu können. Wolf hat lange mit ihr gesprochen, er hat ihre Einwände akzeptiert. Aber er hat ihr auch unsere Absicht erklärt. Die Geschichte enthält das Motiv der Hoffnung. Man kann das nicht nur vom Standpunkt der Statistik aus betrachten. Margarita Terechowa hat dann bis ins Detail hinein versucht, die Rolle so zu sehen, dass sie ehrlich spielen konnte: Ein Kuss ist ein Kuss, aber er kann Verschiedenes erzählen, er kann eine Klischeesituation abbilden, er kann wie eine Selbstverständlichkeit erscheinen oder als etwas, was eigentlich nicht erlaubt ist.

VOIGT Das macht deutlich, wie die Beziehung des Schauspielers zum Stoff einen Film beeinflussen kann. Wie sind die vier jungen Hauptdarsteller gefunden worden, wie konnte man ihr Verhältnis zu dem, was sie spielen sollten, testen?

KOHLHAASE Konrad Wolf hat sich an die Situation erinnert, in der er im Krieg selber war. Er musste zuweilen deutsche Gefangene verhören. Er befragte sie nach allem möglichen, nach militärischen Dingen, aber auch nach ihrem inneren Zustand, nach ihrer psychischen und politischen Verfassung. Die Schauspieler bekamen für die Probeaufnahmen deutsche Uniformen von damals. Und dann hat Wolf sie regelrecht verhört, so wie er damals Leute verhört hatte. Er hat ihnen dieselben Fragen gestellt. Und es passierte etwas Verblüffendes: Allein durch die Verkleidung und die Situation, dadurch, dass man zu ihnen sagte »stehen Sie auf« oder »Sie können sich hinsetzen«, gerieten sie in einen Zwang und sie improvisierten aus dieser Lage heraus ihre Antworten. Das war am Ende die ergiebigste Probeaufnahme. Ein heutiger Schauspieler bringt in die damaligen Fragen heutige Haltungen ein. Es entstand ein Bruch, der enthistorisierend wirkte.

VOIGT Als ich Sie um dieses Interview bat, machten Sie zur Bedingung, dass wir nicht über die mutmaßliche Bedeutung des Films reden. Warum wollten Sie das nicht?

KOHLHAASE Ich glaube, dass wir jahrelang zu viel über Bedeutungen geredet haben und zu wenig über Filme. Zu wenig über Schauspieler, zu wenig über die Motivationen der Leute, die Filme machen. Wenn man jemandem zu oft sagt, was ein bestimmter Film bedeutet, dann könnte er auf den Gedanken kommen, den müsste er sich gar nicht erst ansehen, er weiß ja schon alles. Deshalb haben wir eine bestimmte Scheu, auch Konrad Wolf, gerade in dem Moment, wo eine Arbeit in die Öffentlichkeit kommen soll und ihr Publikum suchen muss, schon zu bestimmen: Es bedeutet dies und jenes.

VOIGT Wie möchten Sie denn, dass Ihr Film angesehen wird?

KOHLHAASE Mir liegt daran, dem Zuschauer zu sagen: Sieh mal, hier ist eine Geschichte, die ein paar erstaunliche Wendungen hat. Und in der etwas passiert, was Du vielleicht nicht weißt. In der Leute etwas tun, was man von ihnen nicht erwartet, mit Folgen, die sie selbst kaum voraussehen können. Sieh Dir doch das mal an, wenn Du Lust hast.

VOIGT Sie meinen also, dass man den Zuschauer in einer naiven Erwartung bestärken sollte?

KOHLHAASE Ich meine, dass Leute wenig animiert werden, ins Kino zu gehen wenn sie das Gefühl haben, sie unterziehen sich da einem in erster Linie lehrreichen Unternehmen. Ich würde sogar soweit gehen, zu sagen, man möchte im Kino nichts lernen. Man möchte ganz sicher etwas erfahren. Man möchte eigene Erfahrungen mit Erfahrungen, die einem vorgeführt werden, vergleichen, und man lernt daraus möglicherweise.

VOIGT Der vorige Film, den Sie zusammen mit Konrad Wolf drehten, DER NACKTE MANN AUF DEM SPORTPLATZ, hatte wenig Resonanz beim Publikum.

KOHLHAASE Wenn ein Publikum einen Film nicht ansieht, muss ich die erste Frage nach den Ursachen an mich selbst richten. Vielleicht hat DER NACKTE MANN, was die Kunsthaltung innerhalb des Mediums Kino betrifft, seine Mängel. Ich halte das aber für ein generelles Problem. Ich glaube, wenn wir gegen das Klischee im Kino angehen wollen, obgleich das Publikum an Klischees gewöhnt ist, dann dürfen wir nicht glauben, die Wahrheit allein wird es schon machen. Das ist eine zu ungenaue Haltung. Denn die Wahrheit ist natürlich die wunderbare und unverzichtbare Voraussetzung für ein Stück Kunst, aber sie ist nicht identisch mit ihr. Ich denke, dass das Kino Geschichten erzählen muss; und zwar nicht etwa, weil ein Publikum bedauerlicherweise immer nur Geschichten hören will, sondern weil ich nach wie vor glaube, dass eine Geschichte – sprich eine Fabel – die ästhetische Verarbeitung von einem Stück Wirklichkeit ist. DER NACKTE MANN handelt von Bildhauern, von bildender Kunst, von Plastik. Ein bisschen hat er sein eigenes Sujet erlitten: Eine Plastik steht da und will angesehen sein, lange Zeit. Und muss und darf gar nicht darauf aus sein, dass jemand, der sie ansieht, sofort alle ihre Bezüglichkeiten aufdeckt. Wenn das so wäre, könnte man sie ja wieder wegnehmen. Ein Film aber muss in dreizehn Wochen oder in einem halben Jahr sein Publikum erreichen, oder er erreicht es nie. Für eine Geschichte, denke ich, braucht man beides: Finden und Erfinden. Schlimm sind die Erfinder, die gar nicht erst finden, so entstehen Klischees. Aber wenn man etwas gefunden hat, darf man sich nicht scheuen, zu erfinden im Sinne des Verdichtens, des Bewertens der Fakten. Die Alternative zur Nippfigur ist nicht der Kieselstein, das Unbearbeitete. Denn dann nehmen die Leute die Nippfigur.

1977

Aufgezeichnet von Jutta Voigt. In: *Sonntag* Nr. 8/1977, S. 3

SOLO SUNNY
Ein glückliches Ende ist doch unser aller Hoffnung
Werkstattgespräch vor der Uraufführung

KLAUS WISCHNEWSKI Vieles in den DEFA-Filmen der jüngsten Zeit wirkt wie eine direkte Reaktion auf die Erfahrungen, die im III. Verbandskongress vor zweieinhalb Jahren bilanziert wurden: Unsere Filme orientieren sich bewusster auf das überwiegend jugendliche Publikum, man begegnet öfter Helden mit deutlicher Individualität und Charakterisierung, der Ton ist offener, die Konfliktsituationen sind realer. Und es ist bemerkenswert, dass dabei auch die professionelle Qualität, das Handwerk besser geworden sind. SOLO SUNNY steht heute in einem anderen Umfeld. Zwei Fragen auf einmal: Ist Euer Film auch Folge jener Zuschauerdiskussionen um MAMA, ICH LEBE, und wie seht Ihr die neue Situation und Euren Film in ihr?

KONRAD WOLF Das Bedürfnis nach Gegenwartsstoff ist und war immer bei den meisten von uns da, hatte immer Priorität. Es bedurfte da keiner Überredungen, keiner Forderungen von »Oben« oder »Unten«. Deswegen nehme ich keinen der anderen Filme zurück. Aber das Echo auf MAMA, ICH LEBE, das ja kein negatives war, sondern nur beharrlicher und lauter als sonst auf unser aller Passiv-Saldo verwies, war doch so etwas wie ein letzter Anstoß für mich. Es zeigte alarmierend, dass wir uns nicht aus der

Debatte um das unmittelbare, reale jetzige Leben, das voller Konflikte und Fragen steckt, ausschließen dürfen.

WOLFGANG KOHLHAASE Raum, den wir freilassen, besetzen andere. Das ist ja heute keine Originalweisheit. Es ist fürchterlich, wenn zwei Filmleute sich streiten, in welchen Film die Leute aus besseren Gründen nicht gegangen sind. Es muss Schluss sein mit der stolzen Trennung: Wir machen Filme für das Bewusstsein, die anderen die für den Spaß. Dabei geht auch das Selbstbewusstsein der Branche kaputt. Und das Handwerk sowieso. Ich wage eine leichtsinnig klingende Behauptung – ich bin überzeugt, sie ist gar nicht so leichtsinnig: Wenn wir eine schärfere Auslieferung an die Einspielergebnisse der Filme gehabt hätten, wir wären durchaus eine sozialistische Filmkunst, weil, keiner lässt sein Bewusstsein weg. Sie wäre nur anders. Sozialistische Filme und leere Kinos, das ist keine zwangsläufige Einheit.

WOLF Mir ist jedenfalls nie so deutlich bewusst geworden wie damals, wie sehr und wie schnell die Abstinenz auf dem Feld der Gegenwart die Potenz, die Wirkung und die Glaubwürdigkeit auch der anderen Themen erst beschädigt und schließlich zerstört. Ich halte das übrigens für eine allgemeingültige soziale Erfahrung, nicht nur für ein Problem der ästhetischen Rezeption.

WISCHNEWSKI Die sogenannte Abstinenz war ja auch keine rein ästhetische. Die Reife und Bereitschaft zur geistigen Kommunikation in der Gesellschaft, also beispielsweise zum ehrlichen und gleichberechtigten Dialog zwischen den Zuschauern und Euch, steht vor allen ästhetischen Lösungen, wie dieser »Dialog« geführt, welche Geschichte wie erzählt wird.

WOLF Also das wechselseitige Verhältnis von gesellschaftsbewusster staatsbürgerlicher Haltung des Künstlers und gesellschaftlicher Erwartung und Forderung an ihn. Aber natürlich ist das keine einfache Gegenüberstellung und auch kein säuberliches Nacheinander von gesellschaftlichen Klärungen und ästhetischen Lösungen. Das meinte ich ja, als ich sagte: Lasst uns nicht länger über Filme reden, lasst uns diese Filme machen.

Filme sind Reaktionen, Antworten auf Zustände, Begebenheiten und Forderungen und lösen, günstigenfalls, neue Fragen und Forderungen aus. Das Wichtigste an den neueren Filmen ist, dass dieser Wechselprozess wieder in Bewegung gekommen ist. Zu Deiner Frage: Ich bin ganz froh, dass SUNNY sich messen kann und muss an anderen Filmen, die vorher liefen, die die Leute sich ansehen, über die sie reden. Wir haben eine reichere Palette seit 1978. Wir haben auch eine andere Situation im Parkett. Das Erwartungsklima ist positiver, anspruchsvoller, nicht mehr so skeptisch. Endlich nähern wir uns der Normalität, dass nämlich kein Film für sich allein immer »die DEFA« und »den« sozialistischen Film repräsentieren soll, was es nie und nirgends gibt.

KOHLHAASE Gesellschaftliche Erwartung entsteht doch aus der Erwartung vieler einzelner und realisiert sich auch über sie. Ich bin auch »Gesellschaft« und stehe ihr nicht gegenüber. Wenn wir über Sunny reden, werden wir auch auf diesen Sachverhalt stoßen. Aus diesen mechanischen Antinomien müssen wir heraus. Sie existieren ja auch nicht in der Theorie, sondern als Gewohnheitsschablone.

Natürlich ist die Geschichte der Sunny nicht als Antwort auf die Diskussionen um MAMA, ICH LEBE entstanden. Trotz hartnäckig sich haltender Legenden: So entstehen Geschichten nicht. Wir alle wissen das. Das Material, die Geschichte des Originals der Sunny, gibt es seit langem. Und die Absicht, eine solche Geschichte zu schreiben, ist auch älter. Ich hatte, nach längerer Pause, große Lust, wieder eine Geschichte von Leuten und für die Leute in dieser Stadt Berlin zu erzählen, aus dem Respekt vor ihr und ihrer Realität.

Ich bin in dieser Stadt groß geworden. Sie war nie unter den schönsten Städten der Welt, aber was sagt das darüber, wie in ihr gelebt wird? Da teilt sich nichts in schön und hässlich, in falsch und richtig. Das ist keine Lokalverliebtheit, das ist mit jeder Landschaft so, mit jeder Stadt. Wenn man sie so, wie sie ist, nicht nimmt und lieben kann als Heimat, könnte man es nicht in ihr aushalten. Erfahrungsgemäß halten es die Leute in ihren Städten aus.

WISCHNEWSKI Wie ist es mit dem Verhältnis Konrad Wolfs zu Berlin? Wenn ich frage, denke ich natürlich an ICH WAR NEUNZEHN. Als ich SOLO SUNNY in der ersten Aufführung im Studio sah, hörte ich neben mir zwei junge Leute reden: »Was, das hat Konni Wolf gemacht?« – »Ja. Wieso?« – »Der macht doch ganz andere Filme. Und woher kennt'n der das so?«

WOLF Das ist ein Problem für sich: die vorgeprägten Erwartungsklischees, die man selbst und der Ruf um einen erzeugen. Als ich kürzlich in Moskau während des Festivals auf die immer wiederholte Frage zu antworten versuchte, was ich denn gerade »gemacht« hätte, entdeckte ich plötzlich eine große Schwierigkeit, unseren Film, seine Geschichte und unser Anliegen verständlich und schlüssig zu erzählen. Aber wenn ich das einigermaßen geschafft hatte, stieß ich meist auf ziemlich schweigsame Verblüffung, die kaum über ein »Otschen interessna« hinauskam. Die Fixierung eines Künstlers auf ein Vorurteil, gebildet aufgrund der Filme, die er bisher gemacht hat, ist eine Hürde, die man nehmen muss, wenn man dagegen »verstößt«, was ja eigentlich völlig normal ist. Wer hat von dem Bertolucci des LETZTEN TANGO einen Film wie 1900 erwartet? Oder wie anders ist das Erwartungsmuster »der« Rosi-Filme als jetzt die epische Breite, ja Bedächtigkeit, mit der derselbe Rosi CHRISTUS KAM NUR BIS EBOLI erzählt.

WISCHNEWSKI Erfahrungsgemäß gelingt es jedem guten und ehrlichen Film, jene Hürde des Erwartungsmusters zu nehmen. Jener Kurzdialog drückt ja in diesem Sinn durchaus positives Erstaunen, Beeindruckt-Sein aus und: Benennt er nicht aus der Parkettsicht einen Prozess, den Du im Umgang mit diesem Stoff durchgemacht hast?

WOLF Mein Weg der Annäherung an Wolfgangs Stoff lag zunächst mal direkt auf der Linie einer Fortsetzung der Begegnungen mit jungen Menschen nach unserem letzten Film. Meine Beziehung zu Berlin hat sich tatsächlich ganz anders als bei Wolfgang entwickelt. Ich hatte kein besonderes und kein persönliches Verhältnis zu dieser Stadt als ich nach Berlin kam. Das Grundverhältnis war eher negativ: Aus der Ferne war Berlin das Sinnbild des deutschen Chauvinismus und des Nazismus, und die Ruinen

1945 waren das schreckliche Gesicht einer Stadt, von der Schreckliches ausgegangen war. Berlin und ich heute – das sind beidseitig nicht mehr dieselben. Ich lebe in Berlin, das ist weit mehr, als nur hier angemeldet zu sein und eine Wohnung zu haben. Dennoch lebe ich anders in Berlin als Wolfgang. Er war der Sachverwalter der Würde und des Respekts, meine Haltung die der kritischen Achtung und des offenen Entdecken-Wollens. Beide Sichten sind wohl in den Film eingegangen.

WISCHNEWSKI Aus zwei Gründen frage ich hier nach dem Dritten im Bunde, nach Eberhard Geick, Eurem Kameramann. Menschen, Schauspieler kann man reden lassen, manchmal – nicht in Eurem Film – so viel, dass man sich fragt, warum dazu überhaupt Filmmaterial und -technik bemüht werden. Aber eine Stadt, eine Straße, eine Wohnung, ein Raum sind im Film nur beredt, lebendig durch Sehen und Zeigen, durch das Bild. Dass Geick das hier formulierte Berlin-Verhältnis optisch verwirklicht, sinnlich erlebbar macht, auf mich überträgt, zeigt enorme professionelle Fähigkeit und Empfindsamkeit als Partner von Autor und Regisseur. Aber wie er das macht – übrigens nicht nur im Berlin-Milieu –, das weist ihn als in der Partnerschaft eigenschöpferische Persönlichkeit aus und ließ mich sofort die Frage nach seinem Berlin-Verhältnis stellen.

KOHLHAASE Geick kommt vom Dokumentarfilm. Er arbeitet dort. Kennengelernt habe ich ihn als Kameramann bei meinem Fernsehfilm LASSET DIE KINDLEIN ... Diese Arbeitserfahrung war der Grund, ihn für SOLO SUNNY vorzuschlagen und zu gewinnen. Das ist sein erster Kino-Spielfilm. Er ist jünger als wir, das bringt er mit ein in den Film. Das Gemeinsame ist, wie man Realität sieht und sich zu ihr verhält, nämlich unter anderem als Teil von ihr, was beispielsweise fingerzeigende Polemik fragwürdig macht. Um zu polemisieren, dass es im Herbst kälter ist als im Sommer, mögen wir keinen Film machen. Geick polemisiert nicht mit der Kamera, und er macht keine Modefotos, weder schön noch hässlich, es gibt ja beide Varianten und viele Schattierungen dazwischen. Er sieht und lässt sehen, wo und wie gelebt wird.

WISCHNEWSKI Was immer mehr ist als ein neutrales Statement: Da, so ist es. Ich bekomme immer ein persönliches Angebot für Seh-Entdeckungen.

WOLF Zu Geicks Berlin-Verhältnis: Er lebt dort, wo die Geschichte spielt, er hat ein elementares Verhältnis zu den Dingen und Menschen. Aus Tauben und einer Katze kann man touristisch-artistische Scheiße machen oder einen menschlichen Augenblick, der etwas über das Verhältnis von Mensch, Umwelt, Natur erzählt. Ich glaube, hier ist ein reales, weil objektives und immer individuelles Bild einer Stadt erzählt. Die Klischee-Alternative – das Böse ist im Hinterhof, das Gute in Neubauten angesiedelt – ist nicht möglich. Das wäre ja wie im alten Kintopp: Bei Traurigkeit regnet's, bei Glück scheint die Sonne.

In diesen Hinterhöfen wird gelebt – und zu Ende gelebt. Nicht Romantik – aber Menschlichkeit. Christines Neubauwohnung, ja ein Stück Lösung. Aber auch das alte Berlin ist Lebenswelt: Würde ist überall möglich und Gefährdung auch. So hat auch der Hinterhof mit der alten Fabrik, wo Sunny sich am Schluss bei der neuen Band bewirbt, nichts Deprimierendes, weil menschlich etwas in Bewegung ist, weil da Leben ist ...

KOHLHAASE ... weil diese Bewegung immer auch in der Kamera ist, die Sehbewegung des Mannes hinter der Kamera, im mehrfachen Sinn, als bewegt-sein und sich-bewegen und so mich-bewegen. Ob er das Tanzpublikum in der Dorfkneipe oder das Kontrastmilieu des Interhotels sieht, nie wird auf einen Wert, auf Bewertung hin gedrückt. Die Realität spielt mit, sie wird nicht beschuldigt.

WISCHNEWSKI Das alles beschreibt, was ich die merkwürdige, mir sehr sympathische Realismusqualität Eures Films nennen möchte. Die Grundhaltung, die Ihr im Berlin-Verhältnis und in der Kameraarbeit benennt, gibt ja schon dem Buch den Ton, das Klima, konsequent fortgesetzt in der Besetzung, in der Art, wie die Schauspieler ihre Figuren sehen und spielen, zum Beispiel die ja beileibe nicht idyllische Galerie von Männern, die da um Sunny sind. Sunnys Geschichte ist kein »Fall«, die Künstler sind keine Gerichtsinstanz, und die Kunst ist keine Apotheke, in der die homöopathischen Dosierungen abgewogen werden, mit deren Hilfe solche und ähnliche Konflikte und Schicksale vermieden werden könnten wie Krankheiten. Der Film ist hart – wenn man die Fakten summiert, wenn man hören und sehen kann, hat er es ganz schön in sich – und behutsam. Über allem liegt eine lebenskluge Objektivität, etwas – ja: lächelnd Versöhnliches.

WOLF Ein Stichwort: Versöhnlich oder versöhnlerisch? Behutsam oder leisetreterisch? Dahin geht nämlich der Vorwurf, den manche Kollegen erheben, der mich beschäftigt. Wir seien versöhnlerisch gegenüber den harten Konflikten, würden sie zudecken, statt sie zuzuspitzen, was umso schlimmer sei, weil es ein gut gemachter Film sei.

WISCHNEWSKI Solche Vorwürfe halte ich gerade hier für ungerechtfertigt. Fast möchte ich sagen: Schaut besser hin, hört genauer. Aber die Ursachen-Skala reicht da doch von legitimen Unterschieden der Lebenssicht, die sich in Filmen unterschiedlicher Art äußern können und sollen, bis zu immer noch und wieder unaufgeklärten ästhetischen Missverständnissen.

WOLF Missverständnis oder Polemik oder Meinungsverschiedenheiten – wir müssen im Umgang mit unseren Produkten sorgsamer, behutsamer werden. Realistischer! Ich werde unruhig, wenn Alternativen aufgerissen werden, die es gar nicht gibt. Ich begrüße und verteidige jeden Film, der ein reales Problem unseres Lebens aufgreift und das Publikum erreicht, bewegt. Und wenn andere durch ihr Material und durch ihr Temperament veranlasst sind, ihre Geschichten mit auch äußerlich zugespitzter Dramatik zu erzählen, respektiere ich das als polare Partnerschaft zu meiner Arbeit. Vielfalt ist doch kein Schlagwort. Je vielstimmiger unser konkreter Dialog mit dem Zuschauer, desto stimmiger und nützlicher!

Die bisherigen Reaktionen auf SOLO SUNNY in Kollegenkreisen waren überraschend gut, aber über seine Wirkung beim Publikum wage ich keine Prognose. Es würde mich stören, wenn er nicht beunruhigen würde, weil Beunruhigung ein notwendiges und produktives Element unserer

Selbstverständigung und meiner gesellschaftlichen Nützlichkeit ist. Aber mit der Brechstange – ich kann's und will's nicht. Zum Beispiel: Für mich ist die schleichende, alltäglich-selbstverständliche Brutalität in den Beziehungen viel aufregender und bedrohlicher als jeder unverhüllte Extremfall. Diese Mischung aus Gleichgültigkeit, Empfindungsarmut, Ich-Bezogenheit, aus der sich Katastrophen vorbereiten, deren Ursachen dann keiner mehr entschlüsseln kann. Sunny muss ihrem Bewerber Harri wehtun – mit wie viel Zögern und Vorsicht tut sie das. Und was ist es für eine Ungeheuerlichkeit, wenn der geliebte Ralph ihr sagt, sie hätten »keine Verabredung« für den Umgang miteinander. Er hat einfach übersehen, dass sie durchaus eine Verabredung mit ihm eingegangen ist.

KOHLHAASE Er hat auch nicht begriffen, wie irre groß und klug das war, als sie ihm anbot, »ein Kind zu produzieren«, seins, für ihn.

WISCHNEWSKI Ihr Rausschmiss aus der Kapelle: Da beruft man sich auf eine Verabredung, dass jeder jederzeit aussteigen könne, und bemäntelt damit die Intrige gegen Sunny, die sich bei zwei Männern unbeliebt gemacht hat. In aller Freundlichkeit – Restlohn und einen Bartermin für eine Woche Übergang – was war? Nur eine Gemeinheit, eine von Männern. Wie gehen wir miteinander um?

WOLF Jemand hat gesagt: Ihr gönnt der Sunny kein Glück. Da ist die andere Frage: Ihre unfreundliche, fremde Umwelt – ist die Gesellschaft schuld, wenn sie nicht zurechtkommt? Oder liegt es auch an ihr? Sind wir unkritisch ihr gegenüber? Überfordert sie die Leute? Ist sie »Extremistin«, »Maximalistin«?

WISCHNEWSKI Zum Realismus des Films gehört für mich, dass sich mir während des Ansehens solche Fragen nicht stellen: Hier hätte sie so, dort anders handeln müssen, dann wäre ... Sie fordert sich, daraus resultieren ihre Erwartungen, Empfindlichkeiten mit allen Folgen. Ich sehe: Es ist schwer, zu leben. Und: Sehnsucht ist wichtig. Und: Sunny will gebraucht werden. Ganz. Insofern ist sie so etwas wie eine »Maximalistin«.

KOHLHAASE Die Frage nach »Schuld« und »der« Gesellschaft ist schon schwierig. Gesellschaft, das sind real viele einzelne, darauf macht die

Geschichte aufmerksam. In deren Alltag realisieren sich ihre und unser aller Möglichkeiten. Und zeigen sich die Grenzen. Am Stoff ist wichtig: Verständnis zu wecken dafür, dass mit dem großen, prinzipiellen Unrecht der bürgerlichen Gesellschaft nicht zugleich Ungerechtigkeit und Gefährdung für den einzelnen verschwunden sind. Das Mädchen, das »Original« der Sunny, lebt in einer anderen Welt als du und ich, mit ganz anderen Gefahren. Auf so einem Hof kannst du vergessen werden, verkommen. Da gilt besonders, was überhaupt gilt: Wie viel Mut braucht man, um von sich eine eigene Idee, eine Vorstellung zu haben, zu finden und zu behalten.

WISCHNEWSKI Sie sagt einmal: »Man muss doch auch eine Persönlichkeit sein können, ohne berühmt zu sein.« Ihr Warten auf das Solo ist also nicht einfach Warten auf Ruhm.

KOHLHAASE Das ist ein zentraler Satz bei ihr. Ich hätte gern die Maximalistin vom Tisch. Sie will in aller Unbescheidenheit etwas ganz Normales. Sie will gebraucht werden und bietet sich an, sie will brauchbar sein, in der Arbeit, in der Liebe – und dazu gehört, sie will respektiert sein.

WISCHNEWSKI Dieses »brauchbar« ist also mehr als »hineinpassen«, passend sein, sich anpassen.

KOHLHAASE Es ist das Gegenteil. Probleme und Konflikte junger Leute liegen oft in der Frage: Brauchen die mich oder brauchen die einen? Deshalb wird das Solo in der Bar für sie zur Niederlage, weil die Leute nicht sie wollen, sondern irgendeine Musik, und deshalb ist das fremde Mädchen in Ralphs Bett, ist noch mehr dessen anschließende Entschuldigung, eine Katastrophe.

WOLF Normal, maximal, extrem – was ist »normal«? Es ist zu allgemein, zu sagen: »Es ist schwer zu leben«. Es ist ja auch ganz einfach. Harri, der Taxifahrer, der seine Mark macht und nur noch die richtige Frau braucht, nämlich Sunny, ist nur ein Beweis im Film. Auch das ist normal, die Anpassung an Mittelmaß-Normen. Und die das tun, sind keine schlechten Menschen, das wäre zu billig und ginge am Leben vorbei. Schwer ist es erst, wenn man andere Ansprüche an sich und Vorstellungen vom Mensch-Sein und entsprechende Erwartungen an andere Menschen hat. Harri begreift sie nicht, und vielleicht sagen auch Zuschauer: Verrückte Zicke, soll sie doch nehmen, was zu kriegen ist, was will sie denn!

KOHLHAASE Wer weiß schon genau, was er will. Wichtig ist, groß ist, dass sie weiß, was sie nicht will. Manchmal ahnt sie es nur, aber das genügt für sie, zu handeln. Wenn sie mit einem nur schlafen wollte, schmeißt sie ihn am nächsten Morgen raus, aber für Ralph und von Ralph will sie alles. Wenn sie Geld hat und fröhlich ist, kauft sie groß ein, spendiert, schenkt. Unser Respekt vor ihr liegt auch in ihrer Selbstverständlichkeit begründet, ihrer Naivität. Das ist elementar. Sie muss Konflikte austragen, kann nicht reflektieren und verarbeiten. Ihre Absage an Harri ist grundsätzlich, er kann nichts dafür. Seine Haltung, wo sich der Begriff »schön« nur auf Geld, Essen, Trinken anwenden lässt, ist tödlich für sie.

WISCHNEWSKI Aber sie entdeckt auch an Ralph: »Deine Füße sehen so zufrieden aus.«

KOHLHAASE Ralph reflektiert, er verdrängt. Er sagt ihr ja mal: »Wer nichts vergisst, hat nichts verarbeitet«. Das ist richtig, aber er kann auch sie verarbeiten. »Leute wie du lutschen Leute wie mich ganz schön aus«, das ist eine schlimme Entdeckung für sie. Die Sache mit dem Messer, die Absicht, ihn zu töten, über der sie einschläft, ist nicht bloß komisch.

WISCHNEWSKI Eine verschlafene Totschlagsabsicht, ein missglückter Selbstmord – wie viele Tragödien finden nur »fast« statt. Für den, der sie durchlebt, haben sie stattgefunden. An der Oberfläche blieb alles ruhig. Der Film erzählt davon, was darunter vorgeht.

KOHLHAASE Wenn ich eine Kurzauskunft über die Geschichte geben sollte, würde ich sagen: Der Roman einer Schlagersängerin, eine Geschichte von Liebe suchen, Liebe finden, auf die Fresse fallen, wieder aufstehen. Da sie nicht gestorben ist, wird sie – kräftiger, wünschen wir ihr – weiterleben. Christine sagt zu ihr: »Du bist nicht allein.« Das ist wahr.

WOLF Aber gerade Christine empfindet ihr Alleinsein, und das Gespräch ist für beide Überwindung von Einsamkeit. Es gibt ja in der Geschichte viele Momente der Solidarität, kleine, alltägliche, wie ja auch die gegenteiligen Momente alltäglich, klein erscheinen. Diese Szene der beiden Frauen ist ein ganz wichtiger Beweis für Solidarität.

WISCHNEWSKI Zwei Frauen – inwiefern steckt in der Geschichte spezifische Frauenproblematik? Sie hat mit Gleichberechtigung im engeren Sinn wenig zu tun. Andererseits: An der Geschichte eines jungen Schlagersängers statt einer Sängerin ist das alles nicht erzählbar!

KOHLHAASE Allgemein gesprochen, geht es um Emanzipation im weiten, grundsätzlichen Sinn. Um den Grad wirklicher Menschlichkeit in den Beziehungen. Männer passen sich viel mehr und leichter den Konventionen an, die aus Zeiten stammen, da die Männer überhaupt und allein das Sagen hatten. Frauen melden viel deutlicher in ihrem eigenen den allgemeinen Anspruch auf Veränderung an. Vorausgesetzt, sie wollen mehr als Frauenrechtlerinnen. Eine Frau, wenn sie sich entschließt, ein Mann zu sein, wird integriert, akzeptiert. Aber wenn sie auf ihrer Besonderheit beharrt, dann beginnen die Schwierigkeiten. Das ist Sunnys Problem.

WOLF Wir bieten diese Haltung an, stehen zu ihr. Aber darin ist auch die Frage: Wird so ein Mensch sich nicht nach Erfahrungen und Entdeckungen, nach all der Selbstbehinderung auch selbst korrigieren, ohne sich aufzugeben? Wenn sie sich am Schluss bei den jungen Leuten vorstellt, weiß ich doch, dass sie weiter ist, als die Forschheit ihres Auftritts sehen lässt. Ich lächle über sie, mit großer Sympathie. Ich will, dass sie nicht nur wieder aufgestanden ist, sondern weitergeht. Ich glaube, ich möchte, dass sie durchkommt. Man gönnt es ihr.

WISCHNEWSKI Dieses Lächeln über sie und mit ihr, auch in ganz schlimmen Momenten, geht durch den Film und ist übrigens auch ein Element der Solidarität und der Solidarisierung des Zuschauers mit der Heldin, ein wichtiger ästhetischer Faktor.

WOLF Das ist eine Geschichte, die Mut zum Leben macht, gerade am Rande der Verzweiflung und gerade am Beispiel der Alltäglichkeiten. Optimismus – ohne Banalisierung, »Lebenshilfe«, »Happy End« sind Begriffe, mit denen wir uns schwer tun oder es uns leicht machen. Ihretwegen an den Wahrheiten vorbeizusehen ist genauso gefährlich, wie sie »im Namen der Wahrheit« verdächtig zu machen.

Bei meiner Annäherung an den Stoff hatte ich Zweifel: ist die Geschichte einerseits tief genug, ist sie andererseits zu »exotisch«? Wie ist das mit der Nähe zum Zuschauer? Ist Sunnys Beruf eine Hemmung, sich mit ihr zu identifizieren?

WISCHNEWSKI Der Beruf zieht an, die Person interessiert. Die Sehnsucht nach dem »Solo« als Grundmotiv ist so eine ganz reale, messbare, professionelle Sache und ist zugleich als Metapher unaufdringlich, übersetzbar.

KOHLHAASE Als Sängerin im Unterhaltungsgeschäft bist du jeden Abend ganz allein auf dich gestellt. Das ist für die Geschichte wichtig. Der Beruf ist keine Hemmung – keiner ist Rotkäppchen. Im Kino sind es oft die unerreichbaren Leute und Berufe, über die eine Sache funktioniert. So schön sein, so tapfer, wie keiner ist. Kitsch und Realismus scheiden sich an der Frage, ob es von dort aus aufeinander zugeht oder in die Traumferne.

Noch zum Happy End. Das ist nicht nur Routine, Klischee, Kitsch. Was heißt denn »Happy End«? Glückliches Ende. Und ein glückliches Ende ist doch unser aller Hoffnung. Dass das platt sein kann, ist kein Gegenargument. Traurigkeit und Hoffnung gehören zusammen.

WOLF Worauf gründet sich die Hoffnung?

KOHLHAASE Indem ich sie an unsere Zuständigkeit delegiere. Indem ich Sunny vorstelle, auf ihre Ansprüche und Sehnsüchte und Schmerzen aufmerksam mache. Indem ich das zu unserer Sache mache.

WOLF Und genau da liegt die gesellschaftliche Relevanz der Geschichte und der Figur. Unsere Gesellschaft, der Sozialismus, ist auf Dauer nicht nur darauf zu orientieren, die menschliche Erwartung, den Persönlichkeitsanspruch und das Angebot so einer Sunny zu dulden oder auch anzustreben. Sie ist auf Dauer angewiesen auf solche Charaktere. Die realen Bedingungen, unter denen der Sozialismus sich entwickeln und behaupten muss, verlangen da einen langen Atem. Das heißt aber nicht, fromm zu warten und sich auf die Notwendigkeiten des Tages herauszureden. Wir müssen Mut machen auf solche Menschen und Entwicklungen, wir müssen sie ermutigen – und uns.

1980

Werkstattgespräch mit Konrad Wolf, Wolfgang Kohlhaase und Klaus Wischnewski vor der Uraufführung von SOLO SUNNY. In: *Film und Fernsehen* Nr. 1/1980, S. 10 ff.

DER AUFENTHALT
Zwei Briefe
Auszug aus einer Diskussion mit Schülern

Brief an Kurt Hager

Berlin, den 28. Januar 1983

Lieber Genosse Hager,
leider konnte ich an der Besprechung am Mittwoch früh nicht teilnehmen, deshalb ein paar Gedanken auf diesem Weg, in der Hoffnung, sie könnten in der Sache vielleicht nützen.
1. Es sind in Polen zu diesem Film Emotionen denkbar, die von Argumenten nicht berührt werden. Sie sind zu respektieren, aber nicht zu übertragen auf andere Orte und anderes Publikum.
2. Kants Roman ist in verschiedenen Ländern erschienen, darunter in der Sowjetunion, ihm ist vielfach bestätigt worden, dass er ein Beitrag zum Geschichtsverständnis aus antifaschistischem und sozialistischem Geist ist und dies gerade im Verhältnis zu Polen. Der Film ist von gleicher Art. Wollte man ihn antipolnisch nennen, müsste ich mich entschieden

dagegen verwahren, auch im Namen von Frank Beyer und aller, die an ihm mitgearbeitet haben. Es kann nur geredet werden über die Befürchtung, der Film könne antipolnisch wirken. Eine solche Wirkung darf nicht unterstellt, sie müsste festgestellt werden.

3. Der Film ist von der Kritik in der DDR mit ungewöhnlicher Einmütigkeit wegen seiner politisch-künstlerischen Wirkung begrüßt worden. Ich habe bisher an fünf Publikumsdiskussionen teilgenommen, die zum Teil durch Rundfunkaufnahmen belegt sind. Es gibt nicht den geringsten Hinweis auf antipolnische Tendenzen. Es gibt stattdessen eine betroffene Verurteilung der faschistischen Verbrechen in Polen, Erwägungen über Schuld und Mitschuld so vieler Deutscher in jenen Jahren, die Würdigung der polnischen Haltung als einer Position der Gerechtigkeit, die um so bewunderungswürdiger ist, weil es schreckliche Gründe gab für Feindschaft und Hass. Der Film wird vor allem als eine deutsche Geschichte verstanden, die Polen erscheinen in ihm als die Vertreter des Weltgewissens. Solche Gedanken haben viele Zuschauer, vor allem auch junge Leute, geäußert und haben erklärt, dass der Film sie tief bewegt. Wir können und sollten versichern, dass wir die Resonanz des Films weiter beobachten werden, und dass wir reagieren werden, wenn, in der DDR oder anderswo, der Film missbraucht oder auch nur missverstanden werden sollte. Ich sehe bisher keinen Grund zu der Annahme, dass dies geschehen könnte.

4. Die geforderte Zurückziehung des Films von den Westberliner Filmfestspielen würde unsere Haltung gänzlich unglaubwürdig machen. Es ist schon so, wie Kant sagt, man kann nicht etwas schwanger sein. Wir können diesem Film nicht seine politischen und künstlerischen Qualitäten innerhalb der DDR bestätigen und sie ihm außerhalb nicht zutrauen. Wir können den Film nicht hier leben und ihn dort als verdächtig erscheinen lassen. Die Zurückziehung hätte letztlich den Verzicht auf jede Verbreitung des Films im Ausland zur Folge. Das würde ihm rückwirkend auch bei uns in einen zwiespältigen Ruf bringen. Regisseur, Autor und die Schauspieler, die Leitung des Studios und des Filmwesens,

die politische Öffentlichkeit und das Publikum, wir alle müssten uns mit einigem Misstrauen fragen, wer wir eigentlich sind.

Ich rede nicht von dem Schaden, den wir in vielfacher Hinsicht bei einem spektakulären Rückzug nähmen, ich bin in dieser Hinsicht der Meinung von Mäde.

Mit sozialistischem Gruß!

(Wolfgang Kohlhaase)

In: Nachlass Kurt Hager Bundesarchiv / SAPMO DY 30 / 27359

Brief an den polnischen Botschafter

Frank Beyer, Wolfgang Kohlhaase 14. Februar 1983
An den Botschafter der Volksrepublik Polen in der DDR
Genossen Maciej Wirowski

Sehr geehrter Genosse Botschafter,
wir haben mit Bedauern und Betroffenheit erfahren, dass Sie unseren Film DER AUFENTHALT zum Gegenstand eines Protestes bei der Regierung der DDR gemacht haben. Die daraus resultierende Zurückziehung des Films von den Westberliner Filmfestspielen schädigt unser Ansehen und unsere Arbeit, die Spekulationen, die um diesen Vorgang entstehen, nützen weder Ihnen noch uns.

Wir bedenken Ihre Motive, aber wir verstehen nicht die Rigorosität Ihres Schrittes.

Der Film ist nach dem gleichnamigen Roman von Hermann Kant entstanden, der inzwischen in fünf Ländern erschienen ist, darunter in der Sowjetunion mit einem Vorwort von Konstantin Simonow. Antipolnische Tendenz ist ihm nirgends nachgesagt worden. Er wurde vor allem als eine deutsche Geschichte verstanden, eine Darstellung der Entmenschlichung im Faschismus, und auch als ein Beweis mehr für die vielfältige Schuld, die Deutsche in Polen auf sich geladen haben. Der Film ist von gleicher Art.

Es gibt, wie wir gehört haben, zu dem Roman kontroverse Meinungen in Ihrem Land, es ist selbstverständlich die Sache polnischer Verlage, ihn zu veröffentlichen oder nicht. Auch was den Film angeht, maßen wir uns nicht an, über Gefühle zu urteilen, die er in Polen berühren könnte, obwohl wir hoffen, es ließe sich bemerken, dass er Schuld und Sühne in die richtige Beziehung setzt.

Wir denken aber, es ist fragwürdig, eine mögliche Reaktion in Polen zu übertragen auf andere Orte und anderes Publikum. Die Befürchtung, dieser Film könnte innerhalb oder außerhalb der DDR antipolnisch wirken, darf nicht unterstellt, sie müsste festgestellt werden.

Sicher sind Ihnen die Rezensionen aus der DDR und auch die aus der Bundesrepublik zugänglich, sie ergeben ein Bild der bisherigen Resonanz des Films. Es gab bis jetzt mehr als zehn Publikumsdiskussionen mit weit über tausend Teilnehmern. Es findet sich kein Hinweis auf antipolnische Wirkungen. Stattdessen gibt es eine Verurteilung der faschistischen Verbrechen in Polen, Erwägungen über Schuld und Mitschuld so vieler Deutscher in jenen Jahren und die Würdigung der polnischen Haltung als einer Position der Gerechtigkeit, die um so bewunderungswürdiger ist, weil es schreckliche Gründe gab für Feindschaft und Hass. Solche Gedanken haben viele Zuschauer, vor allem auch junge Leute, geäußert und haben erklärt, dass der Film sie tief bewegt.

Wir würden Ihnen Belege solcher Diskussionen gern zur Verfügung stellen. Wir würden es auch begrüßen, ein Gespräch mit Ihnen führen zu können in der Hoffnung, Gegensätze aufzuheben oder wenigstens zu relativieren.

Mit sozialistischem Gruß
(Wolfgang Kohlhaase) (Frank Beyer)

In: Frank Beyer, *Wenn der Wind sich dreht. Meine Filme, mein Leben.* München 2001, S. 408/9

Auszug aus einer Diskussion mit Schülern

WOLFGANG KOHLHAASE … Wenn man sich entschließt, aus einem so umfangreichen Roman einen Film zu machen, ist einem klar, dass man eine Menge verliert. Man verliert quantitativ, man muss bestimmte Sachen weglassen. Wenn Sie Buch und Film kennen, werden Sie bemerkt haben, dass der Film einen anderen Ansatzpunkt hat. Er nimmt aus dem Roman die zugespitzteste Passage: den Aufenthalt im Gefängnis. Er fängt damit an und hört damit auf. Das war meine Idee zu dieser Verfilmung. Aber außerdem verliert man ja noch etwas anderes. Gerade bei Hermann Kant spielen Reflexionen, Gedanken und umfangreiche Dialoge eine große Rolle. Das konnte ich auf keinen Fall alles in den Film nehmen. Gedanken kann man, wenn Sie sich an Ihre Filmerlebnisse erinnern, in der Regel filmisch ohnehin nicht darstellen. Man kann nur zeigen, was Leute tun, ihre Beziehungen zueinander. Natürlich gibt es Filme mit so einer Gedankenstimme, das haben Sie sicher auch schon gesehen. Das ist meist kein erstklassiges Mittel, weil es zu einfach ist, das, was eine Szene als Handlung nicht enthält, durch einen gesprochenen Kommentar zu ersetzen.

Im Roman ist eine Frage besonders wichtig, der Niebuhr sich zunehmend stellt: Wenn er im Sinne dieser Beschuldigung, dieses Verdachts, der hier besteht, unschuldig ist, inwieweit ist er in einem anderen Sinne doch schuldig? Oder mitschuldig? Der Niebuhr, der am Ende unschuldig entlassen wird, weiß, dass er in einem größeren Zusammenhang nicht unschuldig ist. Er geht als ein anderer Mann aus dem Gefängnis heraus, als er hineingekommen ist.

Das ist etwas, was sich allmählich, über eine lange Strecke im Roman entwickelt. Wir mussten überlegen, wie man das spielbar machen kann. Weil es doch nicht so interessant ist, wenn Leute sich das gegenseitig erzählen, noch dazu in einer Zelle. Ich kam darauf, eine neue Figur zu erfinden. Dieser Junge ist sozusagen so etwas wie ein Spiegelbild von Niebuhr. Ein Mann, der nicht viel älter ist als er, ein Mann, der sich auch für verwechselt erklärt. Wie sollen die Polen nun herausfinden, warum der eine verwechselt ist und der andere nicht? Es wirft auch ein Licht auf die Schwierigkeit der Polen, die Wahrheit herauszufinden. Denn auch der andere hat ein unschuldiges, nicht unsympathisches Gesicht. Das ist der eine Aspekt der Figur.

Der andere Aspekt ist, dass dieser Junge mit Grund da drin sitzt. Er ist in etwas Schreckliches verwickelt. Niebuhr hat so etwas nicht getan, aber – vielleicht hat er auch nur Glück gehabt? Es ist kein Verdienst von ihm, er war in einer besseren Lage. Er war weniger lange Soldat, zu so etwas ist er nicht befohlen worden. Aber diese Figur erlaubt mir, den Gedanken auszudrücken, dass es bei Niebuhr ähnlich hätte sein können. Er hat Pech gehabt, dass man ihn verwechselt hat, aber er hat Glück gehabt, dass man ihn nur verwechselt hat, dass er tatsächlich grundlos in diesem Keller sitzt. Das ist ein zweiter Gesichtspunkt für diese neue Figur.

Ein dritter Moment war, dass ich die Lebensgefahr, in welcher Niebuhr schwebt, zeigen wollte. Über die wollte ich nicht nur sprechen, ich wollte sie zeigen. Der Galgen, an dem er zweimal vorbeigeht, der ist nicht nur angedroht, der funktioniert. Und dafür war diese Figur auch gut. Ich wollte nicht, dass man einen von den älteren Männern hängt, an denen der Zuschauer nicht in der gleicher Weise interessiert sein würde. Das sagt sich ja so: wenn's den trifft ... Ich wollte es den Zuschauern nicht so leicht machen. Sondern ich wollte es einen Jungen treffen lassen, wo man fragt, warum der als erster, warum gerade der? Man versteht, wenn er das Gasauto gefahren hat, dann muss er bestraft werden. Ich wollte aber zeigen, dass auch gerechte Strafe bitter ist. Ich wollte den Gedanken ermöglichen: Mensch, aus dem hätte auch was Besseres werden können. Eine zusätzliche Figur, eine Rolle für einen Schauspieler, damit sich die moralische Problematik des Romans darstellen lässt.

SCHÜLER Hermann Kant sieht den Mark Niebuhr mehr oder weniger satirisch. Sie betrachten ihn realistisch und hart. Warum?

KOHLHAASE Das hat zwei Gründe. Ich sage mal den subjektiven Grund. Einen Film machen mehrere Leute: der Regisseur, hier Frank Beyer, der Kameramann, am Ende auch die Schauspieler. Letztlich arbeitet man gemeinsam, und wenn es gut geht, arbeitet man auch in die gleiche Richtung. Und da hat uns die härtere Geschichte mehr interessiert.

Aber es kommt etwas anderes dazu. Wenn Sie sich an den Roman erinnern, so ist er rückblickend erzählt. Der Mann Mark Niebuhr erzählt irgendwann zu einem späteren Zeitpunkt. Das heißt: das Buch ist aus einer Haltung geschrieben, wo das, wovon es handelt, schon vorbei ist. Wenn Sie das noch parat haben und sich an einige Kapitel erinnern, wie die anfangen, das hat immer einen Klang von Vergangenheit. Kant verwendet oft doppelte Vergangenheit. Etwa so: Es war aber in jenem Frühling eine Woche gewesen, da haben wir uns erinnert ... Solche Wendungen schaffen Distanz – das war einmal, das ist vorbei. Diese Distanz hätten wir im Film nur schwer herstellen können, wir wollten sie aber auch nicht. Wenn man sich ins Kino setzt, geschieht nicht etwas Vergangenes.

Selbstverständlich ist die Geschichte Vergangenheit, aber die Erlebnisebene des Zuschauers heißt »jetzt«. In diesem Moment passiert es: jetzt steht einer am Bahnhof, jetzt wird einer rausgeholt, jetzt wird einer ins Gefängnis gesperrt – es ist immer »jetzt«. Der Film ist nicht aus dem Rückblick gemacht. Dadurch wird die Geschichte geradliniger, naiver, härter, weniger spielerisch, sie wird direkt erzählt und nicht mit vielerlei Kunst immer mal wieder indirekt.

Wenn aber die Geschichte so anfängt, was ist dann glaubhaft? Mit dem ersten Teil des Romans, den wir weggelassen haben, kann man im Kino ja nicht rechnen. Ich dachte, die Geschichte ist glaubhaft, wenn dieser Junge wirklich nicht durchsieht. Der hat wenig Zeit für Ironie. Der muss sehen, dass er mit dem Rücken an die Wand kommt, der muss sehr vorsichtig sein, denn Dresche kann es hier geben, und Dresche kann es dort geben. Er muss versuchen, zu verstehen, was ihm geschieht. Der Logik einer solchen Ausgangssituation folgend, ergab sich eine andere Erzählweise, ein stiller Junge, weniger tüchtig mit dem Wort, weniger tüchtig überhaupt.

Er muss ja immer erst sehen: Wer sind die anderen? Wer sind die andern auf der polnischen Seite, wer sind die anderen in der deutschen Zelle? Eigentlich war diese andere Tonlage eine Konsequenz des Gedankens, den Roman zu verfilmen. Aber wir haben natürlich immer vorgehabt, die essentielle Mitteilung des Romans zu erzählen. Wir haben nicht gegen den Roman erzählt.

Die Statistik sagt, dass 50 oder 60 % aller Filme auf der Welt nach Literaturvorlagen gemacht werden. Das ist sicher oft eine Geschichte der Enttäuschungen. Wenn ein Film versucht, einen Roman Seite für Seite abzubilden – Frank Beyer sagte immer: Nachhilfestunden für Lesefaule – dann geht meist der Roman verloren und kein Film kommt zustande. Der Film muss seine eigene Gangart versuchen. Wie weit das hier geglückt ist, müssen Leser und Zuschauer entscheiden. Ich habe die verschiedensten Meinungen dazu gehört. Wir haben Leute getroffen, die gefragt haben: Wo ist denn diese schöne Stelle aus dem Roman? Oder die gesagt haben: Im Roman hat mir das ja viel besser gefallen. Oder die den Roman kannten und den Film trotzdem mochten, oder die den Roman kannten, den Film aber besser fanden, oder die den Roman nun lesen wollen, nachdem sie den Film gesehen haben.

SCHÜLER Ich glaube aber, dass die Gesamtaussage über die Bewusstseinsentwicklung Mark Niebuhrs vom Zustand des Nicht-denken-Könnens zum Zustand des Sich-mitschuldig-Fühlens oder des Nachdenken-Könnens aus dem Film schwer entnehmbar ist. Künstlerisch ist das sehr gut gemacht, die Dialoge und auch die Entscheidung, diese innere Stimme nicht zu verwenden. Dennoch gibt es andere Filme, wie DIE VERLOBTE zum Beispiel, in denen das sehr gut gemacht wurde und die doch ungemein bewegt haben.

KOHLHAASE Der Film hat sich nicht vorgenommen, die allmähliche Entwicklung Niebuhrs zu erzählen. Das ist im Roman stärker. Da haben Sie völlig Recht. Der Film hat sich eher vorgenommen, zu erzählen, wie ein Deutscher bald nach dem Krieg und ausgerechnet in einem polnischen Gefängnis eine Art von innerer Freiheit gewinnt, nämlich die

Art Freiheit, sich von dem Vaterland, das ihm in diesem Keller begegnet, zu verabschieden. Zu diesem Zeitpunkt verlässt der Film diesen Mann. Ich habe nichts dagegen, wenn der Zuschauer mit Fragen aus dem Kino geht. Wenn er nur die Vorstellung gewinnt, dass dieser Mann nach diesem Gefängnis anders weiterleben wird. Er wird wohl ein anderer werden müssen. Ich will es dem Zuschauer nicht abnehmen, darüber nachzudenken, in welche Richtung das gehen könnte.

SCHÜLER Mir erschien der Kraftfahrer Fenske sehr sympathisch dargestellt, ziemlich naiv, Objekt des Faschismus. Sein Interesse für Autos führte ihn nach Auschwitz und ließ ihn Fahrer eines Todeswagens werden. Ist es gerecht, diesen Jungen, obwohl er sich nicht klar ist, was er tat, zum Tode zu verurteilen?

KOHLHAASE Wir haben ungefähr beschrieben, was er macht. Er hat an Massentötungen teilgenommen. Natürlich als die letzte Hand in dieser Maschinerie, aber einer muss die letzte Hand haben. Ich glaube, dass ein Mensch verantwortlich ist für das, was er tut, auch, wenn man erklären kann, durch welche Verwicklungen es mit ihm dahin gekommen ist. Aber wenn Sie daraus die Frage ableiten: Sind nicht ganz andere Leute viel schuldiger als er – das möchte ich ja, dass man sich das fragt. Wissen Sie, die alte Redensart »Die Kleinen hängt man, und die Großen lässt man laufen« ist ja immer noch eine Wahrheit der Welt. Darüber soll man nachdenken, dazu braucht man eine moralische Position. Andererseits: Wenn so Schlimmes passiert ist, wie im letzten Krieg in Polen, wenn so viel Hass entstanden ist, weil so viele unschuldige Menschen umgebracht worden sind, und es kommt die Zeit der Strafe und der Abrechnung, da sind Leute für weniger gestorben als dieser LKW-Fahrer. Auch das muss erzählt werden.

Es wäre doch sehr einfach, wenn die Gerechtigkeit immer auf Samtpfoten kommt. Oder wenn die bösen Menschen auch die unsympathischen sind und die guten Menschen die sympathischen. Natürlich, der Junge zahlt den höchsten Preis, den er zahlen kann, und er zahlt ihn zu Recht. Denn was soll man tun im Jahre 1946 mit einem, der Hunderte von

Leuten getötet hat? Es ist schrecklich, dass es mit ihm dahin gekommen ist, und es ist schrecklich, dass es dieses Ende mit ihm nimmt. Beiden Gedanken nebeneinander muss man sich stellen. Das ist unbequem, aber es ist so.

SCHÜLERIN Sie sagten vorhin, dass Mark Niebuhr zwar nicht an den Verbrechen schuldig ist, die man ihm vorwirft, aber dass er in einer größeren Dimension schuldig ist. Wie charakterisieren Sie diese größere Dimension? Und glauben Sie, dass es statthaft ist, diese Frage nach einer Teilschuld und nach einer vollkommenen Schuld überhaupt zu stellen? Zum Beispiel, dass Mark Niebuhr nur teilschuldig ist und der Gasmann völlig schuldig.

KOHLHAASE In jedem Fall und in jeder Geschichte stecken übergreifende Fragen. Wenn man an die Nazizeit, an den Faschismus denkt, ist es das Fatale, dass Millionen Menschen in Deutschland an ihn geglaubt haben, an ihm beteiligt waren, und dass dies nicht nur die Bösen waren – so viel Böse gibt's ja gar nicht, wie hätte sich das halten können bis 1945 –, sondern man hatte natürlich auch die Guten dabei. Man hatte die Mehrheit dabei! Durch Verführung, durch Terror, am Ende auch durch Angst – die Leute waren an diesem Krieg beteiligt, und sie fürchteten sich vor seinem möglicherweise schrecklichen Ende. Das Schlimme war ja, dass die Nazis Massen hinter sich hatten. Man hat die Leute auch an ihren Tugenden ins Unglück geführt. Sie waren fürs Vaterland, sie hatten eine Menge richtiger und falscher Dinge nebeneinander im Kopf, sie waren tapfer, sie verteidigten etwas, sie hatten ein falsches Weltbild, sie lebten mit Denk- und Gefühlsklischees, antisowjetischen, antijüdischen, antipolnischen. Sie waren das Produkt einer bestimmten Zeit und auch einer bestimmten Schule, eines bestimmten Umfeldes.

Insofern war jeder auf eine bestimmte Weise schuldig. Es wäre nicht gegangen ohne die Vielen, die eigentlich nichts Böses machen wollten, aber die gesellschaftliche Maschinerie war böse, in der sie drin steckten, und sie halfen, sie in Gang zu halten. Es geht nicht darum, dem Niebuhr eine Schuld zuzusprechen, die ihm die Zukunft blockiert. Wenn er etwas lernen muss aus dieser Zeit, dann ist es das, dass er seine Mitschuld begreift und seine künftige Verantwortlichkeit.

Überhaupt: Wann begreift einer, welchen Charakter die Welt hat, in der er lebt? Wann und wo und wie fühlt sich einer zuständig? Das gilt doch auch heute. Unser Film, das bezieht sich genauso auf den Roman, kann nicht, scherzhaft gesagt, zwei Grundmuster des volkstümlichen Umgangs mit Literatur bedienen. Es geht die Formel nicht: Wir wollen werden wie Mark Niebuhr, und es geht die Formel nicht: Wir wollen nicht werden wie Mark Niebuhr. Man kann aber über ihn nachdenken, und damit auch über sich selbst, über die Zeit, in der man lebt und die man hat.

SCHÜLER Sie konzentrieren sich vor allem auf den Mark Niebuhr und sein engstes Umfeld. Aber mir scheint die polnische Seite zu kurz gekommen zu sein. Beispiele: die Geschichte um den Direktor, die Exilregierung in London und anderes.

KOHLHAASE Das schien mir im Film nicht zu machen zu sein. Ich will offen lassen, wie verständlich diese Geschichte, die Frage der innerpolnischen Situation 1945/1946, im Roman ist. Jedenfalls sind es schwierige Vorgänge, weithin unbekannt für Leute außerhalb Polens, und in Polen selbst mit schmerzlichen Erinnerungen verbunden. Ich meine die Konfrontation gleich nach dem Kriege zwischen bürgerlichen und sozialistischen Kräften, der einen Widerstandsbewegung und der anderen, politisch, aber auch bewaffnet. Darauf spielt Kant im Roman an.

Im Film hätte man dafür sozusagen eine Viertelstunde Zeit gehabt. Niemand würde verstehen, was gemeint ist. Und wir hätten versucht, über Dinge zu reden, die wir nicht genau genug kennen, schon gar nicht bis ins Detail. Also haben wir uns darauf beschränkt, von den Polen zu zeigen, was sich auf Niebuhr bezieht. Ihre Gefühle damals zu den Deutschen. Auch den Hass, das war uns wichtig. Denn die Gerechtigkeit, die sie am Ende üben, wäre ja wenig wert, wenn da kein Hass wäre. Gerecht sein, wenn es kein Problem gibt, kann jeder. Aber gerecht sein, wenn so viel Grund ist, nicht gerecht zu sein – das ist ja die Qualität der Haltung der Polen am Ende. Dabei haben wir nach verschiedenen Charakteren und

Nuancen gesucht, aber immer nur so weit der Lauf von Mark Niebuhr durch dieses Gefängnis es hergab. Wir haben nicht polnische Geschichte darüber hinaus berühren wollen.

Der wichtigste Teil des Films ist die große Zelle, der Keller, Deutschland im Käfig. Dort vor allem spielt die Geschichte.

SCHÜLER Im Roman gibt es die Metapher des Scharadespiels in der Szene, in der der polnische Leutnant den Niebuhr durch Warschau führt und Niebuhr erstmalig mit der Geisterstadt konfrontiert wird. Warum haben Sie diese Schlüsselposition im Film weggelassen?

KOHLHAASE Da haben wir lange überlegt. Wir wollten nicht zwischen dem Leutnant und dem Niebuhr eine unglaubhafte Vertraulichkeit aufkommen lassen. Vertraulichkeit in dem Sinne: Jetzt führen zwei Leute ein Problemgespräch aus dem Stand. Der Roman findet für dieses Gespräch, das sehr schön ist und sehr wichtig, einen enormen Hintergrund, ohne den es wohl gar nicht zustande kommen könnte – nämlich den Gang durch das Ghetto. Durch dieses von Kant sehr genau und sehr eindringlich beschriebene, niedergewalzte Ghetto, und um dieses Ghetto herum ist das zermahlene Warschau.

Wir konnten das nicht abbilden. Wir sind nach Warschau gefahren und haben uns das Dokumentarfilmmaterial über die Warschauer Nachkriegszeit angesehen. Wir haben mit dem Gedanken gespielt, davon etwas zu verwenden. Es war ein erster und falscher Gedanke. Das Material war enorm, aber wir hätten damit unseren Film nicht glaubhafter gemacht, sondern unglaubhafter. Sie werden das vielleicht verstehen. Fiktion und Dokument sind unterschiedliche Beweismittel. Der Spielfilm verabredet die Wirklichkeit »als ob«. Das heißt: So ist die Wirklichkeit in diesem Falle. Das Dokument ist Wirklichkeit »pur«. Das wäre nicht zusammengegangen. Unsere Ruine im Film ist eine gebaute Ruine, sie steht stellvertretend für alle Trümmer. Abgesehen davon, dass man auf eine echte Ruine keinen Schauspieler schicken kann, jedenfalls nicht hoch auf den Grat. Aber unsere gebaute Ruine wäre unglaubhaft gewesen, wenn wir auch nur zehn Meter Dokumentarfilm verwendet hätten aus Warschau 1945.

Wir haben also keine Möglichkeit gefunden, etwas, das der Beschreibung des Ghettos bei Kant entspricht, im Film herzustellen. Und damit haben wir auf das gesamte Gespräch verzichtet, damit sich der Zuschauer nicht vielleicht die Frage stellen muss: Wieso nimmt sich dann der Leutnant so viel Zeit, um Niebuhr die Welt zu erklären?

Zwischen dem Leutnant und Niebuhr gibt es aber einen Moment anderen Charakters und das ist der allerletzte, wenn sie sich gegenüberstehen. Der schlimme Verdacht besteht nicht mehr, es ist ein Augenblick, der ganz offen ist, wo geredet werden könnte. Nur, sie haben keine Zeit zum Reden. Sie blicken sich aber an. Und dann kommt der letzte Satz: »Sie werden nicht erwarten, dass wir uns entschuldigen.«

Der Satz hat verschiedene Bedeutung. Er betont die Rechtmäßigkeit der polnischen Position. Aber indem der Leutnant sich nicht entschuldigt, bringt er trotzdem das Thema der Entschuldigung ins Spiel. Das ist ein offener Moment, noch Krieg und schon Frieden, noch die Vergangenheit und schon ein bisschen Zukunft, auf diesen Moment hin ist der Film gebaut.

Nehmen Sie das als die Beschreibung unserer Überlegungen bei der Arbeit.

SCHÜLER Sehen Sie eine Gefahr, dass das eigentliche Anliegen des Films verdeckt wird von der Grausamkeit und Brutalität des Leidensweges von Mark Niebuhr? Das Gefängnis, der Absturz von der Mauer – der Zuschauer wird von diesem harten Überlebenskampf so in Anspruch genommen, dass er die tieferen Aspekte zunächst nur entfernt wahrnimmt. Wenn er sie überhaupt erkennt. Noch eine anschließende Frage: Es gab Gerüchte, wonach die polnische Reaktion auf diesen Film unklar sein soll?

SIEGFRIED FRIESE Wie empfinden Sie denn das Verhalten der polnischen Seite dem Mark Niebuhr gegenüber? Würden Sie sagen, dass man es verstehen kann oder würden Sie es als zu hart bezeichnen?

SCHÜLER Da ich vorher wusste, dass er unschuldig war, fand ich es ziemlich hart. Zum Beispiel die Szene, in der der Leutnant den Niebuhr ohrfeigt, als der in seiner Naivität und Schuldlosigkeit fragt, wofür er eigentlich angeklagt wird. Das hat mich irgendwie tief beeindruckt ...

SCHÜLERIN Mir hat die Szene nicht gefallen, wo Niebuhr auf der Mauer sitzt und die Polen nur darauf warten, dass er abstürzt. Ich hatte den Eindruck, die wären wirklich froh, wenn er abstürzen würde, weil sie sich dann nicht mehr damit beschäftigen müssten, ob er nun schuldig oder unschuldig ist. Und dann die Szene, in der der Schließer, nachdem er Niebuhr in der großen Zelle zusammengeschlagen fand und sah, wie er zugerichtet war, ihn nicht aus der Zelle herausnahm, sondern ihn unter den anderen Deutschen ließ. Man kann den damaligen Hass verstehen, und man kann auch verstehen, dass Polen so gehandelt heben. Aber ich fand es nicht vorteilhaft für die Aussage des Films.

SCHÜLER Die Szene mit dem Hass war doch realistisch getroffen.

SCHÜLERIN Realistisch ist die Frage in jedem Fall. »Ich weiß ja von vornherein, dass Niebuhr unschuldig ist, nun tut er mir also leid, warum machen sie das mit ihm?« – nun zu erwarten, dass die Polen dann nicht so hart zu ihm sind, wäre falsch. Ich kann die Polen da voll verstehen.

SCHÜLER In dem harten Kampf einerseits zwischen den Polen und andererseits zwischen den Kriegsverbrechern würde ich zumindest innerlich total zusammengebrochen sein. Ich finde es auch recht erstaunlich, woher Mark Niebuhr in so einer Zeit, 1945, die Hoffnung nimmt, dass ihm in einem polnischen Gefängnis Gerechtigkeit widerfährt.

SCHÜLER Ich finde die Reaktion der Polen vollkommen menschlich. Wenn die anders dargestellt worden wäre, hätte ich es nicht geglaubt. So halte ich das für wahr. Das ist für mich eine der Sachen dieses Films. Es gibt viele antifaschistische Filme und Filme über den Zweiten Weltkrieg. Aber es gibt kaum Filme über einen deutschen Soldaten. Und die auch erzählen, was mit einem deutschen Soldaten passiert durch seine Feinde, die das Recht hatten, mit ihm zu machen, was sie wollten, die die Sieger waren. Das ist ja wichtig. Man kann diese Vergangenheit nicht wegstreichen. Ich glaube nicht, dass hier einer sitzt, der nicht irgendeinen Verwandten gehabt hätte, der da mitgemacht hat. Deshalb ist es sehr wichtig, dass man darüber nachdenkt und das nicht wegstreicht. Und dass man auch einsieht, dass alle Menschen menschlich handeln. Ich finde so eine menschliche Reaktion in dieser Grausamkeit. Auch in der Grausamkeit gegenüber Deutschen, die nicht schuldig sind. Oder die teilweise nicht schuldig sind.

KOHLHAASE Ich finde, das ist ein wichtiger Gedanke, wenn Sie sagen: Auch eine Härte, die dem einzelnen gegenüber ungerecht sein mag, ist eine menschliche Reaktion.

Ich glaube, wir dürfen es uns im Film nicht simpler wünschen, als es in der Wirklichkeit war und ist. Auch heute irgendwo auf der Welt. Uns schien, die Beweisführung des Films schließt sich am Ende. Am Ende sind es die Polen, die sich die Mühe machen, für diesen Mark Niebuhr herauszufinden, dass er das, was er getan haben soll, nicht getan hat. Und die ihn aus diesem Loch wieder herauslassen, in das er gefallen ist.

Woher er die Hoffnung nimmt? Wissen Sie, das ist die Geschichte des Films. Er hat sie, und manchmal verliert er sie ja beinahe. Er hält halt durch. Ob er noch lange durchgehalten hätte, das ist eine andere Geschichte. Er hat durchgehalten bis zu diesem, in seinem Fall glücklichen Punkt, wo er dann wieder ›rauskommt‹. Über den Hass wird doch nicht nur gesagt: Die Polen waren mit dem aber böse. Es wird doch noch etwas anderes erzählt. Es wird eine Frage aufgeworfen: Was muss denn da vorher geschehen sein, damit man einen so behandelt, der eigentlich kein Böser ist, wie er da steht, sondern ein relativ hilfloser Junge. Wenn der Niebuhr dann zu seinen eigenen Landsleuten in den Keller kommt, wird erzählt, was da schon vorher geschehen sein mag. Denn die Leute, die da sitzen, die Täter, die führen ihm auf die verschiedenste Weise etwas vor von dem, was sie vorher gemacht haben. Und sie behandeln ihn mit einer anderen Feindschaft, als es die Polen tun, mit einer gezielten Brutalität.

Sie können natürlich sagen, man soll keinen Menschen auf solche Mauer schicken, er könnte herunterfallen. Der davon zu ihm spricht, ist übrigens ein Mithäftling, ein Krimineller. Wenn Niebuhr heruntergefallen wäre, das ist die Wahrheit des Jahres 45, dann wäre sicher in den Augen keines Polen ein großes Unglück passiert.

Sie müssen sich vorstellen, dass fünf Millionen Leute umgekommen sind in Polen. Am Ende ist er nicht heruntergefallen, und unsere Geschichte, scheint mir, bringt Schuld und Sühne oder Ursache und Wirkung in die richtige Reihe. Aber ich habe nichts dagegen, dass man sich verwundert, dass die Polen ihn so behandeln.

Verwunderung kann ja ein Anstoß sein zum Nachdenken. Man soll sich nichts zu einfach vorstellen: nicht die Geschichte und nicht die Gerechtigkeit.

Jetzt komme ich zu Ihrer Frage nach der polnischen Reaktion auf den Film. In Polen hat man, wenn Sie wollen, befürchtet, was Sie andeuten. Man hat befürchtet, dass dieser Film antipolnisches Gefühl erzeugen könnte. Dass im Kino ein Unverständnis der polnischen Haltung gegenüber entstehen könnte. Sie haben diese Befürchtung sehr deutlich geäußert.

Man muss sich einer solchen Reaktion gegenüber, glaube ich, sensibel verhalten – gerade wenn man an die Vergangenheit denkt. Man muss dann natürlich auch genau hinsehen, ob eintritt, was befürchtet wird, ob Publikum in der DDR oder auch anderswo tatsächlich zu einem falschen Blick auf die Geschichte kommt. Ich habe in vielen Diskussionen in der Summe des Eindrucks, den Zuschauer wiedergegeben haben, junge wie alte, nicht bemerken können, dass der Film missverstanden wird. Im Gegenteil: Betroffenheit über deutsche Schuld in Polen damals verband sich gerade bei jungen Leuten mit der Frage nach der moralischen und politischen Zuständigkeit der Einzelnen heute. Viele Zuschauer fanden auch, DER AUFENTHALT, obwohl in Polen handelnd, sei vor allem eine deutsche Geschichte.

1983

Ein Mensch ist verantwortlich für das, was er tut. Auszüge aus einer Filmdiskussion mit Schülern der Klasse 11/3 der Immanuel-Kant-Oberschule in Berlin am 13. April 1983 im Jugendclub des Berliner Filmtheaters »International« über den Film DER AUFENTHALT. Mit Wolfgang Kohlhaase nahm auch Siegfried Friese, wissenschaftlicher Mitarbeiter der HV Film, an dem Gespräch teil. In: *Filmwissenschaftliche Mitteilungen* Nr. 2/1984, S. 124 ff.

DIE STILLE NACH DEM SCHUSS
Zwei Interviews

Die RAF war ein bisschen wie Kino

DIE WELT Da schreibt ein ostdeutscher Autor einen Film über die bekannteste westdeutsche Terrorismusformation: die RAF. Haben Sie den Terrorismus in der DDR überhaupt mitbekommen?
WOLFGANG KOHLHAASE Nur ganz entfernt. Was damals im Westen geschah – ich konnte es schwer verstehen. Allein der Name,»Rote Armee Fraktion«, war für mich verblüffend – das aus dieser Himmelsrichtung. Ich habe mir schon damals überlegt, was das für Leute sein mögen. Am plausibelsten erschien mir, dass es unzufriedene Kinder bürgerlicher Elternhäuser waren.
DIE WELT Und der Internationalismus, den die RAF propagierte?
KOHLHAASE Das ist mir völlig entgangen. Wenn man wie ich in der DDR sozialisiert wurde, war man ziemlich sicher, dass dieser Terrorismus in Bezug auf das erklärte Ziel – die revolutionäre Veränderung der Verhältnisse – zu gar nichts führen würde. Darüber musste ich nicht weiter nachdenken.
DIE WELT Die Entführung von Arbeitgeberpräsident Schleyer, die gekaperte Lufthansa-Maschine »Landshut« und die Selbstmorde der Terroristen in Stammheim haben die Westdeutschen elektrisiert. War davon im Osten – durch Westfernsehen – nichts zu spüren?
KOHLHAASE Alles, was im Westfernsehen kam, war ja der Blick in eine Welt, die man in der Regel nicht erreichen konnte. Gleichzeitig war es ein bisschen Kino, denn das Gesehene ging einen ja nichts an. Es geht mir heute noch manchmal so. Ich sitze in demselben Dorf in demselben Stuhl, und der Fernsehapparat steht an derselben Stelle. Ich habe damals Bundestagsdebatten gesehen, und ich sehe sie heute, und ich denke immer noch, es betrifft mich eigentlich nicht. So ging es mir auch in der Zeit des Terrorismus.

DIE WELT Nun hat sich alles geändert. Sie haben mit Schlöndorff DIE STILLE NACH DEM SCHUSS geschrieben …

KOHLHAASE Ja, ich habe vieles nachgeholt. Ich habe viel gelesen und auch einige ehemalige Terroristen besucht – eine davon Inge Viett –, die damals noch im Gefängnis saßen. Außerdem habe ich mich mit der ostdeutschen Seite beschäftigt und mit Leuten von der Stasi geredet, die für die RAF-Aussteiger in der DDR zuständig waren.

DIE WELT Warum war die DDR-Staatsführung wohl daran interessiert, die Terroristen in ihrem System untertauchen zu lassen?

KOHLHAASE Die Gründe waren, glaube ich, mehr oder weniger diffus. Erstens war Terrorismus vor der eigenen Haustür generell interessant. Zweitens gab es im Terrorismus Querverbindungen zu Verbündeten wie den Palästinensern. Und drittens hatte man wohl die Befürchtung, solche Anschläge oder Entführungen könnten auch in der DDR passieren; das ist ihnen wohl 1972, nach dem Anschlag auf die Münchener Olympiade, bewusst geworden.

DIE WELT Aber gab es nicht von vornherein den Plan, RAF-Aussteiger aufzunehmen?

KOHLHAASE Nein. Zuerst wollte der Staatssicherheitsdienst nur so viel wie möglich wissen. Sie machte eher zufälligen Kontakt mit durchreisenden RAF-Leuten und hat mit denen zunächst politisch diskutiert. In dem Sinn, dass deren Aktionen nicht viel Zweck hatten.

DIE WELT Das klingt ja eher nach Sozial- als nach Geheimdienst …

KOHLHAASE Das Verhältnis hat sich dann schnell geändert. Die erste Gegenleistung der DDR bestand einfach nur im Durchfahren-Lassen. Aber bald checkte die Stasi die BKA-Fahndungslisten und sagte den Terroristen, ob sie ihre gefälschten Pässe noch benutzen konnten. Als die RAF dann noch um Hilfe für ihre demotivierten Leute gebeten hat, ließ die Stasi sie erst eine Weile hängen.

DIE WELT Aber irgendwie kam man dann doch zueinander …

KOHLHAASE Ja, aber unter den Bedingungen der Stasi. Die Aussteiger mussten Erklärungen unterschreiben, dass sie ihrem Kampf völlig entsagen würden. Man hat sie möglichst weit weg von Ost-Berlin verteilt.

Ein, zwei Jahre lang gab es noch eine Art »Klassentreffen«, aber dann endeten auch diese Kontakte untereinander.

DIE WELT In einer Szene unterhalten sich zwei Stasi-Leute fast augenzwinkernd darüber, was man mit den RAF-Gästen, die bleiben wollen, denn anfangen solle. Verharmlost das nicht die Situation?

KOHLHAASE Ich konnte nicht vorhaben zu sagen, dies sei der abschließende Film über den deutschen Terrorismus. Schon gar nicht kann es der Film sein über die Stasi. Da sind viele Empfindlichkeiten – gerade im Osten.

DIE WELT Ein Wende-Trauma?

KOHLHAASE In den Köpfen und Gefühlen der Menschen sind all diese Dinge nach wie vor ganz unerledigt: die DDR, die Stasi, der Terrorismus. Verschiedene Menschen haben darüber jeweils ihren ganz eigenen Film im Kopf.

DIE WELT Daran haben Sie doch bestimmt eine persönliche Erinnerung – wie war der Moment, als herauskam, dass RAF-Terroristen sich in der DDR verborgen hatten?

KOHLHAASE Ehrlich gesagt, es hat mich nicht sehr gewundert. Manchmal denke ich auch: Auf diese Weise ist ja die halbe RAF aus dem Verkehr gezogen worden. Dadurch ist kein Schaden entstanden, eher welcher abgewendet worden.

DIE WELT Haben Sie während des Drehbuchschreibens eine Art Verständnis für die Ziele der RAF empfunden?

KOHLHAASE Die deutsche Abteilung des Terrorismus war eine Kopfgeburt, in der gedanklich von Anfang an das Scheitern eingebaut war. Was nichts sagt über die moralischen Motive der Leute. So falsch sie gedacht haben, so sehr kann man ihre Gefühle nachvollziehen. Richtige Fragen, falsche Antworten.

DIE WELT Das kann man vielleicht auch von der DDR sagen ...

KOHLHAASE Von einer ganz anderen, heutigen Position kann man das sagen: die richtigen Fragen, aber die falschen Antworten. Aber nichts kostet so wenig wie die Klugheit im Nachhinein.

2000

Interview mit Susanne Leinemann und Hans-Georg Rodek. In: *Die Welt*, 14. September 2000

Es wurde schnell geschossen, von allen Seiten

FREITAG Wie ist die Idee zu diesem Film entstanden?

WOLFGANG KOHLHAASE Volker Schlöndorff und ich haben darüber geredet, ob die neue deutsche Gemeinsamkeit etwas hergeben könnte, was ihn so interessiert wie mich, obwohl wir ja aus verschiedenen Kino-Kinderstuben kommen. Dann habe ich ihm dieses Thema vorgeschlagen. Zehn Leute, ehemals Terroristen, die in der DDR versteckt gewesen sind und die noch zu Zeiten der DDR verhaftet und wieder zurückgeliefert wurden. Die also letzten Endes auf diesem seltsamen Umweg dort wieder angekommen sind, wo sie herkamen. Eine Geschichte aus Deutschland.

Schlöndorff war an dem westlichen Teil der Sache näher dran als ich. Er hatte DIE VERLORENE EHRE DER KATHARINA BLUM gedreht. Er kannte auch Beteiligte von damals persönlich. Ich selbst habe recherchiert. Und ich habe einige Personen im Gefängnis besucht, die mich freundlicherweise empfangen haben, unter anderem Inge Viett und Susanne Albrecht.

Man saß mit zwei Beamtinnen in der Ecke in einem Gesprächszimmer. Ich dachte nicht, bisher verschwiegene Einzelheiten zu hören. Ich wollte Menschen kennenlernen, ihre Befindlichkeit, ihren Hintergrund. Schließlich wollten wir ja nicht die komplette Geschichte der RAF erzählen. Wir wollten nicht die Fakten rekonstruieren, denn die haben viele Verzweigungen, die auf immer andere Geschichten hinausgelaufen wären.

FREITAG Das wäre dann auch ein Dokumentarfilm geworden?

KOHLHAASE Ja. Und selbst der hätte sich fragen lassen müssen, warum er das eine erzählt und das andere nicht. Also haben wir gesagt, weg von der Aktenlage. Wir denken uns eine Geschichte aus, natürlich im Bewusstsein, dass wir von der Wirklichkeit ausgehen.

FREITAG Hatten Schlöndorff und Sie unterschiedliche Ansätze?

KOHLHAASE Nein. Ich glaube, von der Absicht waren wir gleich gestimmt, alles in allem. Wir wollten von diesem Moment der deutschen Geschichte reden – Wiedervereinigung, das Ende der DDR, das Ende auch eines Abenteuers namens deutscher Terrorismus. In diesen

Zusammenhängen wollten wir von ein paar Personen erzählen. Der Satz am Ende des Films »Alles ist so gewesen, nichts war genau so« ist ein konstituierender Satz unserer Arbeit gewesen. Wir haben nicht ein Pergamentpapier auf die Dokumente gelegt.

FREITAG Aber Sie haben doch ganz bewusst auch dokumentarisches Material verwendet?

KOHLHAASE Zu diesem Punkt gab es die Meinungsverschiedenheit mit Inge Viett. Ich kann ihre Sicht verstehen, aber nicht teilen. Denn der Film ist nicht Inge Vietts Fotografie. Es gibt Motive, die von ihr stammen. Eine fiktive Figur besteht aus Gefundenem und aus Erfundenem. Man begegnet einem Menschen und verändert ihn. Das ist hier nur deshalb so bemerkbar, weil das Feld klein ist und sich alles auf wenige Personen beziehen lässt.

FREITAG Zugespitzt hieße das, dass Inge Viett mit ihrer Autobiografie kein Recht auf Privatsphäre hätte, sondern zum Gemeingut erklärt werden kann, weil sie sich innerhalb eines politischen Rahmens bewegt.

KOHLHAASE Ich habe mir vorgestellt, dass mit einer Formel, die gelautet hätte »Frei nach Motiven von ...« jeder gut hätte leben können. Das lässt jedem jede Freiheit zum Kommentar. Leider war das vor Beginn der Dreharbeiten nicht erledigt. Inzwischen ist es geklärt; die urheberrechtliche Seite der Sache ist in Ordnung. dass Inge Viett sich einen anderen Film gewünscht hätte, lässt sich nicht ändern.

FREITAG Warum stirbt die Hauptfigur Rita Vogt, diese sehr positiv gezeichnete, sehr starke, sich immer wieder befreiende Person mit dem Ende der DDR?

KOHLHAASE Tatsächlich war es so, dass niemand von den Versteckten noch motiviert war zu fliehen, als die Verhaftungen drohten. Alle haben ihre Prozesse gekriegt und sich unterschiedlich verhalten. Die einen haben bereut, was sich verstehen lässt. Inge Viett gehörte zu denen, die keinen Bruch in ihrem Leben eingeräumt haben. Ich sehe das mit Respekt.

Warum also der Tod der Hauptperson? Wenn von den Opfern jener Jahre die Rede ist, fallen einem leicht die prominenten Namen ein. Aber es gab auch andere, man kennt sie kaum noch, die in eine Eskalation von Gewalt und Gegengewalt verwickelt wurden, aus der sie kaum herauskommen konnten. Die Heldin unseres Films ist jung, hat Ideale und Zweifel, und wenn sie sich schuldig macht, so hat sie doch nicht zum eigenen Vorteil gehandelt. Und sie bezahlt mit dem Leben. Es wurde schnell geschossen, von allen Seiten.

FREITAG Das Phänomen des bundesdeutschen Terrorismus schwappte in den siebziger Jahren ja auch in die DDR – als Medienereignis. Wie wurde es dort aufgenommen?

KOHLHAASE Das war ziemlich weit weg, wenn ich mich recht entsinne. Auch im Alltagsgefühl. Es war Exotik. Zumal die Linke in der Bundesrepublik, die in der DDR so etwas wie einen nicht geliebten, aber immerhin existenten Hintergrund hatte, davon ja öffentlich wenig Gebrauch machte. Aber die Distanz war wohl gegenseitig. Die artikulierte politische Position der DDR zum Terrorismus war kritisch. Man sah keine Chance, dass er zu handelbarer Politik führen könnte. Er formierte die Polizei und alle angeschlossenen Vereine. Er machte Angst. Er machte allen Leuten Angst, nicht nur denen, die gemeint waren.

FREITAG Warum hat die DDR sie überhaupt aufgenommen?

KOHLHAASE Die Stasi-Mitarbeiter, mit denen ich geredet habe, sagten, dass die Entscheidung weit oben getroffen worden ist. Und nur wenige Personen waren eingeweiht. Es regierten ja Leute in der DDR, die ihrerseits in einem früheren Leben, in der Nazizeit, verfolgte Staatsfeinde gewesen sind. Da kann man eine stille Sympathie nicht ausschließen, obwohl das Wort von der »klammheimlichen Freude«, das damals umging, aus der Bundesrepublik stammte.

Der Grund, warum man die Terroristen aber aufgenommen hat, denke ich, war sicherheitspolitischer und nachrichtendienstlicher Art. Natürlich wollte die Stasi, die ohnehin in jeder Tür einen Fuß haben wollte, wissen, was in dieser Szene passierte. Und wenn man nicht bezweifelt, dass Berlin und Deutschland, Ost wie West, ein Tummelplatz aller möglichen Geheimdienste war, sozusagen ein Hauptkriegsschauplatz unter dem

Tisch, dann kommen einem die Beziehungen zwischen Stasi und RAF, die beiderseits nicht ohne Vorbehalt und Misstrauen waren, nicht so absurd vor. Und so kam es, dass jene Personen, die ursprünglich nicht in die DDR wollten, sondern in revolutionäre Fernen, als deutschsprachige Leute in einem deutschsprachigen Land verschwanden. Man kann vermuten, dass es in der Bundesrepublik Indizien dafür gab, wo die Leute waren. Gewinn und Verlust waren bei diesem Vorgang verteilt. Die halbe Armee (RAF) war außer Dienst gestellt. Zehn steckbrieflich gesuchte Terroristen weniger. Man musste sie nicht länger verfolgen, mit allen Risiken. Und sie haben schließlich überlebt.

FREITAG Wie verbindet sich das fiktive Erzählen mit der anvisierten Realitätsnähe? Hat der Film eine moralische Aussage?

KOHLHAASE Natürlich könnte man einwenden, dass dieser Stoff noch nicht frei ist für eine fiktive Behandlung. Wie heißt es so schön? Erzählt werden kann, was beendet ist. Und hier war alles erst gestern, vor zehn Jahren, aber die Erinnerungen teilen sich eher, als dass sie sich verbinden. Jeder mag seinen eigenen Film im Kopf haben.

Sie haben nach der Moral gefragt. Der Vorhang zu, und alle Fragen offen, das ist die Haltung des Dramas. Ein Mädchen stirbt an einer Straßenkreuzung in der DDR, die gerade aufhört zu bestehen.

FREITAG Liegt dort eine bewusste Parallele?

KOHLHAASE Es ist derselbe Sommer. Das ist das Thema des Films: Ist nun alles klar? Alle Fragen beantwortet? Oder hinterlassen nicht auch Leute, die scheitern, der Welt ihre Fragen? Es gibt eine Karikatur, da steht Marx auf einem Denkmal, und unten steht dran: »Entschuldigt, Leute, es war nur so eine Idee«. Sie ist gescheitert aus Gründen, und es gab Gründe, dass sie geboren wurde.

FREITAG Ihre Hauptdarstellerin, Bibiana Beglau, hat vom Luxus gesprochen, den es bedeutet, sich eine bessere Welt zu erträumen.

KOHLHAASE Der Sozialismus, wo er unvollkommen war, hat sich mit der Zukunft gerechtfertigt. Aber letztlich, denke ich, hat er zu wenig produziert, materiell wie geistig, moralisch wie politisch. Aber dass man das

Wirkliche mit dem Möglichen vergleicht, das gehört doch zur menschlichen Existenz. Utopie ist momentan zu einem Unwort geworden. Das ist nichts weiter als das modische Geschrei des Augenblicks. Die großen Fragen am Anfang des nun schon vorigen Jahrhunderts, die zu allen Hoffnungen geführt haben und zu allen Katastrophen, die wirklichen Nöte, die hinter den Ideologien steckten – davon ist das neue Jahrhundert nicht frei. Vielleicht haben sie den Ort gewechselt, das Land, den Kontinent. Dass arm von reich kommt und reich von arm, ist kein Naturrecht und wohl auch nicht das Ende der Geschichte. In diesem Sinn hat auch die Kunst einen utopischen Aspekt. Sie ermutigt die Fantasie. Und man braucht große Fantasie, um die Dinge zu sehen, wie sie sind.

FREITAG Inwieweit waren Sie als Filmemacher in der DDR betroffen von Einschränkungen? Gab es privilegierte Nischen?

KOHLHAASE Ich bin vielleicht in einem für mich glücklichen Moment erwachsen geworden, nämlich mit dem Ende des Krieges. Meine eigene Kindheit habe ich – selbst mitten im Krieg, selbst mitten in der Stadt, die so bombardiert wurde – als eine Art Idylle erlebt, denn Kindheit hat idyllische Züge. Als ich anfing, darüber nachzudenken, warum der Krieg vor meiner Haustür geendet hat und warum er da wohl hingekommen ist, hat dieses persönliche Nachdenken zum konstituierenden Denken gehört, aus dem auch die DDR gemacht war. Neulich sagte ein Freund auf die Frage, was eigentlich das Beste war an der DDR – ihr Anfang. Der große Versuch, etwas zu ändern, möglichst alles. Und mit vierzehn, fünfzehn hält man ja auch für möglich, dass man alles ändert.

Um einen Sprung zu machen: die Restriktionen haben sich eigentlich aus zwei Quellen genährt. Das eine hat mich zunächst nicht verstört: Es gab eine dogmatische, enge, didaktische Vorstellung von Kunst. Man sollte etwas lernen aus der Kunst. Das war nicht unangemessen, denn dass Menschen nach Krieg und Faschismus etwas lernen sollten und vielleicht auch lernen wollten, das schloss mich nicht aus, sondern ein. Nur ließen sich die Künste auf diesen Zweck nicht reduzieren. Im Westen wurde man immer nach dem sozialistischen Realismus gefragt, dem man doch unterworfen sei. Es stimmte schon, er war ein Schlagwort auf vielen Konferenzen, vor allem in den frühen Jahren. Doch habe ich nie jemanden getroffen, der einem diese Formel erklären konnte, die einen ästhetischen mit einem politischen Begriff nicht sehr glücklich verklammert. Ein Hindernis auf Dauer war nicht die Theorie, sondern die Praxis. Die Politik hat in dem Maß, wie ihr bestimmte Dinge nicht glückten, sich immer weniger zugetraut, darüber in Öffentlichkeit und in Gesellschaft zu reden.

FREITAG Warum nicht?

KOHLHAASE Man wollte nicht über Probleme reden, für die man keine Lösung wusste. Es gab einen politischen Begriff, der durch alle Debatten geisterte, der hieß Fehlerdiskussion. Er berief sich darauf, dass im Juni 1953 öffentlich bestimmte Fehler eingeräumt und ihre Korrektur in Aussicht genommen wurde – und plötzlich kam das ganze Ding ins Schaukeln. Also sagte man, Fehler mag es geben, aber die muss man fortlaufend korrigieren und nicht darüber reden. Aber eine Gesellschaft, die eigentlich ausgedacht war (…) hätte umso mehr ein öffentliches Bewusstsein ihrer Spielregeln haben und die Regeln beweglich halten müssen. Die Unlust an Debatte und Widerspruch hat die Künste mit betroffen. Natürlich wollte man nicht gerne im Kino haben, was man sich auf der Tribüne abbestellt hatte. Das haben die Künste immer wieder unterlaufen. Weil Kunst aus Lebensgefühl entsteht, aus sinnlicher Begegnung mit Menschen. Das ließ sich nicht ein- für allemal unter einem Dogma versammeln. So entstanden Stellvertreter-Diskussionen. Über ein Buch oder einen Film wurde oft monatelang debattiert, nicht im engeren Sinne, sondern mit Blick auf den Zustand der Gesellschaft.

Es war also selten folgenlos, was man machte. Aus demselben Grund wurde es dann von Fall zu Fall auch behindert. Es gab Kollegen, die daran verzweifelt und weggegangen sind. Es gab junge Leute, die sich – da kommen wir auf das Wort Nische – ihren besonderen Platz eingerichtet haben. Es gab auch Brüche zwischen den Generationen. Wenn ich davon rede, kann ich mein Alter nicht übersehen. Wer 1980 zwanzig war, hat vielleicht in derselben Stadt und in einer anderen Welt gelebt.

FREITAG Haben Sie sich je überlegt, aus der DDR wegzugehen?

KOHLHAASE Ich war dem historischen Versuch namens DDR verbunden. Ich habe in diesem Zusammenhang denken und arbeiten gelernt. Und ich wußte, dass die Stadt Berlin, meine verschiedenen Straßen, meine Eltern, meine Freundinnen und Freunde für mich unentbehrlich waren. Das war Stoff, von dem ich lebte. Zwar habe ich nicht alle Filme machen können, die ich hätte machen wollen, aber die Filme, die mir wichtig waren, habe ich auf eine Weise machen können, mit der ich einverstanden sein konnte. Und ich dachte mir schon damals – um beim Kino zu bleiben – dass, was sich dort als eine Art Zensur gebärdete, hier eine Entsprechung in den Begrenzungen findet, die der Markt liefert.

FREITAG Dann ist Ihnen die Wiedervereinigung gar nicht als entscheidende Zäsur in Ihrem künstlerischen Leben vorgekommen?

KOHLHAASE Aber ja. Ich habe es mit einem anderen Publikum zu tun, mit neuen Kollegen und mit anderen Produzenten. Die Wege zur Finanzierung eines Films sind lang und gewunden. Die Branche hat wenig Selbstvertrauen und hat einen schmalen Anteil am Markt. Mir geht es nicht schlechter als anderen, aber es ist schon kein kleines Problem, dass man unter Umständen zwei oder drei Jahre braucht, bis man einen Film beginnen kann. Womöglich weiß man dann nicht mehr genau, warum man ihn eigentlich machen wollte.

FREITAG Wie war das früher? Waren Ihre persönlichen Arbeitsbedingungen vielleicht sogar besser?

KOHLHAASE Übersichtlicher, würde ich sagen. Es gab nicht mehr als 20 Filme im Jahr. Die DEFA war ein Budgetbetrieb und bekam im folgenden Jahr in etwa das gleiche Geld, auch wenn die Filme es nicht zurückgebracht hatten.

Als Drehbuchautor ist man auf Partner angewiesen, die einem zuhören. In den goldenen Zeiten des Kinos sollen das Männer mit dem Naturell von Zirkusdirektoren gewesen sein. Sie liebten den Erfolg, aber auch den Film. Man kommt ja mit einer Geschichte an, bei der der Schluss nicht stimmt oder der Anfang nicht funktioniert. Eine subtile Form von

Behinderung ist mangelnde Ermutigung. Das gibt es heute, und das gab es in den Tonlagen der DDR. Man begegnete immer mal der gerunzelten Stirn. Volker Braun hat dafür einen treffenden Begriff geprägt: Haftung durch Reibung. Man kann auch haften, indem man sich reibt. Das lässt sich mit heutigen Umständen schwer vergleichen, mit der Geschäftslage als Lebenslage. Das war ja, glaube ich, auch hier nicht immer so. Mir scheint, es ging dem Kino gut, wenn es in einer bestimmten Generation so etwas wie ein Gruppenbewusstsein gab. Auch der sogenannte Neue Deutsche Film war ja die Gleichzeitigkeit verschiedener Leute – Fassbinder, Herzog, Schlöndorff, Schamoni und anderer. Die zogen für den Moment von ein paar Jahren in die gleiche Richtung, obgleich sie ganz unterschiedliche Filme machten. Natürlich ging es auch damals um Geld. Ohne Geld hätte man keine Filme machen können. Aber es ging nicht vorrangig um Geld und Quoten.

In den Quoten stecken die Interessen der Werbung. Man fragt schon kaum noch, warum die Quoten so wichtig sind. Dabei gab es doch immer Filme für Minderheiten, die wiederum Multiplikatoren sind. Aber immer häufiger, das ist mein Eindruck, versammelt der Begriff Quote alle Ängste bei den Leuten in den Apparaten. – »Schreiben Sie uns was! Wir dachten so an fünf Millionen Zuschauer. Können Sie da nicht irgendwas machen?« – »Ja, gern – aber was?«

Es gibt die nächste Generation, und hinter der schon wieder eine. Ich bin sicher, dass die Realität nicht aus dem Kino verschwinden wird. Die »Spaßgesellschaft«, von der manchmal die Rede ist, macht ja nicht allen Leuten den gleichen Spaß.

2000

Es wurde schnell geschossen, von allen Seiten. In: *Freitag*, 15. September 2000. Das Gespräch führte Susanne Bernhardt.

Sommer vorm Balkon
Zwei Interviews

Der Osten in der Westentasche

CHRISTIANE PEITZ Herr Kohlhaase, Sie sind ein so genauer Beobachter deutscher Befindlichkeiten, dass man sich fragt, wie Sie sich das alles bloß merken können.
WOLFGANG KOHLHAASE Ich habe ein Gedächtnis, wie andere sich Reime merken. Reime sind ja gegen das schlechte Gedächtnis erfunden worden. Ich merke mir Merkwürdigkeiten, kleine Geschichten, Gesten, seltsame Sätze. Aber das Sammeln geschieht unabsichtlich. Es sammelt sich etwas. In SOMMER VORM BALKON sitzen Inka Friedrich und Nadja Uhl auf dem Balkon, trinken viel Wodka mit wenig Cola, und die eine sagt: »Es wird gar nicht dunkel heute.« Darauf die andere: »Es wird schon hell.« Dieser Satz über den träumerischen Moment in einer wegfließenden Nacht wartete seit 20 Jahren in mir, seit ich das in einer Sommernacht von zwei Frauen gehört hatte.
PEITZ Merken Sie sich auch Politiker so? Schröder-Gesten? Merkel-Sätze?
KOHLHAASE Ich merke nur die Anfälligkeit der Politik für Phrasen. Mein alter, aber nicht hinfälliger Vater sah übrigens auf wunderbare Weise immer an den Nachrichten vorbei, auch das habe ich in Dresens Film eingebaut. Er guckte lange hin und sagte: »Dunkler Anzug, weißes Hemd, sieht immer gut aus.« Das ist wunderbar: aus dem eigenen Weltgefühl heraus die Torheiten der Welt beobachten.
PEITZ Wie geht Ihr Weltgefühl mit der Geschichte einher? Mit dem Ende des Kriegs war auch Ihre Kindheit zu Ende.
KOHLHAASE Den Zusammenfall von Weltgeschichte und Pubertät habe ich als ein großes Glück erlebt. Ich wuchs in Berlin auf, mit den Bildern und Redensarten des Kriegs. Wenn Deutschland verliert, ist Schluss, hieß es, das sei der Weltuntergang. Aber als die Russen da waren und es

diesen ungeheuren Einbruch einer anderen Realität in meine Berliner Vorortwelt gab, merkten wir alle: Hier fängt etwas an. Und ich fühlte mich zu der heiteren Annahme verführt, dass es meinetwegen geschieht: Ich fing ja auch an! Und ich verschlang die Literatur, die uns verschwiegen worden war.

PEITZ Ihr Vater war Schlosser, wie kamen Sie mit 14 darauf, Romane zu lesen?

KOHLHAASE Ich entdeckte eines Tages ein in Packpapier gebundenes Buch, »Tom Sawyer«, das war viel aufregender als Karl May. Bei dem hat mich immer gestört, dass die Bösen per Gottesurteil bestraft wurden, statt einfach erwischt zu werden. Das hat mein Gerechtigkeitsbedürfnis nicht befriedigt. Allmählich fing ich an, mir über den Unsinn des Krieges klar zu werden. Und da dieses kritische Nachdenken zum konstituierenden Denken der Ostzone und der späteren DDR gehörte, war ich wieder in einer glücklichen Übereinstimmung mit der Gegenwart. Dass der siegreiche Sozialismus, der mit den Russen einmarschierte, auch ein deformierter war, bemerkte ich erst später.

PEITZ Sie haben lesend das Schreiben gelernt und waren schon mit 16 Zeitungsredakteur.

KOHLHAASE Ein Klassenkamerad sagte eines Tages, er habe einen Kriminalroman geschrieben. Die Nachricht, dass man Krimis nicht nur lesen, sondern auch schreiben kann, hat mich überwältigt. Noch am selben Tag habe ich zu Hause auf einem alten Schreibblock mit Feder und Tintenfass einen Kriminalroman begonnen. Er spielte in London, begann mit Nebel und hallenden Glockenschlägen – ich hatte ja Wallace gelesen. Bis Seite vierzig gab es zwei abgebrannte Häuser, sieben Tote, aber keine Handlung. Dann verließ mich der Elan.

PEITZ Wie ist es Ihnen gelungen, Volontär bei der Jugendzeitschrift *Start* zu werden?

KOHLHAASE Ich habe mich auf einer alten Schreibmaschine bei allen Berliner Redaktionen beworben, als »Volontör«. Ich wusste nicht, wie man das schreibt. Ein Dreivierteljahr davor sagte übrigens ein Freund von mir, er kenne einen schwarzen Sergeant, der Jobs als LKW-Fahrerbegleiter vergebe. Man bekäme Besatzungsmark und könne in der amerikanischen Kantine einkaufen, das bedeutete Zigaretten in Stangen. Wir gingen zu dritt zum Flugplatz Tempelhof und kletterten über den Zaun, weil der Sergeant nicht ans Tor kam. Wir wurden festgenommen, verhört und wieder freigelassen. Das war das Ende meiner amerikanischen Karriere.

PEITZ Stattdessen fielen Sie als Reporter beim Festakt der DDR-Staatsgründung in Ohnmacht.

KOHLHAASE Weil ich nicht gefrühstückt hatte. Meine Mutter, bei der ich noch wohnte, gab mir immer sechs Brotschnitten mit und ein Marmeladenglas mit Brotaufstrich, aus wenig Fett, Mehl, angedünsteten Zwiebeln und Majoran. Normalerweise setzte ich mich zu Arbeitsbeginn mit der gesamten Berliner Presse hin und futterte die Stullen. An diesem Morgen sagte aber die Sekretärin, alle seien schon in der Leipziger Straße. Also rannte ich hin, in die drangvolle Enge, ich sah Pieck, dann sah ich nichts mehr. Als Nächstes bemerkte ich, wie ich aus dem Saal getragen wurde. Dann kam Hermann Axen vorbei, der spätere Chef der DDR-Außenpolitik, und sagte zur Kollegin Rosemarie Rehahn, die sich um mich kümmerte: »Ihr achtet schlecht auf eure Kader.« So hörte ich zum ersten Mal im Leben das Wort Kader.

PEITZ Schon Ihr erster Film ALARM IM ZIRKUS hatte einen Ost-West-Hintergrund, auch Schlöndorffs DIE STILLE NACH DEM SCHUSS. Was wäre aus Ihnen geworden, wenn Sie zufällig im Westen gelandet wären?

KOHLHAASE Schwer zu sagen, ob ich eine West-Karriere gemacht hätte. Die Grenze war ja noch lange offen, ich habe die Stadt in ihrer Vielfarbigkeit genossen. Ich ging am Ku'damm ins Kino, Schuhe habe ich in Neukölln gekauft. Der Westschuh machte spätestens mit der Kreppsohle das Rennen. Getanzt habe ich in Grünau, ich hatte kaum West-Freundinnen. Der *Start* war sowjetisch lizensiert. Das hat mich geprägt: lauter Emigranten und Leute, die ihre Schicksale, Gefangenschaft, Zuchthaus, Konzentrationslager, nicht permanent an die Zimmertür hingen.

PEITZ In einer Ihrer ersten Filmkritiken schrieben Sie: Die Hauptdarstellerin heißt Lotte Koch und filmt. Besser wäre es, sie hieße Lotte Film und kochte. Gute Pointe.

KOHLHAASE Da war ich vielleicht 17, hatte Alfred Polgar gelesen und Tucholsky.

PEITZ Deutschland 2006 wird von Angela Merkel und Matthias Platzeck regiert. Sind wir alle ostdeutscher geworden?

KOHLHAASE Dass seit dem Mauerfall nun schon 16 Jahre vergangen sind, will mir irgendwie nicht ins Gefühl. Aber allmählich stellt sich doch eine Realität ein. Offenbar bringt uns die dunklere Seite Deutschlands mehr zusammen als die strahlende. Das verschiebt das Lebensgefühl. Nach der Wende gab es auf beiden Seiten nur falsches Bewusstsein. Die Ignoranz von Seiten der Bundesrepublik war größer, denn sie war ja ohne die DDR ganz gut ausgekommen. Aber die DDR brauchte die Bundesrepublik, auch als Denkübung. Denken geht wie Licht in jede Richtung. Aber in Richtung Westen zu denken war nicht erlaubt. An diesem neurotischen Zustand sind viele buchstäblich krank geworden.

PEITZ Warum sind Sie daran nicht zerbrochen?

KOHLHAASE Ich bin aus dem gleichen Grund geblieben, aus dem andere verzweifelt und zu Recht gegangen sind. Außerdem bin ich gern zu Hause. Am Ende stirbt man und hat ein Stück Erde von zehn Quadratkilometern Größe nicht mit der nötigen Geduld gesehen. Und was macht einen Film sozial genau? Dass man sich daran erinnert, was man in den ersten sechs Lebensjahren aus dem Küchenfenster gesehen hat.

PEITZ Gibt es für Sie noch Ostdeutschland und Westdeutschland?

KOHLHAASE Der Westen ist für mich immer noch ein unbekanntes Land, über das ich vieles weiß und zugleich sehr wenig. Ich bin nie wirklich in den Alpen gewesen und war bis vor vier Jahren nie an der Nordsee. Ich liebe auch den Gedanken, dass man den Limes noch spüren kann: Geschichten haben immer Vorgeschichten. Aber mich interessiert die Nähe mehr als die Ferne.

PEITZ Sommer vorm Balkon ist dort gedreht, wo auch Ihr DEFA-Film Solo Sunny entstand. Das ostdeutsche Lebensgefühl ist ein gesamtdeutsches geworden: Arbeitslosigkeit, Zukunftsangst, Überlebenskampf.

KOHLHAASE Man lebt nicht bequem, aber man lebt kräftig, das ist im Prenzlauer Berg bis heute so. Solo Sunny hat die Mauer nicht gezeigt, aber ihr Schatten liegt auf dem Film. Sommer vorm Balkon kann die Mauer nicht mehr zeigen; aber Dresens Film erzählt, dass man an einen Ort gehört, von dem man nicht leicht weggeht. Man lebt in Bindungen, in denen beides steckt, das fatalistische Moment und die Chance. Beim Filmemachen kommt immer etwas vom eigenen Lebensgefühl hinein. Ich entdecke das in vielen Filmen der jüngeren Regisseure, nicht nur bei Andreas Dresen: Da meldet sich die Welt, die große Geschichte in kleinen Stoffen.

PEITZ Viele westdeutsche Filmemacher erzählen neuerdings DDR-Geschichten, von Good Bye, Lenin! bis zu Dominik Grafs Der rote Kakadu über die Zeit des Mauerbaus, der auf der Berlinale laufen wird. Warum sind diese Stoffe jetzt interessant?

KOHLHAASE Vielleicht mischen sich linke Enttäuschungen und neue Entdeckungen. Bestimmt gibt es Tragödien und auch Komödien, die nie erzählt wurden. Vieles ist noch nicht erledigt. Aber ich bin nicht sicher: Bleibt die DDR ein sich fortzeugendes Land? Wer will von ihr hören?

PEITZ Liegt ein Hauch von DEFA über dem deutschen Film?

KOHLHAASE Nur, wenn man unter DEFA versteht, dass sie versucht hat, Kino und Wirklichkeit in einer Beziehung zu sehen. Die Konflikte in der DDR kamen ja genau daher: Die Politik wollte das anfangs auch, aber sie litt zunehmend unter Realitätsverlust und wollte der Wirklichkeit nicht ausgerechnet im Kino begegnen.

PEITZ Die DDR war ein unverreistes Land, haben Sie gesagt.

KOHLHAASE Und sie war ein ausgedachtes Land, das (…) seine Existenz gleichsam für naturgegeben hielt. Die Gesellschaft erklärt ja ihre Erscheinungsformen gerne wie ein Naturrecht. Bei der Globalisierung ist das auch wieder so. Aber auf der ersten Seite der Zeitung lese ich: »Debakel. 4000 Leute entlassen«, und auf der Wirtschaftsseite lese ich dasselbe als Erfolgsmeldung. Und dazwischen suche ich die Seite, die das vermittelt. Aber dazwischen steht bestenfalls die Filmkritik. Wobei ein guter Film diese Vermittlungsarbeit durchaus leisten kann.

PEITZ Kino als Fortsetzung der Politik mit besseren Mitteln?

KOHLHAASE Gutes Kino, gute Literatur löst sich am Ende von den Voraussetzungen ihres Entstehens. Kunst kommt aus einem Lebensgefühl. Aber was bleibt, wenn sie etwas taugt, ist absichtslose Schönheit.

2005/2006

In: *Tagesspiegel*, 2. Januar 2006

Die schöneren Filme sind im Kino nicht zu Ende

REGINE SYLVESTER Hofft ein Autor bei jedem Film, den er schreibt, dass ihn viele Leute sehen werden?

WOLFGANG KOHLHAASE Ich ja. So viele wie möglich. Es gibt natürlich Filme mit populären Sujets, und es gibt andere Filme. Ein Film über Richard Wagners letzten Abend schränkt das Publikum wahrscheinlich ein. Aber im Ernst: Filme sollten dem Zuschauer etwas zutrauen und gelegentlich auch etwas zumuten. Wenn nichts Ungewohntes versucht wird, worauf sollen sich dann die Klischees von morgen stützen?

SYLVESTER Welche Filme sehen Sie selber gerne?

KOHLHAASE Gute. Schlechte lassen wir weg. Dann kommen gutgemeinte, dann gut gemachte. Und dann kommen gute.

SYLVESTER Haben Sie einen Überblick, was es so gibt?

KOHLHAASE Nein. Vielleicht gibt es im Jahr zehn oder zwölf Filme auf der Welt, von denen ich denke, die sollte ich unbedingt sehen, immerhin einer pro Monat. Die erwische ich aber nicht immer. Man muss auch nicht auf dem Laufenden sein. Es gibt einfach zu viel.

SYLVESTER Was sind gute Filme?

KOHLHAASE Wenn sie einen in ein emotionales Abenteuer verwickeln und eine Frage von Belang stellen. Aber das kann ich nicht auf ein Thema oder einen Stoff oder ein Problem reduzieren.

SYLVESTER Was steht in Ihrem Filmgedächtnis?

KOHLHAASE Lauter Sachen, die nicht zusammenpassen. Als ich anfing, dachte ich, man sollte Filme wie die Neorealisten machen, Alltagsgeschichten, auf diese Weise. Es war auch das Bekenntnis zu einem bestimmten Stil. Stil als Position. Später merkte ich, dass das so einfach nicht zu haben ist. Mein Freund und erster Regisseur, Gerhard Klein, und ich sahen DIE WEISSE TAUBE von František Vláčil, einen tschechischen Film. Während wir Filme machten, in denen die Kamera ein nicht zu bemerkender Zeuge sein sollte, bestand dieser Film aus lauter bemerkbaren Bildern, die ihre Wirkung in ihrer Statik hatten. Gegen alle Regeln, die wir uns selbst aufgestellt hatten. Aber es war sehr schön. Bis heute bin ich dankbar für die frühe Erweiterung meiner Gesichtspunkte.

Ich habe nicht so ein ausgeprägtes Filmgedächtnis. Ich vergesse Filme auch wieder. Bergman war mir zur gleichen Zeit so wichtig wie Antonioni oder Robert Altman. Es gibt viele Wege. Wenn man seine eigene Position noch sucht, kann es sein, dass man sich auf eine bestimmte Methode stürzt, der man sich gewachsen fühlt. Man verlässt und betritt Häuser durch Fenster. Später merkt man, dafür sind eigentlich Türen da.

SYLVESTER Woher kommt der Impuls zu einem Film?

KOHLHAASE Nicht von Bildern zuerst, was mich betrifft. Obgleich mir manchmal Orte begegnen, als könnten sie künftige Drehorte sein. Die Voraussetzung von allem ist sicher, dass ich mich für Menschen interessiere. Dass ich Leute mag und respektiere – und sie nicht nur in mein Leben lasse, wenn sie zu meinen eigenen Vorstellungen passen. Die Abenteuer des Lebens sind in der Regel nicht die, die man sucht, sondern die, die einem zustoßen. Aber natürlich hat jeder Film eine andere Vorgeschichte.

SYLVESTER Welche Geschichten können Filmgeschichten werden?

KOHLHAASE Was ein Film sein könnte, hat mit meiner Vorstellung zu tun, was eine erzählenswerte Geschichte ist. Weil ich seit langem Filme mache, denke ich in dieser Anderthalb-Stunden-Logik. Ich habe ein Gefühl für die Summe Stoff, die sich an einem Abend im Kino unterbringen lässt. Wenn ich Romane schreiben würde, müsste ich Stoff anders wahrnehmen. Mir fallen eher Geschichten mit wenigen Personen ein. Das entspricht einer Neigung, lieber über wenig viel zu wissen als wenig über viel. Wenn man einen Vorgang findet, der komisch oder traurig ist, manchmal unglaublich, auf jeden Fall glaubwürdig, und der außerdem etwas anderes bedeutet, hat man vielleicht das Motiv für eine Geschichte und einen Grund, sie zu erzählen. Es gibt tüchtige Geschichten im Kino, die dennoch nur von sich selbst handeln. Die schöneren Filme sind am Abend im Kino nicht zu Ende. Sie eröffnen ein Thema.

SYLVESTER Wie merken Sie sich, was Sie vielleicht einmal erzählen wollen?

KOHLHAASE Ich sammle ja immer, gar nicht vorsätzlich, merkwürdige Lebenslagen und Personen. Ich vergesse leider viel, auch Wichtiges. Ich schreibe mir manche Sachen auf. Aufschreiben ist immer auch Abschreiben. Man ist in der Schuld von Menschen, aus deren Leben man etwas abschreibt. Ich denke, ich habe ein Gefühl für Tonlagen. Die Tonlage ist noch nicht die Geschichte, aber sie ist die Tür zu einer Geschichte und treibt sie an. Es gibt diese Magie eines ersten Satzes. Die Tonlage, die du gewählt hast, die dich auch lockt und verführt, verbietet dir bestimmte Dinge, die so nicht erzählt werden können. Sie ist auch ein Korrektiv.

SYLVESTER Verfügt man über viele Tonlagen?

KOHLHAASE Wahrscheinlich nicht. Obwohl man sie ja aus der Realität nimmt. Eine gewisse Breite der Wahrnehmung gehört dazu. Aber das sage ich gerne und meine es nicht kokett: Ich könnte einen Film, der in München auf der Straße spielt, nicht schreiben. Ich weiß nicht, was da los ist.

SYLVESTER Und was war der Anfang zu SOMMER VORM BALKON?

KOHLHAASE Eine Frau hat mir von ihrer Beziehung zu einem Mann erzählt. Ich habe es mir in Stichworten notiert und liegengelassen, eine

Summe komischer Umstände in einer von ihr gewollten und permanent schieflaufenden Beziehung. Liebe als Versuch und Fehlversuch. Es war keine moralische und keine unmoralische Beziehung, die Moral lief sozusagen nebenher, es ging nicht um ein Muster von Partnerschaft. Es ging so, wie es ging. Und der Ton, in dem sie sich daran erinnert hat, ging mir ins Ohr. Da gab es Härte, Alleinsein, Lust auf Leben und Ironie auf eigene Kosten. Das hat die Notizen über ein paar Jahre hinweg am Leben erhalten. Ein Plan für einen Film, der seine Zeit brauchte. Dann wusste ich, es handelt sich um eine Geschichte übers Durchkommen. Die wollte ich gern erzählen.

SYLVESTER War das eine hübsche Frau, in den ersten Notizen?

KOHLHAASE Ja.

SYLVESTER Und wie alt?

KOHLHAASE Ungefähr vierzig. Kein Teenager. Nicht die erste, zweite oder dritte Erfahrung.

SYLVESTER War diese Frau Altenpflegerin?

KOHLHAASE Sie hat alte Leute betreut, ja. Daran war mir interessant, dass sie, die kein Kind von Traurigkeit war, so etwas machte. Dass sie sich dafür nicht zu fein war. Ich hatte meinen alten Vater, der betreut wurde. Ich kannte die Sache auch von der anderen Seite.

Dann gab es eine Freundin zu dieser Frau. Sie war in meinen ersten Überlegungen eine Malerin. Aber das Thema, warum jemand in der Kunst Erfolg oder Misserfolg hat, ließ sich nicht nebenbei erzählen. In der Arbeit mit Andreas Dresen und Cooky Ziesche, der Dramaturgin, hat diese Figur eine andere Farbe bekommen. Ich hatte sie bis dahin auch nur skizziert. Ich habe Filmtexte nie im Alleingang vollständig ausgeschrieben. Von einem gewissen Punkt an ist Film Partnerschaft. Wenn ich meinen Partner noch nicht kenne, muss ich die Sache nicht auf den letzten Punkt bringen.

SYLVESTER Der Stoff lag also lange?

KOHLHAASE Der Stoff lag da, wo er gut lag, nämlich an meinem Herzen.

SYLVESTER Schreiben Sie mit Plan, Stück für Stück? Mit Lücken?

KOHLAASE Ich schreibe eigentlich von vorn nach hinten. Ich lasse Lücken, wo es zusammenpassen sollte, aber leider nicht zusammenpasst. Ich schmiere die Lücken nicht mit Absichten zu, ich will sie im Auge behalten.

SYLVESTER Kennen Sie vorher den Schluss? Schreiben Sie darauf zu?

KOHLAASE Ja. Ein Drehbuch, verglichen mit Prosa, braucht mehr Konstruktion. Einen Film muss man sich von hinten her überlegen. Den Schlussakzent sollte man wissen, vielleicht sogar das letzte Bild. Das kannte ich. Es hat mit dem Balkon zu tun. Zu Beginn sitzen die beiden Frauen auf dem Balkon und trinken viel Wodka mit Cola. Sie kommen auf das Persönlichste oder auf das Allgemeinste. Die Zeit, die vergeht, verliert ihre Kontur. Seit langem hatte ich für so eine Nacht und so eine Situation zwei Sätze in der Reserve. »Es wird gar nicht dunkel«, sagt die eine. Und die andere sagt: »Es wird schon hell.« Wegen dieser Sätze gibt es – von mir aus gesehen – den Balkon im Film, der dann seine Rolle spielt und schließlich den Titel geliefert hat und auch das letzte Bild.

SYLVESTER Stehen Ihnen beim Schreiben Ihre Figuren vor Augen? Gestalt und Gesicht? Ungefähr?

KOHLAASE Nein. Es handelt sich immer um Finden und Erfinden. Was ich finde, bindet sich zunächst an die Bezugsperson. Aber man verbessert ja, hoffentlich, was man gefunden hat, durch Erfindung. Zum Finden gehört Gewissenhaftigkeit, zum Erfinden braucht man Mut. Wenn ich etwas erfinde, entsteht eine andere Figur. Aber die stelle ich mir nicht gleich in aller Körperlichkeit vor. Eher Haltungen und Tonlagen. Man kann dann so oder so besetzen. Vieles geht. Obgleich man, wenn es gutgegangen ist, Rolle und Schauspieler nicht mehr trennt. Nehmen Sie den Trucker, den Andreas Schmidt spielt. Solche Jungs, die ein enges, aber gesichertes Weltbild haben, das sie nur scheinbar unverwundbar macht, kenne ich mein Leben lang. Also habe ich mir jemanden vorgestellt, der auf durchaus eindrucksvolle Weise ein schlichtes Selbstvertrauen besitzt und erst mal einen langen Arm hat, wenn er nach einem Mädchen greift. Aber den habe ich mir als Typ vorgestellt, keinen konkreten Schauspieler.

Vielleicht wäre mir ein Amerikaner eingefallen. Aber jetzt will ich keinen anderen sehen.
SYLVESTER Wie haben Sie für diesen Film recherchiert? Die Altenpflege, die Arbeitsvermittlung, das Coaching?
KOHLHAASE Manches weiß man. Was man nicht weiß, muss man sich besorgen. Jemand, den ich kenne, hat mit Bewerbungstraining zu tun. Die Arbeitslosen sitzen in diesen Kursen und hoffen, dass sie erfahren, wie man sich richtig bewirbt.
In einem Altenpflegedienst haben sie mir ihre Leistungen erklärt. Kleine Wäsche, Kämmen, Hilfe beim Frühstück und so weiter, in soundso viel Minuten: die Durchkalkulation der Zuwendung für einen Menschen an einem Morgen.
SYLVESTER Haben Sie das als wenig menschlich empfunden?
KOHLHAASE Nein. Es leuchtet einem ja ein. Es ist nicht so, dass einer recht hat und der andere unrecht. Dann wäre ja alles einfach. Natürlich hat so ein Pflegedienst recht, wenn er sagt, so viel darf es kosten, mehr nicht. Die alte Frau, die sich gerne von ihrer Pflegerin etwas vorlesen lässt, hat auch recht. Und ihre Tochter, die dafür kein Geld hat, ebenso. Ich kannte das alles von meinem Vater. In der Geschichte gab es als pflegebedürftige alte Leute zuerst nur Oskar und Helene. Das Thema brauchte einen dritten Mann, im Kopf fast immer abwesend. Ohne Resonanz und Dank. Die Frau vom Pflegedienst sagt zu ihren Helferinnen: »Welche Mühe Sie sich auch immer geben, nichts wird besser. Niemand wird jünger, niemand wird gesünder.«
SYLVESTER Die Stadt Berlin ist wieder eine Mitspielerin.
KOHLHAASE Du kannst Geschichten ja nur finden, wo du lebst. Daraus ergibt sich, was man sich zutraut. Sicher gehört auch ein bisschen die Einbildung dazu, dass man über eine bestimmte Sache besser Bescheid weiß als andere. Filme kann man über Königinnen machen oder über das Mädchen an der Ecke. Beides sind Säulen des Kinos. Aber da man mehr Mädchen von der Ecke kennt als Königinnen, ist es klar, was einem besser von der Hand geht.

SYLVESTER SOMMER VORM BALKON hat große Nähe zu Ihrem Film SOLO SUNNY.

KOHLHAASE Kein Wunder. Es ist dieselbe Gegend, es sind ähnliche Leute. Es ist die Fortsetzung von Lebenslagen. Dass ich inzwischen fünfundzwanzig Jahre älter bin, wundert mich allerdings. Es gibt in beiden Filmen diese S-Bahn-Schlucht, die die Stadt teilt, nördlich vom Bahnhof Schönhauser Allee. Wir haben an derselben Fußgängerbrücke gedreht wie damals. Sunny lief da rüber mit ihrer Tasche. Da zeigt die Stadt ihre Rückseite. Wir wollten mit allen Motiven in dieser Gegend bleiben, keine Bilder aus allen möglichen Ecken.

SYLVESTER Wie leben Sie in dieser Stadt?

KOHLHAASE Berlin, das sich ja rasend und durchaus exotisch verändert, ist mein Lebensort. Das bezieht sich natürlich vor allem auf den Osten. Aber ich würde mich für jeden Film neu umsehen wollen. Es ist mir schon klar, dass ich all die Kneipen, die da laufend auf- und zumachen, nicht mehr ausprobieren werde. Manchmal denke ich: warum eigentlich nicht? Gelebt habe ich im Prenzlauer Berg nie. Meine Orte waren Adlershof und Mitte. Adlershof bedeutet für mich Kindheit unter Leuten, die arbeiten gehen. Mitte bedeutet für mich eine Adresse auf Dauer, kurze Wege, Freunde, die Nähe zu den Theatern.

SYLVESTER Wie lief die Verständigung mit einem Regisseur, der dreißig Jahre jünger ist als Sie? Sie haben früher mit allem angefangen.

KOHLHAASE Andreas Dresen kommt aus einer Kunstlandschaft, die auch meine war. Und die erste Frage ist nicht die nach dem Alter, sondern nach der Vorstellung, die man von Kino hat. Und wie man arbeitet. Meine längere Erfahrung, das sind ja nicht alles Schätze, die permanent zu heben sind. Manches kann man auch nicht gebrauchen.

SYLVESTER Was glauben Sie, konnte Andreas Dresen gut und leicht damit umgehen, mit einem Mann zu arbeiten, der in der Branche eine Autorität ist?

KOHLHAASE Von mir aus war das ein Angebot auf gleicher Ebene. Aber, ob man will oder nicht, man kann in ein Licht von Autorität geraten, das man gar nicht leuchten lassen will. Wenn man in einer Dekoration steht, wo gerade Leute nach einer Lösung suchen, ist es schwer, nicht so auszusehen, als ob man es besser weiß. Man wird beobachtet: Entweder, der weiß es besser, aber er sagt es nicht, oder er weiß es auch nicht besser, warum steht er dann hier rum.

Wer Drehbücher schreibt, sollte vielleicht so etwas sein wie ein nicht inszenierender Regisseur. Er sollte sich vorstellen, wie es weitergehen kann mit dem nachfolgenden Handwerk. Und beispielsweise etwas wissen von den Bedürfnissen der Schauspieler.

Ich denke aber, beim Inszenieren muss einer entscheiden, der Regisseur. Und für den habe ich mich vorher entschieden. Ich nehme an, er vertraut dem Manuskript, und hinter dem Manuskript bin ich eine jederzeit erreichbare Person. Dresen brauchte nicht meine tägliche Anwesenheit und auch nicht meine wöchentliche Zustimmung.

SYLVESTER Was wussten Sie vorher von Andreas Dresen?

KOHLHAASE Ich mochte ihn, so wie man ihn leicht mögen kann in seiner Offenheit und Freundlichkeit. Ich kannte seine Filme. Er war mir nahe in seinen Ambitionen. Wir liefen manchmal nebeneinanderher und sagten beiläufig, dass wir mal was zusammen machen könnten. Nun war es also nicht nur so dahingesagt.

SYLVESTER Was ist durch Andreas Dresen dazugekommen?

KOHLHAASE Seine Qualität als Regisseur, sein Blick auf Menschen, seine Moral im Beruf.

SYLVESTER Und die Besetzung.

KOHLHAASE Ich hatte Nadja Uhl in petto, seit DIE STILLE NACH DEM SCHUSS. Die wollte er auch gern. Inka Friedrich kannte ich nicht, aber Andreas Dresen hatte gerade mit ihr gedreht, WILLENBROCK. Und er kannte Andreas Schmidt. Das ging wunderbar zusammen und ist der halbe Film. Vielleicht sogar der ganze.

SYLVESTER Wie leicht oder schwer gehen Sie mit Besetzungsentscheidungen um?

KOHLHAASE Wenn ich mit einer Besetzung nicht einverstanden bin, würde ich es sagen. Aber es gibt eine Regel: Wenn ein Schauspieler besetzt ist, darf nicht mehr darüber geredet werden, dass ein anderer vielleicht besser gewesen wäre. Das ist der Tod. Wenn du einen Schauspieler nicht mit dem Auge der Liebe betrachtest, brichst du ihm das Herz, und zwar täglich. Und dir selbst auch.

SYLVESTER Könnten Sie es ertragen, wenn ein Buch von Ihnen nur als Material benutzt würde? So wie am Theater gelegentlich mit Stücken umgegangen wird?

KOHLHAASE Ich meine schon: Die Gage gibt es dafür, dass meine Szenen gespielt und meine Texte gesprochen werden. Trotzdem muss beim Drehen alles noch einmal offen sein für die sinnliche Erfindung des Augenblicks. Die Frage stellt sich auf dem Theater völlig anders, denn ein Stück ist ein Stück und kann immer wieder anders aufgeführt werden. Film ist eine Einzelanfertigung. Wenn er jetzt nicht so gemacht wird, wie ich es mir wünschen möchte, wird er nie mehr so gemacht. Man lässt sich miteinander auf andere Verbindlichkeiten ein.

SYLVESTER Machen Sie die Filme, die Sie machen möchten?

KOHLHAASE Man braucht das Geld anderer Leute. Manchmal kriegt man es.

2005

In: Wolfgang Kohlhaase, *Sommer vorm Balkon. Verfilmt von Andreas Dresen, mit Interviews von Regine Sylvester.* Aufbau-Verlag, Berlin 2005, S. 109 ff.

MENSCHEN AM SONNTAG
Bei Ansicht eines alten Films

Ich weiß nicht, ob der Film von der Weltwirtschaftskrise schon wusste oder noch an ihrem goldenen Vorabend hergestellt worden ist. Aber das spielt eigentlich keine Rolle, weil: Kino kann sich natürlich auch verstehen als Märchen für Erwachsene, als ein kleines Vergnügen in den Kinos der großen Städte und macht den Leuten ein bisschen Mut zum Leben.

Das ist für mich nicht etwa abzuqualifizieren. Es ist das andere große Bein, auf dem Kino immer gestanden hat. Das tut der Film natürlich.

Ich finde wunderbar in einer Hauptszene am Anfang des Films: das Anknüpfen einer Bekanntschaft in einer beinahe choreographischen Bewegung, mit der der Mann dieses Mädchen umkreist. Da wird nicht gesprochen, also auch nicht in dem Stummfilm-Sinn, dass die irgendwas reden, aber ich verstehe es nicht. Sondern: er geht an ihr vorbei, er geht weiter, er macht eine Schleife, er guckt von weitem, er geht wieder auf sie zu. Streng genommen, im Wortsinne: Er umgarnt sie. Aber das ist in Gängen der Personen dargestellt. Und es genügt das Resultat: Sie gehen am Ende Seite an Seite irgendwohin, wohin sie nun immer auch gehen. Das finde ich glänzend erzählt – und es lässt gleichzeitig meiner Fantasie Spielraum.

Die Figuren bleiben in einer gewissen Entfernung. Die Nähe von Poesie und Banalität. Das alles ist wunderbar in diesem Film drin.

Und: alleine, dass Leute schwimmen, dass man ans Wasser geht, dass man die Salons verlässt in diesem Film. Die den Film gemacht haben, erzählen ja die Charaktere über die Art der Dinge, die sich im Wasser abspielen. Und die Kamera steht tief überm Wasser. Da denke ich einfach: Es muss damals sehr neu gewesen sein, das für darstellbar zu halten und sich wiederum nicht ins Sportliche zu begeben und die Figuren so weiterzuerzählen.

Es ist immer wieder erstaunlich zu sehen, was die, die den Film gemacht haben, von Kamera gewusst haben. Und was für schöne Bilder – um es mal so einfach zu sagen – sie gemacht haben. Und mit einem Sinn für Details, mit einem Sinn für die Montagemöglichkeiten der Bilder! Das imponiert mir sehr. Aber natürlich: Der Charme des Films ist, dass er eigentlich so unbekümmert ist und dass er die Simplizität dieses Sonntagnachmittags für ein Thema hält. Ich glaube einfach: Das ist erzählenswert.

2008

Aus dem Dokumentarfilm AUGE IN AUGE, Eine deutsche Filmgeschichte von Michael Althen und Hans Helmut Prinzler, 2008

ALS WIR TRÄUMTEN
Interview mit Wolfgang Kohlhaase und Clemens Meyer

Beim Blick auf Ihre Biografien fällt eines sofort auf: Sie sind beide im fast gleichen Alter durch ein Land gelaufen, das gerade ein System abgeworfen hatte. Herr Kohlhaase, Sie waren vierzehn, als der Zweite Weltkrieg zu Ende war, Herr Meyer, Sie waren zwölf beim Fall der Mauer in der DDR ...

WOLFGANG KOHLHAASE Die Umstände sind natürlich nicht platt vergleichbar. Aber als ich »Als wir träumten« gelesen habe, fiel mir ins Auge, dass es da gewisse Parallelen gibt. Für mein Lebensgefühl war 1989 eine Wendezeit. 1945 war es eine Zeitenwende. Das kann nicht dasselbe sein. Dennoch: Verhältnisse wurden völlig neu geordnet, und alte Regeln galten nicht mehr. Pubertät und Weltgeschichte fielen zusammen. Das ist eine große bleibende Erfahrung gewesen. Alles, was danach kam, bis zum heutigen Tag, kann ich nicht trennen von diesem Frühling '45.

CLEMENS MEYER Es wäre vermessen zu sagen, wir hätten 1989 eine ähnliche Zeitenwende erlebt. 1945 lag größeres Grauen unter dem Land. Alles, was danach kam, war erbaut auf den Knochen von Millionen. Das Zusammentreffen von Pubertät und Geschichte aber, die eigene, physische und psychische Umbruchssituation, das war ähnlich. Darin habe ich auch eine Chance gesehen, »Als wir träumten« von einem erfahrenen Drehbuchautor in einen Film umwandeln zu lassen. Von einem, der eine solche Extremsituation selbst so oder sogar noch besser kennt. Ich hatte Wolfgangs Arbeiten wie BERLIN, ECKE SCHÖNHAUSER gesehen, in denen auch besondere Milieus beschrieben werden, obwohl ich dieses Wort nur ungern benutze. Es sind darin Figuren und Situationen zu finden, an die ich mich erinnert fühlte: Jugendbanden, Haltlosigkeit, Mechanismen von Gewalt und Kleinkriminalität. Wolfgang könnte ja mein Großvater sein, also hat er einen ganz anderen Blick auf die Geschichte, er hat die nötige Distanz und kann sich gleichzeitig in die Figur einfühlen.

Ist das verbindende Element vielleicht auch eine ungefilterte Gier nach Leben?
KOHLHAASE Die Gier nach Leben habe ich nicht als Gier reflektiert. Ich habe überhaupt sehr wenig reflektiert, man fängt einfach an zu leben. Das Staunen nahm kein Ende. Am 24. April 1945 kommen die Russen nach Adlershof, die Berliner Ecke, in der wir wohnten. Ich war vierzehn und hatte an diesem Tag ein tausendjähriges Reich überlebt. Uns war der Weltuntergang prophezeit worden, aber nach drei Tagen war klar: Hier hört nichts auf, hier fängt etwas an. Was vor mir lag, erschien mir unendlich. Die Normalität kam leise.

Was war »normal« in diesen Tagen und Wochen?
KOHLHAASE Das Tanzen beispielsweise. Es gab bei uns einen Tanzsaal, aus dessen Fenstern Licht strömte. Menschen berührten sich, es roch nach Frauen, denn meistens tanzten Frauen mit Frauen, Männer gab es ja kaum. Ich stand verwundert draußen. Zwei oder drei Gleichaltrige konnten tanzen. Dass man das fürs Leben brauchen würde, hatte ich nicht geahnt. Ich dachte bestürzt, bin ich jetzt verloren, nur weil ich nicht tanzen kann? Und warum können es die anderen? Weil sie eine ältere Schwester hatten und ich nicht! Das mit den vier Sektoren in Berlin, dem Schwarzmarkt, all das war fortan eher normal. Man passt sich an mit vierzehn. Man kann aus allem etwas machen.

Wobei das ja wieder eine direkte Parallele zu ALS WIR TRÄUMTEN *wäre.*
KOHLHAASE Ja, das sprunghafte Freisetzen von Lebensenergie.
MEYER Wolfgang sprach vom unreflektierten Wahrnehmen. Genau das tun ja die Figuren im Roman ja auch. Plötzlich sind die Jungs von Möglichkeiten umgeben, die sie einfach nur mitnehmen. Es ist viel zu viel auf einmal, aber die machen es. Sie wollen Spaß haben, so profan es klingen mag. Man raucht, man trinkt, probiert sich aus, will Frauen imponieren. Geschwindigkeit reizt, da sind plötzlich Autos, also werden sie aufgebrochen. Aber schon bald fällt in die Jugend auch der Tod ein. Durch Unfälle

mit diesen Autos, durch Drogen. Trotzdem würden diese Jungs immer wieder sagen, dass es ihre schönste Zeit gewesen ist.

Herr Kohlhaase, von Ihnen stammt das Zitat: »Was man in den ersten zehn Lebensjahren aus dem Küchenfenster sieht, bleibt immer wichtig.« Stimmt das auch für Sie, Herr Meyer?
MEYER Natürlich. Kindheit ist absolut prägend. Da laufen biochemische Prozesse ab, die wir gar nicht steuern können: Wie etwas roch oder sich anfühlte, was wir schlussendlich davon mitgenommen haben. Ich kann mich an unglaublich vieles erinnern, was zwischen meinem achten und zwölften Lebensjahr passiert ist. Auch deshalb bin ich Schriftsteller geworden.

Ging es beim Schreiben von »Als wir träumten« vor allem um die literarische Form, weil Sie vieles davon selbst erlebt hatten und große Recherchen nicht nötig waren?
MEYER Ich würde nicht sagen, dass ich vieles unbedingt selbst erlebt habe. Dieser Rausch von 1990 bis 1995 war aber auch für mich eine prägende Zeit. So habe ich »Als wir träumten« immer als große Chance gesehen, die unreflektierten Wahrnehmungen von damals, all das Rohe, aber gleichzeitig auch das Zärtliche, einzufangen, diesen speziellen Mikrokosmos der Jungs im Makrokosmos, diese sehr eigenen Energien. Es ging in den Jahren von 1999 bis 2005, als ich am Roman gearbeitet habe, wirklich um das Fundament für die literarische Form und das Konstruieren von Figuren. Solch ein Buch schöpft aus vielen Elementen, einiges hat man gehört, anderes gesehen. Einige Fragmente hat es wirklich gegeben: Zeit und Umstände, das Viertel, Interieur. Trotzdem muss ein Roman universell funktionieren. Es ist kein »Ost-Buch«, das man nur dort versteht, sondern eine Geschichte über Freundschaft, Liebe und Verrat nach großen gesellschaftlichen Umwälzungen.

Herr Kohlhaase, kannten Sie »Als wir träumten« schon vor der Arbeit am Drehbuch?
KOHLHAASE Gelesen habe ich das Buch, als ich wusste, dass Andreas Dresen und Peter Rommel darüber nachdachten, einen Film daraus zu machen. Vorher hatte ich davon nur gehört.

Was war für Sie die Essenz des Romans?
KOHLHAASE Interessiert haben mich die Figuren und die Sprache. Nicht nur im Thema, auch in der Erzählweise herrscht kunstvolle Anarchie. Motive schoben sich in- und übereinander, es gab Rückblenden, Zeitsprüngen, ganze Komplexe, die nicht eindeutig zu gliedern waren. Mit einer braven Erzählweise hätte man die Wildheit des Romans verloren. Es gibt ja Prosa, die kinoähnlich strukturiert ist, andere Prosa achtet darauf, nicht verfilmbar zu sein, und sie ist nicht die schlechtere.

Es gibt also für Sie die Unverfilmbarkeit von Literatur?
KOHLHAASE Ja, das könnte sein. Sprache ist eine eigene Nachricht. Es gibt Prosa, die so wunderbar verschränkt einen Vorgang beschreibt, dass ich sagen würde: Lass die Finger davon, es kann nicht besser werden, als es ist. Wer ein Buch liest, nimmt das Gelesene mit in die Fantasie. Man kann vor- und zurückblättern. Im Kino will der Zuschauer, wenn das Licht wieder angeht, wissen, was er soeben gesehen hat. Ein Film muss einen verbindlichen Vorschlag machen, er muss sich in einem vorgegebenen Zeitmaß dem eigens dafür erschienenen Publikum verständlich machen. Das waren Schwierigkeit und Reiz bei ALS WIR TRÄUMTEN. Was leicht zu verstehen ist, muss kurz erzählt werden, damit man sich nicht langweilt. Was schwerer zu verstehen ist, muss so ausführlich wie nötig erzählt werden. Clemens Meyers Tonlagen scheinen mir manchmal auch amerikanisches Kino zu zitieren.

Herr Meyer, stimmt das?
MEYER Natürlich, ich bin ja ein großer Filmfan. Film ist für mich, nach der Literatur, die zweite große Kunstform, die ich bewundre. ROCCO UND SEINE BRÜDER von Visconti, MEAN STREETS von Scorsese, ES WAR EINMAL IN AMERIKA von Leone, aber auch US-amerikanischer B-Film Noir, all die Boxerfilme – vieles dieser Art wird im Buch nur skizziert oder ist Rahmen im Rahmen.

Wann haben Sie beide sich persönlich kennengelernt?
MEYER Als das Drehbuch schon relativ weit fortgeschritten war. Ich habe schnell gespürt, dass Wolfgang diese, wie er sagt, kunstvolle Anarchie erhalten wollte. Da war ich guter Dinge, er ist ja einer der besten Drehbuchautoren im Land. Man muss einen Rausch an Motiven und Bildern erzeugen, die zusammengehören, alles muss offen sein und gleichzeitig stringent. Es ist eine Gratwanderung, weil man immer wieder radikale Entscheidungen treffen muss, um den Roman zu verlassen und sich voll und ganz auf das Drehbuch zu konzentrieren. Ich kann nach dem Sichten des Films sagen, dass meine Hoffnungen nicht enttäuscht wurden.

Hat es in Ihnen trotzdem rumort, dieses Drehbuch selbst zu schreiben?
MEYER Bei ALS WIR TRÄUMTEN komischerweise nicht, an anderen Drehbüchern habe ich ja schon gearbeitet. Ich dachte immer, dass ich hier noch zu nah dran bin, dass ich mehr Distanz brauche, weil es mir noch schwerfallen würde, Figuren zu verändern, an denen ich hänge. Ich habe es eher als Chance gesehen, loszulassen und von außen zu sehen, ob der Stoff stark genug ist.

Gab es zuvor andere Versuche, eine Kinoversion des Buches zu erschaffen?
MEYER Ja, aber sie haben mich alle nicht überzeugt. Bei Kohlhaase und Dresen habe ich sofort gespürt, dass es um den Geist des Romans und um eine echte Transformation fürs Kino geht. Eher lustigerweise habe

ich manchmal schon beim Schreiben daran gedacht, wie es wohl wäre, wenn das Buch verfilmt werden würde. Ich habe tatsächlich eine Mappe mit der Aufschrift »Als wir träumten – Kino-Ideen« daheim. Da ist aber nur ein einziger Zettel drin mit drei Sätzen drauf …

Wie geht es Ihnen mit Strängen, die im Film fehlen? Der Fußball zum Beispiel, Chemie Leipzig?

MEYER Fußball ist ja irgendwie doch drin, sei es mit einem Tattoo oder einem Wimpel. Es mussten radikale Entscheidungen her, was das Kürzen betrifft, das war mir von vornherein klar. Im Buch kann ich mir schnell mal 30 Seiten Zeit nehmen, um auszuerzählen. Das geht im Film nicht, und vielleicht ist es für die Leitmotive auch gar nicht wichtig. Entscheidend ist nicht, was fehlt, sondern was drin ist.

Wolfgang Kohlhaase, Sie haben wiederum auch Szenen geschrieben, die es im Buch nicht gibt. Was braucht man dafür? Besonderen Respekt, Mut zum Risiko?

KOHLHAASE Respekt habe ich vor dem Roman insgesamt. Wenn der Schluss aber nicht fürs Kino taugt, nur beispielsweise, dann suche ich nach einem neuen. Dialoge sind eine Mischung aus Gefundenem und Erdachtem Ich muss an die Chance des Schauspielers denken, Figuren müssen ja Rollen sein. Ich muss mich im Material frei bewegen können. Das macht man ja nicht, um die Vorlage zu verraten, sondern um ihr auf einem anderen Weg nahezukommen. Als wir uns mit Clemens trafen, baten wir ihn, glaube ich, seine Hoffnungen mitzuteilen – und die Befürchtungen zu verbergen (lacht) …

MEYER Ich erwarte regelrecht, dass jemand, der ein Buch transformiert, dort reinhaut und umbaut. Alles andere wäre uninteressant. Durch meine Arbeit am Theater kenne ich das. Voraussetzung ist, dass der Stoff stark genug ist, um das auszuhalten. Schlimm wäre die reine Illusion.

Wie sehen Sie beide ALS WIR TRÄUMTEN *in der Reihe der Andreas-Dresen-Filme?*
    MEYER Ich kenne Andreas und seine Filme schon lange. Er ist einer der wenigen Regisseure im deutschen Kino, der eine Handschrift hat. Mit ALS WIR TRÄUMTEN hat er aber, glaube ich, noch einmal etwas Eigenes erschaffen. Das wird Spuren hinterlassen, da bin ich mir sicher.
    KOHLHAASE Der Kontrast zwischen laut und leise ist radikaler als sonst. ALS WIR TRÄUMTEN hat die genauen, stillen Momente, die immer da sind bei Andi. Und er ist voller Bewegung und Gewalt.

2015

Quelle: Presseheft des Verleihs

IN ZEITEN DES ABNEHMENDEN LICHTS
Gespräch mit Wolfgang Kohlhaase und Matti Geschonneck

Herr Kohlhaase, was haben Sie beim Lesen von Eugen Ruges Roman »In Zeiten des abnehmenden Lichts« für sich entdeckt?
    WOLFGANG KOHLHAASE Zunächst möchte ich sagen, dass ich gern seinen Vater gelesen habe, den Historiker Wolfgang Ruge. Er schrieb erhellend und unprofessoral über die Weimarer Republik und über die Umstände, die zu Hitler führten. Eugen Ruge kannte ich nicht. Ich las »In Zeiten des abnehmenden Lichts«, und mir fiel der Ton der Geschichte auf, ein leichter Ton für ein schweres Thema. Dann erfuhr ich, dass er über seine Familie geschrieben hatte. Ich hatte Menschen mit ähnlichen deutschen Lebensläufen kennengelernt, wie Ruge sie beschreibt. Ihre Wege waren Fluchtwege und hatten um die Welt geführt, nach Frankreich und Mexiko, nach New York und Moskau. Und manche hatten mit linker Gesinnung in sibirischen Lagern überlebt. Solche Menschen waren damals, bald nach dem Krieg, als ich anfing, zu denken und zu lesen, sehr wichtig für mich.

Was vor allem haben Sie an ihnen bemerkt?
KOHLHAASE Ihren besonderen Blick auf Geschichte. Ihre Bildung, aber auch ihre Geduld und Bescheidenheit haben mich berührt. Dabei waren es doch Leute, die die Widersprüche des Jahrhunderts ausgetragen und erlitten haben.

Dachten Sie beim Lesen des Buches sofort an eine Verfilmung?
KOHLHAASE Es war zuerst eine Art Einmann-Idee. Ich wusste, was nicht ging. Der Roman ließ sich nicht einfach kürzen. Und ich wollte keinen Mehrteiler fürs Fernsehen machen.

Haben Sie sich mit Eugen Ruge getroffen?
KOHLHAASE Ja. Ich hatte dann eine Art Plan für das Drehbuch, auf ein paar Seiten. Das hatte noch den Charakter eines Versuchs. Wir waren uns einig, dass der Film seine Autonomie suchen muss. Das betraf Text und Untertext, Dramaturgie, die Rangordnung der Personen, die Dialoge. Der Stoff musste Material werden und dann wieder Form.

Welche Entscheidungen grundsätzlicher Art haben Sie für die Struktur des Drehbuchs getroffen?
KOHLHAASE Das eben Gesagte. Außerdem: keine Rückblenden.

Herr Geschonneck, wann sind Sie zu »In Zeiten des abnehmenden Lichts« als Projekt gestoßen?
MATTI GESCHONNECK Ich las zuerst über den Roman. Dann beim eigentlichen Lesen des Buches haben mich vor allem die Figuren interessiert. Wie Wolfgang Kohlhaase kannte ich aus meinem privaten Umfeld reale Personen mit ähnlichen Biografien, aus meiner Familie, aus meiner Schulzeit in der DDR, aber auch aus den Jahren meines Studiums in der Sowjetunion. Mir ist Russland, das im Buch eine große Rolle spielt, in seiner Schönheit, aber auch in seiner Zerrissenheit und Gewalt, sehr nahe.

Noch also gab es kein Drehbuch ...
GESCHONNECK Nein, aber ich habe geahnt, dass der Stoff bei Wolfgang Kohlhaase landen würde. Das lag nahe.

Ein erfolgreicher Roman wird zumeist sehr schnell vom Markt gekauft, um ihn irgendwann zu verfilmen.
GESCHONNECK So war es auch. Mit Produzent Oliver Berben hatte ich zuvor schon gearbeitet, wir fanden für IN ZEITEN DES ABNEHMENDEN LICHTS sehr schnell zueinander. Mit Wolfgang kam ich zusammen, da hatte er eine dreiviertel Seite mit seinen Grundideen aufgeschrieben.

War der Film zu diesem frühen Zeitpunkt schon fürs Kino geplant?
GESCHONNECK Nein, erst im Sommer 2015 ist diese Entscheidung gefallen. Ich habe es immer so gewollt. Wolfgang ebenso, aber der Weg musste erst dorthin führen. Es mag daran gelegen haben, dass sich sehr schnell die Struktur eines Kammerspiels herauskristallisierte. Und wo viele Worte sind, liegt das Fernsehen zunächst nahe. Wir wollten aber unbedingt den Versuch für Kino wagen.

Kohlhaase und Geschonneck – man weiß im Land um Ihrer beider Markenzeichen, vor allem um die einzigartige Präzision in der Zeichnung von Figuren und Milieus. Warum hat es für eine erste gemeinsame Arbeit so lange gedauert?
KOHLHAASE Ich wusste von Matti, dass er viel dreht. Ich hatte meinen eigenen Rhythmus und war anders verabredet. Der Reiz neuer Bekanntschaften in der Arbeit ist mir aber bewusst, das hat ja auch etwas Spielerisches.
GESCHONNECK Das muss sich ergeben. Ich bin ja mit Kohlhaases Filmen groß geworden, die unter Gerhard Klein, Frank Beyer oder Konrad Wolf entstanden sind. Für mich sehr wichtige Filme. Dass eine Zusammenarbeit gerade bei IN ZEITEN DES ABNEHMENDEN LICHTS zustande kam, ist auch mit Blick auf unsere unterschiedlichen Biografien vielleicht ganz interessant.

Ein eher indirekter Schnittpunkt zwischen Ihnen ist Gerhard Kleins Film BERLIN UM DIE ECKE *von 1966, in dem der große Erwin Geschonneck die Hauptrolle spielt, Mattis Vater ...*

KOHLHAASE Erwin war ja auch so ein Mann mit einer imponierenden Biografie, über die man nur staunen kann. Unglaublich, was einem Menschen geschehen konnte! Obwohl meine Familie kein Modell für Drehbücher abgegeben hat, spielt Erwin Geschonneck in BERLIN UM DIE ECKE eine Rolle, die meinem Vater nahekam. Er war Reparaturschlosser in der Fabrik, in der wir drehten.

GESCHONNECK Es gibt sehr eigenartige Kreuzungen im Leben und im Beruf. Sie sind manchmal hilfreich, manchmal nur erstaunlich. Ich bin nicht bei meinem Vater aufgewachsen, hatte lange Jahre nicht einmal eine Beziehung zu ihm. Nicht einfach für mich, auch mit dem in der DDR berühmten Namen Geschonneck zu leben. Und als Sohn dieses verdienstvollen Kommunisten bin ich 1978 in den Westen gegangen und 1989 wiedergekommen. Erst danach begann die Annäherung an meinen Vater. Er war schon über 80. Durch die Arbeit an IN ZEITEN DES ABNEHMENDEN LICHTS bin ich ihm wieder begegnet, in der Figur des Wilhelm Powileit, mit Respekt vor seinem Leben und Nachdenken darüber, auch über seine leidvolle Zeit im KZ. Das begleitete mich, als Bruno Ganz letztendlich zu Wilhelm wurde.

Von außen betrachtet erscheint die Besetzung für IN ZEITEN DES ABNEHMENDEN LICHTS *ideal. Auch für den Regisseur?*

GESCHONNECK Jede Besetzung ist für mich, nachdem sie entschieden ist, die ideale. Oder muss es sein. Es sei denn, ich habe mich komplett geirrt. Für IN ZEITEN DES ABNEHMENDEN LICHTS reicht die Stärke des kraftvollen Ensembles über den großartigen Bruno Ganz hinaus. Da ist Sylvester Groth, der mich durch die Wärme in seinem Spiel sehr berührt hat. Da ist die wunderbare Frauenriege mit Hildegard Schmahl vornweg. Da sind die Russinnen mit dieser außergewöhnlichen Evgenia Dodina als Irina, die mit ihrer Leidenschaft und Energie für mich als Regisseur einen Glücksfall bedeutete. Ihnen allen, bis zur kleinsten Nebenrolle, auf der großen Leinwand zuzusehen, ist in Vergnügen. Ich hatte das Gefühl, die Schauspieler haben ihre Arbeit gerne gemacht. Sie waren mit großer Konzentration dabei. Ich habe sie alle sehr gemocht!

Herr Kohlhaase, wie sehen Sie die Frauen in IN ZEITEN DES ABNEHMENDEN LICHTS?

KOHLHAASE Zunächst sind sie schön! Und es sind die Gesichter von drei Generationen. Film kann etwas, was weder Malerei noch Fotografie können: Er kann das Entstehen eines Gefühls im Gesicht eines Menschen zeigen. Dialog allein kann das oft nicht. Dialog soll nicht Schwierigkeiten bereiten, sondern Möglichkeiten öffnen.

In der Riege der Schauspieler und Schauspielerinnen gibt es Entdeckungen und Wiederentdeckungen.

GESCHONNECK Mancher Zuschauer wird vielleicht aus Neugier ins Kino gehen, auch um zu sehen, wie der Schweizer Bruno Ganz mit einem großen Repertoire den Kommunisten Powileit spielt. Er wird es den Skeptikern nicht leicht machen, denke ich.

Was ist für Sie bei einer Inszenierung als Kammerspiel in besonderem Maße nötig?

GESCHONNECK Die Spannung zu halten, und das auf engstem Raum. Timing, Empathie sowieso. Man kann nicht auf andere Schauplätz ausweichen. Der Blick auf die Schauspieler ist noch fokussierter. Alle haben da Großartiges geleistet, insbesondere Bruno Ganz. Obwohl das Zentrum der Szene, konnte er bei den vielen Figuren nicht permanent im Bild sein. Er musste über einen langen Zeitraum nur anspielen. Letztlich muss ich die der Vorlage adäquate Tonalität finden.

Kam der Ausstattung eine kleinere Rolle zu, weil man als Zuschauer so dicht an die Figuren heranrückt?

GESCHONNECK Im Gegenteil! Die Ausstattung war enorm wichtig, gerade bei der Empfindlichkeit dieses historischen Stoffes. Kamera, Szenenbild, Kostüm und Maske, zusammen muss das eine selbstverständliche Einheit bilden. Und ich hatte dafür hervorragende Mitarbeiter.

Eine Frage an Sie beide: trifft der Humor, den Sie in der Romanvorlage gefunden haben, Ihren persönlichen?

KOHLHAASE Humor ist ja eine sehr subjektive Sache. Der Roman hat ihn auf seine Weise. Ich musste meinen eigenen Tonfall finden.

GESCHONNECK Humor kann missverständlich sein. Unangenehm auch, wenn man die Anstrengung bemerkt, bemüht lustig sein zu wollen. Kohlhaases Humor kommt trocken unauffällig daher und stellt sich indirekt ein. Er ist bereits in der Konstellation der Figuren begründet. Er ist sehr fein.

KOHLHAASE Pointen sollten sich nicht in die Hacken treten.

GESCHONNECK Sie sollen sich nicht vorher anmelden. Man darf in der Umsetzung nicht auf sie hereinfallen.

Am 80. Geburtstag von Wilhelm Powileit ist man als Zuschauer auch beim Verlöschen von Ideen dabei – der eines Landes, eines Systems, einer Ehe und Familie.

GESCHONNECK Ich habe mich eher an der Ehegeschichte von Wilhelms Stiefsohn Kurt und Irina orientiert. Das war für mich das Gerüst. Eine Ehe stirbt, eine Familie löst sich auf. Ein System stirbt.

Wie wichtig für den Stoff ist der Abstand von über einem Vierteljahrhundert zwischen dem tatsächlichem Handlungsjahr und Filmstart?

KOHLHAASE Vielleicht braucht es Abstand, damit man ernste und gewichtige Dinge komisch sehen kann. Die Welt ist bunt, aber ungerecht. Doch sie dreht sich weiter. Man sagt, dass die Sieger die Geschichte schreiben. Wenn es denn so wäre, oder nur so wäre, dann werden dringend intelligente Sieger gesucht. Das untergegangene Land DDR hat schon mal das Scheitern geübt, aber diese Übung steht uns vielleicht ein weiteres Mal bevor.

GESCHONNECK Ich denke, wir sind mit I N Z EITEN DES ABNEHMENDEN L ICHT in der Gegenwart angekommen. Allerdings weiß ich nicht, ob man solche Stoffe in dieser schnelllebigen Kinolandschaft noch lange wird unterbringen können. Auch da ist vieles unbestimmt und unvorhersehbar. Wenn Geschichten berühren, werden sie ihr Publikum finden.

Sehen Sie I N Z EITEN DES ABNEHMENDEN L ICHTS als Film, der gegen das Vergessen anspielt?

KOHLHAASE Es gibt dieses schöne Wort, wonach erzählt werden kann, was beendet ist. Da sind wir wieder beim Abstand, sowohl dem des Schreibers und Filmemachers als auch dem des Zuschauers. Man schreibt ja nicht, weil man es besser weiß als andere, sondern weil man durch das Schreiben etwas herausfinden will, auch über einen selbst. Einen Film zu machen, das ist eine Reise des Herzens, zu der man ein Publikum hinzubittet.

2017

Quelle: Presseheft des Verleihs

ÜBER FILM UND LEBEN, KUNST UND GESCHICHTE

Aus dem verbotenen Heft
Antwort auf eine Umfrage

1. Welche Filme der fast 20-jährigen DEFA-Produktion gehören nach Ihrer Meinung zu den national und international repräsentativsten Filmwerken?
   DIE MÖRDER SIND UNTER UNS, EHE IM SCHATTEN, AFFÄRE BLUM, DER UNTERTAN, STERNE

2. Welche Filme aus der sozialistischen Produktion der letzten Jahre gehören für Sie zu den produktivsten Werken?
   NEUN TAGE EINES JAHRES, IWANS KINDHEIT, DAS MESSER IM WASSER, BALLADE VOM SOLDATEN

3. Welche Filme aus der kapitalistischen Produktion der letzten Jahre haben Sie besonders beeindruckt?
   ROCCO UND SEINE BRÜDER, 8 ½, HIROSHIMA, MON AMOUR

4. Suchen Sie für Ihr persönliches Schaffen nach Vorbildern?
   Ich habe kein bestimmtes Vorbild. Großen Eindruck hat auf mich der italienische Neorealismus gemacht.

5. Was benötigen wir nach Ihrer Meinung als Voraussetzung für die Entwicklung der Filmproduktion am dringendsten? a) im filmästhetischen Bereich, b) im filmtechnischen Bereich, c) im filmökonomischen Bereich, d) im filmpublizistischen Bereich

a) Kenntnis unseres Lebens und ständiges Zur-Kenntnisnehmen der ästhetischen Entwicklung des Films in der Welt, nur eines von beiden genügt nicht.

b) Unsere Atelier- und Aufnahmetechnik ist veraltet. Ich kenne die Pläne, diesen Zustand zu verändern, nicht.

c) Gemeinsame Überlegungen, ob das Wertgesetz im Sozialismus auch etwas mit der Produktion und dem Verleih von Filmen zu tun haben könnte.

d) Eine Kritik, die die Position unseres Films im In- und Ausland ohne Wunschdenken untersucht und sich zu Detailfragen (Buch, Regie, Kamera, Arbeit des Schauspielers, Musik) mit Sachkenntnis äußert. Das gehört zu den Maßstäben, ohne die Kritik nicht viel nützt.

1965

Der Umfrage war folgende Vorbemerkung vorangestellt: »Die Redaktion hat aus Anlass des 20. Jahrestages der Befreiung vom Faschismus fünf Fragen an Filmschaffende (Spielfilm) der DDR gerichtet. Sie wollte auf diese Weise mit einem breiteren Kreis von Filmpraktikern ins Gespräch kommen. Die Erfahrungen, die Sachkenntnis und das persönliche Engagement der Befragten verleihen den Antworten zwar eine bestimmte Repräsentanz, erlauben aber in der Verschiedenheit der Meinungen und Formulierungen nicht, oberflächliche Schlussfolgerungen zu ziehen. Die Äußerungen sind für die verschiedensten Bereiche des Filmwesens von Interesse. Für die Arbeit der Filmfachpresse enthalten sie wertvolle Aspekte und Hinweise. Von 45 Befragten antworteten 22.« In: *Filmwissenschaftliche Mitteilungen* Nr. 2/1965, S. 281f. Das Heft wurde infolge des 11. Plenums des ZK der SED vom Dezember 1965 (»Kahlschlag-Plenum«) verboten und eingestampft.

Das Einzige, was uns hilft: Realismus!
Diskussionsbeitrag auf dem II. Kongress des Verbandes der Film- und Fernsehschaffenden

Da ich auf dem Wege vor uns die lichten Höhen ungezählter guter Vorsätze und eine verblüffende Einigkeit sehe – und in der Annahme, dass unser weiterer Vormarsch gesichert ist –, möchte ich in dem, was ich vortrage, ein wenig auf der Stelle treten und hin und wieder einen Blick über die Schulter werfen, talwärts, wenn man so will.

Erinnert man sich an ähnliche Kongresse oder blättert in den Protokollen von Konferenzen aus den fünfziger und sechziger Jahren, dann findet man eine erstaunliche Ähnlichkeit der Probleme. Ironisch könnte man sagen: eine Kontinuität der nicht gelösten Fragen. Denkt man darüber nach, liegt der Gedanke nahe, dass bestimmte Probleme des Umgangs einer neuen Klasse mit Kunst historischer Natur sind, langwährende Prozesse und Entwicklungen, vielleicht so lange wie das Leben. Das bringt Leistung und Fehlleistung, Erkenntnis und Irrtum in eine andere Logik. Unser Kongress sollte verschiedenen Fragen zu gründlicher Erörterung verhelfen, die eine Weile anstehen und nicht so schnell zu lösen sein werden. Ich nenne einige:

Vor allem brauchen wir im Interesse ihres Zusammenwirkens genauere Vorstellungen über die unterschiedlichen Möglichkeiten von Kino und Fernsehen. Das soll nicht heißen, dass die Theoretiker nun schleunigst einen Katechismus der Massenmedien verfassen, sondern dass wir eine normale, alltägliche Vernunft walten lassen, Erfolg und Misserfolg prüfen, wissen, dass es dabei um Kunstfragen, letztlich um Erfolg und Misserfolg im politischen Kampf geht. Wir haben es einerseits mit unseren Absichten und andererseits mit den Erwartungen des Zuschauers zu tun (auf diesen Zuschauer haben aber auch noch andere Leute ihre Absichten). Es gibt offensichtlich Bedürfnisse und Erwartungen verschiedenen Niveaus: Unsere Arbeit hätte idealerweise an Bedürfnisse anzuknüpfen, ohne bei ihnen stehenzubleiben. Qualität muss man dabei auf jedem Gebiet verlangen. Die Posse wie die Tragödie haben ihre Arbeitsprobleme. Aus den Dokumenten kommt die Wahrheit nicht von selbst ans Licht, und drei Männer am Tisch sind noch keine Diskussion. Mühe schulden wir jedem Gegenstand und jedem Zuschauer.

In den letzten Jahren sind Kino und Fernsehen, statt überlegt und wünschenswert zu kooperieren, in eine spontane Arbeitsteilung gerutscht, in der Vergnügen und Moral, diese schöne Einheit in der Kunst, beträchtlich auseinandergeraten sind, und beides nahm dabei Schaden.

Das Kino, ich meine nicht nur die DEFA, sondern das ganze Instrumentarium – vor allem auch den Verleih – gerieten in die zu frischen Ehren gekommenen ökonomischen Fragestellungen, wogegen nichts zu sagen ist, hätte man dabei nicht vergessen, dass es bei dieser besonderen Ware Film auf eine doppelte Rentabilität ankommt: die in der Kasse und die in den Köpfen. Natürlich wünscht sich jeder, beides stimmte überein. Aber wir wussten immer, dass dieses schwer zu erreichende Ziel auf verschiedenen Wegen angestrebt werden muss: durch möglichst wirksame Filme, aber auch durch die Erziehung des Publikums auf vielerlei Weise.

Diese sozialistische Fragestellung ist – in weiten Kreisen unbemerkt – still in den Hintergrund getreten. Der Verleih, auf seinen Gewinn verwiesen, neigt zu einer einseitigen Tüchtigkeit, und mancher seiner Mitarbeiter – nicht jeder, das möchte ich betonen – hat inzwischen auch das entsprechende Bewusstsein. Ein verträumter Idealist der Filmkunst kann sich dort sagen lassen, welche Filme gehen. Man hat es entdeckt. Man hat entdeckt, dass sich mit Mist Geld machen lässt. Das wussten wir ganz am Anfang, und diesen Zustand wollten wir ändern. Zu einigen hervorragenden sowjetischen Filmen trifft man sich im Augenblick in Stadtrandkinos wie die frühen Christen in den Katakomben Roms.

Es ist schön, dass man dort vor allem junge Leute sieht. Im Übrigen sollten wir sehr beunruhigt sein. Beschämender als der Zustand selbst ist das Achselzucken, mit dem ein fataler Kreislauf akzeptiert ist: Es lohnt sich nicht, solche Filme, wenn man sie überhaupt kauft, zu propagieren, weil niemand hineingeht. Also, zeigt man sie unauffällig, wobei sich, siehe, man hat Recht behalten, herausstellt, dass niemand hineingeht.

Solche Arten von geschlossener Beweisführung haben wir auf anderen Gebieten unserer Entwicklung, wenn ich mich recht entsinne, nicht anerkannt. Es handelt sich aber nicht nur um einige Filme und nicht nur um sowjetische. Es handelt sich auch nicht nur um den Verleih. Das Problem hat eine kulturpolitische Dimension, es betrifft auch die Orientierung und das Selbstbewusstsein für unsere eigene Produktion. Es handelt sich darum, dass wir uns fragen, was wir im Kino auf längere Sicht tun können, wollen und müssen. Unserer eigenen Filmproduktion hat eine Zeitlang innerer Spielraum sehr gefehlt. Vor nicht langer Zeit prinzipiell kritisiert, dann mahnend mit den auf die eine Weise so gut gefüllten und auf die andere Weise so leeren Kinos konfrontiert, richtete sie den Blick, was für die Augen nicht gut ist, zugleich auf zwei zu weit auseinanderliegende Punkte. Das Auge der Sehnsucht fiel auf MY FAIR LADY, das Auge der Pflicht auf ein viel gelobtes Nachbarinstitut, das seinerseits gerade, wenn auch mit Musik, in entgegengesetzte Schwierigkeiten geriet. Das Fernsehen war den Gesetzen der Kinokasse nicht nur nicht unterworfen, sondern gar nicht ausgesetzt. Man brauchte das Programm nicht täglich nachprüfbar an den Mann zu bringen, stattdessen konnte man es einschätzen.

Die Wirkung, die man erhoffte, ließ sich als eingetreten beschreiben. Damit war auf verblüffende Weise die Unsicherheit aus dem literarischen Geschäft verschwunden, die Ungewissheit des Ergebnisses, die auch politisch zweifelhaft oder zumindest unpraktisch erschien und vielleicht nur eine Erfindung schöner Seelen war. Und siehe, schon hatten wir gute Werke, sehr gute Werke, Meisterwerke.

Natürlich gab es auch wirklich gute Dinge und dazu einiges Verdienstvolle, wenn so eine Unterscheidung erlaubt ist. Eine gewisse Verwirrung der Bewertungskategorien bei diesem oder jenem Film ist auch nicht seinen Machern anzulasten. Sie entstand vor allem durch ein sehr »deutsches« Missverständnis: Wenn es einer Sache vielleicht in der und jener Hinsicht an Realität fehlt, so braucht sie vor allem Theorie. Die Methode, wie man immer eine Zwölf schießt, hat übrigens schon Polgar beschrieben. Man steckt einen Pfeil in die Wand und malt die Scheibe anschließend um ihn herum. Es geht nicht darum, dass ein Film oder ein Fernsehfilm in der Presse und mit anderen Mitteln unterstützt wird, das ist selbstverständlich. Wir müssen vor allem einem Film zumuten, seine Qualität zu erweisen. Kunst muss sich erweisen nach Regeln, die im engeren oder auch im weiteren Sinne gesellschaftlich bedingt, aber nicht willkürlich auslegbar sind. Wenn wir glauben, der Kunst diese Probe, dieses Risiko ersparen zu können, ersparen wir ihr die Verantwortung und nehmen ihr sowohl den Spaß wie die Moralität. Wir verführen dann wohl auch diesen oder jenen zu einer charakterschädigenden Bequemlichkeit im Geist.

Die Treue zu den Einsichten anderer ist sicherlich manchen Mannes starke Seite. Es wird aber im Leben, und vor allem in den Berufen, die uns hier versammeln, ein eigener Standpunkt gebraucht, eigene Einsicht, eigene Beobachtung. Wir wissen es doch, die Sache, der wir parteilich verbunden sind, ist für das Einbringen von Gedanken eingerichtet. Mancher Fehler, der gemacht wurde, ist, glaube ich, aus achtbaren Gründen gemacht worden. Es waren eigentlich auch keine neuen Fehler, bei aller Neuartigkeit des Stolzes, mit dem sie verbunden waren. Sie resultierten aus dem Wunsch nach schneller messbarer Bewusstseinsveränderung mit Hilfe der Kunst. Diesen Wunsch nicht zu teilen, hieße, nicht in der politischen Arbeit stehen.

Aber wir kommen seiner Erfüllung nicht näher, wenn wir uns – immer mal wieder – um die besondere Wirkungsweise der Kunst nicht kümmern. Was doch jeder Zweite weiß, muss tatsächlich in unsere Praxis eingehen. Wenn wir unserem Zuschauer keine Vorschläge machen, in die wir Kenntnis des Lebens, Respekt vor den Menschen und vor der Literatur in gleicher Weise investieren, dürfen wir uns nicht auf fehlendes Niveau herausreden. Und weil man manchmal Leute trifft, die alles für eine Frage der Organisation und der Statistik halten, nur wenn wir

Vergnügen in solchem Sinne bieten, gewinnt unser Zuschauer die besondere Freiheit, die im Umgang mit Kunst entsteht, nur so kommt jener Zuwachs an Gefühl und Gedanken, an Bewusstsein endlich zustande, der sich anderen Strömen des Bewusstseins, anderen Antrieben seiner Veränderung assoziiert.

So vor allem helfen wir der Emanzipation von den zählebigen Gewohnheiten einer Halbkultur, die die bürgerliche Gesellschaft für die Mehrheit bereithält, und die sie uns über viele Kanäle anbietet in der durchaus richtigen Überlegung, dass sich auch so, nämlich mittelbar, der Angriff führen lässt. Wir wappnen unseren Zuschauer übrigens nicht gegen billige Klischees, wenn wir sie mit eigenem Teig gefüllt selbst verwenden, wenn wir zu zeigen versuchen, dass wir so etwas auch können.

Ein gewisser Problemkitsch sitzt zwischen allen Stühlen. Wer Wirklichkeit will, will sie wahrhaftig, und wer Kitsch will, will ihn konsequenterweise nicht von uns. Man könnte den Eindruck haben, dass wir hier und da die Geduld verloren hatten, das Schwere, aber Mögliche zu versuchen, das Einzige, was uns hilft: Realismus – Realismus, der die Wirklichkeit zeigt, wie sie ist, und der uns hilft, sie zu verändern. (…)

Den Eindruck darf man nicht zulassen, wir wären auch mit weniger zufrieden. Er irritiert das Publikum, und er irritiert die Künstler. Kein Kongress kann die Mittelmäßigkeit hinwegbeschließen. Mittleres Talent ist seiner Achtung wert. Nicht geduldet werden darf mittleres Gewissen, nicht erlaubt werden darf eine Mittelmäßigkeit der öffentlichen Erwartung, auf die sich mittleres Gewissen beruft. (…)

Eine lange aus der Mode gekommene Barttracht, vom Hoffriseur Haby in der Berliner Mittelstraße erfunden, hatte den Namen »Es ist erreicht«. Unser Kongress ist in der glücklichen und schwierigen Lage, eine solche Losung nicht ausgeben zu können.

1982

In: Kongress-Protokoll, Berlin 1972, S. 68 ff.

Vergnügen stiller Art
Wie ich lesen lernte

Bei meiner Tante Elfriede gab es ein Zille-Buch, bei meiner Tante Ella eins von Wilhelm Busch. Die Erwachsenen widmeten sich einem Kartenspiel, das Mauscheln hieß, sie riefen sich zu, sie würden »mitgehen« oder »zu Hause bleiben«. Oder die Männer spielten einen mit besonderen Redensarten gewürzten Skat, und die Frauen erzählten sich etwas. Ich hatte lange Nachmittage vor mir und blätterte in den Büchern. Zilles Zeichnungen hielt ich für Witze. Ich buchstabierte mir die Unterschriften zusammen, meist kam ich nicht hinter den Sinn. Wenn man die Bilder länger ansah, wusste man nicht genau, ob sie komisch waren oder nicht. Ich wunderte mich, warum manche Frauen so dünn waren und andere so dick und wieder andere so dünn und so dick zugleich. Besonders gefielen mir die überfüllten Badeanstalten, in denen alles durcheinanderkrabbelte. Die Männer trugen unglaubliche quergestreifte Badeanzüge mit langen Beinen. Wenn ich irgendwo solche Männer sehe, im Film oder im Varieté, freue ich mich wie damals.

Wilhelm Busch verstand ich besser, weil er richtige Geschichten erzählte, die hinten eine Moral hatten. Tante Ella las mir verschiedentlich mit hochgezogenen Augenbrauen und übertriebener Betonung etwas von einem Frosch vor, es endete mit dem Reim:
»Drei Wochen war der Frosch so krank,
jetzt raucht er wieder,
Gott sei Dank.«
Es entging ihr, dass mich kein Tier aus ihrem Buch so wenig interessierte wie dieser Frosch, erstens, weil sie mir dauernd von ihm vorlas, und zweitens, weil ich mich für arme, kranke Frösche schon zu erwachsen fühlte. Ich war sieben Jahre alt. Auch Max und Moritz waren kaum noch meine Leute. Meine Sache waren mindestens die Räuber, die in schwarzer Nacht eine einsame Mühle beschleichen und von der listigen Müllerstochter mit Hilfe der Mahltechnik um ihr böses Leben gebracht

werden. Ehe ich zu dieser Geschichte gelangte, kam ich jedes Mal an den Versuchungen des heiligen Antonius vorbei, die ich schon deshalb nicht mochte, weil ich nicht wusste, was Versuchungen waren. Mir fällt ein, dass ich auch nicht danach fragte. Ich war in das Bilderbuch hineingekrochen, vor dem ich saß – zu krumm übrigens in den Augen meiner Mutter –, ich steckte in einer anderen Haut und in einer anderen Welt, und es fiel mir nicht ein, da jemand hinzuzurufen, einen Erwachsenen, der nicht ahnen konnte, was mir gerade widerfuhr. Auch jetzt ist Lesen mir ein Vergnügen stiller Art, ein sehr persönlicher Gewinn, den ich ungern teilen und oft nicht einmal mitteilen will.

Zweimal im Jahr, zu Weihnachten und zum Geburtstag, schenkte mir Tante Ella ein Buch. So kam ich zu »Grimms Kinder- und Hausmärchen,« zu den »Schönsten Sagen des klassischen Altertums«, bearbeitet für die deutsche Jugend (eine Unterzeile, die meinen vagen Argwohn erregte), zu den »Nordischen Götter- und Heldensagen«, zu den Wichtigsten deutschen Gespenstersagen sowie zu zwei Bänden Karl May und einem Buch über Cortez, den Eroberer.

Rumpelstilzchen, Rapunzel und Der Teufel mit den drei goldenen Haaren gefielen mir besser als Rotkäppchen oder Hänsel und Gretel, vielleicht, weil ich sie selbst in dem tiefen Märchenwald entdeckte. Natürlich stellte ich mir vor, dass ich Herakles wäre, zusätzlich war ich mit dem Wunderschwert Baldung ausgerüstet. Von allen Gespenstern beschäftigten mich am meisten die Weißen Frauen, die lautlos durch Wände gehen und Unheil ankündigen. Ich glaubte nicht, dass es in Berlin welche gab, aber bei meinen Großeltern in Pommern, wo ich in den Ferien in einer Dachstube schlief, zitterte ich mich einige Sommerwochen lang in der sicheren Erwartung einer Weißen Frau in den Schlaf.

Der nie verreiste, biedere, sächsische Übermensch Karl May, an dem die Untugend auf allen Kontinenten scheiterte, gewann zu gegebener Zeit meine Anteilnahme, aber keine besonders tiefe. Mir missfielen seine langatmigen moralischen Erörterungen. Dass die Bösewichter immer ermahnt und wieder laufengelassen wurden, bis sie endlich per Gottesurteil in irgendeine Schlucht fielen, entsprach nicht meinem handfesten Gerechtigkeitsbedürfnis. Eventuell hatte ich auch ein richtiges Gefühl für falsche Töne, für den verfehlten Ehrgeiz des Karl May, sich in eine Schriftstellerei anderer Art zu mogeln. Aber immerhin erinnere ich mich seinetwegen an die Vorfreude des Lesens, an dicke, handliche Bände mit festem Pappdeckel, und man wusste genug im Voraus, um es genau wissen zu wollen.

Meine Eltern besaßen zehn oder zwölf Bücher. Da sie nicht darin lasen, entdeckte ich sie zufällig unten im Schrank. Es war eine merkwürdige Reihe; ich kann nicht sagen, was sie sich davon selbst angeschafft haben. Gedichte im Goldschnitt mit einem Schloss am Deckel, ein verschnörkelt gedrucktes Vortragsbuch für Humoristen, von dessen zweiter Seite der Verfasser oder Herausgeber, ein knebelbärtiger Kahlkopf, einen mit heiterer Würde ansah, ein anderer Band Gedichte von Cäsar Flaischlen, ein christlicher Ratgeber für den pommerschen Haushalt, ein Biologiebuch von 1908, ein Lehrbuch des Maschinenbaus und zwei Romane, in die ich mich vertiefte. Einer hieß »Ivanhoe«, er entführte mich in die frühen englischen Wälder und bereicherte das Arsenal von guten und schlimmen Figuren, mit denen ich vor dem Einschlafen umging, um den schwarzen Ritter, den Templer und den grünen Bogenschützen. Am Ende bemerkte ich, dass es sich nur um einen ersten Band handelte, so blieb mir ungewiss, ob Richard Löwenherz doch noch nach Hause gekommen ist.

Das andere Buch war in unscheinbares braunes Papier eingeschlagen. Nach einer Stunde, atemlos, überwältigt, wusste ich, es war das schönste, das ich je gelesen hatte. Es hieß »Tom Sawyers Abenteuer und Streiche.« Ich saß verzaubert auf dem Fußboden, das Buch vor mir auf dem Stuhl. Im Schlafzimmer surrte die Nähmaschine meiner Mutter. Ab und zu ging sie durchs Wohnzimmer in die Küche und sagte, was sie immer sagte: ich solle nicht so krumm sitzen. Und draußen schneie es. Tatsächlich, vor dem Fenster fiel Schnee, aber was ging mich das an? Ich war dabei, wie Tom auf schlaue Art einen Zaun strich und auch noch die Bibel in der Sonntagsschule ergatterte und einen Schatz suchte und auf der

Jacksoninsel im Mississippi als Pirat lebte und zwischendurch zu Hause unter dem Bett lag und zuhörte, wie seine Tante Polly klagte, er wäre tot. Und alles war aufs Wort zu glauben, fern und doch nah, ein Städtchen in Amerika und eine weite, lustige Welt, die niemand für die deutsche Jugend bearbeitet zu haben schien. Ich fragte mich, ob es sich lohne, außer »Tom Sawyer« noch weitere Bücher zu besitzen. Aber als ich nicht so sehr viel später überlegte, welches von meinen Büchern ich retten würde, entschied ich mich für »Weyers Taschenbuch der Kriegsflotten«. Ich wollte dringlich zur Marine.

Inzwischen war ja Krieg. Obgleich ich mich an seinen ersten Tag entsinne, an eine Rede, die man uns auf dem Schulhof hielt, an die ernsten Gesichter meiner Eltern, hat er kaum merklich für mich begonnen, ein Bilderbuchkrieg, ein Lesebuchkrieg, in dem immer die anderen verloren. Das bewiesen schon die Buchumschläge im Warenhaus Hertie. Die Flugzeuge der Feinde stürzten brennend vom Himmel, ihre Schiffe versanken im aufschäumenden Meer, in ihren Gesichtern malte sich Entsetzen. Die eigenen Soldaten dagegen führten den Krieg mit Mut und Humor, auf den Fotos lachten sie unter schräg sitzenden Käppis; sie malten Striche an ihre Flugzeuge, und jeder Strich war ein Sieg; sie hielten Katzen und kleine Hunde im Arm, und die brachten ihnen Glück. Von oben, mit den Augen der Flieger blickte man in leergebrannte französische Häuser.

Tante Ella schenkte mir unbeirrt Coopers »Lederstrumpf«, ich wusste ihr vorübergehend wenig Dank. Vorübergehend, sage ich, denn der Krieg ging anders weiter, als es die forsch geschriebenen Bücher erwarten ließen. Nicht, dass ich ihnen bewusst misstraut hätte, aber ihr Glanz wurde matt. Die Jagdflieger und U-Boot-Kommandanten traten zurück ins Glied zu Huronen, Delawaren, Rif-Kabylen, Inkas, Mormonen, Goten, Fallenstellern und Grizzlybären. Die Rocky Mountains blieben geheimnisvoll und verlockend, leergebrannte Häuser konnte man eines Tages auch aus der Nähe sehen, sie rochen beißend nach kaltem Qualm. Noch waren wir stolz darauf, noch stritten wir, wer näher an den Bombentrichtern wohnte.

Aber einen Sommer und einen Winter weiter, als man nach den »Mosquitos« am frühen Abend die Uhr stellen konnte, so regelmäßig kamen sie, als die klaren Tage die Bomber anlockten und sich gegen Mittag wolkenhoch mit Rauch trübten, als selbst in der Wochenschau nur noch um deutsche Städte gekämpft wurde, da las ich, vierzehnjährig und bestürzend verliebt in ein Mädchen namens Inge, zerflederte Kriminalromane, die wir uns reihum borgten. Ihr Personal trug markante englische Namen, Englisch war schick geworden. Die Schmöker taten möglicherweise ihr Gutes. Wenn ich mir die stabile Privatwelt pockennarbiger Untäter und rächender Detektive vorstellte, entwich ich der Zwangsvorstellung eines dämonischen völkischen Endkampfes, wenn ich in den Spelunken von Soho untertauchte, entfernte ich mich ein kleines, aber wichtiges Stück aus dem Schicksalsdrama der Nibelungen, das am Ende mit Panzerfäusten und von Halbwüchsigen gespielt wurde.

Die Zeit danach ist angefüllt mit fremden Gesichtern und Uniformen, fremder Sprache, fremden Liedern, ein fantastischer Einbruch von Unbekanntem in die Kulisse meiner Kindheit. Tafeln wurden aufgestellt: »Die Hitler kommen und gehen, das deutsche Volk aber bleibt.«

Über dem Wettbüro am Markt hing ein Schild: »Antifaschistische Front«. Ein kleiner, magerer Mann in Zivil stand in der offenen Tür, als warte er auf jemand.

In einer der neuen Zeitungen, in Fortsetzungen, von denen ich, nach Kartoffeln und Kohlrüben unterwegs, viele verpasste, erschien ein Roman. Dann konnte man ihn auch kaufen, ein Pappeinband, graues Papier. Ich las, wie ich seit »Tom Sawyer« nicht gelesen hatte, nur wäre Verzauberung nicht das Wort, um den Zustand zu bezeichnen, in den ich geriet. Eher wurde ich entzaubert.

Das Buch handelte von dem Untergang einer Armee in einer Stadt, die Stadt war Stalingrad, und so hieß das Buch. Es fing an mit dem Satz »Und da war Gnotke«. Gnotke, ein Unteroffizier, strafversetzt zum Minensuchen, war einer von denen, über die berichtet wurde, Soldaten, Offiziere, Generäle, Leute mit verschiedenem Ehrgeiz, mit spät oder nie erwachtem Gewissen, verblendet, verzweifelt, stumpfsinnig, das Feuer wurde ihnen zu heiß und die Steppe zu kalt; zum Schluss, ehe sie zugrunde gingen, ging ihnen auch noch der Grund verloren, warum sie so weit marschiert waren. Ich las und hatte ein für alle Mal verstanden, warum der Krieg nach langen Wegen enden musste, wo ich wohnte. Meine Kinderzeit, gemischt aus kleinem Glück und allgemeiner Katastrophe, rückte an ihren Platz in der Geschichte. Auch die Bücher dieser Jahre ordneten sich anders, von vielen trennte ich mich für immer. Ich begann zu begreifen, dass nichts ein Buch so wichtig machen kann wie die Wahrheit, nach der man sucht. Ich fing auch an, darüber nachzudenken, dass Wahrheit oder Unwahrheit nicht von selbst in ein Buch hineinkommen, sondern durch den, der es schreibt. Zum ersten Mal merkte ich mir den Namen eines Schriftstellers: Plievier.

Ohne viel Lust gingen wir wieder zur Schule. Jemand, der hinter mir saß, schrieb einen Kriminalroman. Überrascht, dass so etwas offensichtlich jedem möglich war, wollte ich auch einen schreiben. Ich ließ ihn in London spielen und kam mit tintenblauen Fingern bis auf Seite vierzig. Dann begann ich die Beschreibung der letzten Kriegstage aus meiner Sicht, es schien mir ein würdigeres Thema zu sein. Wieder bei Seite vierzig waren meine Erlebnisse zu Ende, und ich war nicht sicher, ob es erlaubt sei, sich etwas auszudenken.

Dennoch las ich künftig anders, nicht nur auf Geschichten neugierig, sondern auch auf die Leute, die sie aufschrieben. Anscheinend gab es nicht nur Bücher in unübersehbarer Zahl, sondern Verwandtschaften und Bekanntschaften unter ihnen, eine besondere Welt der Schriftsteller, Literatur genannt, in der die wirkliche Welt reicher und bunter abgebildet war, als man sie mit eigenen Augen sehen konnte. Beides, das entdeckten wir nun, die Welt und die Literatur, hatte man uns verschwiegen.

Balzac, Stifter, Wilde, Whitman, Schiller, Lessing, Hemingway, Lorca, Gorki, Scholochow, Tucholsky, Fontane, Anna Seghers, alles Namen jener Jahre. Ich weiß nicht, wo die Bücher herkamen. Ich hatte einen Klassenkameraden, der Gedichte schrieb; wir waren laute Burschen und stille

Seelen. Mit Überzeugungen, die uns rasend zuwuchsen, erörterten wir Stilfragen. Es kam uns vor, als wäre uns Deutsch bis dahin eine unbekannte Sprache gewesen. Dabei ist eines Fräuleins Müller dankbar zu gedenken, die uns »Effi Briest« nahezubringen suchte. Die Klasse saß sorgenvoll auf gestohlenem, unter den Dielen verstecktem Schulspeisungskäse, das Wort Liebe machte uns verlegen und rüde, von preußischen Ehrbegriffen hatten wir uns gerade verabschiedet. Aber das ältliche Fräulein Müller, Flecke zärtlichen Eifers im Gesicht, ging uns voran in die stille märkische Landschaft Fontanes; dass nur drei oder vier ihr zögernd folgten, irritierte sie nicht.

»Das ist ein weites Feld«, sagt der alte Briest zu seiner Frau. Es war ein Satz, den Fräulein Müller liebte, und am Ende mochten wir ihn auch. Er passt, wie ich noch herausfand, auch auf das Lesen.

1973

In: *Das schönste Buch der Welt. Wie ich lesen lernte.* Hrsg. von der Akademie der Künste der DDR, Zusammenstellung und Nachsatz von Erika Pick, Aufbau-Verlag, Berlin 1973, S. 159 ff.

Ortszeit ist immer auch Weltzeit
Diskussionsbeitrag auf dem VII. Kongress des Schriftstellerverbandes

Ich habe einen gesicherten ersten Satz anzubieten; er heißt: Literatur und Wirklichkeit, das ist ein Thema, in dem man sich verlaufen kann.

Ich will mit einer Auskunft über meine Art zu lesen beginnen, die mich, wie ich hoffe, als durchschnittlichen Menschen zeigt. Da ich nicht Rezensent bin und nicht Lektor und ziemlich nachlässig in der Pflicht, auf dem Laufenden zu sein, lese ich vorwiegend zum Vergnügen. Das hat sich seit meiner Kindheit nicht geändert, wenn sich auch meine Erwartung an ein Buch entwickelt und vielleicht verfeinert hat. Aber im Grunde vergleiche ich beim Lesen noch immer meine Erfahrung mit beliebigem anderem menschlichem Schicksal rund um die Welt und quer durch die Zeit; alten Büchern kann man bekanntlich große Neuigkeiten entnehmen. Ich will damit sagen, dass Wirklichkeit in der Literatur etwas Umfassendes ist. Ihre Gleichnisse überdauern die Verhältnisse, aus denen sie gewonnen sind. In ihr ist die wirkliche Welt, und in ihr ist mögliche Welt. Sie lenkt den Lesenden auf sich selbst, aber auch weit von sich weg, und indem sie ihn jedes Mal erstaunen macht, übt sie seine Fantasie. Fantasie aber ist eine elementare menschliche Kategorie. Der Mensch, der seine Lage ändern will, hat sie genauso nötig wie Klugheit, Mut oder Verantwortungsgefühl. Man braucht die größte Fantasie, habe ich gelesen, um die Dinge zu sehen, wie sie sind.

Die Dinge sehen, wie sie sind. Hier berührt sich realistische Kunst mit den Interessen der Arbeiterklasse, die ihre geschichtliche Aufgabe nur lösen kann, wenn ungezählte Menschen, die Mehrheit, die Dinge zu sehen beginnen, wie sie sind. Das spielt sich nicht nur als Denkvorgang ab, der Wesen und Erscheinung untersucht. Die Wahrheit erwirbt man sich mit allen Sinnen – oder man erwirbt sie unvollkommen. Natürlich erwirbt man sie vor allem, indem man lebt, arbeitet und kämpft, aber nicht nur so. Man kann die Welt nur wirklich in Besitz nehmen, wenn man sie auch geistig in Besitz nimmt.

Als vor Jahrzehnten Literatur zur Arbeiterbewegung kam und Arbeiterbewegung zur Literatur, als sich Schriftsteller sehr verschiedener Herkunft in der anspruchsvollsten Theorie und im täglichen Kampf verbanden, brachten die einen eine millionenfache soziale Erfahrung mit, aber die anderen hatten auch etwas mitzubringen: Kunsterfahrung, einschließlich der bürgerlichen. Aus dem, was da getauscht wurde, gegeben und genommen, verworfen und neu begriffen, ist, gerade auch in deutscher Sprache, eine Literatur geworden, die uns beeinflusst und verändert bis auf den heutigen Tag, vor allem deshalb, scheint mir, weil in ihr das Poetische und das Politische untrennbar miteinander verbunden sind.

So müssen wir wohl auch jetzt versuchen zu schreiben. Unter unseren Umständen dürfen wir nichts von dem verlieren, was unsere Kollegen und Genossen in anderen Situationen des Klassenkampfes über Schreiben und Lesen, über Literatur und Politik herausgefunden haben.

Sozialismus ist heute bei uns alltäglich und doch noch immer von bisheriger Gewohnheit bestritten. Er herrscht und versteht sich doch nicht von selbst. Er ist diplomatisch anerkannt, politisch und ökonomisch bekämpft und militärisch bedroht. Berlin ist ein geeigneter Ort, um, bildlich gesprochen, einige Leute nicht aus den Augen zu verlieren, die, wenn sie nur könnten, die Vergangenheit endgültig bewältigen würden, indem sie sie überträfen.

Wir sagen manchmal, unsere Kinder kennen den Imperialismus nicht mehr. Aber kennen sie nicht zu wenig und zuviel von ihm zugleich? Eine bestimmte Denkart wird in unseren Schulen gelehrt, aber es kann keine Abschlussprüfung für sozialistisches Bewusstsein geben. Es entsteht nicht von selbst, und es kann verloren gehen. Es kann auch träge werden. Der Schatten der alten Welt fällt weit, nicht zu reden von der Funktion ihrer Beleuchtung. Wenn es nicht so wäre, wären wir sicherer, ruhiger, reicher, vielleicht auch freundlicher mit uns selbst.

Nicht nur der Schriftsteller nähme Schaden, wenn er sich demgegenüber in eine Provinz zurückzöge, in welcher Farbe er sie sich auch einrichtete. Ortszeit ist immer auch Weltzeit.

Wir haben allen Grund, politisiert zu sein, im aktuellen Bewusstsein der Chancen und der Risiken unserer Lage. Unser Optimismus versteht sich historisch, aber wir dürfen uns nicht täuschen, wie lange vieles dauern wird, was wir unternehmen, auch auf dem besonderen Gebiet, über das wir hier reden. Anders brächten wir uns um eine entscheidende Voraussetzung unserer Arbeit: um unser persönliches Verhältnis zur Geschichte. Die sozialistische Revolution, die Abschaffung der Klassengesellschaft, das ist für die Literatur ein gewaltiger neuer Vorgang, ein Jahrhundertstoff, der alle Aspekte menschlicher Existenz enthält und aus dem alles gemacht werden kann, auch eine neue Klassik. Was daraus wird, hängt nicht nur von dem ab, der schreibt, sondern auch von dem, der liest. Genauer gesagt: von der Vorstellung, die sich die Gesellschaft vom

Nutzen der Literatur macht, von der Übung, die sie im Umgang mit ihr erwirbt, gehen wichtige Impulse für das Schreiben aus. Umgekehrt: nicht ob er unserer Sache mit seiner Arbeit zu helfen habe, ist für jemand hier ein Grund zum Nachdenken, sondern immer wieder wie er es tun kann.
Wie und für wen schreibt man?
Brecht sagte, schreiben hieße, jemandem schreiben. Aber wem schreibe ich? Leuten wie mir? Meinem Nachbarn? Meinen Freunden? Politisch Gleichgesinnten, die doch aber ästhetisch verschieden oder überhaupt nicht gesinnt sein können? Allen? Solche Fragen ergeben sich, weil unser Publikum gerade durch Ungleichheit in Bewegung geraten ist. Auf mannigfaltigen Bildungswegen und Umwegen mischen sich neuer Anspruch und alter Anspruch und alte Anspruchslosigkeit, die sich manchmal auch mit neuem Stolz ausrüstet. Im Kino ist das besser zu beobachten als unter der Leselampe: verschiedenes Bedürfnis langweilt sich verschieden.

Literatur kommt dem Problem seit je bei, indem sie selbst vielerlei Gestalt hat. Aber muss sozialistische Literatur, wenn sie Fuß fassen will bei möglichst vielen, ihren Leser nicht immer auch ästhetisch emanzipieren? Muss sie ihm nicht Lust machen, auf jedes Wort zu hören? Muss sie ihm nicht entdecken helfen, dass Wahrheit eine andere Sprache hat als Lüge, und welche wunderbare Befreiung in dieser Entdeckung steckt?

Gute Bücher verderben den Geschmack an schlechten. Viele unserer Bücher tun das. Warum tun andere es nicht? Das berührt unser Gewissen und unser Handwerk.

Wenn beispielsweise in einem Buch oder in einem Film Wirklichkeit zu ein oder zwei Problemen schrumpft, wenn keine besonderen Beobachtungen geliefert werden, sondern allgemeine Gesichtspunkte, wenn nicht Leben vorkommt, sondern temperierte Diskussion, wird dann das Ding, dem da gedient werden soll, nicht oft genauso diskreditiert wie die Literatur? Kann man so nicht gerade den Leser oder Zuschauer verlieren, auch im Sinne einer ganzen sozialen Gruppe, den die gemeinten

Probleme betreffen, weil er sie nämlich besser kennt und oft auch härter? Wird das Wiedererkennen eines Sachverhaltes nicht manchmal zu hoch gewertet gegenüber dem tieferen Begreifen, das immer das Gefühl mit einschließt? Andererseits: Ist es nicht gut, wenn ein Buch oder ein Film dazu beitragen, dass über eine Sache von aktueller Bedeutung gesprochen wird, vielleicht mit mehr Mut als vordem? Wiederum: werden dabei auch die ermüdeten Leute gezählt, denen vielleicht ein Reiz verweigert wurde, auf den sie schon warten? Natürlich soll uns jede Wirkung willkommen sein, die in der gesellschaftlichen Praxis messbar ist. Aber das Wichtigste muss uns die vielbesprochene, besondere Wirkung von Kunst sein, die durch nichts anderes ersetzt werden kann und die auf den ganzen Menschen gerichtet ist, auf die Summe seiner Bedürfnisse einschließlich seiner tatsächlichen und möglichen ästhetischen Bedürfnisse.

Es würde auch zur Sache gehören, gründlicher über die verschiedene Rolle der Gattungen, Genres und Medien nachzudenken. Aber es kann immer nur darum gehen, den gesellschaftlichen Kunstanspruch zu erweitern, denn die Änderung der Leseweise und der Lebensweise, das durchdringt sich kräftig.

Es war eine Verengung, als es sich eine Weile so anhörte, als hätte eine bestimmte, wichtige Berufsgruppe das Hauptpersonal der Literatur zu sein. Ich unterstelle niemandem, dass er die Freudlosigkeit wollte, die dann um sich griff.

Vielleicht kann mal jemand darüber schreiben, wie es manchmal kommt, dass ein vernünftiger, schlanker Gedanke, wenn man ihn nur entschlossen genug verwaltet, so unförmig wird, dass er jedem anderen Gedanken im Wege steht.

Die Forderung, in Literatur und Kunst häufiger, ehrlicher, kunstvoller die Arbeiterklasse darzustellen, ist demgegenüber etwas sehr anderes. Es muss unser Interesse sein, gerade wegen bestimmter Erfahrungen, dass dieser Wunsch nicht als Kampagne missverstanden wird, dass er nicht in der mittleren Routine der Themenpläne endet, dass er als Dauerauftrag begriffen wird und dass er kein anderes Thema ausschließt.

Welche Geschichten könnten da erzählt werden? Wie sind sie zu finden? Wie kann ein Schriftsteller, wenn er nicht das Leben der Arbeiter lebt, sich sein »Material« besorgen? Wie kommt er in die Lage, über diese Sache nicht schlechter zu schreiben als über eine andere? Was muss er auf seine Weise tun, und welche gesellschaftlichen Initiativen sind möglich?

Gerade dieses Thema darf nicht eng verstanden werden, nicht beschränkt auf diese oder jene Gruppe und auf diese oder jene Eigenschaften. Oft kommt es gerade auf Dinge an, die einer allgemeinen Vorstellung entgegenstehen: sie sind am ehesten davon bedroht, verschwiegen oder verdrängt zu werden.

Der Sozialismus und die Literatur unterscheiden doch nicht zwischen wichtigen und unwichtigen Menschen. Und könnte die Dialektik, auf unsere Arbeit bezogen, neben aller Denkmethode nicht auch ein Gefühl sein für das Recht jedes Menschen auf seine eigene widerspruchsvolle Wahrheit? Was in einem einzigen Leben ist an Sinn, Unsinn, Größe, Niedrigkeit, Zufall, Gesetz: Wer das darstellen könnte, kann viel beweisen.

Kleine Vorgänge können Großes melden. Der Mann in der Fabrik, der einen Nagel aufhebt, der ihm nicht gehört; der Mann, der das Licht ausmacht, das nicht sein Geld kostet; ein Schriftsteller kann in solchem Vorgang ein Bild sehen, ein Indiz für das Anderswerden des Durchschnittlichen, in dem sich Veränderung erst wirklich stabilisiert.

Manchmal begegnet man nämlich der Ansicht, Schriftsteller seien vor allem Leute, die sich ausdrücken können, Leute, die eine gewisse Fingerfertigkeit haben, eben die beim Schreiben. Mit den Augen sind sie nicht so gut dran, weshalb man ihnen beim Sehen helfen muss. Das könnte im Sinn solcher Idee, zum Beispiel, einer tun, der sehen, aber nicht schreiben kann. Hier waltet ein Missverständnis, und ich rede darüber nicht, um ein Mysterium des Schreibens zu behaupten, sondern um einer Genügsamkeit entgegenzutreten. Die so fehlgedachte gesellschaftliche Beratung erwartet nämlich von einem Buch oder einem Film oft nur den Rat, den sie selbst hineingetan hat. Aber warum dann schreiben und lesen? Und warum ins Kino?

Man schreibt immer von dem, was man schon weiß, und von dem, was einem gerade widerfährt. Man spricht von dem, was man erkundet, und von dem, was man lange kennt und besser zu kennen glaubt als jeder andere. Und wieder etwas anderes erfährt man nur durch das Schreiben, man weiß vorher nicht genau, was. Wenn im Schreiben kein Abenteuer wäre, wie sollte eins im Lesen sein?

Dass wir verbunden sind in unserer Sache und dabei so verschieden wie die Leute, das ist der normalste Grund, dass in unserer Literatur unsere gemeinsame Wahrheit ist, die niemand für sich allein besitzt. Man muss nicht annehmen, dass dieses Land auf Dauer und im ganzen nicht in unseren Büchern steht, wie es ist. Das mag nicht an jedem Kalendertag sichtbar sein. Aber ein Buch stellt sich neben ein Buch, ein Film zu anderen, ein Stück neben ein Stück. Bücher werden auch durch Bücher bestärkt, ergänzt, korrigiert und widerlegt. Das ist eine stille, andauernde Diskussion, die wir berücksichtigen müssen: ihrer mittleren Gerechtigkeit entgeht niemand. (…)

1974

In: Protokoll der Arbeitsgruppen, Berlin und Weimar 1974, S. 7 ff.

Filme, die von uns selbst handeln
Diskussionsbeitrag auf dem III. Kongress des Verbandes der Film- und Fernsehschaffenden

Jeder hat von den Wanderern auf weiter Fläche gehört, die erbleichend ihrer eigenen Spur begegnen; sie sind im Kreis gegangen.
So entdecke ich mich hinter diesem Podium. Hier bin ich, in jenem beunruhigenden Sinn, schon gewesen. Ich höre einen Nachhall unserer Stimmen. Es ist mir, als nisteten in den Winkeln vom letzten Mal noch die Gedanken. Anders als Vögel, fürchte ich, haben manche von ihnen das Nest nie verlassen. Die Zeit zwischen zwei Kongressen aber ist lang genug, um sie als Lebenszeit zu begreifen.

Wir haben uns, wenn nötig, die Welt erklärt und die Zusammenhänge, in denen wir leben, und unsere Verantwortung für diese Gesellschaft erneuert, auch und vor allem unsere politische. Von solchem Stoff sind bei Beratungen gewöhnlich unsere Schlussworte. Aber wenn diese Worte nicht Formeln sein sollen, die sich an jedes Ding heften lassen, müssen sie uns zu der täglichen Haltung verhelfen, dass sich unsere Verantwortung nur handeln lässt, wenn wir sie arbeitsteilig ausüben. Jeder hat etwas Bestimmtes zu verantworten und muss danach befragt werden können. Ich habe teil an den Geschicken unseres Kinos.

Damit steht es seit langer Zeit nicht gut. Und es steht nicht gut seit zu langer Zeit mit dem Verständnis dieser Lage.

Man kennt die Fragen, und ich nenne nur einige und nur Stichworte. Da ist die Entwicklung des Fernsehens im Allgemeinen und die Existenz von fünf Programmen im Besonderen, von denen drei nicht unsere sind, und das ist wahrhaftig keine Sache für einen Nebensatz. Da gibt es die erstaunliche und nicht beendete Verschiebung des Durchschnittsalters der Kinobesucher. Wir bemerken die Veränderung der Freizeitgewohnheiten, vor allem an den Wochenenden und andererseits die hohe Belastung der Menschen an den Wochentagen, zusammengesetzt aus Arbeit, Qualifizierung, gesellschaftlicher Tätigkeit, persönlichen Pflichten. Wir kennen auch die Einspielergebnisse und den seit Jahren anhaltenden Trend zum Unterhaltenden, den in der Regel Filme bedienen, die wir aus kapitalistischen Ländern importieren.

Was folgt daraus für das Kino bei uns als Institution? Welche Probleme entstehen für die Filmkunst ästhetisch und für die Produktion und den Verleih ökonomisch? Wo liegen hier und jenseits unserer Grenzen als Gegenstand des Vergnügens, als geistige Botschaft, als Waffe und als Ware, die Chancen unserer Filme? Wo sind, in einem Geflecht von Problemen zwischen Klassen- und Kassenstandpunkt, Wege, die wir gehen können?

Es sind dies, wie sich versteht, Fragen an mich selbst und an uns alle. Selbstredend haben wir auch in den letzten Jahren einige gute Filme gemacht. Aber was man dazu auch zählen will und wer sie auch gedreht hat, es gibt keinen Grund, gegeneinander stolz zu sein. Insgesamt ist uns zu lange Zeit zu wenig gelungen.

Wie jedes Unternehmen, das ausdauernd erfolglos ist, haben wir einen Verlust an Identität und an Gemeinsamkeit zu beklagen, Einbuße an Selbstvertrauen, einen Verfall der Maßstäbe und Kunstmittel, einen Kleinkrieg der Ansichten, und, von all dem herkommend, bei diesem und jenem, eine das Lebensgefühl berührende Unproduktivität und schließlich Unzufriedenheit, die nicht zuerst, aber manchmal zuletzt die Färbung des Politischen annimmt.

Ich habe Männer im Amt befriedigt aus der Fremde heimkehren sehen mit der Nachricht, dass auch anderswo schlechte Filme gemacht werden. Das ist natürlich nur eine Anekdote, aber es kennzeichnet eine bestimmte Mittelmäßigkeit des Denkens. Solcherart getröstet sammeln wir uns um eine berühmte Losung aus der vorelektronischen Zeit ziemlich ratlos, was die Praxis angeht, aber Maximalisten der Konzeption.

Wir alle, nehme ich an, denken nicht gering von der erzieherischen Funktion der Kunst und wissen inzwischen doch genauer, dass das mittelbar zu verstehen ist, ihrer Spezifik gemäß, und dass es dazu einen Begriff braucht von der Besonderheit der Gattungen und selbst der Genres. Auf eben diesen Feldern der vermittelten Realität findet statt, was man Klassenkampf im Kino nennen könnte: Erziehung oder Manipulation des Gefühls, Prägung oder Deformation von Lebensvorstellungen. Es ist eine Auseinandersetzung an vielen Fronten, soweit das Kino an ihr teilnimmt, findet sie allabendlich statt. Man muss nicht einen Krimi für eine Zeitbombe und einen Hintern für ein Weltbild halten, um dennoch zu verstehen, dass es auf die Dauer nicht gleichgültig ist, welcher Widerschein der Welt auf unseren Leinwänden vorherrscht, ob es sozialistische Filme sind oder der kommerzielle, also der bürgerlichste bürgerliche Film. Wir haben diesen Kampf nicht gewonnen, und wir sind mit konkreten Fragestellungen für ihn mangelhaft versehen.

Wenn wir uns, ob wir wollen oder nicht, mit bürgerlichem Film messen, können wir es, wie mir scheint, nicht teurer machen, nicht bunter, nicht nackter, nicht modischer, wir können keine größeren Autos von höheren Brücken stürzen lassen. Was also dann? Vielleicht können wir vor allem eins tun, und niemand außer uns könnte es. Wir können Filme machen, die von uns selbst handeln. Es hört sich so selbstverständlich an, wie es schwierig ist, und Abenteuer stehen uns durchaus bevor und auch Streit. Wir können, auch im Kino, miteinander ehrlich sein.

Ich bin auf jeden Zwischenruf ehrlicher Männer gefasst und sage: Bedenkt es zu Ende. Bedenken wir es vor dem Hintergrund des Tages, des Ortes und der Welt und vor den Gewissheiten und Rätseln und inmitten der wunderbaren Anstrengung ungezählter Menschen, sich für zuständig zu halten und nicht mehr behandelt zu werden, sondern zu handeln. Bedenken wir es wegen der vergangenen und der kommenden Kämpfe. Realismus und Sozialismus, es geht um die historische und um die alltägliche menschliche Wahrheit; das eine existiert schlecht ohne das andere. Miteinander ehrlich sein, das ist eine Dimension menschlicher Freiheit, die, gesellschaftlich verstanden, erst möglich wird in einer Welt ohne Ausbeutung. Von dieser uns schon möglichen Ehrlichkeit, die ein Feind des Schweigens, der Verdrängung, der Entfremdung ist, und dem öffentlich tätigen sozialistischen Bewusstsein dient, muss unsere Arbeit ausgehen, wenn sie Menschen bewegen und verändern soll.

Literatur übrigens entsteht nicht in einem Moment und nicht nach einer Idee. Sie wird hervorgebracht vom allgemeinen Stand des gesellschaftlichen Bewusstseins und von den Begabungen, die da sind, Literatur in ihrer Summe kann nicht anders, als die Realität bedeuten, aus der sie gemacht wird, widerspruchsvoll auch in sich selbst, gerade wenn sie so ist, kann sie auf ihre Weise sehr verschiedene Menschen erreichen. Für ihre Fähigkeit zum großen, sinngebenden Bild aber ist es bedeutsam, ob der gesellschaftliche Zustand, in dem sie sich befindet, einen Vorrat an Utopie hat, genug Zukunft, um das Heute mit zwei Augen zu sehen, als tägliche Bewährung und als Entwurf des Morgen. (...)

Es wäre gut, wenn wir nichts von einem synthetisch herzustellenden Realismus erwarten, bei dem für die Filmemacher nur eine Schulaufgabe bleibt und für den Zuschauer eine blasse Verlängerung der täglichen Mühe um zwei Stunden. Nicht wegen des Netzes, das da aufgespannt ist, besucht das Publikum die Artisten. Als Lieblingsspielzeug einer Art Beiräte-Republik gedeiht die Sache nachweislich nicht recht. Aber das in Sachkenntnis befreundete Zusammenspiel vieler Kriterien, künstlerischer, politischer, ökonomischer – das ist, gestern wie heute die sozialistische Art, Filme zu machen.

1977

In: Kongressprotokoll, hrsg. vom Verband der Film- und Fernsehschaffenden der DDR, Berlin 1977, Bd. 1, S. 54

Das Bedürfnis nach Emanzipation richtet sich an alle Kunst
Diskussionsbeitrag auf dem VIII. Kongress des Schriftstellerverbandes

Es gab eine Fotografie meiner Großmutter, die ihr nicht gefiel: Sie sah alt darauf aus, von Krankheit gezeichnet, erschöpft. So mochte sie sich am Ende eines Lebens, das sie so hatte werden lassen, nicht sehen. Die Vorstadtfotografen aller Gegenden lösen das Problem leicht durch Retusche und werden deshalb von den besseren Fotografen verachtet. Aber ist die Haltung meiner Großmutter, die Momentaufnahme ihrer fatalen Befindlichkeit nicht als Bild von sich zu akzeptieren, nur töricht gewesen? Wohl nicht, wenn man darüber nachdenkt. Denn ihr Wunsch, besser auszusehen, der wie gesagt, mit einer Fälschung zu betrügen gewesen wäre, entsprang auch einem Bedürfnis nach Emanzipation, das sich an alle Kunst richtet, an das Schöne als Utopie, als größere Möglichkeit, als Ideal. Sich an ihre Jugend erinnernd, aus Rebellion gegen den Tod, aus Eitelkeit vielleicht, hatte meine Großmutter eine schönere Idee von sich, und damit hatte sie etwas Wichtiges, Menschliches, das auf einem Bild von ihr mit zu sehen sein müsste.

Ich rede also vom Realismus, der nicht mit einem Spiegel auskommt, nicht mit dem positiven oder negativen Schema, sondern der sich immer wieder einlassen muss auf das Sichtbare und auf das Nicht-Sichtbare in der Gestalt eines Menschen oder eines geschichtlichen Vorganges oder auch nur einer Blume. Ich rede vom Realismus und will doch nicht zuerst von Literatur sprechen. Das Augenscheinliche und das Verborgene, Hülle und Kern, Erscheinung und Wesen, das geht ja nicht nur Schriftsteller an oder Maler oder Philosophen, es betrifft vieler Leute tägliche Erfahrung und die tägliche politische Arbeit.

Die neue Gesellschaft gibt es nun sechzig Jahre und hierzulande annähernd dreißig. Es ist einleuchtend, dass sie ihr Wesen nicht an einem Tag herstellt und ihre Erscheinung nicht nach Belieben, sondern in einem geschichtlichen Prozess, auf Wegen und Umwegen, ohne Vorbild und gegen den enormen Widerstand der bürgerlichen Verhältnisse, die auch nach ihrer Abschaffung noch anwesend sind in bestimmten Gewohnheiten der so lange Unterdrückten. Die neue Gesellschaft war schrecklichen Kriegen ausgesetzt. Und gerade das Ziel, schlimmsten Krieg künftig zu verhindern, bindet kaum vorstellbare Mittel, die sinnvollen sozialen Zwecken fehlen und mit deren Hilfe sich sozialistische Lebensformen schneller entwickeln könnten.

Kaum vorstellbare Mittel, sage ich und meine zugleich die schwer vorstellbaren Bedingtheiten ökonomischer, politischer, militärischer, geistiger und moralischer, nationaler und internationaler Umstände.

So haben wir eine hochmoderne Vergangenheit vor der Tür. (…)

So haben wir eine besondere Grenze und wissen doch, dass sie nicht nur Probleme löst, sondern – auf Zeit – auch welche schafft.

Verständnis und Unverständnis, auch Hoffnung und Angst wohnen auf einer klein gewordenen Erde dicht beieinander, und manchmal wohnen sie in eines Mannes Brust. Wie weit ist China und wie nah ist Afrika? Der Kapitalismus stirbt lange, was so aussieht, als ob er lange lebt, die Revolution dauert hundert Jahre. Und was ist da Wesen, und was ist Erscheinung?, fragt mein Nachbar, falls er fragt. Und ich muss mit ihm nachdenken, gerade und besonders, wenn ich die Klassiker gelesen habe.

»Der Feind steht rechts« ist ein altes, aus deutscher Geschichte belegtes Wort. Wer steht neuerdings links von uns, mit Fahnen wie unseren und unseren Liedern, mit munterer Lust zu spontaner Gewalt und völligem Unverstand für die organisierte Gewalt, die sich in der Macht der Arbeiterklasse darstellt? Schon Marx hat über Bakunin geschrieben. Aber es genügt meist nicht zu zitieren, nicht in dieser und nicht in anderen Sachen.

Die Anziehungskraft eines Denksystems besteht ja nicht darin, dass es auf alles schon einen Reim weiß, sondern dass es sich neuen oder auch alten Fragen, die aber in neues Lebensgefühl und neue Sprache gekleidet sind, immer wieder stellt und dass es kein Ding von Belang in die Verdrängung entlässt.

Sozialistisches Bewusstsein bildet sich weniger in aller Stille als in aller Öffentlichkeit, und es muss sich bewähren, auch in unseren eigenen Angelegenheiten, als Konfliktbewusstsein. Diskussion und Disziplin sind Antriebe unserer Bewegung, die wir immer wieder neu zueinander in Beziehung setzen müssen.

Unsere Macht, das ist mehr als Verwaltung. In der Verwaltung steckt keine geringe Leistung, aber sie kann zum Pragmatismus neigen. Zugespitzt gesagt: Wenn das Vorstellbare auf das Maß des Machbaren schrumpfte, wäre ihr Erfolg total.

Problemreiches politisches Denken und die Erziehung dazu, Kunst und andere Erfindungen und die Neugier auf sie: Das alles gehört eben zu unserer Macht. Es sind wichtige Einrichtungen im geistigen Spielraum der Gesellschaft, in dem unsere Wirklichkeit mit allen ihren Aspekten reflektiert werden muss. Raum, den wir freilassen, besetzen andere.

Aus deutscher Landschaft nebenan kommt neben redlichem Unwissen über uns, neben Ignoranz und blanker Feindschaft ja auch vielerlei Verständnis für jede Art Sozialismus – nur nicht für den, der gemacht wird. Wer nach dieser Regel mitspielt, egal, wo er wohnt und wie er seinen

Standpunkt bezeichnet, unterwirft sich bürgerlicher Nötigung, auch wenn er sich solche Not zur Tugend verinnerlicht.

Ich wünschte, dieser und jener Kollege, Freund aus langen Jahren, ginge letztlich nicht solchen Weg, der zu mehr Alleinsein führt, als gut ist, oder in die Indifferenz oder auf die andere Seite.

Streit personalisiert sich am Ende, weil die Ideen ja in Leibern wohnen. Aber es ist wichtig, seine Genesis zu verfolgen und seine Substanz zu untersuchen, wenn Dinge nicht beigelegt, sondern bewältigt werden sollen. Ehe etwas die Farbe des Politischen annimmt, was ist davor? Und wenn das politische Wort gesagt ist, was bleibt offen an Denkstoff über Motivation, Verantwortung, Risiko des Schreibens, über Literatur und Erwartung an sie?

»Sozialismus«, hat Anna Seghers auf unserem vorigen Kongress gesagt, »bedeutet keine Einengung, sondern immer eine Erweiterung des Blickfeldes, weil ich einen Standort gewählt habe, von dem aus ich rundum am weitesten sehen kann.« Und wenn es so ist, dann ist der Realismus, der zu diesem Standort gehört, von integrierender Kraft, parteinehmend, diesseitig, und hat dabei Bilder und Gedanken, die von weit kommen und weit gehen. Die ungeliebte Frage, das kann es hierorts nicht geben, so wenig wie den aus dem Auge verlorenen Feind.

Wie ich hoffe, liebe Kollegen, habe ich von unserem Beruf gesprochen.

1978

In: *Neue Deutsche Literatur* Nr. 8/1978, S. 73 ff.

Dass man das Publikum nicht aus dem Auge verliert und das Handwerk nicht missachtet ...
Werkstattgespräch für Sinn und Form

HANS RICHTER Ihre Sammlung »Silvester mit Balzac«, das erste Buch des Wolfgang Kohlhaase, hat ein ungewöhnlich starkes Echo gefunden. Plötzlich waren Sie ein Autor mit Lesern, und zwar mit sehr vielen; plötzlich wusste die Kritik in allen erdenklichen Organen eine Menge und eine

Menge Gutes von Ihnen zu sagen. Der Erfolg ist wahrhaftig verdient und sehr erfreulich, nach jeder Seite hin. Aber bestätigt er nicht genau das, was Sie schon vor langer Zeit, es war auf dem V. Schriftstellerkongress im Mai 1961, mit Recht beklagt haben: dass der Filmautor nicht nach Gebühr beachtet und geschätzt wird? Denn immerhin haben Sie ja schon jahrzehntelang geschrieben, und nicht wenig Gewichtiges.

WOLFGANG KOHLHAASE Man kann tatsächlich manchen Film schreiben, ohne so recht in das Bewusstsein der literarischen Öffentlichkeit zu gelangen, unter Umständen nicht einmal in das der filminteressierten. Filme geraten aus guten und schlechten Gründen zu Filmen von Regisseuren. Zu den guten zähle ich, dass ein Regisseur von Fähigkeit auf die Umstände, aus denen ein Film entsteht, Schauspieler, Bild, Dialog, Ton, Dekoration, Musik, Schnitt, maßgebenden Einfluss nimmt. Auch wenn er nicht dabei war, am Anfang, als das Wort war, so hat er doch das letzte. Zu den dümmeren Gründen rechne ich die Gewohnheit aus alten Kinozeiten, als Film noch weniger arbeitsteilig entstand und großenteils ohne Literatur auskam, und die Tugend der Branche, die den am höchsten ehrt, der das meiste Geld ausgibt. Ich habe gelegentlich darüber gesprochen, weniger um zu klagen als um darauf aufmerksam zu machen, dass man, will man Autoren für den Film gewinnen, ihnen Spielraum einräumen muss. Die Resonanz, die ihre Arbeit findet, gehört dazu. Ich meine aber auch, dass, wer Filme schreibt, ein positives Verständnis dafür braucht, dass es sich da um die gemeinsame Mühe verschiedener Künste und vieler Leute handelt. Darin liegen Risiko wie Chance, ein Stück Film kann schlechter sein als die beschriebene Szene, aber eben auch besser. Man muss die Regeln der Sache lernen, die künstlerischen und die des Zusammenspiels.

Filme machen ist gesellig, im Guten wie im Bösen, Prosa wird in einem anderen, stilleren Raum geschrieben. Indem ich versuche, das zu tun, folge ich dem Bedürfnis, ein zweites Zimmer zu haben, so dass ich hin und hergehen, aber auch die Tür zumachen kann, um allein zu sein, mit Stimmen hinter der Wand. (…)

RICHTER Ihren Weg vom Schüler zum freiberuflich tätigen Schriftsteller haben Sie meines Wissens bislang nie öffentlich beschrieben; doch muss dieser Lebensabschnitt, nach der Kindheit im Deutschland Hitlers und in dessen Krieg, ein ganz entscheidendes Stück Ihrer Biografie gewesen sein.

KOHLHAASE Man altert solchen Fragen gegenüber auf der Stelle, aber damit habe ich ein Stichwort: Zu den bestimmenden Umständen meines Lebens rechne ich ein gewisses Alter in einem gewissen Moment. Ich meine das Kriegsende, und ich war vierzehn, genügend betroffen von dem, was ich erlebt hatte, und doch nicht tief genug verwickelt in den Weltuntergang der Nazis, um nicht vom ersten Tag an empfänglich zu sein für die erstaunlichen Neuigkeiten, die mir begegneten. Die Jahre nach dem Krieg, in meiner Erinnerung, sind eine Zeit fast grenzenloser Freiheit. Wenn ich nicht alles für möglich gehalten hätte, dann sicher auch nicht, dass ich bei einer Zeitung arbeiten würde, ein Beruf, für den in meiner Umgebung kein Beispiel war und von dem ich zwei oder drei Jahre vorher nicht einmal hätte sagen können, dass es ihn gab. Jedenfalls schrieb ich Volontör statt Volontär, als ich meine Bewerbung an alle Berliner Zeitungen in Ost und West richtete.

Das schönste Buch meiner Kindheit, eins der wenigen im Bücherschrank meiner Eltern, war »Tom Sawyer«. Es bewahrte seinen Glanz neben den Kriegsbüchern, ich hätte nicht genau erklären können warum.

Das erste Buch, das ich las, weil ich nach einer Wahrheit suchte, war »Stalingrad« von Plievier. Geschichte hatte immer meine Fantasie beschäftigt, dass man in Person an ihr teilnimmt, dass man, ob man will oder nicht, ein Stück mitläuft beim Lauf der Welt, dass, was einem selbst geschieht, etwas zu tun hat mit den Geschichten anderer, naher oder ferner Leute, das habe ich zu ahnen begonnen, und Bücher hatten ihren Teil daran, gerade auch die, die aus dem Exil kamen.

Weil ein Mitschüler einen Kriminalroman verfasst hatte, schrieb ich auch einen, verblüfft, dass man so etwas machen kann. Ich kam bis Seite vierzig. Dann schilderte ich, weil es Mode war, aber auch weil es mir ernsthafter vorkam, die letzten Tage des Krieges aus meiner Sicht, wieder bis Seite vierzig. Bis heute ist ja nicht erwiesen, ob ich über vierzig Seiten hinauskommen werde. Um etwas zu Ende zu bringen, schrieb ich schließlich kurze nachgeahmte Geschichten humoriger amerikanischer Art und reichte sie, ermutigt durch einen anderen Schüler, der Gedichte verschickte, bei Zeitungen ein. Das war wie Lotterie, ein spielerisches Geschäft, und noch nicht entscheidend wichtiger als beispielsweise Fußball. Aber auch, als es mir schon geglückt war, als Volontär mit ä in der Redaktion einer Jugendzeitschrift beschäftigt zu sein, waren Spiel und Ernst bekömmlich gemischt.

RICHTER Das war eine Wochenschrift mit dem bezeichnenden Namen *Start*.

KOHLHAASE Ja, die Zeitschrift hieß *Start,* der Chefredakteur als Ältester war vierundzwanzig, ich inzwischen sechzehn, wir waren kaum zehn Leute. Wegen der Außenpolitik ging man sich irgendwo erkundigen, aber sonst füllten wir die Zeitschrift, zwölf Seiten pro Woche, mit unseren entschiedenen und munteren Meinungen. Wir waren nicht mehr gottesfürchtig, man war es noch nicht wieder. Zur vernünftigen Regelung aller Dinge, dachten wir damals, fehle uns nichts als ein bisschen Zeit. Insofern waren wir auch Romantiker. Das vertrug sich durchaus mit einem Misstrauen großen Worten gegenüber, mit Nüchternheit, Ironie und Lakonie, mit Skepsis. Lebensgefühl hat viele Schichten. Von den Menschen, die ich kennenlernte, vor allem durch die Arbeit, waren einige Kommunisten. Niemand von ihnen trug eine Fahne vor sich her, kaum jemand sprach über das, was hinter ihm lag, jedenfalls nicht zu mir, nicht zu uns. Gelegentlich hörte man etwas von Lebenswegen, die die Grenzen des Vorstellbaren streiften. Merkwürdigerweise wurde man wie ein Partner behandelt. Nichts war geklärt und sollte nur nachvollzogen werden, nichts wurde vorgesagt. Belehrung fand statt, indem ein Vorschlag für ein radikales, alternatives Denken da war. Verantwortung war zu haben.

Wenn Selbstvertrauen nicht ohne Vertrauen entsteht, wenn beides für die Identität des Einzelnen in der Gesellschaft nötig ist, dann waren mir Umstände und Menschen in einem für mich wichtigen Augenblick günstig. Von den frühen Jahren redend, sollten wir nicht nur melden, was inzwischen gewonnen wurde, sondern auch nachdenken, ob wir etwas verlieren.

RICHTER Das sollte uns als dialektisch Denkenden allerdings geläufig sein. – Sie haben sich sehr lange ganz ausschließlich als Filmautor betätigt. Welche Vor- und Nachteile brachte diese Bindung an den Film, von heute aus gesehen, für Sie mit sich? (…)

KOHLHAASE Zuschauer im Kino bilden in einem strengeren Sinn als Leser das Publikum eines bestimmten Moments. Was will dieses Publikum jetzt sehen? Wer Filme macht, muss mit dieser Frage spekulieren, ob er das nun als Not der Anpassung oder als Tugend einer genauen Zielsetzung versteht. Was erzähle ich wie, kann ihm als Ausgangslage nicht genügen, er muss etliche Punkte hinzufügen: Was erzähle ich wie, wem, wann, wo, warum? Mir scheint, ich muss an solche Dinge denken, wenn ich für das Kino schreibe. Selbstredend, das Wort »ich« steht nicht nur gleichberechtigt, sondern tonangebend in der Reihe. Ohne das poetische Subjekt, ohne alles, was sich in ihm summiert, kommt wenig zustande. Ich meine nur, es gehört auch zum Realismus, dass man das Publikum nicht aus dem Auge verliert und das Handwerk nicht missachtet. Meine Übung mit Prosa dauerte nicht lange, wahrscheinlich gehen gewisse Haltungen aus meiner Filmarbeit, auch nicht vorsätzlich, in sie ein.

RICHTER Ich weiß, dass Sie Ihre Arbeit selbst sehr differenziert beurteilen. Aber ich will nun nicht fragen, welche Ihrer Filme Ihnen als die gelungensten gelten oder heute noch besonders lieb und teuer sind, sondern welche für Ihre Entwicklung als Schriftsteller einen ganz besonderen Stellenwert hatten und wodurch. Vielleicht fallen die Fragen letztlich für Sie zusammen, aber zunächst sind sie keineswegs identisch.

KOHLHAASE So lange es her ist: Nah sind mir die ersten drei Filme, die ich mit Gerhard Klein als Regisseur gemacht habe und die im Berlin der fünfziger Jahre spielen, vor allem BERLIN – ECKE SCHÖNHAUSER. Es war unser beider Beginn, wir erzählten von der Stadt, in der wir zu

Hause waren, in gewisser Weise von uns selbst, wir versuchten, offene Fragen ins öffentliche Bewusstsein zu heben, wir wollten richtiges Kino machen und doch politisch wirksame Filme, an alltäglicher, wenn man will historischer Konfrontation war ja in Berlin kein Mangel. Wir suchten unseren eigenen, manchmal eigensinnigen Weg, wir haben Streit nicht vermieden, wir konnten, ohne Pause, einen Film nach dem anderen drehen und haben, alles in allem, eine Arbeitsposition gefunden, aus der sich machen ließ, was wir machen wollten. Dann nenne ich DER FALL GLEIWITZ (mit Klein und Rücker), wegen der Absicht, für diesen Stoff einen besonderen Stil zu finden, um etwas Bestimmtes über Faschismus in Deutschland auszudrücken, der mich, weil er mit meiner Kindheit zusammenfiel, für immer betrifft, ob ich darüber schreibe oder nicht. Das erklärt auch meinen moralischen Zugang zu ICH WAR NEUNZEHN, meiner ersten Zusammenarbeit mit Konrad Wolf. Wir haben, glaube ich, professionell und zugleich mit Improvisation und Leichtigkeit gearbeitet, was nicht immer gelingt. Für mich war es auch die erste Erfahrung mit dem anderen Gestus sowjetischer Schauspieler. Uns halfen auch Soldaten. Vielleicht vermittelt der Film etwas von dem Gefühl, das wir, die Russen und die Deutschen, füreinander gewannen.

Wenn man einen Film gemacht hat, bleibt einem manchmal nicht nur das Resultat, das natürlich allein von Belang ist. Man hat sich zu anderen Leuten und an fremde Orte begeben. Man hat etwas gesehen, womit man weiterlebt. So geht es mir mit DER NACKTE MANN AUF DEM SPORTPLATZ, der im Kino ziemlich erfolglos war, wohl auch wegen einer Erzählstruktur, die den Kinoerwartungen zu wenig entsprach. Aber um den Film herum begann ich zu verstehen, oder besser: sinnlich zu entdecken, dass die Bilder, Plastiken, Geschichten oder Gedichte einer Zeit und einer Generation sich begleiten. Wichtig ist mir natürlich der jeweils letzte Film. (…)

RICHTER Wie kamen Sie unter die Funkautoren? Und was bedeutete oder bedeutet Ihnen die Arbeit für dieses Medium?

KOHLHAASE Hörspiel hat mich zuerst gereizt, weil es mit so anderen literarischen Mitteln betrieben wird als Film. Es war für mich eine Möglichkeit, mit Sprache umzugehen, alle Bedeutung einer Geschichte muss ja im Dialog stehen. Die Gattung insgesamt scheint mir von unnaturalistischer Art zu sein, sie kann nur sichtbar und vorstellbar machen, was sie hörbar macht. Darin steckt ein Zwang zu Komposition und Stil. Angenehm ist auch, verglichen mit Filmproduktion und Druckterminen, dass ein Hörspiel leichter realisiert werden kann, das Ergebnis wird bald offenbar und kommt zu einem zurück. So viel allgemein.

Ich möchte aber noch etwas erwähnen, was den Anlass betrifft: Ich bin in einer Zwangslage dazu gekommen, für das Radio zu arbeiten. Mitte der sechziger Jahre ist eine Anzahl von Filmen, die produziert worden waren, nicht aufgeführt worden, darunter auch einer von mir. Klein und ich hatten vorgehabt, gewisse Aspekte von BERLIN-ECKE SCHÖNHAUSER weiterzuführen. Unser Engagement war nicht geringer, die immer wieder neuen Fragen anderer junger Leute gingen uns an; auch Filme, so dachten wir und so denke ich, sind Teil des öffentlich tätigen moralischen Bewusstseins in einer sozialistischen Gesellschaft. Zum ersten Mal saß ich damals, als es um unseren und andere Filme ging, in Diskussionen, aus denen ich voller Widerspruch und mit leerem Gefühl ging. Heute meine ich, dass eine aus komplexen Gründen erfolgte politische Standortbestimmung im Kostüm einer Kunstdiskussion auftrat. Es wurde etwas an Beispielen zu beweisen versucht, auf die nicht zutraf, was gesagt werden sollte, jedenfalls nicht in so schlichter Rigorosität. So konnten Frage und Antwort sich kaum begegnen. Es ist, für eine sensible Sache, mehr Maßstab verloren als gewonnen worden. Vor allem eine bestimmte Generation in den Künsten, zu der ich gehöre, geriet in Konflikte, die, wie mir scheint, nicht mehr in ein gemeinsames Verständnis gebracht worden sind. Ich will nur von mir reden: Ich hatte ein rundes Jahr Arbeit verloren, das war erträgliches Unglück. Allmählich bemerkte ich, dass es ernster war, ich musste die Möglichkeiten meines Schreibens, meiner poetischen Beziehung zur Realität, neu überlegen. Auch die Scheu vor einer Art Untätigkeit, die bitter macht, verhalf mir zu einem Kriminalstück aus der Biedermeierzeit, aus der mein erstes Hörspiel wurde.

RICHTER (...) Für mich gehört zu den besonders rühmenswerten Seiten Ihrer Erzählkunst die Fähigkeit, ohne sichtbare oder spürbare artistische Anstrengung, bei größter Sparsamkeit und Dezenz der Mittel, souverän mit Sprache zu arbeiten. Das aber lernt man doch nicht unbedingt beim Filmschreiben? (...)
KOHLHAASE Schwer zu sagen, wie man ein Gefühl für Sprache erwirbt. Vielleicht beginnt es mit dem Gehör, mit einem Gefühl für falsche Töne. Musik trifft sich dann mit Moral. Jedenfalls findet man Sprachgefühl bei Menschen, die mit Literatur nichts zu tun haben, und bei manchen Schriftstellern, wie Sie bemerken, findet man es nicht. Ich habe nicht genug Prosa geschrieben, um mir meiner erzählerischen Haltung sicher zu sein. Art und Gewicht meiner Geschichten sind ungleich, auch mein Blick auf den jeweiligen Stoff war unterschiedlich. So viel kann ich aber von mir als Leser sagen: Wie auch geschrieben wird, knapp oder ausschweifend, mit sprachlicher Artistik oder mit dem Sinn und Hintersinn einfacher Worte – ich will nichts Überflüssiges. (...)

Der politische Standpunkt regelt nicht den poetischen, er geht aber in ihn ein. Die poetische Position hat mit Natur und Existenz zu tun, mit der Summe von Lebens- und Kunsterfahrung und mit Lebens- und Kunstfähigkeit.

Kindheit prägt jeden, wer sie in sich nicht verliert, hat etwas zu erzählen. Also nenne ich Eltern, Berliner Industrievorort, Landschaft, die bis Pommern reicht, Krieg, Nachkrieg, aber auch das Versinken in Geschichten vor dem Einschlafen, Neugier, Einzelkind, still anwesend bei den Gesprächen der Erwachsenen, in denen, wie ich unbestimmt spürte, immer auch etwas verschwiegen wurde. Die Lust, etwas zu entschlüsseln. Für jeden ist offensichtlich etwas anderes poetisierbar, aber immer geht es darum, einem Material einen Sinn zu geben, um ein erhellendes Moment, das man ebenso mit allen Sinnen findet wie mit dem Verstand. Die Denkweisen des Sozialismus, die für mich Ordnung und Unordnung der Welt erhellen helfen, haben auch mein Gefühl beeinflusst. Für die Literatur und für den Sozialismus kann es keine wichtigen und unwichtigen Leute geben, denke und fühle ich also. Jeder hat sein eigenes, widerspruchsvolles Leben und hat Anspruch darauf, dass wir wissen wollen, warum er so ist, wie er ist. Von der Gerechtigkeit, welche die Dichter ihrem Thema, dem Menschen, schulden, ist das der erste Teil. Indem ich schreibe, setze ich Splitter und Scherben zusammen, um mir ein Bild zu machen, das sich zeigen lässt. Mich berührt, wie möglicherweise jeden, der schreibt, Stoff in seiner gegensätzlichen Bedingtheit: von den Medaillen beide Seiten, bei den Berichten auch das Fehlende und das Sichtbare und das Nichtsichtbare an den Menschen. Wenn es eine Dialektik des Gefühls gäbe, Poesie könnte dazu beitragen. (...)

RICHTER (...) Wie fanden Sie Ihre Erzählungen bisher aufgenommen? Gibt es unterschiedliche Reaktionen der verschiedenen Leser oder Lesergruppen? Differenziert man Ihr Angebot, und wie bewährt sich dabei das Literaturverständnis?

KOHLHAASE Jedes Kind weiß einmal, dass Märchen wahr und dass sie nicht wahr sind, dass Puppen und Stofftiere nicht leben und doch. Auf naive Art kann es mit Kunst umgehen. Gewöhnlich geht das verloren. Wer später zu lesen beginnt, hält sich meist zuerst an den Stoff. Ähnlichkeit mit eigenen Erfahrungen und Vorstellungen, das Wiedererkennen von Dingen, das sind oft erste Leseerlebnisse. Die soziale Revolution wiederum betrifft die menschlichen Beziehungen in zu vieler Hinsicht, als dass sich nicht ein elementares individuelles wie öffentliches Interesse auf den Stoff richtete, der davon handelt. Das ist keine schlechte Lage für Literatur, die ja nicht nur Mythen, Grundsituationen, Konfliktmodelle variiert, sondern immer auch neue Wirklichkeiten entdeckt. Nur wohnt in der Nähe von Verständnis oft auch das Missverständnis. Ich bin einer zu engen, vor allem pragmatischen Erwartung an Kunst auf den Fluren von Verwaltungen, die mit der Schwierigkeit befasst sind, auch die Produktion von Kunst zu planen und zu bilanzieren, eher begegnet als bei Zuschauern und Lesern. Wer liest oder Bilder ansieht oder Musik hört, jeder nach seinen Bedürfnissen, wie es heißt, den rührt Schönheit an, der lernt spielerisch die Regeln von Genuss und Erkenntnis, Gefühl wird

erzogen. Zu den wachsenden Bedürfnissen in unserer Gesellschaft, die so oft apostrophiert werden, müssen wir wohl die ästhetischen rechnen. Die Aufnahme meiner Erzählungen bei Lesern und Kritikern war freundlich, und oft mit Erwägungen verbunden, wie ich sie hier anstelle. (…)
Bei einigen Geschichten bin ich von ungewöhnlichen Begebenheiten ausgegangen, die ich gehört und nicht vergessen habe, zum Beispiel bei »Mädchen aus P.«, »Erfindung einer Sprache«, »Begräbnis einer Gräfin« a. u. Ich wollte mir keine Nähe zu Umständen anmaßen, deren Teilnehmer ich nicht war, ohne dass sie schon Geschichte sind. Deshalb habe ich nach einem Ton gesucht, in dem man Berichte abliefert, so, als ob ich etwas weitererzähle. »Inge«, »April und Mai« oder »Silvester mit Balzac« sind später geschrieben. Die Stoffe sind nicht von so außergewöhnlicher Natur, in ihnen ist ein legitimer Platz für mich selbst. Ich muss sie, damit sie hergeben, was in ihnen steckt, mit einer anderen sprachlichen Bewertung erzählen.

RICHTER (…) Ich wüsste gern, ob meine Vermutung stimmt, dass auch für Sie Bobrowski eine besondere Bedeutung hatte. (…) Wie bestimmen Sie selbst Ihr Verhältnis zu Bobrowski und seine Gründe?

KOHLHAASE Die Wirkung von Bobrowskis Prosa auf Schriftsteller liegt, glaube ich, darin, dass er die Vorstellung von den erzählerischen Möglichkeiten erneuert und erweitert hat, in Richtung einer offenen, assoziativen, nicht-naturalistischen Schreibweise. Er hat auch eine frische Aufmerksamkeit für Dichter geweckt, denen er sich verwandt fühlte. Ich habe nicht in seiner Manier zu schreiben versucht. Aber durch die Güte seines Beispiels, durch die Erfindung seiner eigenen poetischen Provinz, hat er vielleicht auch mich ermutigt, so wie Sinnlichkeit Lust macht. (…)

1979

Werkstattgespräch mit Hans Richter. In: *Sinn und Form* Nr. 5/1979, S. 977 ff.

In den eigenen Fragen die gemeinsamen suchen
*Diskussionsbeitrag auf dem IV. Kongress
des Verbandes der Film- und Fernsehschaffenden*

Kongress passt zu Bilanz. Man sieht, was man hat und was man haben will. Man versammelt die Leute, die es machen können. Man macht sich gegenseitig Mut, wenn man kann. Unser Kongress hat sein Datum durch ein Statut. Nicht jeder Moment ist aber gleich gut geeignet für Rückschau und Ausblick. Fragen von dieser und jener Dringlichkeit verdrängen an einem bestimmten Tag oft andere Fragen, die später wiederkommen und sich als nicht erledigt erweisen. Unserem Kongress muss daran gelegen sein, dass seine Angelegenheiten mit vielen Stimmen und von verschiedenen Gesichtspunkten aus besprochen werden.

In letzter und vorletzter Zeit hatten wir eine Anzahl von Filmen, in die das Publikum gern ging, vor allem auch junge Leute, und die bei der Kritik wohlgelitten waren. Dazu gab es eine lange Diskussion um sie und über sie. Menschen sprachen dabei von sich und über die öffentlichen Dinge, die man mit einem anderen Wort als Politik bezeichnet. Man hört jetzt hier und da, nicht über den Tisch hinweg, mehr hinter der Hand, diese Filme seien die rechten doch nicht gewesen. Mit weniger Erinnerungsvermögen würde ich weniger deutlich widersprechen. Ich erinnere mich aber, dass wir nicht nur einmal nicht geschätzt haben, was wir hatten. Wir haben gewonnene Stellungen nicht befestigt und ausgebaut, sondern haben sie geräumt und sind auf die Allgemeinplätze gezogen, an denen die Sackgassen beginnen und auch die freudlosen Gassen. Ich denke, das wollen wir nicht wieder tun.

Eine Gesellschaft wie die unsere (...) muss Menschen hoch schätzen, die nicht nur leisten, was bezahlt wird, die mehr tun, als verlangt werden kann. Der Sozialismus bringt solche Menschen hervor und braucht sie, und kein Zweifel, sie gehören in unsere Filme, im ganzen Umfeld ihres Lebens. Der Wunsch danach zieht sich durch die Debatten, aber uns fehlt eine Kette schöner Beispiele. Denn gerade bei diesem so wichtigen Vorgang, dem sich ändernden Verhältnis des Menschen zu seiner Arbeit, das den Sozialismus eigentlich konstituiert, sind oft nicht die Bilder der Wirklichkeit in unsere Filme gekommen, sondern Wunschbilder. Die so dargestellte Arbeiterklasse auf der Leinwand hat die tatsächliche Arbeiterklasse nicht vor die Leinwand geholt. Filme scheiterten durch Mangel an Glaubwürdigkeit vor einem Publikum, das seine eigene Welt besser kannte. Wenn wir das Problem jetzt wieder bedenken, sollten wir die Zeit der leeren Kinos nicht vergessen, die abendlichen Niederlagen, bei denen ein ganzer Bereich der Realität in den Augen des Zuschauers diskreditiert wurde.

Ich gestehe, dass ich Filme nicht nach soziologischen Gesichtspunkten ansehe, genau genommen, auch nicht nach politischen. Ich lasse mich von menschlichem Schicksal ergreifen, auch vom Ton einer Erzählweise. Erfahrungsgewinn, Erkenntnislust, Bewusstseinserhellung, auch politische, kommt im Kino nicht auf dem geraden Weg der Lektionen zu uns. Nahes wie fernes Leben kann mich auf das meinige bringen, sehr ungleiche Existenz meine eigene berühren. Die sogenannte Randfigur ist ein unglücklicher Begriff, den die Literatur nicht kennt. Auch der Sozialismus teilt die Menschen ja nicht ein in wichtige und unwichtige.

Dennoch: Ein historischer Augenblick hat seinen Helden, Menschen, die, andere mitreißend, das Notwendige tun – bis an die Grenzen ihrer Möglichkeit und darüber hinaus. Sie handeln gegen Widerstand, worin immer der bestehen mag, sie wagen etwas, manchmal das Leben. Ein Held im Film ist eine Kunstfigur. Wenn ich ihm zusehen soll, muss er für etwas sein und gegen etwas, und wenn ich ihn siegen sehen will, so nicht über Missverständnisse, sondern auf dem Feld, auf dem es um Leben und Tod geht. Das ist hier im ästhetischen Sinn gemeint, aber um viel weniger geht es ja wohl nicht. Alltäglich, zwischen Helden und Nichthelden, stellen sich mir zu diesem Thema viele Fragen. Was ermutigt den einen, und was entmutigt den anderen? (...) Was macht die einen schlaflos und die anderen träge? Was wird gewonnen, was geht verloren?

Welche Angst ist da und welche Zuversicht – und vielleicht in desselben Mannes Brust?

Wir dürfen, fiktiv oder dokumentarisch, keine bequemen Filme machen, wenn wir den Menschen mit Respekt behandeln. Wer genau hinsieht, bringt nicht nur frohe Kunde. Wer etwas ändern will, muss sehen, wie es ist, solchen Blick braucht der politische wie der künstlerische Realismus. Wir werden dabei immer auch unsere eigene Haltung zu prüfen haben. Wir müssen in den eigenen Fragen die gemeinsamen suchen und umgekehrt.

Wer Filme macht, das will ich noch sagen, arbeitet in vieler Hinsicht in Gesellschaft. Die Erwartungen, die sich an Filme richten, können beflügeln oder schwere Füße machen. Wir haben das Bedürfnis nach Filmen aus dem Stoff des Jahrhunderts: die Machtergreifung der Arbeiterklasse, die Mühen und die Freuden der alltäglichen Revolution, Frieden und Krieg, große Hoffnung und große Gefahr, das ganze Leben. Wir haben aber auch eine mittlere Praxis, Dinge von einer gewissen Schwierigkeit, die sich schnellen Lösungen entziehen, unerörtert und auf sich beruhen zu lassen. Da ruhen sie meist nicht gut.

Es geht bei unserer wie bei anderer Arbeit um Produktivität im Sozialismus, Produktivität nicht nur verstanden als Leistung, sondern als offenes und öffentliches Denken, Mut, politische Position, moralische Verantwortlichkeit, Empfindsamkeit, Kollegialität, als Summe menschlichen Befindens, das ein Land reich machen kann, auch in Gegenden mit wenig Erdöl.

1982

In: Kongressprotokoll, Berlin 1982, Bd. 1, S. 46

Poesie meint immer die größere menschliche Möglichkeit
Zwei Beiträge zum Thema Technologie und Humanismus heute

1. Ich denke, man muss über Einschränkungen nachdenken. Der Begriff der Information ist etwas sehr Faszinierendes, auch etwas sehr Vieldeutiges. Drüben gibt es die Kategorie der »Informationsgesellschaft«. Ich weiß nicht genau, was damit gemeint ist, aber offensichtlich ist Information dabei nicht reduziert auf den Gesichtspunkt, der einem zuerst einfällt. Information ist ein weites Feld. Information und der Zugang zu Information, das ist ein Antrieb der sozialen Bewegung, des wissenschaftlichen Denkens, der individuellen und gesellschaftlichen Arbeitsprozesse. Die Frage ist durchaus interessant: Welche Mechanismen in unserer Gesellschaft sind informationsstoppend? Haben wir Strukturen, die den Fluss von Informationen in einem großen Verständnis behindern? Haben wir eine Informationsgesellschaft in Kreisen (Ich weiß was, was du nicht weißt)? Man muss darüber nachdenken, inwieweit der Bezug von Informationen so weit wie möglich demokratisiert sein muss in dem Sinne, dass immer mehr Leute die Chance haben, über immer mehr Dinge etwas zu wissen. Andererseits steht dem die extreme Arbeitsteilung in einem gewissen Maße entgegen, weil das auch Leute voneinander abschließt.

Das sind Fragen, die mich bewegen. Ich glaube, meine Kollegen würden aus der Richtung der Wissenschaft ganz gern etwas hören, was Ungewissheiten enthält. Also nicht unter dem Motto: Für jedes Problem eine Lösung, sondern: Für jede Lösung ein Problem. Das würde auch das Missverständnis tilgen, als lägen die Sensibilität und das Verantwortungsgefühl bei den einen und der praktizierende Frohsinn bei den anderen. Dem beugt man vor, indem auch die Wissenschaften ihre Zuversicht, ihre Ängste, ihre Sorgen, ihre Ungewissheiten vortragen. Jemand hat einmal gesagt, der Unterschied zwischen Gesellschaftswissenschaftlern und Naturwissenschaftlern wäre, dass sich die Naturwissenschaftler genauer irrten – was ganz schön ist, auch weil es einen Schuss Ironie hat, den ein solches Gespräch aber braucht, wenn es nicht bieder werden soll.

Information wäre also schon so etwas wie eine mögliche Mitte, weil sich an dieser Frage viele andere festmachen, nicht zuletzt auch die der riesigen Manipulationsapparate, denen wir uns ausgesetzt sehen, denen wir, was immer wir tun, sicher nur entgegentreten können, wenn wir ein Maximum an Fantasie produzieren.

Eine Frage, die mich in diesem Zusammenhang interessieren würde, wäre, aus der Sicht von Wissenschaftlern zu erfahren (aber das wird natürlich jeder ganz individuell beantworten): Welche Art von Information erwartet jemand, der wissenschaftlich arbeitet, von Kunst? Auf welchen Spaß ist er da aus, auf das Abstrakte, auf das Naive, auf einen Vorschlag von Ganzheit in einer sich immer mehr differenzierenden Welt? Vielleicht könnte dieser oder jener Kollege einen Präzedenzfall beschreiben? – Womit er umgeht, was Kunst betrifft. Denn das müssen wir ja auch leisten, bei vielen Gelegenheiten: aus dem immer noch anzutreffenden zu schlichten Verständnis der Möglichkeiten von Kunst herauszukommen. Wenn wir Kunst nur betrachten als festliche Beschreibung des jeweiligen Augenblicks, dann werden wir den Manipulationsapparaten nichts entgegenzusetzen haben, die ja mit der Phantasie spielen, die eine triviale Bilderwelt anbieten. Es gibt nicht nur die Welt, es gibt die Welt noch einmal in Bildern, oft sind es nicht unsere Bilder.

Ich denke, »Information« könnte ein Mittelwort für unser Gespräch sein. Und wir müssten verhindern, dass aus dem Austausch von Fragen ein zu schnelles Bescheidwissen in Dingen wird, über die wir erst gerade miteinander nachdenken wollen.

2. ... Die Anziehungskraft eines geistigen Standpunkts besteht ja nicht darin, dass er auf jede Frage eine Antwort weiß, sondern dass er sich offenen Fragen nicht verschließt – bis zu dem Punkt, sich unter Umständen selbst in Frage zu stellen. Ich glaube, es ist eine wichtige Übung, vor der unsere Gesellschaft steht, die Existenz sehr neuer Fragen produktiv, bewusst, positiv zur Kenntnis zu nehmen.

Es ist ja nicht bezweifelbar, dass der Sozialismus die besseren Strukturen für die durch die Entwicklung von Wissenschaft und Technik entstehenden neuen Lebenslagen hat. Nur, er hat sie, glaube ich, keinesfalls automatisch, er hat sie als Chance, er hat sie als Arbeitsproblem. Er hat nicht einfach vor der Geschichte die bessere Fahrkarte gelöst, sondern er hat die richtigeren Ausgangspunkte. Aber es wird alles davon abhängen, was der Sozialismus, der wiederum nur mit der Teilnahme von Menschen funktionieren kann, daraus machen wird.

Es ist schon eine Frage, die sich mir stellt, nicht erst seit jüngsten Entwicklungen und Parteitagen: Wo hindert der Sozialismus sich selbst? Wenn er sich als Wissenschaft definiert, wo ist er nicht wissenschaftlich genug? Oder wo entzieht sich die Komplexität der Prozesse, in die die Menschheit verwickelt ist, dem wissenschaftlichen Zugriff, auch dem bestgemeinten? Für mich große Fragen und nicht nur an eine Sparte von Denkern gerichtet, etwa die Gesellschaftswissenschaftler, sondern an die Öffentlichkeit in den sozialistischen Gesellschaften.

Ich glaube, es gibt tiefe Ängste. Menschen haben auch Angst vor den Entwicklungen der Wissenschaft, vor allem, weil sie sich manches nicht vorstellen und manches nicht erklären können. Das rosige Riesenschwein ist noch eine freundliche Idee, das Über-Schwein. Aber kommt der Über-Mensch? Und dann fallen einem die Untermenschen ein. Man hat schreckliche Gesichte. Oder: Wie wir wissen, ist die Frage nach Schaden und Nutzen der Technik nicht mehr ganz so einfach zu beantworten, indem wir auf das bessere gesellschaftliche System verweisen. Vor bestimmten Unfällen gibt es anscheinend keinen systembedingten Schutz. Wir haben es erlebt, und Menschen haben viele Fragen. Ich glaube, diese Fragen müssen von allen, die dazu etwas sagen können, öffentlich bewegt werden, wenn sie nicht abrutschen sollen ins Irrationale – das Irrationale, das ja wiederum in der Kalkulation der bürgerlichen Weltverwaltung einen ganz bestimmten und gewollten Platz einnimmt. Das nährt sich aus aller Dunkelheit, die je in der Geschichte entstanden ist, und fügt neue Dunkelheiten hinzu. Nur, das Licht, auf das wir angewiesen sind, müssen wir selbst anzünden, es kommt nicht von selbst.

Die öffentliche Artikulation der Probleme der Wissenschaften im sozialen Umfeld, im Hinblick auf den Menschen und sein Schicksal, muss unbedingt auch von den Wissenschaftlern selbst betrieben werden. Wenn jeder aus seiner sehr spezifischen Sicht spricht über das, was an Möglichkeiten, an Hoffnung, aber auch an Risiko, an Ungewissheit existiert, dann wird die Sache entmystifiziert. Sie wird dem Mitdenken von vielen Menschen zugänglich, und das Mitdenken vieler Menschen ist ein elementares Demokratieproblem in einer immer arbeitsteiligeren Welt. Zu vielen Leuten erscheinen die Türen als verschlossen, sie wissen nicht, was dahinter geschieht. Auch die Kunst, wenn sie der Öffnung des Denkens helfen will, braucht als Voraussetzung öffentliche Information und auch auf diese Weise die Partnerschaft der Wissenschaft.

Kunst ist auf der anderen Seite bei so viel Neuigkeit mit etwas sehr Altem beschäftigt. Kunst muss, anders als die Religion, aber ihr nicht völlig unähnlich, versuchen, das Ganze zu erklären, sie muss Sinnbilder geben, sie muss versuchen, dem Menschen eine Vorstellung seines Platzes in der Welt zu geben, und an der langen Strecke zwischen Realität und Utopie liegen ihre Arbeitsfelder. Utopie ist ein Element, das in jeder Poesie steckt in dem Sinne, dass Poesie immer die größere menschliche Möglichkeit meint. Aber das ist etwas sehr Altes. Manchmal trifft man Ansichten, als müsse sich, wenn sich alles ändert, Kunst auch ändern. Sie muss aber nach wie vor etwas Altes, Unersetzliches leisten; aber sie braucht als Spiel- und Denkmaterial natürlich die neuen Weltsichten, die sich aus den Entdeckungen der Wissenschaft ergeben. Und wenn es so ist, dass sich heute die wissenschaftlichen Grundphänomene schneller erneuern, als eine Generation lebt und stirbt, dann bedeutet das ja unter Umständen, dass die soziale Phantasie der Entwicklung der technischen Phantasie nicht standhält, was zu enormen Gefahren führt.

Also meine ich: Unser Zusammensitzen, Zusammenreden, Zusammennachdenken muss auf etwas Gemeinsames zielen: auf die Produktion von sozialer Phantasie, an der jeder teilnimmt, mit seinen Mitteln.

1988

In: *Plädoyer für die Verantwortung, Technologie und Humanismus heute*. Protokoll einer Diskussion, hrsg. von der Akademie der Künste der DDR, Mitteldeutscher Verlag, Halle Leipzig 1988, S. 45–47 und S. 122–125

Dank für den Helmut-Käutner-Preis der Stadt Düsseldorf

Wer ein Drehbuch schreibt, sieht einen Film im Voraus, den er so nicht wiedersehen wird. (...) Was man vorwiegend mit dem inneren Auge erblickt hat, muss ja nun durch vielerlei Verstand und Gefühl und Apparatur. Bei der Hinrichtung eines Drehbuches, gemeinhin Produktion genannt, wirken, könnte man sagen, verschiedene, schöne Berufe aneinander vorbei. Und erst am Ende und im Fall mangelnden Erfolges missglückt dem Filmautor zusätzlich, was er sonst leicht erreicht, nämlich nicht genannt zu werden. Die Kritik entsinnt sich, dass ein Film auf einer Vorlage beruht und vermutet, sie habe nichts getaugt.

Ich schildere hier als Verlust, was mir doch als Gewinn begegnet ist: Schauspielerinnen und Schauspieler, Regisseure, Kameraleute, Bühnenbildner und Beleuchter, manchmal sogar Dramaturgen, auch Produzenten, Komponisten nicht zu vergessen und schon gar nicht die Frauen am Schneidetisch, sie alle haben mir geholfen, das komplexe Abenteuer des Filmemachens zu verstehen und an ihm teilzunehmen.

In dem, von Düsseldorf aus gesehen, entfernteren Teil Berlins haben wir versucht, die Leute, die vor der Leinwand saßen und die wir eigentlich selbst waren, auf die Leinwand zu bringen. Wir haben über unsere deutsche Kindheit nachgedacht und über den Lauf der Zeit, die man eines Tages als Lebenszeit begreift. Vor dem Hintergrund der kunstlosen jüngeren deutschen Geschichte hoffte man in der DDR auf Kunst und ihre emanzipatorische Wirkung, und zugleich fürchtete man sie, wenn sie auch die eigenen Verhältnisse kritisch befragte. Das war ein törichter Widerspruch, beschwerlich, aber auch motivierend.

Menschen leben zweimal, in der Wirklichkeit und in den Bildern von Wirklichkeit, die ihnen auch das Kino liefert. Wenn sie darauf sich selbst und ihren Ort nicht mehr fänden, erkennbar, aber auch in anderer Beleuchtung, nähmen sie, mit einem alten Wort, vielleicht Schaden an ihrer Seele. Wenn man, auch im Kino, sich nicht vergleichen könnte mit anderer menschlicher Erfahrung, verlöre man an sozialer Phantasie. Man braucht aber Phantasie, um die Dinge zu sehen, wie sie sind.

Ich nenne Gerhard Klein, Konrad Wolf, Frank Beyer als Regisseure, ohne die ich so, wie ich es versucht habe, nicht hätte arbeiten können. Ein Drehbuch ist die Erfindung einer Geschichte zum Zwecke ihrer Verfilmung, mehr nicht und nicht weniger. Es ist der halbe Weg, aber es ist die erste Hälfte des Weges. Schön, dass Sie diese stillere, weniger beleuchtete Strecke in meinem Fall in Augenschein genommen haben, dass Sie mich des Preises würdigen, der den Namen Helmut Käutners trägt, dass Sie mich in die Nähe der Verdienste rücken, die Sie vor mir ausgezeichnet haben. Ich danke Ihnen dafür.

1990

In: Archiv Kohlhaase

Ich will nicht ohne Spur leben
Interview mit Rosemarie Rehahn für die Wochenpost

ROSEMARIE REHAHN Was kannst du nach rundgerechnet zwanzig Filmen übers Filmemachen sagen?

WOLFGANG KOHLHAASE Heute meine ich, Handwerk vorausgesetzt, dass der Blick, den Leute, die einen Film machen, auf Wirklichkeit haben, das Entscheidende ist und nicht ein bestimmter Stil.

REHAHN Du bist mit Emöke Pöstenyi verheiratet, Choreographin, mit

Tanzschöpfungen im Fernsehen und an unseren großen Bühnen hervorgetreten. Hat sich durch die Partnerschaft mit der Unterhaltungsbranche etwas für dich verändert?

KOHLHAASE Es ist schön, dass Emö einen anderen Kreis von Leuten ins Haus brachte. Es wurde bunter, und war in jedem Fall mit Gewinn für mich verbunden.

REHAHN Natürlich ist es ein Geschenk, Talent, Originalität, Schönheit, Liebenswürdigkeit so nahe neben sich zu haben. Aber gibt es vielleicht arbeitsmäßig gegenseitige Einflüsse?

KOHLHAASE Tanz ist wortlos, ich suche nach Worten. Da kann man, auf Gegenseitigkeit, gelegentlich Neues erfahren.

REHAHN Mancher lobt, mancher tadelt deine Gelassenheit. Du eiferst nicht, raufst dir wohl nie die Haare?

KOHLHAASE Man kann Betroffenheit nach außen tragen, aber man kann es seinen Nachbarn auch ein bisschen leichter machen. Was Arbeit angeht, so nehme ich sie so ernst, wie ich es immer versucht habe. Man soll nichts Ungefähres machen. Nur ob ich sie noch so wichtig nehme – darüber denke ich gelegentlich nach. Den ersten Film macht man eben nur einmal. Erfolg gewöhnt einen an Erfolg, und Misserfolg trainiert auch, weil man begreift, auch damit muss man leben.

REHAHN Doch braucht man als Autor des Mediums Film nicht so was wie Sendungsbewusstsein?

KOHLHAASE Ich will Leute nicht ändern – oder jedenfalls nur auf einem sehr vermittelten Wege. Ich will versuchen, zu verstehen, warum Leute so sind, wie sie sind. Natürlich, ich will nicht ohne Spur leben. Aber ich gehöre nicht zu dem Typ, den es ja gibt, innerhalb und außerhalb des Berufs, der einen Menschen trifft und sich sofort einen anderen Entwurf von ihm macht. Ich nehme mir das nicht heraus. Wenn du hier mit einem Motorrad in deiner Wohnung herumfährst, würde ich zusehen und mich wundern, wenn du nicht anstößt, und dich sicher fragen, warum du das machst. Aber ich würde nicht Stellung nehmen – außer wenn es um moralische Beträge ginge.

REHAHN Welche Bedeutung hat es für dich, dass dein Vater Maschinenschlosser ist?

KOHLHAASE Das war manchmal in diesem Land eine schöne glatte Auskunft. Für mich war es normal, was sonst? Ich kannte ja keine Leute, die nicht von ihrer Hände Arbeit lebten. Unsere Verwandtschaft und Bekanntschaft – das waren Fabrikarbeiter, Handwerker, Stadtrandbauern in Pommern, ein Großvater war Streckenarbeiter an der Bahn. Das waren Leute, ich hab' es mal so gesagt, die immer weniger Suppe gegessen haben, als sie auslöffeln mussten.

REHAHN Hast du schon mal Angst gehabt, dass dir nichts mehr einfallen könnte?

KOHLHAASE Da bin ich eigentlich zuversichtlich.

REHAHN Schreibst du leicht?

KOHLHAASE Ich entscheide mich schwer für das jeweils Nächste und gehe lange um den Tisch herum und erfinde Ausreden, warum ich nicht anfangen kann. Aber eine angefangene Sache mache ich fertig, ohne große Pausen. Ich habe (beinahe) keine Anfänge in der Schublade.

REHAHN Du bist ein im Doppelsinn ausgezeichneter Autor, dazu ein weitgereister. Auch von westlicher Seite wirst du nachdrücklich zur Kenntnis genommen, gespielt, gedruckt, befragt – nicht zuletzt als einer, der die Erfahrungen unseres vertanen Landes in den Kleiderfalten trägt. Könntest du dazu etwas sagen?

KOHLHAASE Ich lebte in dieser deutschen Gegend namens DDR, und das durch Zufall und Entscheidung. Das ist bei mir nicht zu trennen von den ersten Nachkriegsjahren eben hier, von der Erschütterung des Kriegsendes, die ja zugleich eine Ermutigung war, sich künftig zuständig zu fühlen für dieses Land. Ich spreche von einer moralischen Zuständigkeit und von einer arbeitsteiligen. Ich habe übrigens festgestellt, dass Leute, die ein paar Jahre jünger sind, das schon nicht mehr so spontan erfahren haben.

REHAHN Als der Prosaband »Silvester mit Balzac« heraus kam, heftig begrüßt, erwarteten viele vom Filmeschreiber Kohlhaase weitere Erzählungen. Wird es die geben?

KOHLHAASE Ich denke, wenn ich Prosa schreiben wollte, müsste ich meine Lebensweise ändern. Ein bisschen jedenfalls. Es ist ja nicht einfach so, dass man sich ab Montag frei nimmt, um ein Buch zu schreiben. Es ist eine andere Art Leben.

REHAHN Ein Leben, wie man es zum Beispiel von Strittmatter weiß?

KOHLHAASE Ja, zum Beispiel. Strittmatter lebt vielleicht wie ein Epiker oder ein Prosaschreiber leben sollte. Die Menschen hat er in sich aufgenommen. Er lebt fern von ihnen, und mit ihnen zugleich. Und wenn er aufsteht und wenn er schlafen geht, tut er es immer in der Nähe des Papiers, auf das er schreibt. Prosa schreibt man allein, man muss sich selbst motivieren. Filme machen ist eine andere, mehr gesellige Art von Arbeit. Da gibt es zwar die Phasen, in denen man schreibt, aber man geht damit auf Partner zu, denkt an Schauspieler, verwickelt sich manchmal im Vorgriff schon in spätere Arbeitsabläufe. Es geht durcheinander, es ist bunt. Leute kommentieren, was du ins Gespräch bringst. Es ist nicht: du mit dem Papier allein.

1991

In: *Wochenpost* Nr. 12 /1991

Zur Person
Interview mit Günter Gaus

GÜNTER GAUS Mein heutiger Interviewpartner ist Wolfgang Kohlhaase, geboren 1931 in Berlin, Kind einer Arbeiterfamilie. Kohlhaase war ein bewusster DDR-Bürger, aber in kritischer Distanz da, wo es ihm nötig erschien. Er ist einer der bekanntesten Drehbuchautoren Deutschlands. Er ist verheiratet, sehen Sie: Zur Person: Wolfgang Kohlhaase. (...)

Manche Bewunderer von Ihnen beklagen, dass Sie, Wolfgang Kohlhaase, nicht mehr Erzählungen, Novellen und Kurzgeschichten geschrieben haben, als Sie es immerhin getan haben. Bei aller Wertschätzung Ihrer Filmbücher sagen diese: Eigentlich hätte er uns mehr Literatur präsentieren sollen. Dass Sie Ihren künstlerischen Mittelpunkt im Filme-Machen gefunden haben, ist das – rückblickend – ein Zufall, aus dem dann eine Neigung wurde?

WOLFGANG KOHLHAASE Ja. Zufall insofern, als – so vieles ist Zufall im Leben. Du gehst an einem Dienstag irgendwo hin und dein Leben ändert sich, weil du irgendjemanden triffst. Schon. Ich wollte eigentlich schreiben. Literatur war das, was mich faszinierte. Ich arbeitete ja anfangs bei der Zeitung. Und dann gehörte ich zu einer Gruppe hoffnungsvoller Personen, die sich Filmgeschichten ausdachten, neben meiner Zeitungsarbeit. Das war so eine der vielen Gelegenheiten, die es ja gab, irgendetwas zu versuchen. Und da habe ich mir eine Filmgeschichte ausgedacht, die nie gedreht wurde. Ich kam aber von daher sozusagen dazu, in diese Richtung zu denken. Und dann ging ich aus mehr als einem Grund von der Zeitung weg und ging in die sogenannte Dramaturgie der DEFA. Die DEFA machte damals noch sehr wenige Filme. So war ich wieder einen kleinen Schritt näher dran. Es hatte Aspekte von Zufall.

GAUS Und bedauern Sie heute, dass Sie – mehr oder weniger – beim Film geblieben sind? Oder sagen Sie, es war ganz richtig so?

KOHLHAASE Da müsste ich ja mein Leben beklagen, wenn ich es bedauern würde. Es tut mir schon leid, weil: Prosa ist so eine stille Liebe, aber es klingt auch kokett, wenn ich das sage, weil: Warum mache ich es nicht? Film ist eine andere Art von Leben. Ich sag' immer: Wenn du Prosa schreibst, musst du früh ins Bett und früh aufstehen. Und wenn du Filme machst, kommst du spät ins Bett. Es ist eine geselligere Arbeit.

GAUS Und man kann auch morgens länger schlafen.

KOHLHAASE Man kann morgens etwas länger schlafen, außer man dreht.

GAUS Zur Person Wolfgang Kohlhaase. Geboren am 13. März 1931 in Berlin, Kind einer Arbeiterfamilie. (…) Ihre Eltern sind inzwischen beide tot. Es heißt, Ihr Verhältnis zu ihnen sei ganz besonders eng gewesen. Bei der Vorbereitung auf dieses Interview habe ich mit mehreren Menschen, die Sie gut kennen, gesprochen und alle haben, ohne dass ich danach gefragt habe, gesagt: Es sei auffallend, wie eng Ihr Verhältnis zu Vater und Mutter gewesen ist. Können Sie sagen, was Sie ihnen besonders verdanken, was sie Ihnen an Prägung mitgegeben haben?

KOHLHAASE Vielleicht Normalität, wenn ich mal ein bescheidenes Wort sage. Meine Eltern kamen aus Pommern, mein Vater aus Pasewalk, meine Mutter aus Stargard. Sie hatten sich hier in Berlin niedergelassen und lebten in anderthalb Zimmern ein Leben lang. Es war immer dieselbe Wohnung.

GAUS In Adlershof?

KOHLHAASE In Adlershof. Lebten das Leben kleiner Leute. Mein Vater ging in die Fabrik, abwechselnd in die Frühschicht, die Nachmittagschicht, die Nachtschicht. In diesem Rhythmus verlief meine Kindheit. Und was ich ihnen verdanke ist ein Wohlbefinden in dieser Art Realität, sicherlich auch Liebe, die sie mir auf eine unaufwendige Weise zukommen ließen. Ich stelle fest, man weiß eigentlich nicht so viel über seine Eltern, außer dass ich viele Geschichten erzählen könnte. Aber im Nachhinein bedacht möchte ich mir wünschen, dass sie sich geliebt haben. Ich weiß es gar nicht. Ich weiß auch, manchmal haben sie gestritten. Mein Vater lebte sehr viel länger, er ist 92 Jahre alt geworden. Deshalb schiebt er sich in meiner Erinnerung ein bisschen vor meine Mutter, was ungerecht ist. Er war ein Mann mit der Fähigkeit, sich selbst komisch zu finden. Vielleicht habe ich etwas davon übernommen. Ich weiß, dass ich mal seine Schuhe stehen sah, gebrauchte Schuhe. Und da stellte ich fest, ich latsche meine Schuhe auf eine ähnliche Weise ab wie er seine. So bleibt einem was von den Vätern.

GAUS Sind Sie ein sentimentaler Mensch?

KOHLHAASE Zu einem Teil, ja.

GAUS Bevor wir auf Einzelnes kommen: Können Sie Ihre Geburtsstadt Berlin auf einen Generalnenner bringen, durch den sie unverwechselbar wird unter den Städten?

KOHLHAASE Für mich hat sie sehr viel Himmel. Sie ist schön, obgleich sie eigentlich hässlich ist. Sie hat beides. Sie hat keine Mitte. In meiner

Kindheit lebte man in einer Ecke von Berlin, und die verließ man eigentlich nie, außer dass man mal zum Alex fuhr oder mal zum Zoo. Berlin war so groß, dass man in einen bestimmten Bereich gehörte. Berlin hat eine bestimmte Sprache mit einem Sinn für Gegensätzliches, eine lakonische Sprache und weil Sie nach Sentimentalität gefragt haben, sicherlich: ein Teil meines Gefühls bildet sich ab auch in dieser Sprache, die für mich ganz wichtig ist. Das heißt nicht, dass man immer Berlinern muss. Dahinter steckt eine Denkweise.

GAUS Können Sie die noch näher beschreiben?

KOHLHAASE Vielleicht ist es so, wie überhaupt in großen Städten, in denen scharfe soziale Gegensätze bestehen: Es ist eine Sprache, die Brücken baut und eine Sprache, in der man sich auch verstecken kann, eine Sprache gegen die Feierlichkeit.

GAUS Das heißt, Berlin ist unpathetisch?

KOHLHAASE Würde ich denken.

GAUS Respektlos?

KOHLHAASE Ja.

GAUS Hauptstadt-geeignet oder nicht geeignet aus diesem Grund?

KOHLHAASE Unbedingt Hauptstadt-geeignet. Es wäre wünschenswert, dass die künftige Hauptstadt diese Farbe nicht verliert.

GAUS Ist Berlin in den letzten fünf, sechs Jahren aggressiver geworden, weil sie überfordert ist als Stadt?

KOHLHAASE Ja, unbedingt. Ich glaube, jetzt schon, bevor es die politische Hauptstadt wird, ist es eine Art Hauptstadt der Kriminalität. Das hat zu tun, glaube ich, mit vielen Umständen. Es macht die Stadt auch wieder – in meiner etwas verwegenen Vorstellung – zu einer möglichen Stadt der Künste. Weil: Die Künstler haben mit Gegensätzen zu tun und Kultur ist immer auch Gegenkultur. In der Kultur muss aufgehoben werden, was leicht vergessen wird. Es müssen in ihr die Leute einen Platz haben, von denen sonst niemand redet. Ich sehe die Stadt ohne Angst, ohne Unbehagen. Aber ich sehe, dass sie sich rasend verändert.

GAUS Wird sie die Politiker aus Bonn verändern?

KOHLAASE Ich weiß das nicht. Ich glaub schon, dass selbst ein so abgehobenes und von Interessen gesteuertes Geschäft wie die Politik durch die leibliche Berührung mit Wirklichkeit betroffen wird. Ob sie wirklich verändert wird, wage ich nicht zu sagen.
GAUS Das heißt, Sie meinen dies Bunkerdasein in Bonn?
KOHLAASE Ja.
GAUS Kann sich in Berlin nicht fortsetzen?
KOHLAASE Kann sich nicht fortsetzen. So, wie – mal rückblickend auf die DDR – die Politik eben ihren Schaden genommen hat, dass sie sich, wenn es ans Private ging, in eine Villen-Kolonie der herrschenden Klasse zurückgezogen hat. Das kann man ein Jahr lang machen. Wenn man es dreißig Jahre lang macht, geht einem eine Menge verloren.
GAUS Ihr Heimatkietz – wir haben es schon erwähnt – ist Adlershof gewesen. Ein Kleine-Leute-Stadtteil im Süden Berlins, der bei Kriegsende 1945 zum sowjetischen Sektor, später zur Hauptstadt der DDR gehörte. Und wir haben auch diesen Punkt schon berührt, als wir von dem Film sprachen, den Sie mit Konrad Wolf gemacht haben: ICH WAR NEUNZEHN. Können Sie aus der Erinnerung erzählen, welche Gefühle Sie bewegt haben? Was Sie empfunden haben als der Krieg zu Ende ging, als die Russen kamen, als eine Art Friede einkehrte in Adlershof? Wie kehrte er ein?
KOHLAASE Der erste Tag war ein Tag mit unendlich vielen fremden Gesichtern. Das war die Armee, die einzog. Der erste Tag oder der zweite oder der dritte, ich will mich nicht festlegen, brachte eine große Entdeckung, gegen den Hintergrund der Nazibehauptung »Was jetzt kommt, ist der Weltuntergang«. Brachte die große Entdeckung: Hier hört nichts auf, hier fängt etwas an. Enorm, wenn man vierzehn ist und hat das Gefühl, es fängt was an. Wenn Sie nach einem Bild fragen, dann fällt mir ein Tanzsaal ein an einem Mai- oder Juniabend mit offenen Fenstern, aus denen das Licht strömte. Allein das war von träumerischer Schönheit, weil: Meine Kindheit war die Zeit der Verdunkelung. Und in diesem Tanzsaal auf der Bühne machten zwei alte Männer eine dünne Musik, und es tanzten fast nur Frauen. Und tanzten mit einer merkwürdigen

Konzentration, als wenn sie es lange nicht getan hatten, als wenn sie es wieder üben wollten. Und ich stand da mit anderen Halbwüchsigen und guckte in diese Fenster und hatte das Gefühl: Das ist Frieden, das ist Leben. Ein Sog ging von diesen Fenstern aus.

GAUS Haben Sie wie ich eine Erinnerung daran, dass dieser Sommer 1945 von einer unglaublichen Schönheit war?

KOHLHAASE Ja.

GAUS Zwar jetzt gar nicht emotional, das auch, sondern es war einfach ein wunderbarer, heißer Sommer.

KOHLHAASE Ein großer Frühling und ein großer Sommer. Das weiß ich, ja.

GAUS Und gab es Ängste?

KOHLHAASE Nein, bei mir nicht.

GAUS Wie war das in dem Haus, in dem Sie aufwuchsen? Ihr Vater war in sowjetischer Kriegsgefangenschaft, richtig?

KOHLHAASE Ja.

GAUS Es ist vieles bekannt über den Einmarsch der Roten Armee und auch vieles, was an Schrecken damit verbunden ist, aber: Was überwog in Ihrer Umgebung? Ängste, die Sie nicht hatten, aber die andere Frauen hatten? Oder überwog die Erleichterung?

KOHLHAASE Ich glaube, es überwog die Erleichterung, dass irgendetwas, das immer schlimmer wurde am Ende, der Krieg, vorbei war. Wir hatten möglicherweise auch Glück, weil auf die andere Straßenseite, dort, wo wir wohnten, die Kommandantur einzog. Und die Kommandantur gab sich sehr viel Mühe, eine Art von Schutz und Ordnung aufrecht zu erhalten. Es war nicht so, dass da jeder Soldat plündern konnte, was er wollte. Wir hatten Russen, die dort in der Straße standen mit ihren Panzern, die kochten in unserem Garten. Es waren Bauernsoldaten. Sehr viele von den Jungs, wenn ich es heute überlege, waren nicht älter als siebzehn oder achtzehn. Es ergab sich eine relativ spontane Freundschaft und, wissen Sie, für die versteckteren Ängste der Frauen hatte ich kein sehr genaues Gefühl mit vierzehn. Ich wusste, es passierten Dinge. Sie passierten nicht, wo wir wohnten, zwei Straßen weiter. Aber an ein Unglück, das zwei Straßen weiter passiert, hatte man sich im Krieg gewöhnt.

GAUS Wie weit war der Nationalsozialismus Teil Ihres Aufwachsens? Wie waren Vater und Mutter in dieser Hinsicht, wie viel haben Sie mitbekommen von der Ideologie, die seinerzeit die herrschende Lehre war? Von den Umständen, die davon ausgingen?

KOHLHAASE Das war, denke ich, Pflicht. Oder meine Eltern haben mich davon jedenfalls in keiner Weise zurückgehalten. Ich war mit zehn Jahren im sogenannten Jungvolk. Wir traten einmal die Woche ins Glied und übten das Marschieren und machten Geländespiele. Und im Winter machten wir irgendwelche Heimabende. Und ich bin sicher auf eine ganz durchschnittliche Weise in die Ideologie verwickelt gewesen. Ich habe natürlich die Zeitschriften gesammelt, wo die deutschen Flugzeuge immer die anderen abschossen.

GAUS ... und die Ritterkreuzträger.

KOHLHAASE ...und die Ritterkreuzträger und die Soldaten, die Maskottchen auf dem Arm hatten, kleine Hunde. Und sie malten die vielen Striche an die Flugzeuge. Die Feinde verloren immer. Unmerklich verloren die Feinde nicht nur, und von einem gewissen Punkt an gewannen die Feinde. Ich kann Ihnen keinen Stichtag sagen. Es hat meinen Blick auf die Sache verändert. Die Romantik verschwand. Ich war dann ein Jahr in Pommern bei einer Tante wegen der Luftangriffe, aber als ich wieder in Berlin war, stellte sich heraus, diese Hitlerjugend, aus der ich abgereist war nach Pommern, war eigentlich nicht mehr da. Sie hatte ihre Struktur verloren.

GAUS Es gab also nicht das Gefühl bei dem heranwachsenden Knaben Wolfgang Kohlhaase, Deutschland, mein heilig Vaterland, geht jetzt unter. Das war Ihnen egal?

KOHLHAASE Es war mir nicht egal. Ich konnte es mir vielleicht auch nicht vorstellen. Ich weiß nur, dass wir unsere Haltung änderten. Wir gingen nicht mehr zum Friseur, weil: Wir wollten lange Haare haben. Seltsamerweise tauchten Schallplatten auf mit englischen Schlagern. Ich weiß nicht, wer sie hatte.

GAUS Wir reden jetzt von der zweiten Hälfte des Jahres 1944.
KOHLHAASE 1944 etwa. Man begann zu rauchen. Man blieb lange draußen, wenn die Mutter es erlaubte und saß auf irgendwelchen Parkbänken herum, und unmerklich ging uns die Idee vom Endkampf der Nibelungen verloren, obgleich wir tagelang gestritten haben, ob die Geheimwaffe nicht doch noch kommt. Also wir waren überhaupt nicht frei von solchen Überlegungen und Verführungen. Aber vielleicht war es eine Frage des Alters, dass du dich geweigert hast zu sagen, das Ende von dieser Sache, wie immer es aussehen mag, ist auch mein Ende. Dem habe ich mich möglicherweise entzogen aus einem Lebensbedürfnis.
GAUS Wie weit waren Sie ganz unvermeidlich frühreif unter den waltenden Umständen oder wie weit waren Sie naiv und unschuldig, wie ein Kind aus ganz normalen Zeiten?
KOHLHAASE Ich glaube, ich war schon ein bisschen frühreif. Man unterschätzt, wenn man älter wird, dass man zum ersten Mal ungefähr mit acht oder neun überzeugt ist, dass man die Welt erklären kann. Ich hatte eine Tante, das war eine alte Sozialdemokratin, die sagte immer: Wir siegen uns tot. Und das muss 1940 gewesen sein. Und ich erklärte ihr, dass wir bereits Norwegen besetzt haben und Dänemark und Frankreich und dass wir uns natürlich nicht totsiegen, sondern dass wir siegen. Das war weniger meine tiefe Verbundenheit mit der Sache, sondern ich hatte ein Bild der Welt und des Krieges und diese Tante irritierte mich mit diesem Satz: Wir siegen uns tot. Insofern war man politisiert, man war frühreif, der Vater war nicht da. Das Interesse an der Sorte Mensch, die auf die andere Toilette ging, erwachte. (…)
GAUS Denken Sie mit dem Älterwerden häufiger an diese Zeit und tun Sie es gern?
KOHLHAASE Ja. Ich denke gern an diese Zeit, keineswegs mit Wehmut, aber es ist eine Zeit, die eigentlich reich war an Eindrücken und Abenteuern. Und ich meine, wer erlebt schon den Zusammenbruch eines tausendjährigen Reiches?!
GAUS Sie haben den Zusammenbruch von zwei Staaten erlebt.

KOHLAASE Ja, jetzt habe ich den Zusammenbruch von zwei – ja, natürlich. Und denke: von der Gesamtzeit, über die man verfügt, ist es natürlich schön, auf diese Weise in Geschichte verwickelt zu sein. Mein Vater sagte immer: Am Ende sind wir alle lange tot.
GAUS Es ist schön?
KOHLHAASE Ja, denke ich, ja.
GAUS Es ist nicht eine Überforderung?
KOHLHAASE Kann ich nicht beurteilen, aber ich meine, ich bin bis jetzt nicht krank daran geworden, sagen wir mal so.
GAUS Hat diese Nachkriegszeit Sie eher sensibler gemacht oder eher abgebrüht?
KOHLHAASE Ich glaube, empfindsam für vieles, was plötzlich in mein Leben kam. Nicht zuletzt die Literatur, die nach Deutschland zurückkam. Und plötzlich entdecktest du eine zweite Wirklichkeit in Büchern, von der du nichts geahnt hattest, auch Welterklärung. Die Nachkriegszeit war hart und dunkel, und jeder weiß etwas darüber, – aber es war auch eine Zeit, die Empfindsamkeit erzeugt hat, so widersinnig das vielleicht klingt.
GAUS Sie gehen nun, nicht gleich morgen, aber doch im Laufe der nächsten Jahre auf die siebzig zu. Gibt es ein Gefühl, ich kann nichts wirklich mitteilen über das, was gewesen ist? Ich kann Fragen beantworten, wie sie jetzt mir gestellt werden und kann erzählen, was gewesen ist, aber vermitteln im Sinne von: Begreif das! Mach nicht dieselben Fehler! Lern was dazu! – das kann ich nicht? Ist das ein Gefühl, das Sie haben und wenn es so ist, kränkt Sie das, macht Sie das traurig?
KOHLHAASE Das habe ich eigentlich nicht, das Gefühl. Erstens, ein paar Dinge habe ich erzählt. Das ist geleistet.
GAUS Ja, aber was bringt es?
KOHLHAASE Die Wirkung von etwas, was man berichtet, ist immer in einer imaginären Mitte zwischen einem selbst und dem, dem man es berichtet. Die Wirkung eines Films ist irgendwo zwischen einem Publikum, das ihn haben will oder nicht haben will. Also ein Teil des Problems liegt bei den anderen. Wenn ich mal etwas melancholisch sage: Was bleibt

am Ende? Es bleiben ein paar Geschichten. Einige hat man mir erzählt, und einige habe ich selbst erzählt. Was den Augenblick betrifft, ist es für mich durchaus ein Problem, – jenseits aller geschäftlichen Verabredungen oder wie werden Filme gemacht oder finanziert –, mich zu fragen, wem kann oder will ich welche Geschichte wie und warum erzählen? Das braucht Zeit.

Ich weiß nicht, ob meine Zeit ausreichen wird, weil ich den Eindruck habe, es gibt zur augenblicklichen Situation eigentlich nur so etwas wie falsches Bewusstsein. Das heißt, es gibt zwei Vorgeschichten: eine westdeutsche, eine ostdeutsche. Und beide Vorgeschichten können die Lage von heute und morgen nur bedingt erklären. Vielleicht wird das sehr viel jüngere Leute so nicht betreffen, nehme ich an. Aber für mich ist es so, und so weiß ich nicht, ob ich etwas vermitteln und anderen Leuten das Abenteuer abnehmen kann, über diese Dinge nachzudenken. Ich glaube aber, jede Geschichte, die von Menschen handelt und von Vielfalt und Zufall der menschlichen Existenz, ist auch immer für andere Menschen interessant. Und wenn es drei interessiert, kann es auch dreitausend interessieren.

GAUS Was macht Sie traurig? Was kann Sie traurig machen?

KOHLHAASE Hilflos macht mich Unfreundlichkeit. Wenn Menschen sich unterhalb eines bestimmten Striches von Anstand bewegen. Das muss mich überhaupt nicht betreffen. Eigentlich macht es mich trauriger, wenn es andere betrifft. Weil: Wenn es mich selbst betrifft, dann überlege ich mir, was ich tue, wenn ich ein Zeuge solcher Dinge bin.

GAUS Haben Sie es oft erlebt?

KOHLHAASE Immer mal wieder.

GAUS Nicht, dass es Sie betroffen hat, sondern dass man es andere Menschen betreffen sieht?

KOHLHAASE Ja, natürlich. Fragen Sie mich jetzt besser nicht nach einem Beispiel, aber das sind ja die Geschichten, die durch die Haut gehen. Vielleicht die, über die man nachdenkt, die man im Schreiben zu bewältigen versucht. (…)

Ich wohnte im Osten. Ich war berührt, wenn nicht ergriffen von der ziemlich radikalen Weise, in der eine neue Denkart vorgeschlagen wurde. Und das war im Osten radikaler als im Westen. Sozusagen sich die Umstände, in denen man lebte, anders und neu zu überlegen, sich die Kindheit anders zu erklären, über den Krieg und sein Ende in Berlin vor meiner Haustür anders nachzudenken. Das Leben meiner Eltern wurde mir bewusst. Mir fielen die Toten aus unserer sehr großen Familie ein. Ich war motiviert für den Gedanken, man müsste sehr viel anders machen. Und so geriet ich aus ganz eigenem Antrieb, aber auch durch den Zufall, dass ich ein Volontär war – nicht beim *Tagesspiegel*, sondern beim *Start* –, auch in die Politik, die die Stadt allmählich teilte.

GAUS Das Elternhaus, das möglicherweise eher unpolitisch war ...

KOHLHAASE Ja.

GAUS Wie hat das Elternhaus auf den Sozialismus als Idee, auf die erklärte Absicht, dieses solle nun ein ganz neues und kommunistisches Deutschland werden, reagiert?

KOHLHAASE Mein Vater war bis 1949 nicht da. Er hatte die Gefangenschaft erlebt, und er hatte sie erlebt am Rande der Lebensgefahr. Er war fast verhungert. Aber er hatte sie auch erlebt als eine Art Ableistung einer Schuld, die er empfand. Und zwar einfach für das, was er –

GAUS Hat er darüber jemals gesprochen?

KOHLHAASE Ja. Er hat über die Gefangenschaft gesprochen. Er hat über die Armut des Landes gesprochen, und er hat über die Kollegialität der Leute gesprochen, also jetzt der russischen, sowjetischen oder lettischen Leute. Er war dort oben im Baltikum im Gefangenenlager. Und darüber, dass es schlimm war. Aber es gab keinen Hochmut – so hat er es empfunden – gegenüber den Gefangenen. Er kam also wieder als ein nachdenklicher Mensch. Er hatte erst ein, zwei andere Arbeitsplätze, und dann ging er aber eigentlich für den Rest seines Lebens in eine Fabrik. Die Zeit der Pläne war oft eine Zeit der Planlosigkeit, wie man weiß. Er war Reparaturschlosser. Er hat wirklich gearbeitet, aber ich glaube, diese ganze Generation hat so gearbeitet mit dem Impuls, es muss etwas anders gemacht werden. Bis an den Rand der Krankheit, bis an den Rand der Herzschmerzen. Und wenn er sein Leben auf eine Summe brachte, dann glaube ich, hat ihm Sozialismus eingeleuchtet.

GAUS Wenn Sie Ihr Leben, von dem wir jetzt noch weiter reden werden bei diesem Portraitversuch, wenn Sie Ihr Leben auf eine Summe bringen, hat Ihnen der Sozialismus eingeleuchtet?

KOHLHAASE Ja. Der hat mir unbedingt eingeleuchtet, weil ich denke, es kann so irrig nicht gewesen sein, eine Gesellschaft ins Auge zu fassen, in der das Geld nicht alle Dinge regelt. Dazu hat es aber auch auf die einfachste Weise mit den vielen Jahren meines Lebens zu tun. Mit anderen gemeinsam hatten wir Träume, vielleicht auch Illusionen. Aber wie immer es war: Ich wäre ärmer heute, wenn ich diese Träume nicht gehabt hätte.

GAUS Hat die DDR den Versuch gelohnt?

KOHLHAASE Es gibt ja kein »hätte«. Es ist so gekommen. Jede Geschichte hat eine Vorgeschichte. So haben auch die vierzig Jahre der deutschen Trennung ihre Vorgeschichte, und ich glaube, den Versuch hat es gelohnt. Es hat auch die Anstrengung vieler Leute gelohnt, auch wenn das Ende so ist, wie es ist. Ironisch gesagt: Selbst, dass es so nicht ging, war den Nachweis wert. (…)

GAUS Sie, Herr Kohlhaase, haben Ihre Schwierigkeiten mit dem Kulturapparat der SED der DDR gehabt, aber Sie sind durchgekommen. Sind Sie Konflikten achselzuckend ausgewichen? Haben Sie die kulturpolitisch vorgegebenen Verhältnisse akzeptiert bei gleichzeitiger Verachtung für bestimmte Beschränktheiten und geistige Enge des Apparats oder haben Sie sich auch bereitwillig manchem unterworfen wegen des höheren Zieles, einen sozialistischen Staat zu versuchen?

KOHLHAASE Möglicherweise von allem was, was Sie da fragen. Ich habe beklagt, dass die Vorstellung, die diese Gesellschaft von Kunst hatte, so unartikuliert war. Man hatte so große Erwartungen an Kunst, und man hatte so große Befürchtungen. Beides wurde der Sache nicht gerecht. Die Arbeitsumstände waren von Fall zu Fall sehr verschieden. Weil die

Gesellschaft ihre öffentlich nicht ausgeübten Gespräche manchmal in Kunstdiskussionen verwandelte, kursierte ein Wort, das wir damals sagten: Es gibt wenig Kartoffeln, uns stehen also große Kunstdiskussionen ins Haus. Es gab also weiß Gott sehr viel zu bemängeln, und es gab großen Widerstand, aber ich habe viele Dinge auch für zumutbar gehalten. Das Wort Verachtung, was Sie erwähnt haben, könnte meine Haltung nicht beschreiben. Ich habe die Hilflosigkeit der Gesellschaft respektiert, oder ich will es anders sagen: Ich habe vor bestimmten Biografien von Leuten, die in dieser Gesellschaft maßgeblich waren und deren erste Lebenshälfte in der Haft war, in der Emigration, im Widerstand oder so, ich habe diesen Teil ihrer Existenz respektiert, das war nicht ohne Einfluss auf meine Haltung.

GAUS Machen Sie sich über Ihre Haltung Vorwürfe? Was werfen Sie sich vor, falls Sie sich etwas vorwerfen?

KOHLHAASE Ich frage mich, weil das, was wir jahrzehntelang leise gesagt haben, manchmal auch in unseren Filmen, manchmal auch in Büchern, in Gedichten, in Texten usw. – ich frage mich, warum das als Gegenströmung und als Gegenbild und zwar nicht als ein antisozialistisches Gegenbild, sondern als ein anderes Bild von Sozialismus, was sozusagen in den Winkeln dieser Gesellschaft war, ich frage mich, warum es nicht mehr in die Mitte gekommen ist? Und ich frage mich natürlich, was habe ich versäumt?

GAUS Wann haben Sie angefangen zu zweifeln am Fortbestand der DDR?

KOHLHAASE Diesen sozusagen sehr schnellen Gleitflug nach unten, der es dann am Ende war, habe ich nicht kommen sehen. Ich habe aber natürlich gemerkt – wie viele in diesem Land –, dass sich der Vorrat oder sagen wir mal die Schubkraft in der Gesellschaft, die von der Redewendung »Noch nicht, aber es wird sein!« herrührte, verbrauchte. Dass das Land über seine Verhältnisse lebte, dass es nicht nur materiell, sondern auch geistig, von der Hand in den Mund lebte. Und als Gorbatschow auftauchte, um mal diesen Namen zu nennen, und als eine Irritation in den Beziehungen zwischen der DDR und der Sowjetunion entstand, habe ich gedacht, das Eis wird sehr dünn. Von heute her gesehen weiß man, dass die Diskrepanzen, die die hiesige Politik mit Gorbatschow hatte, ihre Gründe hatten. Das war auch nicht Unverstand. Aber wie dem auch sei: Es ging der DDR, die der kleinere Teil eines größeren Landes war, ein wichtiger Hintergrund verloren, der Bezug auf die Sowjetunion.

GAUS Erlauben Sie mir eine letzte Frage. Erkennen Sie seit der Wende in dem vorherrschenden Bild, das die tonangebenden Medien des vereinigten Landes von der DDR-Realität malen, erkennen Sie Ihre DDR-Realität wieder?

KOHLHAASE Weitgehend nicht. Ich habe das Gefühl, nach der Wiedervereinigung wird nach wie vor von den Medien oder überhaupt in der Öffentlichkeit den Leuten ein Unwertgefühl angeboten, was ihr vergangenes Leben betrifft. Ich glaube nur nicht, dass das vorhalten wird. Ohne jede Nostalgie und was passiert ist, ist passiert, und es gibt dafür Gründe die Menge. Aber auf die Dauer werden, glaube ich, die Leute im Osten nicht arme Verwandte und Leidende sein.

1998

Radio Berlin-Brandenburg, Sendung am 1. Juli 1998

Blicke auf die deutsche Geschichte
SOLO SUNNY und die Schwierigkeit, heute Filme zu machen
Interview mit Arno Widmann

ARNO WIDMANN Herr Kohlhaase, Sie kennen die Liste der besten Deutschen des ZDF. Warum kommen DDR-Bürger in der Liste nicht vor?

KOHLHAASE Ich halte die ganze Liste für Quatsch. Sie sagt nur etwas über die Ansichten der Leute, die sich an ihrer Herstellung beteiligen. Wer vorwiegend Tennis spielt, dem fällt Boris Becker ein. Wer Gebrauchtwagen verkauft, wählt jemand anderen. Dagegen ist nichts zu sagen, aber was beweist es? Hat die Bundesrepublik, hat die DDR eine Person, einen

Maler, einen Musiker, einen Wissenschaftler, einen Politiker hervorgebracht, dessen Namen man noch in vierhundert Jahren kennen wird? Wer kennt heute noch den Namen des Autors, der vor drei Buchmessen jedes Gespräch beherrschte? Wer erst einmal zweihundert Jahre überlebt hat, wird vielleicht auch die nächsten zweihundert Jahre überstehen.

WIDMANN Im Fernsehen liefen kürzlich auf allen Kanälen Ostalgie-Shows. Wie fanden Sie das?

KOHLHAASE Was ich gesehen habe, nur eine Sendung, war ein bisschen wie Zoo. Leute konnten besichtigt werden, man stellte ihnen eine Frage, sie durften einen Satz sagen und wieder gehen. Das hatte mit der Wirklichkeit dieses kleineren deutschen Landes, das es nicht mehr gibt, nicht so viel zu tun.

WIDMANN Sie sprachen einmal davon, die DDR habe sich nicht als Rechtsnachfolger des Dritten Reiches verstanden, das habe Konsequenzen gehabt bis in das Weltbild des einzelnen DDR-Bürgers.

KOHLHAASE Für Leute wie mich oder meines Alters trifft das wohl zu. Man versuchte einen anderen Blick auf die deutsche Geschichte. Da gab es die Bauernkriege und Thomas Müntzer und nicht Martin Luther, der kam erst später wieder dazu. Die Germanen ließen wir weg. Die Nibelungen hatten die Nazis für sich in Anspruch genommen, für den Kampf bis zum letzten Mann. Die 48er Revolution war wichtig, vor ihren Gefallenen hatte der König in Berlin den Hut ziehen müssen. Preußen reduzierte sich zum Hort des deutschen Militarismus und wurde als Staat aufgelöst, weil die Alliierten es offensichtlich ähnlich sahen. Wiederum waren die Befreiungskriege gegen Napoleon positiv besetzt, wir schoben es darauf, dass sich bei der Gelegenheit die Preußen mit den Russen verbündet hatten. Man war gerade kein Soldat mehr geworden. Von einem radikalen ungewohnten Denken ging eine große Verführung aus. Die DDR baute ihre Hütten sozusagen an einem anderen Strom der deutschen Geschichte. Ich las »Stalingrad.« Kein Buch hatte mich jemals so betroffen gemacht. Von anderen Büchern fallen mir noch die Titel ein. »Der Irrweg einer Nation«. Oder: »Vom moralischen Gewinn der Niederlage«. Sie bezeichnen, was ich meine. Im Osten brach man mit der deutschen Vergangenheit. So empfand ich es.

WIDMANN Spielte die Ostgrenze, spielten die, wie wir im Westen sagten, verlorenen Gebiete im Osten eine Rolle?

KOHLHAASE Das war entschieden. Ich versuchte, es mir zu erklären als Bestrafung, als Wiedergutmachung, als Reparation. Meine halbe Familie stammte aus Pommern, die Jüngeren hatten andere Gefühle als die Älteren, es wurde darüber viel geschwiegen. Öffentlich wurde diese Grenze beschrieben als Voraussetzung des künftigen sicheren Friedens im Osten. Letztlich ist es ja nun so. Und was nach drei Generationen hoffentlich überall verstanden wird, musste hier gleich verstanden werden. Natürlich war damals keine Rede davon, dass die Grenzen im Osten Europas Jahrhunderte lang in Fluss waren und dass die Westverschiebung Polens eine Folge der Westverschiebung der Sowjetunion war. Es gab hilflose Erklärungen. Demnach handelte es sich um die Zurücknahme einer gewaltsamen Entslawisierungspolitik, die schon im Mittelalter den deutschen Drang nach Osten begründet hatte. Bekanntlich ist ja an allem etwas dran. Aber gäbe man sich solchen Gedanken hin, müsste man alle Nichtindianer auffordern, die Vereinigten Staaten zu verlassen.

WIDMANN Aber auch in der DDR und schon vor ihrer Gründung gab es doch scharfe Konflikte mit Teilen der Bevölkerung. Gab es nicht von Anfang an eine Flucht nach Westen?

KOHLHAASE Es gab die Angst vor den Russen, die ihre Gründe hatte, aber die auch erzeugt worden ist, Hitlers letzte Waffe. Der Krieg kam dahin zurück, wo er hergekommen war und wie immer erschlug er vor allem die kleinen Leute. Viele wussten, was die Deutschen im Osten gemacht hatten, viele ahnten es nur. Sie fuhren nach Westen soweit es ging, dann stellten sie die Koffer ab und warteten, was kommen würde. Im Osten kam nach ein paar Monaten die Bodenreform. Die brachte auch meinen Verwandten, die ich schon erwähnt habe, ein Stück Land, von dem sie leben, aber nicht reich werden konnten. Mein Onkel war im Krieg für kurze Zeit in Polen gewesen, er hatte nichts Schlimmes erlebt, er sah nur, wie Deutsche einem Polen das Pferd ausspannten und es ihm wegnahmen, und als der Pole protestierte, schlugen sie ihn auf offener Straße. Als Mann, der Pferde besaß, erschien es meinem Onkel schlimm genug. Ich saß als Kind in den Ferien in Pommern mit am Tisch, er erzählte davon, und ich habe bis heute diesen Satz behalten: Gnade uns Gott, wenn sich das mal dreht.

WIDMANN Hat es Sie nicht berührt, dass jetzt neues Unrecht geschah? Dass mit Enteignungen ja auch die neuerliche Vertreibung von Menschen verbunden war, die Demontage ganzer sozialer Gruppen, ein Verlust an technischer Qualifikation, aber doch auch an Kultur?

KOHLHAASE Ich denke, das war so, nur habe ich es damals nicht so gesehen. Ich war ein Stadtkind und hatte Fontane noch nicht gelesen. Was die Enteignungen betrifft, so vergisst man inzwischen, dass es dazu Volksabstimmungen gab. Deutliche Mehrheiten waren dafür, die große Industrie zu verstaatlichen, auch in Hessen zum Beispiel, nur haben es dort die Amerikaner nicht erlaubt. Sozialisierung war ja keine Marotte der Ostzone. Es war eine politische Position der unmittelbaren Nachkriegszeit, die sich mit einem Gefühl für Gerechtigkeit traf, viele hatten alles verloren, warum sollten jene, die daran mit Schuld trugen, nicht mit ihren Fabriken bezahlen. Die heutigen Finanziers der CDU hätten Grund sich zu wundern, wenn sie in das damalige Ahlener Programm blicken würden. Sehr links würde man heute sagen.

WIDMANN Ihre Sicht auf die ersten Nachkriegsjahre hat mit Ihrem Alter zu tun.

KOHLHAASE Unbedingt. Wer fünf Jahre jünger war, mag es schon anders erlebt haben. Da stieß man auf politische Muster, die nicht gleich den späteren Namen Dogmatismus trugen. Dass der Sozialismus, der Hitler besiegt hatte, seinerseits deformiert war, war nicht leicht vorstellbar. Nicht, wenn man in Berlin wohnte, östliche Seite, und gerade begonnen hatte, über sich selbst nachzudenken. Zugleich hatte die lange dauernde Konfrontation begonnen, die dann Kalter Krieg hieß und auf beiden Seiten keine Übung in politischer Toleranz war.

WIDMANN Aber wie der Sozialismus in der DDR aussehen könnte, das schien doch am Anfang eine offene Frage zu sein.

KOHLHAASE Leute, die verloren haben, werden leicht vergessen. Ich kannte einen Mann, der hieß Anton Ackermann, er gehörte schon in der Moskauer Emigration zur Führung der KPD und später auch der SED. Er veröffentlichte 1946 einen Aufsatz mit dem Titel: Gibt es einen besonderen deutschen Weg zum Sozialismus? Er bejahte die Frage. Es war nicht seine Privatidee. Die Parteiführung hatte sich das Thema bestellt, denn es gab viele Gründe, nicht einfach dem sowjetischen Modell zu folgen. Oder wollte man eine solche Konzeption nur öffentlich machen, um sie zu zerstören? Jedenfalls als die Sowjetunion diese Ideen abwinkte, musste Ackermann den Kopf hinhalten. Solche offensichtlichen Ungerechtigkeiten mussten doch jedem die Augen öffnen über das Land, in dem er lebte. Jedem, meine ich, der politisch interessiert war. Solche Dinge blieben in einem engen Kreis, der auch die Partei in ihrer Mehrheit nicht einschloss. Die Führung trug ihre Konflikte nach innen. Zu diesem Politikstil mögen auch die bitteren Erfahrungen in der sowjetischen Emigration geführt haben, in der man schnell alles verlieren konnte, auch das Leben. Wer in solchen oder anderen schwierigen Debatten unterlag, suchte in der Regel nicht die Öffentlichkeit. Diese Art von Disziplin, die sich als politische Weisheit verstand, hat auf lange Sicht zur Entpolitisierung der DDR beigetragen. Wer nicht beteiligt wurde, war, wie sich zeigte, schließlich nicht beteiligt. Es gab also ein verabredetes Schweigen.

WIDMANN Aber Sie kannten doch, um beim Beispiel zu bleiben, den »Fall Ackermann«?

KOHLHAASE Als wir ICH WAR NEUNZEHN drehten, war Ackermann inzwischen Filmminister, in seinem Fall ein Abstieg. Konrad Wolf respektierte ihn sehr und bat ihn, ich glaube, auch um ihm eine Freude zu machen, uns zu beraten. So kamen wir ins Gespräch und lernten uns näher kennen und ich erfuhr einige unglaubliche Umstände, die ihm widerfahren waren. Einmal zeigte er mir, mit Bleistift auf einen Block geschrieben, die Notizen zu seiner ersten Rede in Deutschland, in Dresden, eine Woche nach dem Krieg. Ich erinnere mich an klare Gedanken, an ein Bewusstsein der Schwierigkeiten, an den Entwurf für ein Leben in diesem Moment und in der Zukunft. Er war ein Partei-Intellektueller im guten Sinn und sah immer noch aus wie ein Arbeiter aus dem Erzgebirge, wo er herkam. Um auf unseren ersten Punkt zurückzukommen: ich hätte ihn gern auf einer Liste wichtiger Deutscher, wenn auch auf aussichtslosem Platz. Ich kannte ihn, wie gesagt, seit 1968.

WIDMANN Also könnten doch solche Vorgänge ein Stück unserer gemeinsamen Geschichte sein.

KOHLHAASE Die bundesrepublikanischen Mythen, falls es sie wirklich sind und nicht nur Medienkonstrukte, leben davon, dass sie immer wieder von den Menschen diskutiert werden. Sie gehören zum Datengerüst und zum Gefühlshaushalt eines Publikums, das, indem es sich erinnert oder Menschen kennt, die sich erinnern, sich als Bevölkerung oder als Volk erkennt. In der DDR war das vielleicht nicht möglich, weil es eine vergleichbare Öffentlichkeit nicht gegeben hat. Die Wunder von Bern und Lengede, die derzeit zur Herstellung eines neuen Nationalgefühls beschworen werden, sind darum in erster Linie bundesrepublikanische Erfahrungen. Vielleicht ist es so, bei allem grenzüberschreitenden Interesse an der Bundesliga, wo auch für uns der Fußball der Sehnsucht gespielt wurde. Umso schöner, als er einmal besiegt werden konnte. Wichtiger Ostdeutscher: Sparwasser. Der Sport also war natürlich identitätsstiftend und brachte der DDR auf diesem Gebiet den Ruf eines Wunderlands. Es gab Jahrzehnte des Theaters, in denen der Ort Ostberlin die Welt war. Es gab Bücher und Filme, die so gut waren wie anderswo. Es gab neben den Schlagworten und Missverständnissen eine stille Annäherung an Kunst durch viele Menschen, denen das früher fremd gewesen wäre. Es lebten große Künstler in diesem Land, vorsätzlich. Auch das macht einen Platz und eine Zeit ja erinnerbar. Aber am Ende ist die DDR die Geschichte eines Scheiterns. Da ist wenig zu beschwören, aber über vieles nachzudenken. Als die DDR sich entschied, nicht nur ein eigener Staat zu sein, eine andere Gesellschaftsordnung, sondern eine eigene Nation, ging es ihrem Selbstvertrauen nicht besser. So etwas war schwer zu begründen, umso fester musste es behauptet werden.

WIDMANN Hat es nie Versuche gegeben, darüber öffentlich, vielleicht sogar kontrovers zu reden? Das ging doch jeden etwas an.

KOHLHAASE Ich bin versucht zu sagen, dass die Leute kleinere Sorgen hatten oder größere, wie man will. Aber im Feld der Gedanken spielte es eine Rolle, es war eine defensive Konzeption, die das Denkbare auf das Machbare brachte und das Erreichte zum definitiv Wünschbaren ernannte und verklärte. Unmerklich, scheint mir, jedenfalls über eine lange Zeit hinweg, trennte sich das Lebensgefühl der Leute von den Denkweisen der Politik.

WIDMANN Und wenn es mehr Öffentlichkeit gegeben hätte? Hat es nie Versuche gegeben, so etwas herzustellen?

KOHLHAASE Jede ehrliche, besorgte Stimme war ein Versuch dazu. Das war ein ständiger Konflikt auf vielen Ebenen. Die Leute auf der obersten Ebene, viele waren sie nicht, schienen zu glauben: Wichtig ist, dass wir Bescheid wissen. Bescheid wissen wir über interne Kanäle bis hin zur Sicherheit. Wir brauchen keine Medien und keine Öffentlichkeit, um das Land zu kennen. Das war ein Grundirrtum. Denn die interne Information kann man nach Interessenlage berücksichtigen oder ignorieren. Auf das öffentlich Bekannte muss man reagieren. Geringschätzung von Öffentlichkeit hat zu einem wachsenden Realitätsverlust geführt, der in erster Linie die Politik geschädigt hat. Kunst etwa, von Fall zu Fall behindert oder verdächtigt, blieb ja dabei, sich sinnlich mit der Wirklichkeit zu beschäftigen. Anders geht es nicht. Und die Politik wollte sich immer noch um die Kunst kümmern, als ihr die allgemeine Übersicht schon verloren ging. Irgendwo habe ich gelesen, dass Mielke sich beklagt haben soll: Immer wenn er mit seiner dicken Mappe zu Honecker komme, winkte der ab und sagte: das kenne ich doch schon aus der Westpresse. Diese Gesellschaft hat sich von der Kunst viel erhofft. Es ging um die Erziehung der Gefühle im Sinne des Sozialismus. Das wollte die Politik und das wollten auch viele Künstler, denke ich, aber zunehmend verstand man darunter etwas anderes. Ich wollte die DDR aber nicht verlassen, nicht nach außen, nicht nach innen.

WIDMANN Gab es antisozialistische Filme?

KOHLHAASE Die hätten sich schwer herstellen lassen. Mir ist überhaupt wenig Meinung begegnet, die erklärtermaßen antisozialistisch war. Aber was vielleicht folgenreicher war: Junge Leute erklärten ihr Desinteresse. Sie verhielten sich ironischer und distanzierter zu Staat und Gesellschaft, als ich es hätte tun können. Sie wollten nicht dabei sein. Sie wollten ihre Sachen machen. Das Neue war die Demonstration von Desinteresse, und das war eine Form von Widerstand.

WIDMANN Hatte das Fehlen von Öffentlichkeit in dem oben gemeinten Sinn Folgen für Ihre Arbeit?

KOHLHAASE Manchmal machte es einen Film unvermutet wichtig, wenn die Zuschauer etwas in ihm entdeckten, was nicht in der Zeitung stand. Ich meine nicht schlichte Fakten, sondern Wahrheit, eine Haltung. Als wir SOLO SUNNY machten, Konrad Wolf und ich, wollten wir von einer Sängerin erzählen und den hiesigen Tingeltangel zeigen, aber das war nicht alles. Eine Geschichte taugt ja nur etwas, wenn sie vordergründig glaubhaft ist und zugleich etwas anderes bedeutet. Aber dass das Publikum, als der Film da war, wochenlang über ganz andere Dinge diskutierte, letztlich über die Befindlichkeit des Landes, hatten wir so nicht vorausgesehen und schon gar nicht geplant. Ich glaube aber sowieso, dass eine Geschichte klüger sein kann, als ihr Autor. Wenn man heute einen Film wie SOLO SUNNY sieht, fällt einem auf, wie sehr er seinen Zeitgenossen in Paris oder Rom ähnelt. Er riecht heute weniger nach DDR als damals. Der zeitliche Abstand scheint uns zusammenzurücken.

WIDMANN Wie nah war Ihnen als Filmemacher der Westen in den Jahren der DDR?

KOHLHAASE Wir waren ein unverreistes Land. Bis 1961, bis zum Mauerbau, ging ich nach Westberlin ins Kino und sah mir an, was mich interessierte. Das war ein Stück Normalität in dieser unnormalen Stadt, dass man ins Kino ging, wo man wollte. Danach sahen wir Filme von

Bedeutung aus westlichen Ländern nur unregelmäßig oder Jahre später. Der Verleih kaufte im Jahr fünfzig oder sechzig Filme im Westen. Wir aus der Branche sahen intern noch ein paar mehr, aber auch nur solche, die zur Verfügung standen, weil ihr Ankauf erwogen wurde. Der Nutzen solcher Kenntnisse war beschränkt, wie mir schien, wenn der Zuschauer mit seinen guten und schlechten Gewohnheiten sie nicht auch haben konnte. Natürlich, es gab das Fernsehen. Es gab Festivals.

WIDMANN Was hat Sie aus der Bundesrepublik interessiert?

KOHLHAASE Aus der frühen Zeit fällt mir Käutner ein. Aber dann, bis zur Attacke auf Papas Kino, gab es für mich wenig Nennenswertes. Als Gerhard Klein und ich BERLIN – ECKE SCHÖNHAUSER gedreht hatten, wurde in Westberlin DIE HALBSTARKEN aufgeführt, wir trafen Will Tremper, den Autor, und fanden, dass wir, unter anderen Voraussetzungen, ähnliches unternommen hatten. Von den Oberhausenern, den Verfassern des Manifestes, lernte ich zuerst Ulrich Schamoni kennen und seinen Film mit dem merkwürdigen Titel ES. Wir waren uns nahe und wussten voneinander. Was eines Tages »Der neue deutsche Film« hieß, lernte man nach und nach kennen. Viele Kollegen kamen ja zu Besuch mit ihren Filmen.

WIDMANN Sie kennen die Produktionsbedingungen im Osten und im Westen. Können Sie die bitte vergleichen.

KOHLHAASE Als ich die für mich neuen Umstände kennenlernte, dachte ich, nichts von dem Gesagten zurückgenommen, nicht ohne Bedauern an die alten. Es war angenehm, nicht zuerst an Geld denken zu müssen. Mir fiel ein, dass in der DEFA nicht wenige Regisseure ein paar Filme gemacht hatten, die nur dort möglich waren. Schöne, ambitionierte Filme, für die es woanders wohl kein Geld gegeben hätte. Natürlich wollten und sollten wir Filme für die Leute machen. Aber über uns hing nicht die Quote wie eine Schlinge. Dass man sich die Menschheit nicht nur als Publikum vorstellen musste, das war schon schön. Auch der Markt hat Aspekte von Zensur.

WIDMANN Haben Sie diese Erfahrung schon selbst gemacht?

KOHLAASE Ich habe eine Geschichte, in der geht es um zwei Frauen im noch nicht aufgefrischten Teil des Prenzlauer Berges, dann kommt ein Mann dazu und dazwischen. Dann ist er wieder weg und die beiden Frauen sind wieder allein. Eine Liebesgeschichte und eine Geschichte vom Durchkommen. Klein. Kein Drama. Aber solche Filme gibt es, es sind nicht die schlechtesten. Die Leute vom Fernsehen, ohne deren Beteiligung es auch im Kino kaum geht, haben Argumente. Etwa so: Wir haben die Freitagsschiene. Die Freitagsschiene muss für die ganze ARD und für die ganze Familie sein. Dafür taugt die Sache nicht. Dann haben wir noch die Dienstagsschiene für die halbe Familie. Für die ist der Film auch nichts. Ich höre damit auf an dieser Stelle, wer soll es beurteilen? Ich nehme nur an, im Fernsehen und mehr noch im Kino wird viel versäumt, wenn fast nur noch Filme in bestimmten Genres produziert werden. Die besseren von ihnen haben eine Tür zur Realität, aber die Mehrzahl reproduziert nur die eigenen Regeln, und dabei fällt wenig Licht auf das Leben.

WIDMANN Gibt es heute genug Öffentlichkeit für den deutschen Film? Anders gesagt: genug Freiraum, genug Spielraum?

KOHLAASE Die Wege sind oft lang. Jahrelang. Man macht einen Film aus seiner persönlichen Lebenslage, mit dem Blick auf die Welt und auf andere Filme. Nach drei Jahren hat sich alles verändert. Wer dann erst das Geld zusammen hat, hat vielleicht vergessen, warum er den Film machen wollte. Der wichtige erste Impuls ist weg. Nun wird es mühsam und manchmal sehr künstlich.

WIDMANN Gab es irgendwann für Sie das Gefühl, diesen oder jenen Film muss ich unbedingt sehen? Das brauche ich.

KOHLAASE Für mich waren das bald nach dem Krieg die Neorealisten. Die haben mich ermutigt, mir vorzustellen, dass ich Drehbücher schreibe. Und die konnte ich alle sehen. Ich glaube gefunden zu haben, was mir zu entsprechen schien. Das war Glück.

WIDMANN Gibt es Stoffe in der DDR-Geschichte, aus denen sich Filme machen ließen?

KOHLHAASE Das kann ich nicht allgemein beantworten. Eigentlich nicht mal für mich. Wozu ist es zu spät und wozu zu früh? Anfang oder Ende? Und welche Personen? Der politisch erblindete Honecker oder der Parteisekretär in einem kleinen Ort, der sich erschossen hat? Tragödie oder Komödie? Der Alltag, der immer weiter zurückliegt? Wem erzählt man was? Die Treuhand wäre ein beträchtliches Kriminalstück, aber wer zeigt einem die Dokumente? Erinnerung, das ist eine große Sache. Aber lieber möchte ich mich nach Dingen umsehen, die ich nicht weiß. Es ist nur so: Vor Jahren saß ich an meinem Tisch und blickte auf den Fernseher. Ich sah die »Tagesschau« und andere Nachrichten, Magazine, mehr Politik als anderes, ich blickte in die bürgerlichen Weltverhältnisse, und ich hatte den schönen Gedanken, es ginge mich eigentlich nichts an. Jetzt sitze ich am selben Tisch und sehe die nämlichen Sendungen und der schöne Gedanke, den ich natürlich nicht zulassen kann, sitzt neben mir als Gefühl.

WIDMANN Ist das nicht Ihre persönliche Form der Nostalgie?

KOHLHAASE Nein, ich arbeite täglich an meiner Neugier.

2003

In: *Berliner Zeitung* / Magazin, 22. November 2003

Die sinnliche Erfindung des filmischen Augenblicks
Gespräch in »Schreiben für den Film«

WOLFGANG TRAMPE Wir wollen versuchen, über Ihre Arbeit für die DEFA zu sprechen, über Ihre Arbeit und über die DEFA. Das bedeutet, weit zurückzugehen, in der Zeit und in der Erinnerung. Wie erinnern Sie die Arbeit an Ihrem ersten Film?

WOLFGANG KOHLHAASE Meinen ersten Film, da meinen wir jetzt DIE STÖRENFRIEDE – da war ich Co-Autor des eigentlichen Autors, Hermann Werner Kubsch, der den Stoff gebracht hatte, der damals, glaube ich, in seinen Vierzigern war, aber da ich in meinen frühen Zwanzigern war, war er für mich ein älterer Kollege. Das kam so zustande: Ich war ein paar Jahre bei der Zeitung gewesen und dann, einem auf vielen Wegen entstandenen Interesse folgend, zur DEFA gegangen und war erst Assistent in der Dramaturgie, und dann Dramaturg. Das war, wie man heute sagen würde: Learning by doing. Ich hatte mir das in keiner Weise vorher theoretisch vergegenwärtigt, schon gar nicht angeeignet durch Studium. Mit einem gewissen Selbstvertrauen – so wie ich davor die Artikel anderer Leute korrigiert hatte – war ich auch jetzt bereit, in fremde Texte reinzureden. (…)

Also ich gehörte nun dazu und hatte so viel nicht zu tun, verglichen mit meiner Zeitungszeit, wo ich in jeder Woche schrieb, wo ich einmal im Monat nachts in der Setzerei stand und eine Wochenausgabe, technisch gesehen, verantwortete. Verglichen mit dieser Zeit, hatte ich eigentlich gar nichts zu tun. Ich las Eingesandtes, saß am Rande und hörte ein bisschen zu. Oder wir saßen alle um einen großen runden Tisch im Hause in der Jägerstraße – hier in Mitte, da saß die Dramaturgie, also nicht etwa in Babelsberg – und suchten nach dem positiven Helden. Die Politik vermutete, dass wir von positiven Helden umgeben waren, die eben nur entdeckt, gefunden und beschrieben werden mussten. Damit war nicht der positive Held im herkömmlichen Sinne der Dramaturgie gemeint, sondern der neue Mensch, der die Zeit verstanden hatte und ihr im Sinne des Sozialismus voranhalf. Aber wie sollte das nun in Filme kommen – das haperte. Die Diskussionen waren wenig praktisch, aber sehr theoriebewusst, und es wurden viele Zigaretten geraucht. Ich wiederum war Nichtraucher, aber bereit, dem positiven Helden zu begegnen, wenn er sich in diesem Raume gezeigt hätte. Es hatte etwas Spielerisches. Und in der Zeit gab es ein Kinderfilmprojekt, eines der ersten, das nicht so recht vorankam. Es hieß DIE STÖRENFRIEDE, der Verfasser war ein Schriftsteller aus Dresden, wie gesagt Hermann Werner Kubsch, der zu seiner anderen Hälfte auch Maler war. Es gab Fragen und Einwände. Und es gab keinen anderen Grund, mich dazuzunehmen, als den, dass ich erklärt hatte, ich wollte auf Dauer nicht Dramaturg sein, ich wollte schreiben.

Man hat mich gefragt, ob man mich da mit ransetzen könnte, und ich war natürlich bereit, es war ja ein Angebot, wie ich es mir erhofft hatte ... Es war eine Schulgeschichte. Sie war von sehr didaktischer Pädagogik. Die besseren Kinder waren bei den Jungen Pionieren. Und die Quintessenz des Ganzen hieß: Gute Schüler fragen ihre Lehrer. Das hat mich aber nicht interessiert. Ich konnte helfen, eine Geschichte auszudenken und das Drehbuchschreiben ein bisschen ausprobieren. (...)

TRAMPE Von den ersten Filmen, die nach 1945 entstanden, habe ich einmal gelesen: »Leben und Kino berührten sich damals noch auf eigene Weise.« Das ist auch Ihren Filmen anzumerken. (...)

KOHLHAASE Also ich denke, soweit das Filme betrifft, die sich mit der gerade beendeten Zeit der Nazis beschäftigten, handelten sie im besten Sinne von großen öffentlichen Fragen. Es gab bei vielen Menschen, der Mehrheit, denke ich, ein spontanes und ehrliches Bedürfnis, über das, was geschehen war, nachzudenken. Wenigstens im Nachhinein und im Kino wollte man die richtigeren Entscheidungen treffen. Was mich dann betrifft, so spielten die ersten Filme, die ich machte, gemeinsam mit Gerhard Klein, in dieser nicht alltäglich situierten Stadt Berlin, mit der offenen Grenze zwischen zwei politischen und ökonomischen Systemen, mit zwei Währungen, mit allen Verlockungen und Versuchungen, die damit verbunden waren. Das war ja der Stoff, der wirklich vor der Tür und auf der Straße lag. Und wir waren ermutigt, ich habe es oft erzählt, durch die neorealistischen Filme, die aus Italien kamen.

TRAMPE Würden Sie sagen, dass der italienische Neorealismus Ihr »Grunderlebnis« war, was Filme betrifft?

KOHLHAASE Das kann man sagen, ja. Diese Filme haben mir erlaubt, mir vorzustellen, dass die Wirklichkeit, in der man selbst steckte, ein Thema sein könnte. Bis dahin hatte ich meinen Blick aus dem Zuschauerraum auf die Leinwand und dachte, das ist eine schöne, aber andere Welt als die, mit der man täglich zu tun hat.

TRAMPE Sie haben von der Zeit Ihrer Kindheit und Jugend einmal als von einer Zeit gesprochen, »wo Pubertät und Weltgeschichte unaufklärbar durcheinander gingen, wo eine Zeit der Freiheit begann, die eigentlich nie übertroffen worden ist.« Können Sie diese Freiheit noch ein wenig beschreiben?

KOHLHAASE Der Krieg war aus, aber das war nicht, wie uns gesagt und gedroht worden war, das Ende, sondern es war ein Anfang. In meinem Alter aber war ich offen für jede Art von Anfang. Alles geschah meinetwegen und für mich. Die Freiheit war auch, dass eine andere Art von Denken ins Land kam. Bücher, die man nie gelesen hatte. Ein Schlüsselbuch war für mich Theodor Plieviers »Stalingrad«. Ich wusste nicht, wer Plievier ist, ich wollte aber wissen, was in Stalingrad passiert war. Es war ein enorm erhellendes Buch. Es konnte nicht anders sein, als dass man anfing, über eine Zeit nachzudenken, die ja doch trotz aller Katastrophen die Farben der Kindheit hatte. Ich fühlte mich befreit dazu, darüber nachdenken zu können. Von dem politischen Denken, das ins Land kam, ging eine Verführung aus, sich die Geschichte anders vorzustellen, als man es gewohnt war. Die Autoritäten waren buchstäblich zu Staub zerfallen, die so übermächtig geherrscht hatten. Auch das war Freiheit. Und der Frieden begann. Ich werde nicht vergessen, wie die ersten S-Bahnzüge statt der Pappfenster und des Halbdunkels, das in den Abteilen herrschte, wieder Glasfenster hatten, und obgleich die Stadt nun wirklich daniederlag, erinnere ich mich an die Schönheit des Dahinfahrens durch die Landschaft Berlins. Man konnte das andere Gleis sehen, man konnte in die Ferne blicken ... Ein bestimmtes Alter und eine Welt voller Möglichkeiten, daraus war das wunderbare Lebensgefühl dieser frühen Jahre gemacht. Wenn man mich damals gefragt hätte: Kannst du das und das machen, ich hätte gesagt: Ja ... Ich hatte das Gefühl, ich kann alles machen. Man muss es mir nur erklären. Dann werd ich das schon irgendwie machen. Es fehlte ja auch eine ganze Generation, die war entweder überhaupt im Krieg geblieben, oder sie war noch in der Gefangenschaft, oder sie war zerstört in ihrer Lebenskraft. Ich war fünfzehn und dann sechzehn. Wenn man eine Tür aufmachte, traf man nicht unbedingt Sechzehnjährige dahinter, aber man traf Zwanzigjährige oder Achtzehnjährige oder Siebzehnjährige. Wo man hinkam, saßen Anfänger.

TRAMPE Es entstand damals auch ein Konsens, der in der gesamten DEFA-Zeit zwischen allen an Filmen Arbeitenden erhalten blieb: das antifaschistische Engagement. Sie haben es schon berührt, aber noch einmal gefragt: Wie entstand diese Gemeinsamkeit? Ist sie ganz aus der Erschütterung gekommen?

KOHLHAASE Damals über den Faschismus nachzudenken, ließ keine andere Möglichkeit offen, als den Antifaschismus. Alles andere war unvorstellbar. Ich erinnere mich, dass ich in Adlershof am Marktplatz stand, und an einem ehemaligen Wettbüro, wo man Pferde wetten konnte, hatte jemand ein Schild angebracht: »Antifaschistische Front«, etwa eine Woche, nachdem die Russen da waren. Ein kleiner Mann stand davor, und niemand ging da rein, also da ist mir das Wort »antifaschistisch« zum ersten Mal begegnet ... Später war es ein Konsens in vieler Hinsicht. Der Antifaschismus gehörte zur Legitimation der DDR, die sich ja nicht verstand als die Verlängerung des Deutschen Reiches. Er war das Grundprinzip, es deckte sich mit aller Moral, die mir damals vorstellbar war. (...)

Berlin war ein Schnittpunkt aller denkbaren Konflikte, es war ein Abenteuer, in dieser Stadt zu leben mit diesen zwei verschiedenen Alltäglichkeiten, die sich eigentlich ausschlossen, aber die Leute gingen hin und her. Berlin war auch eine große Stadt, und das Kino hat ja mit großen Städten viel zu tun, es kam zur Welt als die Kunst des Jahrhunderts der großen Städte und der Industrialisierung. Um es persönlicher zu sagen: Klein war Berliner und nie etwas anderes – und mit mir war es genauso; das heißt, es fiel uns nicht schwer, die Musik dieser Stadt zu hören. Es sollte eine Kinderfilm-Produktion gegründet werden, und Klein hatte im populärwissenschaftlichen Studio gearbeitet, aber immer mit der Ambition, Spielfilm zu machen. Klein war ausersehen als Regisseur und Herbert Ballmann als ein zweiter Regisseur – diese beiden Leute sollten Kinderfilme machen, sagen wir mal, je einen im Jahr. Und ich war ein »Spezialist für Kinderfilme«, denn ich hatte ja schon zur Hälfte einen gemacht. Das Studio wollte, dass wir uns kennenlernen. Wir haben uns getroffen, und dann fand sich nach einigem Hin und Her diese Geschichte ein von den gestohlenen Pferden, die wir – wenn ich das von heute aus betrachte – ein bisschen vereinfacht haben. Also ein enteigneter Zirkusbesitzer, der jetzt in Westberlin lebte, wollte seine Pferde über die Grenze bringen. Das haben wir so genommen. Möglicherweise ist der Mann ja nicht ganz rechtlich um seinen Zirkus gebracht worden. Dieser Film ist nicht frei von den Schemata, die damals vorhanden waren, auf beiden Seiten, scheint mir – das ist das eine. Das andere war, dass wir beide die Chance hatten, etwas nach unseren Vorstellungen zu machen. Dazu kam Werner Bergmann als Kameramann. Wir hatten Lust, in Berlin auf den Straßen zu drehen. Wir haben vorsätzlich Wochenschau-Material genommen, also ein Filmmaterial, das grobkörnig war und nicht feinexponiert, dazu kurze Brennweiten, das machte »große Räume«. Eigentlich haben wir uns auf der Straße auch sicherer gefühlt als im Atelier: Da war man umzingelt von Leuten, die schon lange im Beruf waren, und auf der Straße waren wir »unter uns«.

TRAMPE Unter den später als »Berlin-Filme« bezeichneten Filmen von Gerhard Klein und Wolfgang Kohlhaase nimmt BERLIN – ECKE SCHÖNHAUSER einen besonderen Rang ein. In die einfache und zugleich weit gefächerte Handlung spielen die Auswirkungen des Krieges hinein, die in den Menschen und ihren Geschichten spürbar sind. Die Berlin-Filme der fünfziger Jahre sind allesamt Ost-West-Geschichten, in denen auch Kriminalfälle oder kriminelle Ereignisse im Zentrum oder am Rande eine Rolle spielen. Worauf führen Sie den großen Erfolg von BERLIN – ECKE SCHÖNHAUSER beim Publikum zurück?

KOHLHAASE Als der Film eine Woche unterwegs war, rief Klein – er wohnte schon in Kleinmachnow – in Berliner Kinos an und fragte nach Karten. Und natürlich war er froh, wenn man ihm sagte: Also heute nicht mehr und morgen auch nicht, aber übermorgen ... Ich glaube, die Leute haben die partielle Wahrheit in diesem Film gemocht. Wie fühlt man sich in dieser Gesellschaft? Der Film handelt von jungen Leuten, für die die Welt – in diesem Fall die Welt Ost-Berlins, des Ostens von Berlin, dahinter die DDR – kein unkomplizierter Ort ist, die auf Vorurteile und Bevormundungen stoßen, die nach ihrem eigenen Platz suchen – ein Thema, das viele Filme in Variationen immer wieder behandelt haben. Dass es ein bisschen anders auf der Straße zugeht oder im Leben, als in den Zeitungen steht ...

TRAMPE Dieser Film geriet als erster Ihrer Filme in den Mittelpunkt einer von staatlicher Seite geäußerten Kritik. Neben politischen Einsprüchen wurde dem Film auch eine zu große Annäherung an die Gestaltungsmethode des Neorealismus vorgeworfen. Worin bestanden die hauptsächlichen Einwände? Das ist heute schwer vorstellbar ...

KOHLHAASE Ja, das ist schwer vorstellbar. Es waren Einwände, die es so oder so immer gab, sie alterten mit der DDR. Es war die Vorstellung, dass die Kunst ›das Vorbildliche‹ zeigen soll, also eine didaktische Idee von Kino. Dahinter stand eine schmale Idee von der Wirklichkeit, das eine hatte mit dem anderen zu tun. Und es gab immer dieses merkwürdige Problem-Paar »positiv – negativ«. Und in diesem Fall gab es die Frage: Wo ist die FDJ? Und wir sagten: Na, geht mal an die Ecke Schönhauser, da ist sie nicht. Sie ist an vielen Stellen nicht. Ich bin damals immer mal Akten lesen gegangen, beim Gericht. Jugend-Kriminalität war und ist ja ein fester Begriff. Ich suchte aber nicht nach »Fällen«, ich suchte nach »Klima«, nach »Haltung«, nach »Lebensmotiven« oder eben nach »nichtgefundenen Lebensmotiven«. Wenn man sich bei der Volkspolizei mit Leuten unterhielt, die wirklich im Kietz arbeiteten – die hatten keine falsche Vorstellung von der Wirklichkeit! So entstand die Figur des Kommissars, den Raimund Schelcher gespielt hat. Ich erinnere mich an eine Diskussion, wo ein Mann – der später noch in höhere Ämter stieg – sagte, er hätte jetzt genau aufgepasst: In diesem Film schiene nur dreimal die Sonne! – Er hielt es für einen subtilen Einwand! Und ich erinnere mich, dass ich, so aus dem Hut, sagte: »Um das festzustellen, muss man allerdings bis drei zählen können« Was ihn ärgerte! So gab es um diesen Film einen gewissen Streit, und irgendjemand hat sicherlich auch befunden, dass der Neorealismus nicht das richtige Vorbild ist, um die differenzierten Probleme der entstehenden sozialistischen Gesellschaft darzustellen ... – Solche Denk- und Sprechblasen gab es immer, aber auch das Gegenteil: Ermutigung für diese Art Film, auch seitens der Politik, und von den Kollegen sowieso. Es war nicht so: Hier wir und da alle anderen. Letzten Endes war der Film ein Erfolg, und er ist nicht behindert worden.

TRAMPE Sie haben einmal gesagt: »Zuschauer im Kino bilden in einem strengeren Sinn als Leser das Publikum eines bestimmten Moments.« Was ist der Unterschied zwischen dem »Publikum eines bestimmten Moments« und einem – ich nenne es mal – »Publikum in der Zeit«, wie es der Leser vielleicht ist ...?

KOHLHAASE Im engeren Sinne: Ein Film muss öffentlich funktionieren in einem Saal mit mehr oder weniger bunt zusammengesetztem Publikum und während der Dauer seiner Vorführung. Wenn man liest, macht man am Ende die Lampe aus, im Kino geht das Licht an. Was in diesen zwei Stunden nicht stattgefunden hat, was der Zuschauer bis dahin nicht erlebt hat, wird er kaum am übernächsten Tag per neuerlichem Nachdenken nachholen. Natürlich gibt es unterschiedliche Bedürfnisse und Sehgewohnheiten, es gibt auch im Kino Minderheiten und Mehrheiten. Aber wenn ein Film nicht ein bestimmtes Echo hat in einem gegebenen Moment, verschwindet er leicht wieder. – Er kann es sich nicht leisten, zu warten, er steht in keinem Regal. Oder doch, es gibt die Videotheken, den Videomarkt. Aber ist das nicht doch nur eine Art von Nachnutzung? Ein DEFA-Film damals brauchte ungefähr ein halbes Jahr, bis er mit einer begrenzten Anzahl von Kopien das Land befahren hatte – heute verschwindet ein Film in einer Woche! Und es ist eine solche Inflation: Jeder neue Film schiebt den vorhergehenden weg! Das Theater, das ja auch die Wirkung an einem Abend braucht, das Theater, wenn es Repertoire spielt, hat ein Stück lange vorrätig, meist über zwei, drei Spielzeiten. Und das öffentliche Interesse oder das persönliche kann dahin zurückkommen. – Ein Film ist weg!

TRAMPE In den Jahren 1964/65 verdichteten sich die Bemühungen um den Gegenwartsfilm bei der DEFA auf eine bisher nicht gekannte Weise. Die Filme dieser Jahre formulierten in unterschiedlicher Art eine Absage, die mit einer Zusage unter anderen Voraussetzungen verbunden war. Das 11. Plenum des Zentralkomitees der SED, in dessen Folge fast ein ganzer Jahrgang von DEFA- Filmen verboten wurde (darunter auch Ihr Film BERLIN UM DIE ECKE), ist der am weitesten reichende Einschnitt in die Geschichte und Geschichten der DEFA. Wie haben Sie diese Vorgänge erlebt? Was vor allem ging durch das 11. Plenum aus Ihrer Sicht verloren?

KOHLHAASE (…) Zunächst fällt mir ein, dass es beinahe jeder für unglaublich gehalten hat. Es war nicht mehr eine Zeit, in der man eine solche massive, törichte, in jedem einzelnen Fall ungerechte Behandlung von Filmen und Personen für möglich gehalten hat. Es gehört vielleicht dazu, dass ich das Jahr 1961 erwähne, die Schließung der Grenze. Damit war bei allem Verlust an Freizügigkeit, bei allem Eingriff in das Leben vieler Menschen, wiederum gerade auch bei politisch denkenden Leuten eine gewisse Hoffnung verbunden. Die Verletzbarkeit der DDR durch diese permanent offene Grenze, aber auch die offene Grenze als Ausrede gegen jedes zugespitzte Gespräch über die eigenen Angelegenheiten – beides war nun nicht mehr gegeben. Wenn die DDR dadurch sicherer war, konnte man dann nicht anders miteinander umgehen? Mit mehr Geduld, mit mehr Liebe zur Wahrheit, mit mehr Freundlichkeit. Die Dinge, die anstanden, die großen Fragen in der Gesellschaft, waren doch nur zu lösen, wenn sich viele Leute an ihnen beteiligen wollten. Man macht Filme nicht sofort und aus dem Handgelenk, so dauerte es drei, vier Jahre, bis Filme da waren, die das auch im Sinn hatten. So wie es Bücher solcher Art gab, von Christa Wolf, Strittmatter, Neutsch und anderen. Es begann etwas, es öffnete sich etwas. Wer mit kritischeren Augen auf die Wirklichkeit sah, wollte deshalb nicht Dissens. Man wollte Gespräch. Und jetzt dieses unerwartete Plenum. Man weiß inzwischen, dass es ursprünglich ein Ökonomie-Plenum sein sollte, dass man es kurzfristig umgepolt hatte, dass sich jemand erschossen hatte im Vorfeld … das habe ich damals nicht so sehen können. Ich war überrascht, aber die Dinge passierten ja hintereinander, die zehn Filme, die sich am Ende summieren, wurden ja nacheinander verdächtigt, behindert und schließlich verboten.

Es fing, glaube ich, an mit Maetzigs Film DAS KANINCHEN BIN ICH. Das war ein Versuch, am Thema von Recht und Justiz über Dinge zu verhandeln oder auf sie aufmerksam zu machen, die so nicht gut waren. Der Film wurde auf dem Plenum als erster genannt. Manfred Bieler hatte den Roman und das Drehbuch geschrieben – er hat die Substanz dieser Geschichte geliefert. Maetzig hat daraus mit erstaunlich leichter Hand einen gewichtigen Film gemacht. Er wollte ja nicht ein für alle Mal als der große Historien-Filmer begriffen werden. Da er einer der bekanntesten Regisseure des Landes war, hat man gerade ihm eine selbstkritische Stellungnahme nahegelegt, um ein schwaches Wort zu gebrauchen. Das war beinahe unvermeidlich, nachdem sich die Staatsmacht so weit aus dem Fenster gelehnt hatte. Maetzig hat, wenn ich mich recht entsinne, alle Punkte, die ihm wichtig waren, die er sich für das Kino in der DDR wünschte, noch mal aufgelistet, aber betont, dass er nicht vorhatte, sich neben oder gegen die Partei zu stellen. Er hat sozusagen einen Schreck artikuliert, das konnte er schwer vermeiden, glaube ich. Doch dann stellte sich heraus, dass es nicht nur um diesen Film ging. Es betraf uns alle, die erste in der DDR erwachsen gewordene Generation im Kino. Es ging um den Versuch, sich mit den Mitteln des Films – was ja sozusagen an den Sonntagen immer gewünscht wurde – an der Entwicklung der Gesellschaft zu beteiligen, das kritische Nachdenken eingeschlossen. Das zog sich über das Jahr. Es wurden nicht nur Künstler mit großer Leichtfertigkeit von Freunden zu Feinden oder zu halben Feinden ernannt, es wurde ja auch die Studioleitung abgelöst, der Kulturminister entlassen, der Filmminister entlassen, es traf viele. Alle diese Filme waren produziert worden, die Leitung des Filmwesens in der Zeit davor hielt sie für wünschenswert. Das Studio hoffte zuerst noch auf die Filme, die sozusagen die Arbeiterklasse zeigten, in erster Linie SPUR DER STEINE, und letztlich auch unser Film BERLIN UM DIE ECKE. Es zeigte sich, das war noch verkehrter.

Die Absurdität bestand darin, dass das, was man sich immer wünschte, konfliktreiche Geschichten – gerade das bestellte man sich ab. Mit äußerstem Nachdruck. Unser Film, der von Klein und mir, war einer der letzten, wir konnten ihn nicht mehr fertig machen. SPUR DER STEINE kam noch raus und wurde in dieses organisierte Missfallen verwickelt, andere Filme verschwanden einfach. Wir hatten im Sommer noch gedreht, die Endfertigung wurde abgebrochen. Die Folgen insgesamt waren fatal.

Ein Gefühl der Gemeinsamkeit oder der gleichen Interessen zwischen der Politik und den Leuten, die beispielsweise Filme machten, oder ein Gespräch darüber ist unterbrochen und in gleicher Weise nicht wieder aufgenommen worden. Beschädigt wurde auch so etwas wie das Generationsbewusstsein der Leute, die damals Filme machten. So sehr sich die Filme stilistisch unterschieden haben, so sehr hatten sie doch ähnliche moralische Ambitionen, nämlich Dinge von öffentlichem Belang im Kino zu behandeln. Den tieferen und bleibenden Schaden hat die Politik genommen. Sie hat erfolgreich geübt, dass man sich die Wirklichkeit, wenn sie nicht so ist, wie man sie sich denkt, am besten abbestellt ... Die Unlust an der Realität, die damals vom Podium her verkündet wurde, ist ja als Krankheit im Lande geblieben. Sie hat die Politik auf lange Sicht stärker deformiert als die Künste. Die Künste haben sich davon nicht umbringen lassen. Wer schreibt, kann nicht anders, als sich der Welt auszusetzen ... Aber jeder hat anders reagiert. Es gab nicht mehr die Schulternähe, die gerade dem Kino immer gut getan hat. Dass verschiedene Leute in einem bestimmten Augenblick Ähnliches tun wollten. So sind die »Schulen« entstanden, der Neorealismus, die »neue Welle«, das britische Kino der sechziger Jahre. Oder der sogenannte Neue deutsche Film in der Bundesrepublik. Das hat es hier nicht mehr gegeben, denke ich.

Man müsste spaßeshalber mal in das Jahr 1966 oder 1967 gucken, da sind, glaube ich, ausschließlich Dienstmeldungen verfilmt worden. Das Studio musste ja weiterarbeiten, das gehört auch zur Geschichte der

DEFA. Es war die kämpferische Bürokratenidee entstanden, dass nicht nur die für die Leitung des Filmwesens zuständigen Ämter die Drehbücher vorher lesen, sondern auch die Fachministerien. Also wenn in einem Film Förster vorkamen, so ging das Drehbuch an das Ministerium für Land- und Forstwirtschaft. Und es ging ja noch nicht ums Waldsterben, sondern vielleicht darum, dass in einer bestimmten Geschichte ein Förster außer seiner Gattin noch eine Freundin hat ... Dann entschied das Ministerium für Land- und Forstwirtschaft, dass so etwas statistisch gesehen für die Mehrheit der Förster nicht zutrifft – und auf jeden Fall nicht wünschenswert ist und deshalb in diesem Film nicht vorkommen soll. Ich sage Ihnen, so war es. (...)

Auf indirekte Art ist vielleicht ICH WAR NEUNZEHN eine Folge dieses eben besprochenen Plenums. Ich habe zunächst keinen Film machen wollen, ich war nicht motiviert. Ich wollte nicht aufhören, aber ich dachte: Was dieses Studio haben will, will ich nicht machen. Was ich machen will, wollen sie nicht haben. Ich fing an, Prosa zu schreiben. Ich machte ein Hörspiel, das dann ein Theaterstück wurde, das noch immer gespielt wird, nämlich »Fisch zu viert«. Es war eine Art Beschäftigungstherapie. Und Wolf, der ja damals schon einer der wichtigen Regisseure des Studios war, der seine besondere Biografie hatte, Präsident der Akademie der Künste war, und den man nicht im geringsten beteiligt hatte – etwa vor diesem Plenum in das Bedenken der aufgeworfenen Probleme –, das alles konnte er von der Bank zur Kenntnis nehmen. Wolf fragte sich auch: Was kann ich denn jetzt für Filme machen? Und natürlich fragten ihn das auch andere: Was wirst du denn jetzt für Filme machen? Für ihn war klar: nicht, was man sich möglicherweise erhofft. Und so kam er auf seine Erinnerungen zurück, auf seine Rückkehr nach Deutschland, auch darauf, dass er ein Deutscher in der Roten Armee war. Es war zwanzig Jahre her, das war vielleicht der Abstand, den er brauchte, um sich der Sache neu zu nähern.

Er war unsicher, ob diese so spezielle Geschichte, die ihn ja von fast allen Deutschen unterschied, ein größeres Publikum interessieren könnte.

Er hatte den ganzen Krieg über Tagebuch geführt, russisch, nebenbei gesagt, weil man in der Armee nicht deutsch schreiben durfte. Nur in den letzten zwei Wochen war er nicht mehr dazu gekommen. Er hat, als wäre es ein Tagebuch, die Stationen notiert. Wir kannten uns, kollegial und aus einer gewissen Entfernung ... Er kam dann auf mich zu. Er sah sich nicht als Drehbuchautor, er wollte kein Ein-Mann-Unternehmen. Als wir über den Stoff sprachen, kamen wir darauf, dass dieser doppelte Blick – nicht etwa als Gegenfigur: einer hier, einer da – der Perspektive des Films dienen könnte. Wo er mit neunzehn einrückte, stand ich mit vierzehn am Straßenrand. Dann beschlossen wir, die Tagebuchstruktur zu erhalten und eine offen verlaufende Geschichte zu erzählen. Zu dem, was er erlebt hatte, kam einiges, was ich wusste, aber auch andere, Bergmann, der Kameramann, oder Hirschmeier, der Architekt, erinnerten sich an den Krieg und sein Ende. Ich schrieb das Buch – zusammen mit Wolf. Es wäre ohne ihn nicht gegangen, auch die Bucharbeit nicht ... Der Film hatte ja nicht nur sein besonderes Geschick als moralischen Hintergrund. Auch viele Details konnte nur er kennen. Wir haben leicht gearbeitet. Ich lernte die ihm eigene Art von Konzentration kennen ... Als wir sowjetische Schauspieler engagierten, entstand wie in einer Simulation von 1945 wieder die Lage, in der auch er gewesen ist, eine zweisprachige Lage, auch beim Drehen ... Es war, für Wolf, aber auch für uns, der richtige Moment für diesen Film. Und es war eine – bei diesem Thema vielleicht ein verwunderliches Wort –, es war eine fast heitere Arbeit. Und ich glaube, alle erinnern sich auch so daran.

TRAMPE In dem Film kommen ja eine Reihe von Personen zu Wort – bis hin zu Zitaten aus Dokumentarfilmen –, die die schweren, manchmal unfassbaren Vorgänge erzählen oder kommentieren. Eine tiefgründige Betrachtung aus vielen Perspektiven wird möglich, so dass man, trotz der Tagebuchstrukturen, den Eindruck eines komplexen Filmes hat. Gibt es aus Ihrer Sicht Besonderheiten von Filmen, die mit Situationen des Krieges umgehen? Und: Worin sehen Sie diese Besonderheiten in ICH WAR NEUNZEHN?

KOHLHAASE Wir wollten nicht einen weiteren Kriegsfilm machen. Der Film ist 1967/68 gedreht worden, es gab eine Unzahl von Filmen über den Krieg ... Oft weiß man nicht genau, wie man etwas machen will. Man weiß nur, wie man etwas nicht machen will. In Wolfs besonderer Geschichte, der über die Front rief zu seinen deutschen Landsleuten, von denen die wenigsten ihm zuhören wollten, Schüsse waren die Antwort, steckte eine zweite Seite des Themas: die Deutschen in diesem Krieg. Das war ein moralisches, auch ein gedankliches Thema. Wir würden, auch wenn wir wollten, keine großen Schlachten filmen können, weil es die Mittel nicht mehr gab. Wir hatten, was sich heute schon wieder sensationell anhört, fünf T 34, die noch fuhren, oder auch zwei, streng genommen nur einen, aber die anderen konnte man hinstellen. Das war ein Mangel, den wir nicht bedauerten. Es bewahrte uns vor technischen Spielereien. Die wirkliche Umgebung Berlins, die Wolf damals durchzogen hat mit seiner Armee, war vollgestellt mit dem Gerümpel und den Resten des Krieges. Das konnte man auch nicht nachholen. Eine andere Möglichkeit – jenseits der Realität – also in dem Sinne eine Kunstlandschaft, wäre eine menschenleere Welt. So ist Bernau menschenleer, das stimmt auch wieder, weil: Die Leute saßen ja im Keller, die Leute hatten Angst. Und Hirschmeier, dem Architekten, fiel ein, den Marktplatz mit weggeworfenen Papieren zu bedecken. So wie eine Ordnung nur noch ihre Reste zurückgelassen hat. Erst die Anwesenheit von Papier erzählt die Abwesenheit von Leben. Und wenn dann doch ein Mädchen in einer Haustür steht, ein einziger Mensch, dann ist das ein Vorgang, auf den man zugehen kann. Was einem hinterher plausibel und glaubhaft erscheint, war Hirschmeiers Erfindung. Generell war klar: kein lauter Kriegsfilm, sondern ein stiller Kriegsfilm. Die Artifizierung von Gewalt war ohnehin nicht unser Ziel. Es gibt Kriegsfilme – die Amerikaner sind Meister in diesem Genre –, die sind, wenn sie zu ihrer Schlusserklärung kommen, Antikriegsfilme. Aber die Ästhetik, der man zwei Stunden lang ausgesetzt ist, ist eine aggressive militärische Ästhetik. Effekte. Gewalt, die erschlägt, aber auch verführt. Obgleich es ringsum brennt, gehen die

Verwüstungen, die in den Menschen entstehen, verloren. Und wenn im Kino gestorben und gestorben und gestorben wird, werden die Menschen eine Zahl. In unserem Film sollte nur ein oder zwei Mal gestorben werden, und das musste für alles Sterben in diesem Krieg stehen, besonders sinnlos, weil am vorletzten Tag. Was diesen Film vielleicht unterscheidet von den Filmen, von denen man viele kennt, liegt daran, wie Wolf das Jahr 1945 erlebt hat und wie er über den Krieg dachte.

TRAMPE Das ist auch beim Publikum aufgegangen, nicht?

KOHLHAASE Für ihn und für uns alle war das eine Überraschung. Es zeigte sich, dass diese besondere Geschichte die Fantasie des Publikums nicht etwa blockierte, sondern sie öffnete, der Film auch von einem Kontrast profitiert. Allmählich war das Thema Krieg und die Deutschen und die Deutschen und die Russen schon sehr ins Glatte geraten. Der Film hat es, glaube ich, aus dieser Glätte wieder herausgeholt. Heutzutage fragen einen manchmal Leute, die ein bisschen weiter ab wohnen, aber noch in Deutschland: Ja, aber, die ganze Gewalt, mit der die Rote Armee vorging, wo ist das in diesem Film … Das konnte aus vielerlei Gründen nicht unser Hauptgesichtspunkt sein. Wir haben es nicht verschwiegen, dass der Krieg, als er dahin zurückkam, von wo er ausgegangen war, neben den Richtigen oft die Falschen erschlagen hat, das kommt vor. Eine alte Frau hat sich umgebracht. Ein deutscher Gefangener wird erschossen. Und erst danach sieht man das Lager Sachsenhausen. Der war dort wahrscheinlich nicht, aber er hat dafür gebüßt. Und so weiter. Es gab damals so eine Tendenz, eine deutsch-sowjetische Kameraderie herzustellen, als wäre dieser Krieg mit seinen Grausamkeiten auf Gegenseitigkeit gar nicht gewesen. Hermlin sagte mal von einem dieser Filme, wo gut gelaunte frühere Wehrmachtsleute mit gut gelaunten Partisanen gut gelaunt Seite an Seite den Waldkampf bewältigen, dass er etwas gelernt hätte: Die größte Widerstandsorganisation wäre die Deutsche Wehrmacht gewesen. Und in anderen Filmen trat oft der berühmte Sowjetsoldat in die Kellertür und sprach den Satz: »Woina kaputt!« und hatte auch gleich Milch für die Kinder bei sich. Hermlin, weil ich ihn gerade erwähne, hat an eine Szene in ICH WAR NEUNZEHN erinnert – im Gedenken an Konrad Wolf –, die von der Einsamkeit des Anfangs handelt: wenn der Bürgermeister, der eben noch ein politischer Gefangener war, da sitzt und sich dieses Lied vorspielen lässt und weiß wohl, dass es nicht leicht weitergehen wird. Wolf hat Bilder gefunden, die Gleichnisse waren.

TRAMPE Die Erschütterung über das Geschehene gerade in diesem Bild ist mir auch in Erinnerung geblieben. Man muss an das Ganze denken, was dazu geführt hat, dass er da sitzt …

KOHLHAASE Und wie schön, dass, während da die »Jarama-Front« gespielt wird, er immer kleiner wird. Verkehrt wäre: Er wird immer größer.

TRAMPE Sie haben – über Jahrzehnte hin – durch öffentliche Äußerungen zum Nachdenken über Film beigetragen. (…) Worin sehen Sie den Sinn der Ihre Arbeit begleitenden Äußerungen? Für die andern … für sich selbst …

KOHLHAASE Ich habe mich, glaube ich, meist von Fall zu Fall geäußert, es handelt sich um Reden oder Diskussionen oder Gespräche, um Publizistik. Wer um die Allgemeinplätze herum eigenen Gedanken folgte, war ja in kollegialer Gesellschaft. Das haben wir doch immer noch und immer wieder geglaubt, dass Reden dem gemeinsamen Verständnis dienen könnte und damit auch dem öffentlichen. Aber wenn ich mich über die Jahre hinweg erinnere, verschwinden Nachmittage und Abende im Ungenauen.

TRAMPE Sie haben an der praktischen Arbeit beim Drehen eines Films – nach eigener Aussage – oft und gern teilgenommen. Warum?

KOHLHAASE Einmal aus dem allgemeinsten Grund: Ich wollte sehen, wie es gemacht wird. Ich bin hingegangen, um für mich etwas zu lernen. Ich wollte sehen, ob das, was ich aufgeschrieben hatte, wirklich taugt, wenn gedreht wird, ob's gut ist für die Schauspieler und für alle anderen. Nicht jede Szene, die sich gut liest, spielt sich gut. In manchen Fällen, nicht etwa jeden Tag und bei jeder Szene, dachte ich auch: Vielleicht ist da noch etwas zu tun, vielleicht kommt man auf eine Schwierigkeit.

Da ich nicht gern mochte, dass man mich anruft und sagt: Wir haben diese Szene völlig anders gemacht ... Ich bin nicht hingegangen als Kontrolleur. Aber wenn bessere Lösungen für eine Szene gesucht wurden, dann wollte ich beteiligt sein. Ein anderes Motiv war die Freude an Schauspielern. Dass etwas, was man sich ausgedacht hat, Gesicht bekommt, nämlich das Gesicht des Schauspielers, der einer Rolle etwas hinzufügt, was man nicht vorherdenken konnte. Indem ich mehr oder weniger dabei war, entstand nie die unglückliche Lage, dass man sich gegeneinander, wenn eine Sache nicht gut ging, nach Vorwürfen umsah. Wenn es nicht gut ging, dann war es mein Geschäft und mein Fehler mit, so dass ich nie in diese von manchen Drehbuch-Kollegen ausreichend beschriebenen Konflikte geriet: Was ist denn da gemacht worden aus meinem Buch ...?

TRAMPE Und Sie konnten tatsächlich manchmal noch eingreifen, wenn Sie das Gefühl hatten, dass etwas ganz anders ging, als Sie gedacht haben?

KOHLHAASE Ich konnte eingreifen, aber nicht, indem ich den Betrieb aufgehalten habe. Das habe ich auch erst allmählich begriffen. Wenn man als Drehbuchautor da ist, dann ist man einesteils ein wichtiger Mensch, andererseits wird man nicht wirklich gebraucht. Wolf war davon nicht irritiert. Klein hatte es nicht gerne. Klein hatte nicht gerne, wenn er eine Lösung suchte in einer Szene, an die er sich oft heranarbeitete, indem er das Nicht-Wünschenswerte ausschloss; er hatte es nicht gern, wenn er das Gefühl hatte, hinter ihm steht jemand, der sich die gleichen oder ähnliche Gedanken macht, zumal er jemand war, der am liebsten hinter der Kamera hockte und eine genaue Idee hatte, wo seine Bildkante ist und sich jetzt nicht mit jemand unterhalten wollte, der nicht genau wusste, wo die Bildkante ist ... Wolf störte das nicht. Nicht nur ich, auch andere konnten ihm in dem Maße, wie eine Szene sich beim Drehen entwickelte, Vorschläge machen. Er ließ sie gelten oder nicht, aber es beunruhigte ihn nicht, im Normalfall. Er hat Menschen zu ihren besseren Möglichkeiten ermutigt, dazu gehörte, dass sie eine Stimme hatten. In jedem Drehbuch gibt es drei, vier Szenen, denen man nicht völlig »über den Weg traut«.

Ich war dann in der Nähe. Eine andere Sache, die auch dazugehört: Der Schauspieler arbeitet, wenn er arbeitet, öffnet er sich, streng genommen ist er nackt, er weiß natürlich, was er tut, er weiß aber nicht genau, was die Kamera mit ihm tut. Und wenn er gearbeitet hat, dann sucht er das Auge eines Menschen, um zu sehen, wie es war. Er sucht aber nicht die Augen von zwei Menschen ... Das ist ein sensibler Vorgang. Und schon gar nicht ist es gut, wenn in diesem Fall ich als Drehbuchautor danebensitze und gucke auf meine Schuhe – weil ich seinem Blick nicht begegnen will. Also, die Sache braucht Takt und auch ein Gefühl dafür, dass deine Anwesenheit als Autor von »relativer« Wichtigkeit ist, nicht von »absoluter«.

TRAMPE Anschließend eine Frage. (...) Ist für-den-Film-Schreiben und an-dem-Film-Teilnehmen auch eine Art Lebensgefühl oder führt es zu bestimmten Lebenseinstellungen ...?

KOHLHAASE Dass ich überwiegend Filme gemacht habe, hat vielleicht dazu geführt, dass mir Geselligkeit in der Arbeit keine Angst, sondern Lust macht. Was mir auch Spaß macht, aber vielleicht auch meinem Naturell entspricht, ist, dass etwas Spielerisches dabei ist, ein Kinderblick, das Erstaunen, dass Erwachsene sich verkleiden, weil man sich das so ausgedacht hat. Auch diese Mischung von Absicht und Spontaneität, die zum Film gehört. Man muss wissen, was man will – aber dann passieren drei Dinge anders, und wenn der Film im Moment des Drehens Besonderheiten nicht wahrnimmt und nicht aufnimmt, verliert er viel Schönheit. Wenn man Prosa schreibt, muss man früh aufstehen – aber wenn man Filme macht, kommt man spät ins Bett! Weil man ja auch hinterher noch zusammensitzt und so weiter ... Also, eine leichte Unausgeschlafenheit in den ersten zwei Stunden des Tages gehört dazu. Und wenn man jahrelang diese Erfahrung macht, dann ändert einen das vielleicht ...

TRAMPE (...) Sie haben einmal von dem Selbstvertrauen gesprochen, das nicht ohne Vertrauen entsteht, das in den frühen Jahren bei der DEFA für Sie zu erhalten war. Was ist von diesem Vertrauen in den späteren Jahren verloren gegangen? (...)

KOHLAASE Ich habe das, glaube ich, nicht in Bezug auf die DEFA im engeren Sinne gesagt, eher in Bezug auf die Art und Weise, wie Menschen miteinander umgegangen sind, speziell in der Politik. Vertrauen wird nicht leicht erworben, es entsteht durch das, was man miteinander tut, es beruht auf Gegenseitigkeit, ob zwischen zwei Menschen oder einer Regierung und dem anderen Personal. Und Selbstvertrauen entsteht auch dadurch, dass jemand einem vertraut, zum Beispiel: ihm einen Film anvertraut. Vertrauen, das einem entgegengebracht wird – manchmal unverdient, spontan –, davon bleibt eine Wärme, ein Licht.

TRAMPE Zu einem weiteren Film, SOLO SUNNY. (…) Wie ist es zu der Zusammenarbeit mit Konrad Wolf an diesem, für ihn ungewöhnlichen Thema – der Geschichte der Schlagersängerin Ingrid Sommer – gekommen?

KOHLAASE Das war mein vierter Film mit Konrad Wolf. Der erste war ICH WAR NEUNZEHN, der zweite DER NACKTE MANN AUF DEM SPORTPLATZ, der dritte MAMA, ICH LEBE. Dazwischen hatte er GOYA gedreht. Anlässlich einer Filmreise mit MAMA, ICH LEBE ist er vom Publikum gefragt worden: Warum machen Sie denn nicht auf ähnliche Weise etwas über das Leben hier und heute? Er kriegte auch Post in dieser Richtung, das hat ihn beschäftigt. Und ich war inzwischen auf diese Geschichte einer Schlagersängerin gekommen, auf den Gedanken, darin könnte ein Film stecken. Das Lebensmaterial, das in SOLO SUNNY steckt, kannte ich lange. Und Wolf war jemand, der neugierig war. Das war eine seiner guten Seiten – er hatte nicht fertige Meinungen von der Welt, und er ging nicht nur vor die Tür, um nach Belegen für seine Ansichten zu suchen. Und so interessierte ihn der Sunny-Stoff sofort, gerade weil er wenig von dieser Szene wusste. Er steckte andererseits gerade in dieser Zeit in Überlegungen zu einem Film, den er dann nicht mehr machen konnte: TROIKA! Er arbeitete daran mit Angel Wagenstein … Ich habe eine Skizze geschrieben oder ein Exposé und habe es ihm gegeben. Es interessierte ihn auf der Stelle, obgleich er dann auch sagte: Ich bin nicht aus Berlin, ich bin hier nicht großgeworden, ich habe das Gefühl, ich weiß manches nicht genau, ich will es über diesen Film begreifen. So wurde ich auf seinen Wunsch Co-Regisseur. Ich hatte mit Wolf drei Filme gemacht, und ich wusste keinen, der mir näher war als Regisseur. Unsere Zusammenarbeit war in jedem Fall von der Art, dass wir dachten: Da lässt sich noch etwas machen miteinander.

TRAMPE Dazu noch eine andere Frage: SOLO SUNNY besticht auch durch poetische Bilder, die Sinnzusammenhänge deutlich machen. Welche Verbindung gibt es zwischen dem Erzählen und dem »Erzählen mit der Kamera«? Gab es eine Zusammenarbeit zwischen Erzähler und Kameramann? Gibt es so etwas überhaupt? Zum Beispiel beim Schreiben des Drehbuchs? Oder am Drehort?

KOHLHAASE Ich glaube, im Wesentlichen war das die Zusammenarbeit zwischen Kameramann und Wolf, also zwischen Wolf und Geick. Andererseits: Ich versuche, Drehbücher so zu schreiben – auch wenn ich da keine Einstellungen reinschreibe, also »groß«, »von links«, »halbnah« »von vorn« oder so was –, dass für jede Szene und letzten Endes auch für das Ganze eine Dramaturgie entsteht, ein Nacheinander. Und die Zusammenarbeit mit Wolf war gut, glaube ich, weil er das verwenden konnte ... Und der Kameramann dann ebenfalls. Als wir ICH WAR NEUNZEHN machten, arbeiteten wir mit einem optischen Drehbuch, heute sagt man, glaube ich, story board. Das hatte ich noch nicht gemacht. Das stellte sich so dar, dass wir, als wir den Text hatten, das Drehbuch für die Praxis zurechtmachten ... Da saßen wir an einem Tisch, Wolf, Bergmann, Doris Borkmann, die Assistenz-Regisseurin, Hirschmeier und ich. Hirschmeier brachte kleine, spielkartengroße Zettel mit, einen dicken Block. Und jetzt erzählten wir uns gegenseitig den Film. Da kommt also ein Auto, gut, wie sehen wir denn das? Sehen wir das von vorn, von hinten, fährt es von links nach rechts, ist es groß oder klein? Also sagte der eine so, der andere so und der dritte so, und schließlich befanden wir: So wird es am besten sein, denn dann können wir das zweite Bild so machen. Wirklich frei ist das erste Bild, und wirklich frei ist der erste Satz. Alles andere verhält sich dazu dann in zunehmender Bedingtheit. Hirschmeier malte mit

Strichmännern das Bild, das wir uns vorstellten. Nah, halbnah, total. So ging es eine Woche lang oder länger, bis der Film durcherzählt war. Und was erstaunlich ist: Obgleich Bergmann in der Arbeit absolut selbständig war und sich beeinflussen ließ von der Gegebenheit im Moment des Drehens, ist von dieser frühen optischen Struktur sehr viel drin im Film. Das haben wir bei SOLO SUNNY nicht so gemacht. Aber in den Tonlagen des Drehbuches steckte der Rhythmus des Films als möglichst genauer Vorschlag. Mit Sicherheit haben wir über diese oder jene Einstellung gesprochen. Das machte man ja immer. Wer sich zuständig fühlte und einen Vorschlag hatte, der machte ihn auch.

Eine Szene muss dramaturgisch genau sein, sie muss Kamerastandpunkt und Blicke suggerieren. Also keine Prosa. Ein Vorgang streng nacheinander. Da die Kameras jetzt so klein geworden sind und alles viel leichter geht, weniger Licht, keine riesigen Scheinwerfer, hat das vielleicht dazu geführt, dass man sich beim Drehen zu den Bildern erfinderischer verhält, spontan, auch improvisierend. Oder man dreht mit zwei Kameras zugleich. Man ist am Schneidetisch technisch reich ausgerüstet: In der Regel schneidet man kürzer und virtuoser. Ein Film fällt auf, der sich noch Zeit nimmt für lange Einstellungen. Die zunehmende Geschwindigkeit, die über das Fernsehen kommt, aus der Werbeästhetik, aus der Popkultur, aus dem Lebensgefühl, davon kann der Film nicht unbeeinflusst sein. Man muss dem nicht folgen, wenn man Drehbücher schreibt, kann es aber auch nicht ignorieren. Ich erzähl Ihnen noch eine Geschichte, kein direkter Zusammenhang, man kann sie ja rausschmeißen.

Als Wicki DIE GRÜNSTEIN-VARIANTE drehte, nach einem Buch von mir, das ursprünglich ein Hörspiel gewesen ist, also viel Text hatte, drehte er mit einem guten polnischen Kameramann, Kłosiński, einem Kameramann von Wajda, auf 16-mm-Material, also eine vergleichsweise bewegliche Kamera. Wicki hatte sich viel Material ausgehandelt. Und so drehte er in dem dialogreichen, vor allem von den Schauspielern getragenen Stück in einer einzigen Dekoration, in einer Gefängniszelle, und mochte sich nicht entscheiden. Er drehte alles in verschiedenen Entfernungen, er drehte Stände und Fahrten. Strapaziös war das vor allem für die Schauspieler. Also sagte Düren eines Tages:»Herr Wicki, ich verstehe das alles überhaupt nicht. Also bei uns, Sie sind ja nicht von hier«, sagte der Düren,»bei uns ist das eigentlich so: Man hat ein Drehbuch, und da steht drin ›groß‹ oder ›total‹ oder ›Fahrt‹ oder ›Schwenk‹. Man weiß nicht ganz genau, was das bedeutet, aber man weiß ungefähr, in welchem Zusammenhang man seinen Teil macht. Und wenn man es gemacht hat, hat man es gemacht. Bei Ihnen wiederum drehen wir noch mal und noch mal und einmal von dort und einmal von dort. Und ich blicke hier in Ihr Manuskript, es stehen ja auch gar keine Einstellungen drin …« Wicki sagte wohlmeinend:»Mein lieber Freund, da haben Sie wahrscheinlich noch nie ein amerikanisches Drehbuch gelesen.« Und Düren sagte mit schmalen Lippen:»Ich bin Bürger der Deutschen Demokratischen Republik.«

TRAMPE SOLO SUNNY ist nicht nur ein Künstlerfilm, obwohl er solche Motive berührt. Ganz und gar ein Künstlerfilm – einer von besonderer Art – ist DER NACKTE MANN AUF DEM SPORTPLATZ. In Verläufen, Augenblicken, Momenten, Situationen erzählt er von dem Bildhauer Kemmel, der seine Arbeit tut und stets als Fragender und Suchender anwesend ist. Wie haben Sie die ungewöhnliche Form dieses Films gefunden? Denn streng genommen handelt es sich ja nicht um eine Geschichte …

KOHLHAASE Ich hatte den Bildhauer Werner Stötzer kennengelernt, damit fing es an. Stötzer ist ein intensiv arbeitender Mann, der vieles parallel macht. Sein Atelier – wenn man rumstand und zusah – war voller Überraschungen. Angefangene Steine, Figuren aus Ton oder Wachs, Skizzen, Fotografien, die er sich an die Wand genagelt hatte, um sie immer zu sehen. Spuren der Arbeit eines Jahrzehnts, Werkzeuge, leere Flaschen, eine Art Chaos, in dem er Bescheid wusste. Das war faszinierend, er war auch mitteilsam, ein Mensch, der gern Geschichten erzählt, was man nur kann, wenn sie einem begegnen … Wolf kam dazu, wir haben uns umgesehen, auch bei anderen Kollegen. Wolf kannte Wieland Förster. Wir haben Ludwig Engelhardt besucht. Diese Episode mit dem Mann, dem Brigadier, der sich nicht zur Verfügung stellen will und seinen Kopf nicht hergeben will für eine Plastik – das ist Engelhardt passiert. Die Form des Films blieb offen. Ich war mit den Dingen nicht so vertraut, dass alles sich verdichtet hätte zu einer einzigen geschlossenen Geschichte. Andererseits meinten wir, man soll ja Platz haben, sich ein Bild anzusehen und eine Skulptur und sich eine Vorstellung machen können, wie diese Dinge entstehen. Der Film ist das Ergebnis eines Plans, aber auch einer Verlegenheit. Und das Publikum eines bestimmten Moments, von dem wir vorhin gesprochen haben, hatte dann auch seine Probleme damit. Ein Stein hat ein anderes Geschick. Er steht da. Er muss nicht gefallen. Er kann warten. Zu unserem Film haben die einen gesagt: Er ließ einem Zeit, sich mit seinen eigenen Gefühlen und Überlegungen einzurichten. Und andere sagten: Man versteht nicht genau, was der Film von einem will. Beide haben Recht. Wiederum denke ich manchmal jetzt, was damals nicht modern war, ist heute nicht unmodern. Nach zehn, zwanzig, dreißig Jahren bekommen auch fiktive Geschichten den Charakter von Dokumenten. Vielleicht beschreibt der Film ein bestimmtes Lebensgefühl in einem bestimmten Moment. Und gibt damit dem, der sich dafür interessiert, auch Auskunft über ein nicht mehr vorhandenes Land.

TRAMPE In DER NACKTE MANN AUF DEM SPORTPLATZ sagt Kemmel: »Jede Sache, wenn sie nicht ganz schlecht ist, hat etwas, was man gleich und was man nicht gleich sieht.« Ist das eine von vielen möglichen Beschreibungen von Kunst?

KOHLHAASE Ich meine, würde man alles gleich sehen, ist eine Sache erledigt. Ich bin eigentlich kein Freund der Diskussion nach dem Film. Ich habe nie eine Frage. Und wenn ich antworten soll, gebe ich diese oder jene mehr oder weniger hilflose Auskunft. Die besseren Wirkungen sind die nicht abfragbaren. Die meisten Diskussionen bleiben beim Problem: »Finden Sie es richtig, dass diese Frau sich so verhält?« Die nicht abfragbaren Wirkungen aber können einen Zuschauer, einen Leser, einen Betrachter interessieren über die Zeiten hinweg. Kemmel sagt einmal:

»In allen Dingen gibt es etwas, was man sieht und etwas, was man nicht gleich sieht.« Es gibt einen anderen schönen Gedanken: Man braucht Fantasie, um die Dingen zu sehen, wie sie sind. (...)

TRAMPE Mit DER AUFENTHALT beginnt Ihre Zusammenarbeit mit einem weiteren großen Regisseur der DEFA, mit Frank Beyer. Es ist erneut ein Film mit Situationen von Krieg und Nachkrieg, zu dem Sie den novellistischen Kern des gleichnamigen Romans von Hermann Kant herausgelöst haben. Ist die Geschichte des Mark Niebuhr eine weitere exemplarische Geschichte über die Deutschen? Nach ICH WAR NEUNZEHN und nach DER FALL GLEIWITZ, der die Verführungsmechanismen der Nazis ins Bild gesetzt und auf den Punkt gebracht hat?

KOHLHAASE Bei Kant steht, wie einer auf durchschnittliche Weise in den Krieg hineingekommen ist und auf besondere Weise aus ihm heraus. Was ihm im polnischen Gefängnis widerfahren ist, bei den Polen und unter den Deutschen, hat ihm eine andere Idee von seinem Vaterland gegeben und auch eine Idee, wie er dieses Land künftig gern gehabt hätte oder in welches Land er gern zurückkehren wollte. Das ist das Thema des Romans. Deutschland im Käfig, in dem die richtigen und die falschen Leute sich begegnen, das ist der novellistische Kern des Romans, aus dem sich ein Drehbuch machen ließ. Kant hatte es erlebt. Er hatte mir, als ich mit ihm mal in Warschau war, dieses Gefängnis gezeigt. Ich hatte ein lakonisches Buch erwartet. Dann hat er diesen redegewaltigen, breiter angelegten Roman geschrieben. Und als Beyer mich fragte: Könntest du dir vorstellen, dass ..., war es nicht schwer, mich zu erinnern, dass meine Erwartung auf etwas Lakonischeres gerichtet gewesen war. Ein Mann wird herausgewinkt, und ein Mann wird entlassen ... und dazwischen liegt die Geschichte.

TRAMPE (...) Was gibt die Geschichte in DER AUFENTHALT an die Gegenwart?

KOHLHAASE Die Geschichte von Mark Niebuhr erzählt unter anderem, dass du auch bei deinen eigenen Leuten unter die Totschläger geraten kannst. Es ist auch die Geschichte, dass ein Mensch durchsteht gegen große Gefahr. Sie handelt auch von den Feindbildern. Nichts ist so fragwürdig, aber auch so leicht zu haben wie kollektive Vorurteile. Wenn sie auch noch mit einiger Gewalt verbreitet werden, dann gewinnen sie schnell eine große Verbindlichkeit, also Polen sind so, die Deutschen sind so, die Russen sind so. Hier sieht einer und er glaubt es kaum, dass die Polen nicht seine Feinde sind und die Deutschen nicht seine Freunde. Der Film stellt dem Zuschauer anheim, solche merkwürdigen Nachrichten in seinem Herzen weiter zu bewegen, wie es im Märchen heißt.

TRAMPE Edgar Reitz stellte einmal fest »Der deutsche Film existiert trotz seiner Brüche als ein Ganzes, den DDR-Film eingeschlossen. Es gibt eine Kontinuität im deutschen Film, die uns nicht bewusst ist.« Welche Position im deutschen Film wird von den guten oder herausragenden DEFA-Filmen eingenommen?

KOHLHAASE Ich will mich jetzt nicht versteigen in die deutsche Filmgeschichte, also bis zu ihren Anfängen. Die ist gemeinsam, man weiß, was es da gibt. Nach dem Krieg gab es in Ost wie West eine Reaktion auf die Nazi-Zeit, und wenn es hier die Filme von Staudte waren oder von Maetzig, war es dort Käutner. Man findet eine moralische Nähe, eine ähnliche Betroffenheit. Das westdeutsche Kino, das danach kam, hat mich nicht interessiert. Ich weiß da kaum Bescheid. Erst mit dem Manifest von Oberhausen – Papas Kino ist tot! – tauchten Filme und Leute auf, denen ich mich nahe fühlte und die ich kennenlernen wollte. Auch wenn die Umstände in der DDR ganz andere waren – die Ambition, Film und soziale Wirklichkeit in eine Beziehung zu bringen, das ließ sich vergleichen. Wenn man sich gelegentlich und zu selten traf, waren keine großen Erklärungen nötig. Was die Qualität betrifft, mit der hier oder dort gearbeitet wurde, werden leicht große Unterschiede vermutet, hier gab es die Zensur und dort die freie Marktwirtschaft. Wenn man aber zwei Schritte zurücktritt oder auch nur einen – und wenn man das Sieb ein bisschen rüttelt –, dann ist eine proportional vergleichbare Zahl von Filmen übrig geblieben. Also, es ist nicht so simpel, dass der Markt zwangsläufig Qualität erzeugt und die Zensur unter allen Umständen Qualität verhindert – die Sache nährt sich doch noch aus anderen Gründen. Wir hatten einen Studiobetrieb, das hat die Dinge ein bisschen behäbiger gemacht, andererseits aber auch verlässlicher. Es konnten Filme gemacht werden, für die es unter Marktgesichtspunkten kein Geld gegeben hätte. Denn dass der Markt nicht alle Wunden heilt, hat inzwischen wohl jeder verstanden.

TRAMPE Noch eine theoretische Frage: Worin sehen Sie die Verbindung zwischen regionalem Stoff und der Weltsprache der Bilder, die das Kino ja ist? Sie haben einmal den Gedanken »Ortszeit ist immer auch Weltzeit« dafür gefunden ...

KOHLHAASE Wir leben, wie in keiner Zeit zuvor, in zwei Welten zugleich: in der wirklichen Welt und in der Welt der Bilder. Jeder Mensch ist von einer simulierten zweiten Wirklichkeit umgeben. Und diese Bilder gehen um die Welt und schaffen auf ihrer Ebene »Bekanntschaften«. Und niemand macht heute einen Film – das habe ich schon gesagt– ohne das Bewusstsein, dass es hunderte oder tausende anderer Filme gibt. Es sind ja nicht nur die Bilder. Jemand hat mir erzählt von Kindern aus Australien, die trafen auf hiesige Kinder, sie hatten sich nie gesehen, sie wussten nichts voneinander, aber sie haben sich mühelos getroffen bei »ABBA«: Das war den einen so wichtig wie den anderen. Die Trivial-Kultur gehört zu den Zivilisationswundern, aber auch zu den Zivilisationsbedrohungen. Die Verbreitung der Bilder, das ist zu oft eine Einbahnstraße. Die Bilder gehen nicht hin und her, sondern aus der herrschenden Mitte der Welt zu den Rändern. Und die Lebensmuster, die auch mit Hilfe von Bildern verbreitet werden, helfen den Leuten in vielen Teilen der Welt nur, indem sie ihnen eine Art von Eskapismus erlauben, indem sie ihnen anbieten, sich wenigstens auf diese Weise an einem Leben zu beteiligen, das ihnen nicht erreichbar ist.

TRAMPE An dieser Stelle eine handwerkliche Frage, die auf eine Äußerung von Ihnen zurückgeht. Inwiefern kann »eine Geschichte klüger sein als ihr Autor«, wie Sie einmal gesagt haben? Geht eine Geschichte während der Arbeit einen eigenen Weg? Wie kann man das beschreiben?

KOHLAASE Eine Geschichte entfernt sich von ihrem Autor und macht sich auf den Weg zu unbekannten Lesern oder Zuschauern. Und ihre Wirkung entsteht, indem sie mit dem Leben anderer Leute zusammenstößt. Da entsteht ein Amalgam, das man nicht vorher berechnen kann – zugespitzt gesagt: Die Botschaft entsteht, wenn sie dem Adressaten begegnet.

TRAMPE Bärbel Dalichow hat einmal geschrieben »Filmzuschauer und Filmemacher im Osten haben mit der DEFA mehr verloren als einen Filmbetrieb. Sie verloren den gemeinschaftlichen Wunsch nach Weltverbesserung an eine Gesellschaft, in der sich jeder selbst der Nächste ist.« Was meinen Sie zu diesem Ausblick und zu dieser Bilanz?

KOHLAASE Der Versuch, eine Gesellschaft einzurichten, in der das Geld nicht alle Dinge regelt, das war für mich eine Lebenslage, also auch ein Arbeitsmotiv, eine Verabredung, die ich nicht leicht kündigen wollte. Filme hatten Folgen. In diesem kleinen Land gab es manchmal ein großes Publikum. Filme gerieten in Missverständnisse, in Verbote, aber nicht in eine Beliebigkeit. Und es war vielleicht leichter als heute, sich die Menschheit nicht nur als Publikum vorzustellen.

TRAMPE In unserem Gespräch vor drei Jahren haben Sie über Ihr Erzählen für den Film gesagt: »Was mich immer interessiert hat, ist dieser Vorgang, der letztlich vom Schreiben weggeht, die sinnliche Erfindung des filmischen Augenblicks.« Kann man diesen Vorgang noch etwas weiter beschreiben? Wie entsteht – aus der Sicht des Erzählers – der »filmische Augenblick«? Wann wird er vom Erzähler wahrgenommen?

KOHLAASE Bei Erzähler müssen wir das schon einschränken auf Drehbuchschreiber. Über dessen Rolle wird ja wahrscheinlich gestritten werden, solange dieses Geschäft betrieben wird ... Ich meine, dass der Drehbuchautor seine Hauptrolle spielt auf der ersten Hälfte des Weges. Er liefert eine Geschichte, Charaktere, Dialoge und, wenn die Sache einigermaßen taugt, zu den Texten auch Untertexte, Stimmungen und Tonlagen für den Film. Aber das steht alles nur auf dem Papier ... Der »filmische Augenblick« ist, glaube ich, der Moment des Drehens, und dieser Moment hat an jedem Tag ein anderes Licht. Und an jedem Tag passiert etwas mit den nun Beteiligten – und das sind Regie, Kamera, Dekoration, Kostüm, ich nenne alle diese Professionen nicht aus Höflichkeit ... Und das wichtigste: die Schauspieler. Jetzt entsteht, was hinterher zu sehen ist. Das Drehbuch stellt einen Film in meiner Fantasie her, den ich so nie sehen werde. Jetzt wird es verbindlich. So und nicht anders wird es aussehen. Wie immer du dir deine Figur vorgestellt hast, sie wird jetzt dieses Gesicht haben. Und nie wieder ein anderes. Das Entstehen eines Gedankens oder eines Gefühls im Gesicht eines Menschen ... Das ist nicht aufzuschreiben, das ist nur herzustellen, von allen Beteiligten. Und das ist einer der magischen Momente, die ich meine, wenn ich sage »die sinnliche Erfindung des filmischen Augenblicks.« Und dieser Moment ist nicht wirklich planbar, oder nicht nur. Man soll nicht schlecht vom Zufall denken. Es gibt glückliche und weniger glückliche Tage. Es geht nicht ohne ein möglichst genaues Buch. Was aber nicht entsteht im Moment des Drehens, das hat man nicht.

TRAMPE Sie haben mit dem Film DIE STILLE NACH DEM SCHUSS – in Zusammenarbeit mit Volker Schlöndorff – einen Versuch unternommen, der die Geschichte und Geschichten auch der beiden deutschen Staaten betrifft, bis in die Gegenwart am Anfang der neunziger Jahre hinein. Wie ist es zu diesem Film gekommen?

KOHLHAASE Zu diesem Stoff kam es ..., also ich wusste darüber, was in der Zeitung stand. Und Schlöndorff, wir kannten uns und redeten darüber, ob man zu dieser neuen deutschen Lage nicht einen Film machen könnte. Nun wusste ich ganz sicher, was ich nicht machen wollte: Onkel Paul trifft nach vierzig Jahren Tante Frieda, um es mal etwas unerlaubt abwertend zu sagen. Die Festnahme der Terroristen, das war noch nicht lange her ... Es wunderte ihn, dass ich darauf zu sprechen kam. In einer früheren Phase seiner Arbeit hatte er dieses Thema reflektiert, er war mit solchen Leuten bekannt, aber das war vorbei, für ihn und überhaupt. Mich interessierte an der Geschichte nicht so sehr die Sensation, sondern dass sie sich in dem Augenblick ereignete, als auch die Utopien, die die DDR begleitet hatten, gescheitert waren. Auch diese Geschichte gehörte zur Wiedervereinigung. Wenn man die merkwürdigen Lebensläufe des Jahrhunderts sammeln wollte, gehörten die von diesen Terroristen vielleicht dazu. So haben wir uns dem Film genähert. Ich habe recherchiert, ich habe solche Leute kennengelernt und habe ihnen zu danken, dass sie mit mir gesprochen haben. Schlöndorff war inzwischen hier in die Nähe gezogen. Wir haben mehrere Anläufe gemacht, uns den Film herzustellen. Wir hatten erst eine Geschichte mit einer anderen, anders situierten Hauptfigur. Die Frage: Geht denn das, und wen wird das interessieren, die war immer im Raum. Schlöndorff hat in Amerika gedreht, und als er wiederkam, kamen wir auf das Thema zurück. Er sagte: Warum mache ich eigentlich Filme in Amerika, wenn man doch über diese Dinge einen Film machen kann ... Die meisten Probleme hatte ich mit den Vorgeschichten der Personen, mit der RAF-Zeit. Ich habe diese Jahre nicht mit ihnen geteilt, ich habe nicht die Bücher gelesen, die sie gelesen haben, ich habe alles von weitem gesehen, als Exotik. Dass sie sich »Rote-Armee-Fraktion« nannten, hielt ich für die blumige Denkweise der Anarchie. Wir konnten nicht eine Halbe-halbe-Geschichte erzählen, die erste Hälfte, bevor sie hier sind, die zweite Hälfte, nachdem sie hier sind. Dann wäre alles zu kurz gekommen. Die inneren Proportionen waren ein Arbeitsproblem. Auch die Missverständnisse. Jeder hatte inzwischen irgendwas darüber gehört, und jeder glaubte, das Richtige gehört zu haben. Der Stoff hatte viele Kreuzungen, wo es auch nach dort oder dort hätte gehen können. Der Gegenstand war nicht allgemein bekannt, aber rundum mit Vorurteil besetzt. Am wenigsten glücklich bin ich im Nachhinein mit dem ersten Teil, wo die Vorgeschichte möglichst generalisiert erzählt werden musste. Aber wir waren uns irgendwann des Stoffes ziemlich sicher und hofften, dass dies ein Film wird, der auf seine Art eine Zeitenwende beschreibt.

TRAMPE Romantik, Utopie, Wahrheit, Verbrechen gehen in dem Geschehen des Films eine wirre und unauflösbare Verbindung ein, ähnlich wie es in der Wirklichkeit gewesen ist, wie man am Schluss auch auf der Leinwand lesen kann: »Alles ist so gewesen. / Nichts war genau so.«

Wie sind Sie auf den Titel des Films, der ja zugleich Bezeichnung und Sinnbild ist, gekommen?

KOHLHAASE Der fiel mir ein im Zusammenhang mit einer Szene, die es nicht gibt im Film, die zu einer anderen Drehbuchvariante gehörte. Eine Frau spricht darüber, wie laut es war, als geschossen wurde, und wie still danach. Dieser Titel hat Karriere gemacht, den treffe ich alle paar Wochen in irgendeinem Zusammenhang: selbst beim Fußball ›Die Stille nach dem Schuss‹. (…)

2004

In: Wolfgang Trampe, *Erzählen für den Film. Gespräche mit Autoren der DEFA*. DEFA-Stiftung, Berlin 2004, S. 11 ff.

Ermutigung ist angenehm in jedem Alter
Dank für den Preis der DEFA-Stiftung

Wenn ich diesen Preis entgegennehmen darf, dann sehe ich damit in aller Öffentlichkeit die Vermutung gestärkt, dass Filme auf Drehbüchern beruhen.

Wenn ein Drehbuch etwas taugt, arbeiten die schönen Berufe, die sich seiner annehmen mit mehr Aussicht auf Erfolg. Andererseits: Was ist ein Drehbuch ohne die Kunststücke, die ihm auf die Leinwand helfen?

So denke ich – und wiederhole einige Namen –, wenn ich hier stehe an Gerhard Klein, Konrad Wolf und Frank Beyer, an Bernhard Wicki, an Volker Schlöndorff und auch aus neuerem Anlass und gutem Grund an Andreas Dresen. Ich denke auch an Kamera, Schnitt, Szenenbild, Produktion und Musik, vor allem aber über die Jahre hinweg an Schauspieler und ihre Gesichter.

Ich bin vielen Menschen verpflichtet, die ich bei der geselligen Beschäftigung getroffen habe, für die ich das Filmemachen halte. Weil zu diesem Abend der Name DEFA gehört, will ich auch hier sagen, dass wir damals Filme im Sinn hatten, die mit Wirklichkeit umgingen. Die

Konflikte, wie man weiß, stellten sich ein, wenn die Filmbilder mit den Wunschbildern der Politik nicht zusammenpassten. Aber wie man auch weiß, sind wir nicht immer gescheitert.

Kino ist Ansichtssache. Man kann Filme machen über Eisberge und große Affen, über Weltuntergänge und das tägliche Glück, über die Königin und über das Mädchen, das um die Ecke wohnt, man kann weite Reisen machen oder nur vor die Tür treten. So oder so: Film sollte mehr sein als Unsinn und mehr als die Benennung von Tatsachen, die einem auch ohne Eintrittskarte zur Verfügung stehen.

Das Kino schuldet seinem Publikum das Leben, als Sicht auf das Leben. Der Film kann Fantasie betäuben und er kann sie wecken. Man braucht aber eine Menge Fantasie, um die Dinge zu sehen, wie sie sind.

Ich danke der DEFA-Stiftung für die Ehrung – und eins möchte ich noch sagen: Ermutigung ist angenehm in jedem Alter.

2006

In: Archiv der DEFA-Stiftung

Schreiben in zwei Systemen
Werkstattgespräch für den »Drehbuch-Almanach scenario«

JOCHEN BRUNOW Lassen Sie uns zu Beginn über den Anfang sprechen, über den magischen Moment, in dem etwas beginnt zu existieren, zu leben. Es gibt noch nichts, wenn der Drehbuchautor seine Arbeit beginnt. In dieser Sphäre des Anfangs sind für uns Autoren zwei Augenblicke wichtig, zum einen ist das der Moment, in dem man weiß – oft ist es auch eher ein Fühlen als ein Wissen –, das ist ein Stoß, das lässt sich filmisch erzählen. Was brauchen Sie, um zu diesem ersten Punkt zu gelangen, um zu spüren, das ist eine Filmgeschichte?

WOLFGANG KOHLHAASE Dieser erste Moment, das ist eine zunächst nur im Umriss vorhandene erzählbare und erzählenswerte Geschichte. Bilder sind da als Räume, als Milieu. Deutlicher sind mir Charaktere oder Rollen, genauer gesagt Figuren, die eine Chance bieten für Schauspieler. Erst in der nächsten Instanz denke ich daran, welche Bildsprache verwendet werden könnte, denn ich weiß, wie spät im Laufe eines Projektes sich so etwas meist entscheidet, nämlich wenn Regisseur und Kameramann dabei sind. Habe ich Lust, es jemandem zu erzählen, das ist der erste Impuls. Ich erzähle ja oft kleinere Geschichten, daher folgt dann die Frage, reicht der Stoff, um ohne Anstrengung die anderthalb Stunden zu füllen, die ein Film in etwa braucht. Ich muss mir vorstellen können, dass es gespielt werden kann, dass es Szenen gibt. Ich denke gern an Schauspieler, manchmal an konkrete, die ich kenne, manchmal aber auch an welche, von denen ich weiß, die kriege ich nie, die gehören gar nicht in dieses Land. (…)

An Schauspieler zu denken hilft mir manchmal, den Typus einer Figur zu finden. Was ich schreibe, soll schöne Möglichkeiten für Schauspieler haben.

BRUNOW Sie haben einmal gesagt, ein Stoff muss für Schauspieler eine »gute Lage« mit sich bringen, eine gute Möglichkeit zum Spielen. Was verstehen Sie unter einer »guten Lage« für einen Schauspieler?

KOHLHAASE Eine gute Lage meint, dass der Schauspieler einen Menschen von Interesse darstellt, und dafür braucht er ein bestimmtes szenisches Material. Er braucht dafür so etwas wie Dramaturgie, denn an diesem fiktiven Menschen im Kino hat der Zuschauer ja kein allgemeines Interesse, sondern er erwartet Besonderes. Was zu der Frage führt, die nicht endgültig zu beantworten ist, was ist zuerst da, der Charakter oder der Plot? Man kann es schwer trennen. Ich kann nur für mich sagen, der Charakter steht weit vorn. Dann erst kommt, was man unter Plot versteht. Wie setze ich die Personen in Bewegung? Im Film muss alles, was man erzählen will, von innen nach außen. Man braucht Vorgänge, und das meint nicht nur Action. Vorgänge sind einfache, beobachtbare Handlungen, körperliche Aktionen, sinnlich vorführbare Beziehungen. Da liegen die Chancen für Schauspieler. (…)

Es muss Platz sein, glaube ich. Das Besondere mit Schauspielern im Film ist, dass, anders als auf der Bühne, das Handwerkliche und das sehr

Persönliche enger miteinander verschränkt sind. Sie arbeiten mit Haut und Haar, mit Auge und Stimme, mit Haltung und Gestalt. Auf der Bühne befindet sich der Schauspieler in einer anderen Distanz zum Zuschauer. Er steht immer in der Totalen. Der Film dagegen kann zehn Quadratzentimeter Haut ins Bild setzen, ein Auge, irgendetwas, was der Schauspieler im Einzelnen nicht kontrollieren kann. Er ist Material für die Kamera. Er muss beim Film nur ein einziges Mal gut sein. Er muss sich den Ablauf nicht merken, weder im Kopf noch im Körper, damit er ihn repertoiregemäß wiederholen kann. Er muss nur einmal auf den Punkt kommen.

Man vertraut, was geschrieben ist, anderen an, dem Regisseur, der Kamera, vor allem den Schauspielern. Die Besetzung eines Films ist aufregend, weil man weiß, nun wird das, was bisher in verschiedene Richtungen gedacht werden kann und noch imaginär ist, fixiert. Die Figur wird jetzt für immer ein Gesicht haben. Was im Moment des Drehens hinzukommt, hat man sich im Detail oft nicht vorgestellt. Ich meine die sinnliche Erfindung des Augenblicks. Darauf muss man hoffen, dafür kann man Platz schaffen.

BRUNOW Genau diesen Moment meinte ich, wie schafft man Platz?

KOHLHAASE Vielleicht, indem man einen überschaubaren Grundvorgang hat, der leicht verstanden werden kann. Dann hat man Raum für Nebendinge, dann können die Schauspieler Dinge tun und sagen, die nicht die Handlung erklären, sondern von etwas anderem handeln. Die Schauspielerei wird oft mühsam, wenn die Höhe der Erzählung nur hergestellt werden kann über die Höhe des Gedankens des beteiligten Schauspielers. Er muss immer das Problem parat haben, in dem er sich befindet. Aber wunderbar sind kluge Szenen mit dummen Menschen. Wenn eine Szene klug ist, obwohl die Personen sich außerhalb jeder Vernunft bewegen. Dann hat man mehr als eine Ebene. Es ist auch zuschauerfreundlich. Denn der Zuschauer möchte lieber etwas herausfinden, als es gesagt bekommen, er möchte selbst entdecken. Das ist der Genuss des Zuschauens, sich anschließen, sich verweigern, beides. Im Kino kann der Zuschauer, was er im Leben nicht kann, er kann sich beteiligen, und er kann sich raushalten. Dafür zahlt man Eintritt. Man ist dabei, aber es trifft einen nicht selbst im Genick.

Man schafft Freiräume für Schauspieler, indem man die Szenen nicht vollstopft. Ich versuche, lakonische Dialoge zu schreiben. Wenn man mit drei Sätzen statt mit fünf zu einem ähnlichen Resultat kommt, hat man die bessere Lösung. Wenn man nur das Notwendige sagt, gewinnt man auch Platz in Minuten auf den ganzen Abend hin gesehen. Man hat Muße für Nebensachen, die gehören oft zur Schönheit eines Films. Natürlich gibt es gute Filme mit unendlichen Dialogen, aber das ist etwas anderes. Dann ist es eben die Gangart des Films, üppige, gedankenreiche Texte zu verwenden. Ich denke dabei an diese ununterbrochen redenden Menschen bei Rohmer.

BRUNOW Ja, aber bei Rohmer ist das Reden immer auch Handeln, und der Zuschauer bemerkt, dass die Figuren sich selber erklären; so wie sie sprechen, das ist nicht, wie sie wirklich denken und handeln. Diese Diskrepanz kann der Zuschauer erspüren, und dadurch wird es für ihn spannend.

KOHLHAASE Seine Figuren verbergen sich, indem sie reden. Man soll sich große Gedanken machen bei kleinen Rollen. Ein Schauspieler kommt für einen Tag. Was kann man tun, damit er sich wohl fühlt? Das verdient er als Kollege, aber es betrifft ja auch die von ihm verkörperte Figur. Beide müssen die Möglichkeit haben, sich bemerkbar zu machen, sonst kommen sie nicht vor.

BRUNOW (…) Man muss stets daran denken, nicht nur Charaktere oder Figuren zu schreiben, sondern auch als Drehbuchautor schreibt man Parts, also Rollen. Es geht um Auftritte, du schreibst Auftritte, auch wenn das Kino nichts mit dem Theater zu tun hat.

KOHLHAASE Ein Auftritt heißt nicht, jetzt ist einer mehr da, und ein Abgang nicht, jetzt ist es einer weniger. Ein Auftritt muss etwas ändern, und ein Abgang muss wieder etwas verändern an der szenischen Lage. Man muss die gute, alte Dramaturgie nicht wie ein Rezeptbuch mit sich in der Tasche tragen, aber in ihr immer mal zu blättern ist nützlich.

BRUNOW Haben Sie da ganz konkret eine bestimmte Dramaturgie im Sinn, oder auch mehrere?

KOHLHAASE Weil das Buch bei Reclam erschienen ist und nur 3,50 Euro kostet, nenne ich immer Gustav Freytags »Technik des Dramas« als Beispiel. Wenn man sich die kleine Mühe macht, die Terminologie dieser dramaturgischen Konzepte ins Heutige zu übertragen, dann bekommt man praktische Vorschläge. Die herumtourenden amerikanischen Kollegen, die für stolzes Geld hoffnungsvollen Leuten erzählen, wie es gemacht werden muss, erklären wenig anderes als diese grundsätzlichen Erzähltechniken. Sie wandeln es auf die Möglichkeiten des Films ab, aber das kann auch jeder selbst versuchen. Film kennt den Schnitt oder die Großaufnahme. Film kann einem Requisit besondere Bedeutung geben. Die Bühne hat ja kaum Requisiten: Stock, Degen, Brief, vielleicht noch das Glas, wenn jemand Gift trinkt. Nur wenige Gerätschaften sind in der Totale bemerkbar.

Alle Künste, die Film in sich aufnimmt, verbinden sich, scheint mir, im Prinzip der Musik. Ich meine nicht die Filmmusik, sondern die emotionale Ordnung des Materials. Ein Film sollte in seinen ersten zehn Minuten seine Schrittlänge bekanntgeben, etwa so wie eine Ouvertüre in der Oper nicht den Inhalt vermittelt, aber die emotionalen Motive und ihre Entwicklung vorführt, sodass man sie schon mal gehört hat, wenn sie wichtig werden.

BRUNOW (...) Man erwartet als Zuschauer, nach zehn Minuten zu wissen, wo man hinkommt mit diesen Rhythmen, also an welche Plätze der Film einen bringen kann und welche Zeiträume er in etwa umfasst. In diesen Rhythmen liegt eine konkrete Information an den Zuschauer. Sie nennen es Schrittlänge oder Ouvertüre.

KOHLHAASE Der Zuschauer braucht eine Vorstellung, wozu er an dem Abend gebeten ist. Und wie oft gibt es Filme, in denen man noch nach 30 Minuten herumirrt.

BRUNOW Lassen Sie uns nochmal zu diesem Moment von Anfang, von Beginn zurückkommen. Wenn man dieses Gefühl erreicht hat, oder dieses Wissen, von dem wir vorhin gesprochen haben, ein Stoff lässt sich filmisch erzählen, dann beginnt ja noch nicht sofort das Schreiben selbst. Was brauchen Sie, um dieses Gefühl zu haben, jetzt kann ich konkret anfangen zu schreiben, jetzt habe ich meine erste Szene, oder jetzt habe ich den Absprungspunkt für meine Geschichte?

KOHLHAASE Es beginnt meist mit einem Entwurf, den man mal so hinschreibt, damit es überhaupt losgeht. Wenn man dann das Ganze im Blick hat, kommt man zu so überlegenswerten Dingen wie Anfang und Schluss. Ich suche für den Beginn einen Vorgang. Jemand tut etwas. Ich versuche, Bewegung herzustellen. Was den Lauf einer jeweiligen Szene betrifft: Es gibt immer den Punkt, an dem sie nicht besser werden kann. Dann soll man aufhören, denke ich, und auf die scheinbar wichtigen Dinge verzichten, die man noch unterbringen wollte. Vielleicht lassen sie sich an anderer Stelle verwenden. Quäle eine Szene nicht, wenn sie schön ist und ihre Höhe hat. Jede einzelne Szene hat ja das Problem des ganzen Films auf ihrer kurzen Strecke, auch sie hat einen Anfang und ein Ende. Meist versucht man, so spät wie möglich reinzugehen.

BRUNOW Was man ja auch auf den Ablauf der Gesamtgeschichte beziehen kann, und was bedeuten würde, so viel wie möglich in die nicht erzählte Backstory zu legen, die der Zuschauer sich zusammenreimen kann.

KOHLHAASE Ich kenne Drehbücher, die vorne lange Ausflüge haben mit der Beschreibung von Charakteren. Das wird den Studenten an Filmhochschulen manchmal nahegelegt. Das kann man natürlich machen. Wer sich Geschichten ausdenkt, weiß natürlich über die Figuren mehr, als sie jeweils vorführen. Eine Geschichte hat eine Vorgeschichte, und die sollte man sich schon vorstellen. Aber warum muss ich lesen: »Irmgard Schmidt ist eine rasch reagierende, selbstbewusste Frau.« Falls sie das ist, hofft man, kommt es später als Handlung vor. Wenn aber nicht, hilft es niemand.

BRUNOW Sie haben einmal gesagt, sowohl das Tragische als auch das Komische basierten auf einer Verabredung zwischen dem Film und seinem Publikum. Und es sei seltsamerweise das Komische, das eine tiefere Verbindung brauche als das Tragische, diese Art der Verbindung sei schwieriger herzustellen. Können Sie das ein wenig erläutern?

KOHLHAASE Man kennt Leute, die man zu Recht oder zu Unrecht für humorlos hält. Man kennt kaum Leute, von denen man sagen könnte, sie kriegen es nicht fertig, traurig zu sein. Trauer, die sich bei jedem anders äußern kann, bezieht sich auf elementare Verluste, auf schlimmes Geschick. Dafür ist jeder erreichbar. Der Tod ist traurig, auch wenn er etwas Alltägliches ist. Je mehr man ihm täglich ein Stück näher kommt, desto unbegreiflicher wird er. Die Welt kommt sehr gut ohne dich aus, aber ohne dich ist sie in deinem eigenen Verständnis gar nicht existent. Dieses traurige Rätsel ist schwer zu lösen.

Das Komische kann verschieden empfunden werden, nach Temperament und Charakter, nach Lebens- und Weltlage. Das Komische hat Voraussetzungen, und es muss, wenn wir vom Beruf reden, genau berechnet sein. Wenn eine Pause zu lang oder zu kurz ist, ist der Witz weg. Das Komische braucht sozusagen ernste Arbeit. Allenfalls Klamauk, denke ich, kann man durch Improvisation herstellen.

Nebenbei: Ich war vor Zeiten in China mit einer Dolmetscherin unterwegs, und wir haben uns auf einer langen Eisenbahnfahrt von Peking nach Shanghai Witze erzählt. Da habe ich erst bemerkt, wie viel bei den landläufigen europäischen Witzen, die ich so bei mir hatte, vorverabredet ist, im Sinne von »Schotten sind geizig«, oder »Verrückte sind verrückt und springen ins leere Bassin«. Diese Witze funktionieren über ihre Voraussetzung. Das Komische kann sich nicht auf etwas Allgemeines verlassen, wie zum Beispiel auf den Schreck.

BRUNOW Das deutsche Kino hat sehr lange Schwierigkeiten gehabt, über die Landesgrenzen hinaus Interesse zu wecken, Publikum im Ausland zu finden und zu fesseln. Was nicht daran liegt, dass es kein generelles Interesse an Deutschland gäbe, sondern es hat meiner Ansicht nach mit der Art des Geschichtenerzählens zu tun. Es gibt auch dazu von Ihnen eine interessante Aussage. Ihre eigenen Filmgeschichten haben auch meistens nicht so sehr ein Problem gehabt zu reisen, die waren immer grenzüberschreitend wirksam. Dieser Satz von Ihnen heißt – etwas verkürzt von mir wiedergegeben: »Wenn man wirklich an einem Ort ist, ist man in der Welt.« Ist das so etwas wie ein dramaturgisches Credo?

KOHLHAASE Geschichten, die um die Welt gehen, handeln von der Welt als Begriff, als allgemeinster Aufenthalt des Menschen, zugleich aber spielen sie an einem bestimmten Ort. Und je genauer, extremer und sogar je unglaublicher die Erfahrungen sind, die Menschen an diesem Ort machen, umso eher erliege ich der Versuchung, mich an ihnen zu beteiligen. Erzähle mir etwas Besonderes, das Allgemeine weiß ich schon. Man sollte also sozial genau sein, man sollte wissen, wo man wohnt. Man sollte nicht alles ins Englische bringen. Das europäische Kino als Gegenerklärung zum amerikanischen kann es nur geben, wenn der europäische Film multinational bleibt und auf Vielsprachigkeit Wert legt. Man sagt leicht und falsch, etwas kann überall spielen. Es ist anders. Etwas kann überall gesehen werden, wenn es an einem Ort spielt.

Das hängt mit einer anderen Frage zusammen. Ist es besser, über vieles wenig zu wissen oder über wenig viel? Die Mediengesellschaft macht dir ununterbrochen den Vorschlag, über vieles wenig zu wissen. Genau genommen schlägt sie dir vor, über alles nichts zu wissen. Wenn man schreibt oder Filme macht, ist es vielleicht aussichtsreicher, dass man über wenig vieles weiß. Nur so hat man etwas zu erzählen, was anderen neu sein mag.

Im Kino hat sich die Mode eingebürgert, die Titel nicht an den Beginn zu stellen, was zu einem gewissen Vorspann-Impressionismus führt. Man wirft den Leuten zu Beginn ein paar reizvolle Brocken hin oder ein paar Kusshände zu. Es rührt mich, wenn ich alte Filme sehe, die sich Zeit für ihre Titel nehmen. Unerfreulich ist die Fernsehübung, auf der rechten Seite des Bildes klein den Abspann eines Films zu zeigen, während schon ein anderes Programm beginnt. Man muss sich streiten, welche Zeit für den Abspann bleibt, wenn ein Film im Fernsehen gezeigt wird. Es gibt kein Vertrauen in die Idee, dass man zum Ende einer Geschichte, die zwei Stunden gedauert hat, ein Gefühl ausklingen lassen sollte. So ist die Geschäftslage, und das ist ein Verlust an Kultur.

BRUNOW Es gibt ja Leute, die sagen, mit der Erfindung der Fernbedienung ist das Kino im Fernsehen gestorben.(…)

KOHLHAASE Kleine Kinder laufen in einem Laufstall herum. Damit sie sich nicht langweilen, bekamen sie früher eine Klapper. Heute haben sie immer noch einen Laufstall, aber sie bekommen eine Fernbedienung. So lernen sie schon in ihrem zweiten Lebensjahr, dass es sich nicht lohnt, eine Sache anzugucken, die man nicht in zehn Sekunden versteht. Und das lässt am Ende andere Zuschauer entstehen. (…)

Nicht nur in den Medien werden Zusammenhänge ignoriert. Es leben die Reize. Es muss immer mehr und schärfere Reize geben. Logischerweise ist das eine Sackgasse, irgendwann ist nichts mehr neu. Es führt zu Verwüstungen der emotionalen Bereitschaft, sich auf eine schwierige Welt auf normale Weise einzulassen. Man ist zwar meist Pessimist, wenn man auf diese Dinge stößt, aber niemand weiß, wie es weitergeht, es kann auch wieder umschwingen.

BRUNOW (…) Was ist es, was Sie durch die 90 Minuten Erzählzeit navigiert? Woran halten Sie sich da? Ist das im Wesentlichen, was wir im Westen immer Strukturen nennen und was in der Tradition der DEFA Fabel genannt wurde? Oder führt Sie manchmal auch eine Figur, die anfängt, einen eigenen Willen zu entfalten? Was leitet Sie über die doch manchmal ziemlich lange und mühselige Ebene des zweiten Akts?

KOHLHAASE Der zweite Akt, heißt es zu Recht, sei der schwierigste. Wie geht es weiter nach der Eröffnung? Ich weiß keinen Trick dazu. Die Handlung muss sich steigern, ohne schon in die Katastrophe zu führen. Eine Geschichte fürs Kino sollte von ihrem Ende her bedacht werden, das versteht sich. Bei SOMMER VORM BALKON war mir klar, es wird auf dem Balkon beginnen und enden. Sommer, das war ein Begriff für eine flüchtige Zeit. Das heißt, das Minidrama einer halben Liebe und einer Freundschaft wird im selben Licht spielen. Wenn das alles schon wieder anders ist, wird immer noch Sommer sein. Dadurch hatte ich eine innere Uhr, ein Gefühl für Kürze und Länge. Der Film fängt dann doch nicht auf dem Balkon an, aber das ändert nicht die Tonlage. (...)

BRUNOW Sie hatten ein sehr frühes, angeborenes Gespür für Dramaturgie. Oder dieses Gefühl wurde durch das Lesen selbst geschult.

KOHLHAASE Ich bin mir nicht sicher, ob es meine ideale Mitteilungsweise ist, mich dramatisch auszudrücken. Man hat viel leichter eine Meinung als eine Handlung. Damit ein Film wirklich läuft, muss er alle seine Nachrichten als Geschichte erzählen, in zwei Stunden und einem unbekannten Publikum. Immer wieder schwer. (...)

Literatur vermischt gefundene Welt mit erfundener Welt. Oft ist die erfundene Welt am Ende richtiger und haltbarer. Es sei denn, man bleibt bei der gefundenen Welt, dann ist man in allen Ehren ein Dokumentarist, ob beim Film oder anderswo. Das ist nichts Geringeres, es ist nur eine andere Methode. Zum Recherchieren brauchst du Neugier, überdurchschnittliches Interesse, Gewissenhaftigkeit. Zum Erfinden braucht man Mut. Erfinden verändert das Gefundene. Zuerst bist du noch in dem Material, das das Leben so vorbeibringt Und jetzt greifst du in dieses Material ein, je radikaler, desto besser. Je entschiedener man etwas erfindet, umso glaubhafter wird es. Es geht im dramaturgischen Verständnis um die schlimmstmögliche Wendung. Oft bleibt ein Film in seinem redlichen Stoff hängen, man kann ihm glauben, aber man muss es nicht wissen.

BRUNOW Das Verhältnis zwischen Fiktion und recherchierter Realität ist ja nicht immer ohne Spannung. Bei DIE STILLE NACH DEM SCHUSS hat Inge Viett, deren Autobiografie Ihnen in gewisser Weise als Vorlage gedient hat, gegen den Film geklagt. Was ist Ihre Haltung im Umgang mit dem vorgefundenen Material? Gibt es da für Sie ausgesprochene oder unausgesprochene Regeln?

KOHLHAASE Ich schreibe Geschichten, die meist länger in meinem Besitz sind. Die entstehen weniger durch Erkundigung, mehr durch Beobachtung und Teilnahme an vielerlei menschlichem Geschick. Oder ich bringe persönliche Angelegenheiten in andere Gestalt. Das ist der

Ausgangspunkt. Dann gehe ich herum und recherchiere. Es beunruhigt mich, wenn ich denke, ich könnte etwas wissen und versuche nicht, es zu erfahren. Oft ist der Mensch auf der Leinwand ja zusammengesetzt aus verschiedenen Menschen. Man bewegt sich auf Natur zu und von Natur weg. (…) Als ich anfing, Filme zu machen, hielt ich es für richtig, dass man nicht über sich selbst schreibt, sondern über Dinge, die passieren. Dass das meinen persönlichen Blick nicht ausschließt, sondern voraussetzt, habe ich allmählich gemerkt. (…)

Ich begann in der Dramaturgie als Assistent. (…) Ich empfand dieses Dramaturgieleben nach der Arbeit bei der Zeitung als eine höhere Form von Urlaub. Die DEFA machte damals nur sechs oder sieben Filme im Jahr. Es gab natürlich, worauf Sie angespielt haben, das besagte Eingesandte. Das habe ich mit allem verfügbaren Hochmut gelesen und es meist für mangelhaft befunden.

BRUNOW Unterlag das Ihrem rein persönlichen Urteil? Oder gab es damals schon irgendwelche fixierten Vorstellungen, die diese Texte zu erfüllen hatten? Auf der einen Seite handwerkliche Anforderungen und daneben auch bestimmte inhaltliche, ideologische Momente, die zu beurteilen waren?

KOHLHAASE Es gab politische Vorgaben. Aber die sagten nicht, wie ein Film zu machen ist, sondern was in ihm behandelt werden sollte. Man nannte das den thematischen Plan. Der thematische Plan war aber vergleichsweise unschuldig, da stand nur drin: »Geplant wird ein Film, der die neuen Entwicklungen auf dem Lande abbildet.« Oder: »Geplant ist ein Film, der das Leben eines Neulehrers erzählt.« Neulehrer spielten im Osten eine Rolle, viele frühere Lehrer waren weg oder sollten, da sie den Nazis nicht so fern gestanden hatten, nicht mehr beschäftigt werden. Junge Leute, die gestern noch Schüler waren, wurden über Nacht zu Lehrern. Warum sollte das nicht interessant sein? Es gab Themen zur deutschen Geschichte. Nach diesem Krieg waren sie einleuchtend. DIE MÖRDER SIND UNTER UNS habe ich für einen großen Film gehalten. Den Titel konnte man sich zu eigen machen wie eine Denkrichtung. (…)

BRUNOW Gab es auch so etwas wie inhaltliche Vorgaben von politischer Seite?

KOHLHAASE Es gab lange Diskussionen, in denen ging es um den »positiven Helden«. Der positive Held war keine theoretische Kunstfigur. Damit war nicht ein Held wie bei Schiller oder Lessing gemeint, obwohl Klassik in hohem Ansehen stand. Gemeint war der Mensch im Alltag, in der Nachkriegswelt, der sich einer besseren Zukunft zuwendet. Solche Geschichtsmodelle waren nicht unpopulär. Ein deutsches Publikum wollte wenigstens im Kino und im Nachhinein auf der richtigen Seite sein. Das war so etwas wie die Reinigung der Affekte und in Ost und West nicht so verschieden.

Wir suchten also an einem großen runden Tisch nach dem positiven Helden, den wir in der erhofften reinen Gestalt nicht wirklich dingfest machen konnten. Gerade Menschen mit bürgerlicher Kunsterfahrung, die keine Opportunisten waren, hielten es für möglich, dass der Sozialismus, eine aufklärerische Bewegung, auch in der Kunst andere Wege suchen müsse. Das war einleuchtend. Aber der puritanische Eifer der Diskussionen war nicht ohne Komik. Es wurden viele Zigaretten geraucht.

BRUNOW Sind diese Diskussionen immer einer politischen und ideologischen Ebene verhaftet geblieben? Oder gab es auch Momente, wo man gesagt hat, also das Thema, die Figuren, das ist eins, aber wir brauchen auch eine Fabel, die so und so gebaut ist, und ein Szenario, das hat so auszusehen? Hat es Vorgaben gegeben?

KOHLHAASE Es wurden Drehbücher geschrieben, und die waren so, wie Drehbücher sein müssen. Es war kein tiefes Geheimnis, und es ist keins. Zu uns kamen ein paar neue Kollegen, die hatten Theaterwissenschaft studiert, der erste Durchgang nach dem Krieg. Theater, war mir klar, das ist ein Haus, da geht man abends hin, und da spielen die Schauspieler. Aber was ist die Wissenschaft davon? Die Neuankömmlinge hatten es gerade studiert, aber es ist ihnen auch nicht leichtgefallen, eine dumme Frage klug zu beantworten. Die Jüngeren von uns hatten das träumerische Selbstvertrauen von Anfängern. Meine Chance war dann ein steckengebliebener Kinderfilm, ich bin dazugestiegen als Co-Autor. (...)

BRUNOW Wie sehen Sie dieses Verhältnis zwischen Bild und Sprache? Und was hat das für Sie bedeutet, eben nicht Prosa zu schreiben, sondern Drehbücher?

KOHLHAASE Drehbuchschreiben ist Reduzierung von Sprache. Warum soll man schreiben, was nicht nötig ist? Ich denke, ein Drehbuch muss nicht homogen sein, sondern ich schreibe rein, was der spezielle Vorgang braucht. Vielleicht ist das manchmal eine Seite, die wie Prosa klingt, wenn man eine bestimmte Atmosphäre erzeugen will, für das Drehen, also für die Leute, die es machen sollen. Ich kann ja mit ein paar Sätzen ein Gefühl erzeugen, von dem ich glaube, das sollte die Szene haben. Aber in einer anderen Szene entsteht das Gefühl über die Dialoge.

Meine Drehbücher sind im Laufe der Zeit eher kürzer als länger geworden. Die Dialoge sollen alles sagen, aber nicht alles aussprechen.

BRUNOW Durch die festgelegte Schreibweise des Drehbuchs entsteht auch ein »Schriftbild«, durch das Einrücken der Dialoge entsteht so etwas wie ein abstrakter Tannenbaum, der einen gewissen Rhythmus abbildet. Eine Schauspielerin sagte mal, sie memoriere ihre Texte im Zusammenhang mit oder nur durch diesen Rhythmus. Ihre Drehbücher mussten deshalb immer in »final draft« – also nach der offiziellen Formatierung – geschrieben sein.

KOHLHAASE Ich habe neulich einen schönen Satz über das Zeichnen gefunden. Joachim John, ein wunderbarer Zeichner, hat gesagt: »Eine Zeichnung ist dann gut, wenn auf ihr eine Stelle bedeutsam ist, die der Stift nicht berührt hat.« Das beschreibt vielleicht auch die Art, in der das Drehbuch Platz für die Inszenierung lassen soll. Aber dieser Platz wird durch Genauigkeit gewonnen, nicht durch Beliebigkeit.

Wie gesagt, alles muss von innen nach außen. Es macht nicht viel Sinn, psychologisierend zu beschreiben, was eine Figur innerlich erlebt.

BRUNOW Ich glaube, es war Robert Mitchum, der in seine Drehbücher an den guten Stellen immer als ein Kürzel reinmalte: »No acting required«.

KOHLAASE Mir fällt die Anekdote ein, wie jemand zu Erich Ponto auf der Bühne sagt: »Erich, du bist da hinten, komm doch hier schräg nach vorne, kannst du das machen?« Ponto sagt: »Ja, gerne, aber warum?«

BRUNOW (…) Sie haben auch ein Hörspiel geschrieben, das heißt »Fragen an ein Foto«. Das Hörspiel kenne ich nicht, aber als ich den Titel gesehen habe, dachte ich, es muss etwas dran sein an dem Gedanken, dass das fotografische Bild in Ihrem Schreiben eine besondere Bedeutung einnimmt.

KOHLAASE Das Hörspiel »Fragen an ein Foto« war die Vorlage für den Film MAMA, ICH LEBE. Dass es von diesen vier Leuten nur noch ein Foto gibt, anders wüsste man nicht mehr, dass es sie gegeben hat, ist das Motiv der Geschichte, im Hörspiel ist es ein gedankliches, ein poetisches Motiv.

Wenn ich Menschen, die ich nicht kenne, auf Fotos sehe, berührt mich die Gültigkeit dieses einen Moments, der wiederum nichts sagt über den nächsten, nur in dieser Sekunde war es so. Die Wahrheit, nach der jeder unterwegs ist – jeder nach seiner eigenen, aber alle nach einer vielleicht gemeinsamen –, ist auf dem Foto gezeigt als ein Augenblick. Man übt das Sehen im Rahmen. Man kann es trainieren, auch ohne Fotoapparat den Ausschnitt herzustellen, der die Natur verlässt und vielleicht übertrifft. Die Natur hat keinen Rand. (…)

BRUNOW Lesen Sie Kritiken?

KOHLAASE Ja, natürlich.

BRUNOW Was bedeuten Ihnen Rezensionen?

KOHLAASE Ich lasse Einwände gelten und höre zu, aber die Kritik kann mir den Beruf nicht erklären. Das ist ja auch nicht ihr Zweck. Sie vermittelt der Öffentlichkeit einen Film, und dabei spricht sie auch von sich selbst. Obgleich die Kritiker ihre Individualität pflegen, ist sie auch ein Gruppengeschäft. Es gibt sozusagen Vorschreiber und Nachschreiber, aber wo ist das anders? Ein oder zwei Mal im Jahr – es muss nicht Weihnachten sein – hat die Kritik das kollektive Bedürfnis zu loben. Wer das gerade abkriegt, ist gut dran.

BRUNOW (…) Ist das Ihre Haltung, den Alltag oder das Soziale im Detail des Alltags aufzusuchen, um eine Lebenserfahrung zu bewahren vor der politischen Inanspruchnahme?

KOHLHAASE Das Politische übersetze ich mir gern im Wortsinn. Als die Dinge der Stadt. Die öffentlichen Dinge. Das hat mich immer betroffen, besonders bei DIE STILLE NACH DEM SCHUSS. Mit seiner speziellen Geschichte berührte er ja eminent politische Vorgänge, denen wollten wir uns nicht entziehen, weder Schlöndorff noch ich, im Gegenteil, es schien uns ein deutscher Stoff von nicht gemütlicher Art zu sein, und wir dachten, dass unsere Blicke sich ergänzen könnten. Der Film, glaube ich, ist nicht so gut, aber er ist auch nicht so schlecht. Er muss sich aber an der Größe des Themas messen lassen. Letztlich haben wir die Höhe oder die Tiefe nicht gehabt, die den beiden Kürzeln entsprochen hätte, RAF und DDR, das Ende der Utopie. So ist der Film in die Meinungsverschiedenheiten geraten, die auf der Hand lagen.

BRUNOW Haben Sie eigentlich Drehbuch schreiben je unterrichtet oder gelehrt? An der Konrad-Wolf-Hochschule in Potsdam oder später im Westen?

KOHLHAASE Die Filmhochschule in Babelsberg, die jetzt seit längerem nach Konrad Wolf heißt, hat mich nicht gefragt, auch früher nicht. Ich sage gleich, es fehlt nicht. Ich rede gern mit Leuten. Ich sage ihnen, was ich denke und was ich glaube verstanden zu haben. Aber ich habe immer die Mühe gescheut, das Ganze in die Form einer Konzeption zu bringen. Ich weiß gar nicht, ob ich es könnte. Ich hatte verschiedene Angebote, wie gesagt, nicht in der DDR, sondern später, aber das würde mein Leben ändern. Ich halte es nicht für möglich, dass man in der Woche zwei oder drei Tage verantwortlich Leute unterrichten kann, und dann kommt man an den eigenen Tisch zurück und fragt: Wo war ich stehengeblieben? Das betrifft alles, was wir besprochen haben: Wie entstehen Stoffe? Wie kommt man zu Material? Indem man herumläuft, sich umsieht, Zeit für Nebendinge hat, mit Menschen redet nicht unter dem engen Gesichtspunkt der Verwertbarkeit dessen, was sie erzählen. Eine gewisse

Menge Müßiggang gehört dazu. Mein Vater war Reparaturschlosser, er hatte Lehrlinge. Es blieb nicht aus, ab und zu hat er sich über die geärgert. Wenn er sich besonders geärgert hatte, sagte er den schönen Satz: »Warum soll ich eigentlich anderer Leute Kinder was beibringen?«

BRUNOW Wir könnten natürlich jetzt mit diesem Satz Ihres Vaters enden, aber ich wüsste noch gern, was war der beste Ratschlag, den Sie für Ihre Arbeit je bekommen haben?

KOHLHAASE Es ist eher eine Erfahrung: Man muss das Filmemachen für eine gesellige Arbeit halten und die Erfindungen der anderen nicht fürchten, sondern auf sie hoffen.

BRUNOW (...) Wie ist der Unterschied zwischen den beiden Selektionsmechanismen in Ost und West? Was geriet drüben in die Sichtbarkeit und was in der jetzigen neuen BRD?

KOHLHAASE Man könnte, edel gedacht, sagen, der moralische Auftraggeber ist immer das Publikum. Zwischen das Publikum und einen Film sind aber beträchtliche Apparaturen gesetzt, denn der Film muss hergestellt werden, er muss vor allen Dingen finanziert werden. Der konkrete Auftraggeber hat unter Umständen andere Vorstellungen als man selbst, er ist vielleicht ein Partner, oder auch ein Kontrahent, oder sogar ein Verhinderer. Mir gefällt, was Staudte auf eine ähnliche Frage geantwortet hat. »Ich will Filme machen, in denen die Welt nicht in Ordnung ist, mit dem Geld von Leuten, die die Welt in Ordnung finden«. Das beschreibt die Sache ziemlich genau. Und das verbindet Ost und West oder das eine System mit dem anderen. Auch dort, wo Geld nicht die alles bestimmende Rolle spielte, regelte die Vergabe staatlicher Mittel die Realisierungschancen. Allerdings redeten wir nicht von Geld, sondern über Politik. Wenn man eine Filmgeschichte im Kopf hat, muss man jemand gewinnen, sich daran zu beteiligen, und zwar in einem Augenblick, in dem man sich selbst der Geschichte noch nicht sicher ist. Die sensibelste Form von Zensur ist mangelnde Ermutigung. Man gerät an Erwartungen, Vorurteile und Wünsche. Vor dem Fenster ist der Markt, mit am Tisch sitzt die Quote.

Wenn ein Mensch Geld in eine Sache steckt, will er es wiedersehen, möglichst vermehrt, das ist ein verständlicher, gutbürgerlicher Wunsch. Aber so altväterlich geht es selten zu. Die großen Häuser haben viele Türen, das Geld ist anonym und wird von Gewissheiten bewacht, was das Publikum sehen will. Doch man trifft auch andere Leute, die nicht nur von der Sehnsucht nach der sicheren Seite erfüllt sind, neben dem Ärger wohnt die Freude. Wirklich gefährlich ist es, vor den eigenen Ansprüchen zu scheitern. Aber das gehört zum Beruf.

2007

In: *scenario. Drehbuch-Almanach.* Hrsg. Jochen Brunow. Eine Publikation der Carl-Mayer-Gesellschaft, Berlin 2007, S. 12 ff.

»Auf Wiedersehen« war mehr als eine Redensart
Gespräch über Berlinale-Besuche

JÜRGEN HAASE Was hat die Berlinale für Sie bedeutet? Wie empfanden Sie, als einer der bekanntesten DEFA-Drehbuchautoren, den Umstand, dass DEFA-Filme plötzlich auf der Berlinale vertreten waren, was bis 1975 undenkbar gewesen war?

WOLFGANG KOHLHAASE Die Berlinale lag mir relativ fern, was sich allerdings vor allem auf die Jahrzehnte davor bezieht. Wir waren Leute in ähnlichem Alter, wir versuchten, in der DDR realistische Filme zu machen. Vor dem Oberhausener Manifest mit seiner Kündigung der Gemütlichkeit hat uns das Kino in der Bundesrepublik nicht sehr interessiert. Wenn wir über den Zaun sahen, worauf wir ja dringend angewiesen waren, dann blickten wir in die Tschechoslowakei, nach Polen, nach Ungarn und auch in die Sowjetunion und natürlich nach Italien und Frankreich. Überall gab es Dinge, die für uns von Belang waren. Das Kino auf der anderen Seite der deutschen Grenze nahmen wir erst zur Kenntnis, als da eine Art von Thematik und Machart auftauchte, die dichter an der Wirklichkeit war. Dann merkte man sich die Namen, die Bestand hatten und zum so genannten Neuen Deutschen Film zählten. Die Berlinale schien mir Glanz und Glitzer zu haben, aber nicht die Sorte Film, die mir wichtig war. Das war vielleicht ein verkürzter Blick.

Die DDR war ja nicht nur bei der Berlinale nicht dabei, es gab überhaupt keinen Markt für DEFA-Filme. Wir waren bei unseren gelegentlichen Aufführungen in der Bundesrepublik auf einer Strecke unterwegs, die anders lief. Das waren Filmclubs oder andere Diskutiergemeinden, zu denen Filme eingeladen wurden. Es gab noch die Hallstein-Doktrin: Filme mussten an einer bestimmten Kommission vorbei, ohne deren Erlaubnis sie nicht gezeigt werden durften. So erschien bei einer Vorführung von DER FALL GLEIWITZ in Frankfurt ein Polizist und sagte: »Schluss der Veranstaltung. Ich bitte Sie, den Film abzubrechen und den Raum zu verlassen«. Und dann gingen wir alle in der Nachbarschaft eine gemeinsame linke Suppe essen und sagten uns: »So ist das eben.«

Persönliche Erfahrungen mit der Berlinale beginnen mit MAMA, ICH LEBE und vor allem mit SOLO SUNNY. Beide Filme waren im Wettbewerb. Obwohl man nur um die Ecke wohnte, war man in ein Hotel eingeladen: Also packte man seine Koffer für eine viertelstündige Reise und traf Kollegen, die man vom Namen her kannte, oder auch nicht. Diese Bekanntschaften, über das Betrachten von Filmen hinaus, waren wichtig. Es geht mir bis heute so, dass ich, wenn das Festival sich hinzieht, die Filme zurückstelle und die Leute bevorzuge.

HAASE Wie war die gegenseitige Wahrnehmung von Filmemachern in Ost und West?

KOHLHAASE Die war oft ungenügend. Gelegentlich traf man auf selbstgewisses Vorurteil und konnte schon überraschen, indem man mit Messer und Gabel aß – das hatte niemand erwartet. Wenn man sich kennenlernte, wurde es praktischer. Bei uns wurde viel über Politik geredet, dort mehr über Geld. Bei uns gab es eine Art von staatlicher Zensur, aber auch der Markt hat einen Aspekt von Zensur. In wenig vergleichbaren Lagen ließen sich Ähnlichkeiten finden.

HAASE Wann stellte sich heraus, dass SOLO SUNNY von der DEFA-Auswahlkommission nominiert worden war?

KOHLHAASE Zwischen der Premiere und der Berlinale lag wenig Zeit. Allmählich, glaube ich, hatte sich die Ansicht gefestigt, dass die Berlinale das wichtigste Filmfestival für uns war. Wir blieben in der gleichen Sprache, wir konnten besonders in Berlin auf ein Publikum rechnen, dass ein ständiges Interesse daran hatte, was jenseits der Grenze geschah. Es war, was man im Sport ein Heimspiel nennt, obgleich es kein Heimspiel war. In Cannes oder Venedig war man einsamer. In Moskau wurde Außenpolitik gemacht, die DDR war sowieso da.

HAASE Auf der Berlinale wurde aber auch Außenpolitik gemacht.

KOHLHAASE Moritz de Hadeln hat in schwierigen Zeiten, als in die Berlinale politische Gewichte hineinspielten, die sie eigentlich nicht tragen konnte, ein Fenster und eine Tür offen gehalten: ein Fenster um rauszugucken und eine Tür, um Filme und Leute rein zu lassen. Das ist sein Verdienst und war nicht selbstverständlich.

HAASE Mit welchem Gefühl sind Sie nach Berlin gefahren, als SOLO SUNNY im Wettbewerb gezeigt wurde?

KOHLHAASE Wir saßen im Kino und hatten nicht die Befürchtung, der Film könnte durchfallen. Aber dann standen wir in der Gasse, als Renate Krößner raus ging und der Applaus hörte nicht auf. Man kniff sich ins Ohrläppchen und sagte, das kann doch nicht sein, dass es so lange dauert. Das Publikum kannte sich aus mit den Tönen und den Untertönen, es war ein Berliner Film. Obgleich ich glaube, in dieser Geschichte steckt ein universeller Kern, der sich in drei Sätzen erzählen lässt – ein Mensch hat eine besondere Idee von sich selbst und schon wird es schwierig.

HAASE Was bewegte Sie am Tag der Preisverleihung?

KOHLHAASE Wir wohnten immer noch im Hotel, und zwar im Schweizer Hof. Konrad Wolf hat mich angerufen. Außerdem haben wir noch den Preis der Filmkritik gekriegt und den Publikumspreis der *Berliner Morgenpost*. Aber Renate Krößner war nicht mehr da, denn sie hatte nur ein Visum für ein oder zwei Tage. Nun sollte sie den Silbernen Bären bekommen, der ging ja an die Schauspielerin. Aber es war ein Wochenende, und abgesehen vom guten Willen, den man nicht voraussetzen konnte bei den Leuten, die die Visa erteilten, hatten die auch ihren freien Beamtennachmittag. Konrad Wolf hat sie jedoch wissen lassen, dass er den Preis nicht stellvertretend entgegen nehmen würde. Es regte ihn ziemlich auf. Und was nicht ging, ging am Ende doch: Renate holte am Abend den Preis ab.

HAASE 1985 waren Sie ja auch in der Berlinale-Jury. War das Ihre erste Jury-Arbeit?

KOHLHAASE Bei einem A-Festival war es meine erste.

HAASE Wenn man nun aus der DDR kommt und Filme aus der DDR nominiert sind, ist man da solidarisch und kritisiert vielleicht diese Filme wohlwollender?

KOHLHAASE Das hätte man nicht machen können, man macht sich ja unglaubwürdig. Man kann nicht eine Landesfahne hochziehen ohne sonstiges Argument. Die DDR hatte DIE FRAU UND DER FREMDE nominiert, eine gediegene, genaue Arbeit von Rainer Simon, ein Film, der mir sympathisch war und den man schätzen konnte.

HAASE Konnten Sie Unterschiede zwischen DEFA- und bundesrepublikanischem Film feststellen?

KOHLHAASE Da fällt mir nichts Besonderes ein. Es gibt ja auch außerhalb von Festivals Filme, die sich nicht vergleichen lassen. Wenn Sie das Wort Film so allgemein gebrauchen, dann meint das Kino, und Kino lässt sich nicht beschränken auf Kunst. Kino ist ein größeres Phänomen, ein soziales Instrument, ein industrielles Produkt für den massenhaften Verbrauch. Im Sinne Ihrer Frage: Gute Filme sind letztlich gute Filme.

Man kann Ambition und Resultat vergleichen. Was wollte jemand machen und was hat er gemacht. Wenn Ambition und Resultat sich berühren oder sich vielleicht sogar decken, dann hat man es in der Regel, egal in welchem Genre, mit einem anständigen Film zu tun. Ich habe auf Filme aus der Bundesrepublik nicht mit anderen Augen geblickt als auf Filme aus dem Rest der Welt.

HAASE 1975 war Anfang mit DEFA-Filmen auf der Berlinale, 1985 waren Sie in der Jury. Haben Sie in diesen 10 Jahren eine Veränderung unter den Ost- und Westkollegen gespürt?

KOHLHAASE Ich glaube, die simpelste Veränderung war, dass man anfing sich zu kennen. Und dass »Auf Wiedersehen« zu mehr als einer Redensart wurde, auch wenn es nicht sicher war, dass man wieder hinfahren konnte. Ich war besser dran, seit ich Mitglied der Akademie der Künste war. Aber viele Kollegen, vor allem jüngere, konnten nie auf die Berlinale. Die Traumata, die so entstanden, wären nur vermeidbar gewesen, wenn alle hätten fahren können.

HAASE Hat sich über die Jahre dann so etwas wie Vertrauen herauskristallisiert zueinander?

KOHLHAASE Zunächst wenigstens Bekanntschaft. Es kamen zum Beispiel Kollegen aus der Bundesrepublik in die Akademie der Künste und zeigten dort ihre Filme. Und wir hatten dort ein wunderbares, meist junges, offen sprechendes Publikum, das Haus war immer voll. Margarethe von Trotta war da, Wim Wenders, Bernhard Wicki, auch Volker Schlöndorff und Peter Lilienthal. Ich glaube, es waren Abende, die in Hamburg oder München so nicht zu haben waren.

HAASE Der Film DER BRUCH war dann etwas Besonderes wegen der deutsch-deutschen Besetzung.

KOHLHAASE DEN BRUCH hat Frank Beyer inszeniert. Die Geschichte hatte ich lange im Hinterkopf, seit ich in den fünfziger Jahren dicke Akten über diesen berühmten Einbruch in die Reichsbahnkasse Unter den Linden, Ecke Charlottenstraße gelesen hatte. Wir haben authentische Motive verwendet, aber es war keine Rekonstruktion. Und dann kam es dazu, dass dieser Film eine gemischte Finanzierung hatte, die die Spielregeln erweiterte, die bis dahin zwischen DDR und Bundesrepublik geherrscht hatten.

Wir konnten drei bekannte Schauspieler engagieren: Rolf Hoppe, Otto Sander und Götz George, zwei also aus dem Westen. Die DEFA war dabei, und im Hintergrund der Westdeutsche Rundfunk. Das wurde so sehr nicht ausgerufen, aber spätestens als die Schauspieler auf den Plan traten, war es natürlich eine Geschichte von allgemeinerem Interesse.

HAASE Was war das für Sie als Drehbuchautor für ein Gefühl, plötzlich mit Ost- und West-Schauspielern zusammen zu arbeiten? Hat die Besetzung Sie überrascht?

KOHLHAASE Das hat sich ergeben, als das Buch im Wesentlichen fertig war. George zu besetzen war eine Idee von Frank Beyer, an die ich mich gewöhnen musste, weil ich mir die Figur beim Schreiben anders vorgestellt hatte. Die Rolle musste sich durch Habitus und Prominenz von George verändern. Die Schimanski-Figur war berühmt, aber in der Nachkriegszeit hatte es diese Windjackendynamik noch nicht gegeben.

HAASE Ist das Götz George schwer gefallen?

KOHLHAASE Er hat das, glaube ich, gern gemacht, auch mit Blick auf Otto Sander und auf Rolf Hoppe, weil es Ensemblearbeit war. Er war professionell und diszipliniert, die beiden anderen auf ihre Art auch. Das war schon sehr schön, jeder hatte seinen Stil und das ging trotzdem zusammen. Als der Film fertig war, entstand eine andere Frage, an der ich nur am Rand beteiligt war: Worauf setzt die Werbung? Der Umstand, dass Schauspieler wie Hoppe und Sander und George zusammenspielen, war letzten Endes mehr eine Nachricht innerhalb der Filmlandschaft als für das breite Publikum.

HAASE 1983 musste Frank Beyers Film DER AUFENTHALT von der Berlinale zurückgezogen werden.

KOHLHAASE DER AUFENTHALT war im Januar herausgekommen, die Berlinale hatte ihn angenommen und wir hielten das für normal und für wünschenswert. Der Film hatte auch in der Presse eine gute Resonanz. Und dann passierte etwas, das niemand kommen sah. Es gab einen Einspruch aus Warschau gegen die Aufführung dieses Films auf der Berlinale. Wie sich nachher herausstellte, war auf der höchstmöglichen Ebene ein Brief geschrieben worden.

Nun muss man dazu wissen, es war die Zeit des Kriegsrechts in Polen. Die Befürchtung ging dahin, dass dieser Film antipolnische Gefühle wecken könnte. Die Geschichte, die auf einem Roman von Hermann Kant basiert, handelt davon, dass ein junger deutscher Soldat, ein Kriegsgefangener, verwechselt wird. Eine Frau hält ihn für einen Mann, der bei einer Razzia ihre Tochter erschossen hat. Er wird in ein polnisches Gefängnis gesperrt und bekundet seine Unschuld, was aber niemanden interessiert. Schließlich kommt er nach langer Einzelhaft in eine Zelle mit Deutschen, die dort nicht zu unrecht sitzen und auch kein Hehl daraus machen. So bekommt er eine Ahnung, dass man es den Polen nicht verdenken könnte, wenn sie nicht so genau unterscheiden. Und er ist sich nicht mal sicher, ob er vielleicht nur Glück gehabt hat, dass er nicht ähnliche Dinge getan hat wie die anderen. Die Polen finden heraus, dass er verwechselt worden ist, und er geht als ein Anderer aus dem Käfig. Der Vorwurf aus Polen beruhte auf der Annahme, diese besondere Geschichte würde die allgemeine Geschichte verdrehen und Recht und Unrecht in die falsche Reihenfolge bringen. Die Behörden in der DDR haben sich dem nicht angeschlossen, aber sie wussten auch nicht recht, wie damit umzugehen sei, schon gar nicht in diesem politisch sensiblen Moment, in dem die normalen Kontakte wegen des Kriegsrechts nicht funktionierten. Wir konnten in Westberlin eine Pressekonferenz geben und zu einer Vorführung des Films in Ostberlin einladen. Mehr war nicht zu machen.

HAASE Haben Sie das als Zensur empfunden?

KOHLHAASE Sehr viel später erfuhren wir, dass aller Einwand gegen den Film auf dem Eindruck des polnischen Militärattachés in Ostberlin beruhte. Er hatte gemeldet, und es war weiter gemeldet worden. Niemand in Warschau hatte den Film gesehen. Es gab nur den Brief von Chef an Chef. Und der hatte seine Logik, glaube ich: Soll ich deine Briefe lesen, musst du meine Briefe lesen. Deshalb sind Frank Beyer und ich einmal weniger auf der Berlinale gewesen, als wir hätten sein können. Und DER AUFENTHALT war dort nicht zu sehen.

2010

In: *Zwischen uns die Mauer. DEFA-Filme auf der Berlinale.* Hrsg. Jürgen Haase, be.bra verlag, Berlin 2010, S. 159 ff.

Dank für die Verleihung des Goldenen Ehren-Bären

Vor längerer Zeit habe ich eine kleine Geschichte an eine Zeitung geschickt und wunderbarerweise wurde sie gedruckt. Die Redaktion hatte allerdings einen Satz vorangestellt: Diesen Text hat der erst fünfzehnjährige W. K. geschrieben. Und ich dachte: Das wäre ja nicht nötig gewesen. Vor nicht so langer Zeit, und es handelte sich um den Film SOMMER VORM BALKON, stand in einer Besprechung: Das Drehbuch schrieb der schon fünfundsiebzigjährige W. K. Und ich dachte wieder: Das wäre ja nicht nötig gewesen.

Zwischen solchen Erwähnungen erstrecken sich meine Berliner Tage. Als Ost und West nicht nur Himmelsrichtungen waren, gehörte ich in den Osten. Über die Zeit geblieben ist mir die Lust auf ein Kino, das alltägliche Geschichten erzählt und die große Geschichte nicht aus dem Auge verliert.

Die Arbeit am Drehbuch ist meist der Anfang von allem, doch der es schreibt, schafft es nicht immer auf das Plakat. Falls jedoch ein Film misslingt, gerät er in Verdacht. Man kann sich schützen durch Freude am Leben und eine Art von melancholischem Humor.

Von den unterschiedlichen Regisseuren, die ich getroffen habe, hielten aber die meisten ebenso wie ich die Herstellung eines Films für eine gesellige Beschäftigung. Worte und Bilder brauchen sich gegenseitig. Und ich bin in der Schuld von Schauspielern, die dem, was mir wichtig war, ihr Gesicht und ihre Stimme gegeben haben. Ich bewundere die Erfindungen des Augenblicks, die man nicht vorhersehen kann. Damit ein Film etwas taugt, müssen verschiedene schöne Berufe mehr als einen guten Tag haben.

Ich habe also auch Glück gehabt.

So oder so, Kino hat keine Grenzen. Filme werfen auf die bunte und ungerechte Welt ein weiches oder hartes Licht und wenn sie gut sind, befördern sie die Phantasie, von der man eine Menge braucht, um die Dinge zu sehen, wie sie sind.

Ich habe mir gewünscht, dass heute abend der Film DER AUFENTHALT gezeigt wird. Er beruht auf dem Roman von Hermann Kant, Frank Beyer hat ihn inszeniert, Eberhardt Geick war der Kameramann, Günther Fischer hat die Musik gemacht und Sylvester Groth spielte seine erste große Rolle. Der Film stand schon einmal auf dem Programm der Berlinale, im Jahre 1983. Dann trafen, offenbar auf hoher Ebene, polnische Befürchtungen ein, er könnte zu antipolnischen Reaktionen führen. Dafür gab es aus unserer Sicht kein Indiz, wir widersprachen, aber es half nichts. Es war die Zeit des Kriegsrechts, ein Moment großer Spannungen in Polen und um Polen herum. Die DDR hat den Film zurückgezogen. Nun ist diese Geschichte auch schon Geschichte. Nun kommt der Film nach siebenundzwanzig Jahren doch noch auf der Berlinale an, und das ist ein schöner Augenblick für alle, die damals beteiligt waren. Frank Beyer ist nicht mehr dabei.

Ich danke Andreas Dresen für seine schöne Rede. Ich danke der Berlinale für die Ehre, die sie mir erweist. Ich stehe gern neben Hanna Schygulla.

Ich freue mich und sage mehr zu mir selbst: Es wäre ja nicht nötig gewesen.

2010

In: Archiv Kohlhaase

Poesie und Gebrauchsanweisung
Dank für den Ehrenpreis des Deutschen Filmpreises

Der erste Impuls, aus dem ein Film gemacht werden kann, eine Lust oder ein Schmerz oder beides, ein Charakter, ein Konflikt, der Umriss einer Handlung oder eine Tonlage; was es auch sei, dieser erste Impuls ist oft die Sache der Autoren. Der Anfang, sagen die Chinesen, ist der halbe Weg.

Aber Drehbücher schreibt man bei offener Tür, immer tritt jemand ein und sagt etwas und fragt etwas, während ich ein endgültiges Zwischenprodukt herstelle, eine Mischung aus Poesie und Gebrauchsanweisung. Was erzählt man wem warum, und wie machen wir es gemeinsam richtig? Ich versuche, den Zuschauer für einen Nachbarn zu halten, den ich nicht langweilen will. Ich wünsche ihm im Kino die Teilnahme an anderer menschlicher Existenz; möglicherweise entdeckt er dabei sich selbst. Die Welt hat wenige Gewissheiten und neben den Computern wachsen die Rätsel. Vielleicht hilft es der Hoffnung, die wir brauchen, dass Menschen sich Geschichten erzählen. Ich danke der Akademie für diesen Preis, eine große Ehre, ich bin nicht nur erfreut, sondern auch ermutigt. Und das braucht man in jedem Alter.

2011

In: Archiv der Deutschen Filmakademie Berlin

Nachrichten aus der Welt – Das Kino in der DDR

Als ich vierzehn Jahre alt war und in einem Berliner Vorort lebte, war Marianne Hoppe mir näher als Zara Leander. Das ist auch so geblieben. Aber zur selben Zeit, im Februar 1945, sah ich auch, wie Heinrich George niederkniete und darum bat, Kolberg nicht an die Franzosen auszuliefern. Es hat nicht geholfen. Die Generation, zu der ich mich zähle, kam nicht mehr dazu, zu den Nibelungen eingezogen zu werden.

Es folgten unglaubliche Neuigkeiten. Die Besatzungsmächte brachten ihre eigenen Vorstellungen ins Land, von denen eine große Verführung ausging. Auch die Armeen brachten ihre Filme mit. Und so, wie man uns die Welt verschwiegen hatte, hatte man uns auch diese Filme verschwiegen. Die Russen hatten ihre Bürgerkriegsfilme aus den dreißiger Jahren, mit den Maschinengewehren auf Handwagenrädern und einer ungewohnten Musik. Die Amerikaner ritten viel und stürzten Autos, um die es schade war, von hohen Brücken. Die Engländer hatten die Salonintrige im Repertoire, und bei den Franzosen konnte man lernen, dass sich nichts lohnte, wenn keine Liebe dabei war.

Das alles verhalf uns unmerklich zu einem anderen Blick im Kino. Und so folgte der Sommer und ein Winter, und es gab die erste Lizenz für eine Spielfilmproduktion im sowjetischen Sektor, für die DEFA. Es war eine Entscheidung, die die Berliner Filmszene wiederbelebte. Auch die Theater spielten wieder. Die Leute wohnten, wo sie wohnten, am Wannsee oder auf der Ostseite. Und dachten, was ihre Arbeit betraf, über dieselben Dinge nach. Und worüber dachte man nach? Über die Vergangenheit. Über das Leben der Eltern, über die verschwendete Zeit. Es musste einem niemand sagen, dass sich das Kino für die deutsche Geschichte interessieren sollte, denn die Leute, die die Filme machten, interessierten sich für die deutsche Geschichte, wofür denn sonst. Man ahnte mehr als man begriff, es hörte nichts auf, es fing etwas an. So gab es in Ost und West ähnliche Ansätze. Und allmählich entwickelten sich auf beiden Seiten Strukturen.

Auch in der Bundesrepublik entstand eine Filmproduktion. In der DEFA mischten sich Anfänger mit Routiniers, von denen man oft erst später erfuhr, dass sie auf unrühmliche Weise schon in der UFA gearbeitet hatten. Die DEFA konnte zunächst nichts anderes sein als eine Gegen-UFA. Diese neue Produktion war nicht auf das Verdienen von Geld aus – kein kleiner und kein uninteressanter Gesichtspunkt. Auch wenn die DEFA andere Wege suchte, hatte sie dadurch keine neue Ästhetik, weil jeder das machte, was er konnte, das heißt, viele machten das, was sie immer gemacht hatten.

Und die jungen Leute sahen nach und nach, was in den Kinos der Welt gespielt wurde. Für uns waren immer die Franzosen interessant, aber auch die Russen und vor allem die Polen, die früh große Filme gemacht haben über ihre Geschichte in diesem Jahrhundert. Das ließ sich weiterdenken und übertragen auf unsere eigene Situation. Die DEFA machte damals sechs oder sieben Filme im Jahr, und jeder war mit stundenlangen Diskussionen verbunden. Es war eine diskutierfreudige Zeit, nicht immer produktiv. Unmengen von Zigaretten wurden geraucht, man war auf der Suche nach dem neuen Menschen.

Die Politik glaubte, dass man dafür weniger das Alltagsleben beobachten musste, sondern dass der neue Mensch sozusagen aus dem Nebel der Geschichte hervortritt – da ist er. Der neue Mensch war der positive Held. Der positive Held nicht im klassischen Verständnis der Rolle, sondern als neuer Mensch, der die Zeit erlebt und verstanden hat und es besser machen will. Das war ein Wunsch der Politik. Die Arbeiterbewegung hat immer nach einer Kunst gesucht, die sich direkt in Politik umsetzen lässt. Das ist eine lange Geschichte, die zurückreicht bis zu Upton Sinclair oder Gorki. Es war also nicht nur eine törichte Idee. Es gab genug nachzudenken über verlorenes Leben und verschwendete Zeit und über alles andere.

Und dann kam für mich, für uns der erste deutsche Film von überraschendem Gewicht. Berlin war untergegangen, die Stadtmitte war versunken. Aber in Babelsberg hatte man eine dekorative Kunstmauer gebaut, die viele Jahre stand – es waren genug Klamotten da. Dieser Film hatte sich seine eigene Trümmerwelt gebaut. Und es gab auch eine helle Stelle in diesem Film, das Gesicht von Hildegard Knef. Kritisch betrachtet kann man sagen, nicht viele sind von irgendwo mit so hellen Gesichtern zurückgekommen. Aber auf eine andere Weise war es die Wahrheit, denn auf den Wegen, die wir vor uns hatten, schien die Morgensonne. Und so war es ein Film, der nicht stimmte und doch stimmte. Und er hatte einen Titel, der mehr war als ein Titel, er hieß DIE MÖRDER SIND UNTER UNS. Das war auch seine Geschichte. Ein Satz wie ein Programm, eine Anklage, eine Befürchtung. Waren sie unter uns oder sind sie unter uns oder werden sie unter uns sein? Dieser Titel hat etwas ausgelöst. Und gleich danach drehte Maetzig seinen ersten Film EHE IM SCHATTEN, auch das war etwas ganz anderes als die Ehegeschichten, von denen das Kino lebte. Diese Filme reagierten auf das Publikumsbedürfnis, wenigstens im Kino und im Nachhinein auf der besseren Seite gewesen zu sein. Die Reinigung der Affekte aus der klassischen Dramaturgie.

Währenddessen baute sich unmerklich auf, was man später den Kalten Krieg nannte. Die Entfernungen wuchsen. Zunächst als politische, ökonomische Reiseverkehrsentfernungen von beiden Seiten. In Ost wie in West gab es Gründe nachzudenken und sich nicht dem Kalten Krieg zu unterwerfen, der die Gewichtungen auf beiden Seiten verändert hatte.

Wir haben ein paar Jahre später einen Film gemacht, der mit dem Ausbruch des Zweiten Weltkriegs zu tun hatte, da gab es schon keinen Markt mehr für DEFA-Filme, überhaupt für östliche Produkte. Also wurde man eingeladen von Leuten, die sich für die andere Seite dieses tiefen Grabens interessierten. Wir fuhren zum Beispiel mit einem Film DER FALL GLEIWITZ nach Frankfurt am Main, wo eine gute halbe Stunde nach Beginn der Vorführung ein Polizist den Raum betrat und sagte: »Verlassen Sie das Kino, brechen Sie den Film ab. Er ist nicht genehmigt.«

Das hing zusammen mit der sogenannten Hallstein-Doktrin, die dazu führte, dass jedes DDR-Produkt von einer Kommission geprüft werden musste. Das betraf weniger die Leute, die die Filme machten, obgleich auch wir Mühe hatten, miteinander bekannt zu werden. Aber das kam wieder in Gang. Im westdeutschen Nachkriegsfilm gab es natürlich große Namen wie Käutner. Doch erst mit der Oberhausener Kündigung der allgemeinen Gemütlichkeit begann das ein Kino zu werden, von dem wir in unseren völlig anderen Umständen glaubten, das sind unsere Freunde und Kollegen, das ist das deutsche Thema, nur in einem anderen Kostüm.

So ging das weiter, man konnte sich wieder treffen. Die Berlinale hatte einen Glitzereffekt und musste natürlich größere politische Gewichte stemmen als sie vertragen hat, die allgemeine Lage warf immer einen Schatten auf das Festival. Im Osten hat man leider erst später begriffen, dass wir kein besseres Festival haben konnten als die Berlinale. Wenn wir nach Moskau fuhren, gab es bestenfalls den Trostpreis für Treue. Aber in Berlin hatten wir in gewissem Sinne ein Heimspiel, die Leute wussten zwar nicht so viel, aber sie wollten etwas wissen, außerdem gab es dieselbe Sprache und dieselbe, wenn auch andere Lebenslage.

Noch etwas zum Streit um Politik und Kunst. Der Film im Osten war an der Politik interessiert, die Politik war auch am Film interessiert, aber wenn die Wunschbilder der einen Seite auf die der andren trafen, dann begannen der Ärger und die Missverständnisse. Zunächst war das eine beinahe ästhetische theoretische Diskussion. Inwiefern die Kunst Vorbilder schaffen oder Fragen beantworten oder Veränderungen bewirken soll, darüber konnte man lang streiten. Wie ist die Welt, das reicht für einen Abend, und wie wollen wir über sie reden, das reicht für den zweiten. Solche Diskussionen können offen und kontrovers sein. Dass dann Mitte der sechziger Jahre eine Situation entstand, in der zehn oder zwölf Filme nicht aufgeführt wurden, hatte eine andere Qualität. Das hatte nichts mehr mit Ästhetik zu tun, sondern war etwas Ernsthaftes und Schwieriges, nämlich der Verzicht der Politik auf Wirklichkeit. Eine Wirklichkeit, die in vielen Fällen ratlos machte, sollte man nicht auch noch im Kino antreffen.

Die DDR hatte immer ein Defizit an öffentlichem Gespräch, sie hat sich die Auseinandersetzung mit ihren nicht gelösten Lebensproblemen nicht recht zugetraut, deshalb spielte die Musik so laut. Letztlich hat der Umstand, dass sich die Politik die Wirklichkeit abbestellt hat, am meisten der Politik selbst geschadet. Die Kunst kann ja gar nicht anders, als immer wieder neu auf die Welt zu reagieren, das ist ein gedanklicher, vor allem aber ein sinnlicher Vorgang. Und die Politik hätte das annehmen können, was die Kunst an Nachrichten brachte. Nichts anderes wollten wir damals machen, als Fragen an die Öffentlichkeit zu bringen und verdeckte Zustände in das Bewusstsein zu heben. Genau danach wurde gerufen, nach Nachrichten aus der Welt. Aber wenn sie dann da waren, waren sie nicht sehr beliebt.

Die DDR hat 600 Filme produziert im Laufe ihrer Existenz, die Bundesrepublik an die 1000. Wir alle wissen, wie schnell Filme kommen und wie schnell sie auch wieder gehen. Das heißt, was berühmt ist, überlebt, darum muss man sich keine Sorgen machen. Aber auch die vielen Filme, in denen das Lebensgefühl einer Generation und das Handwerk einer Zeit aufbewahrt sind, verdienen es nicht vergessen zu werden – das betrifft den westlichen Teil unseres Landes genauso wie den östlichen. Ich suche jetzt einen letzten Satz, und als Nicht-Lateiner fällt mir einer ein, den habe ich schon einmal gesagt: in Kino veritas.

Aus der Eröffnungsrede zur Ausstellung »Erzähl mir, Augenblick – Schauspielerporträts von Michael Weidt und Filmplakate aus der DDR« am 13. Februar 2020 im Willy-Brandt-Haus Berlin

ÜBER KOLLEGEN
UND FREUNDE

Edith Hancke
Edith wurde Adelheid

In einem Film, der angenehm auffiel, fiel ein Mädchen angenehm auf: Gemeint sind der BIBERPELZ und Edith Hancke, die die Adelheid spielte. Vor fünf Jahren noch war sie, damals sechzehnjährig, Haushaltsgehilfin und wollte zwar zum Theater, doch wusste sie nicht, wie. Das ist ohne Zweifel eine ungünstige Ausgangsposition, andererseits aber, da jeder Aufstieg unten anfängt, eine nicht selten anzutreffende. Und der Leser, an vielen Lebensbeschreibungen bekannter Leute geschult, ist nicht weit entfernt von dem Schluss: Dann kam irgendjemand und entdeckte sie.

Aber hier kam niemand. Wer den BIBERPELZ sah, weiß, dass Edith Hancke klein von Figur ist, nicht eben auffallend, in ihren Möglichkeiten auf eine Anzahl gewisser Rollen begrenzt. Ihre große Begabung war nicht so groß, dass sie jemandem, der die Augen anderswo hatte, ins Auge fallen musste. Auch das Glück, in der bisherigen Welt einziges Hilfsmittel der sonst mittellos sich abmühenden Begabten, stand ihr nicht reichlich zur Seite. Nicht nur, dass kein Regisseur sie entdeckte; als sie zu einem ging, um auf sich aufmerksam zu machen, wies er sie ab. Es war Erich Engel, derselbe, der sie dann später für seinen Film engagierte. Dass er sie engagierte, ist eine kurze, interessante, amüsante und sogar etwas lehrreiche Geschichte; denn sie enthält einen kleinen Hinweis darauf, dass das anbrechende Zeitalter der Stipendien nicht das Selbstvertrauen, den Fleiß und die Entschlossenheit entbehren kann.

Edith hatte im kalten Winter 1946 beim Berliner Rundfunk ihre Mikrofonprobe gemacht; ihre Stimme war für geeignet befunden worden, mit Hilfe der Mittelwelle ans Ohr des Hörers zu gelangen. Sie wirkte in Hörspielen mit, beispielsweise in jenem bemerkenswerten: »Während der Stromsperre«, hauptsächlich sprach sie Kinderrollen. Damit finanzierte sie ihr Schauspielschulstudium an einer privaten Schule. Im Mai 1948 fand die Abschlussprüfung vor der Kommission in der Berliner Schlüterstraße statt, und Edith Hancke fiel durch.

Manche noch nicht begonnene Laufbahn geht an diesem Punkt vorschnell zu Ende. In unserem Fall ging sie weiter und erreichte ein knappes Jahr später – dazwischen kein Unterricht, weil kein Geld, gelegentliche Arbeit beim Rundfunk, ständige Schwierigkeiten mit dem Arbeitsamt, zuständiger Sachbearbeiter droht mit Pflichteinsatz – einen neuen Höhepunkt. Edith Hancke sprach Erich Engel vor, die Adelheid. Sie hatte von der Absicht der DEFA im Hinblick auf den BIBERPELZ gehört und bewarb sich um die Rolle. Nationalpreisträger Engel aber sagte nein. Edith Hancke war 21 Jahre alt, und so jung das ist, ihm war es zu alt für die Rolle.

Zwei Wochen später sprachen im Deutschen Theater Aspiranten für Rollen im BIBERPELZ dem Regisseur Engel vor. Edith Hancke gelang es, hineinzugelangen. Sie behielt den Mantel an und trug ein großes buntes Kopftuch, das war nötig. Denn unter dem Mantel trug sie einen alten schmutzigen Rock und eine verwaschene Bluse, unter dem Kopftuch ihr Haar in zwei dünnen Zöpfen. Ihr Gesicht war auch sonst blass. Sie war die Adelheid

Sie hatte nur die Befürchtung, abgesehen von der ganz natürlichen Aufregung, die sie erfüllte, dass Erich Engel sie wiedererkennen und vorzeitig nach Hause schicken könnte. Unbegründet, wie sich erwies. Er erkannte sie nicht wieder, und eigentlich war sie auch nicht wiederzuerkennen. Niemand fand sie zu alt, als sie vorsprach; man fand sie richtig.

Der Mut, den sie zeigte, als sie, von keinem Menschen bestellt, ungewohnte Zöpfe auf dem Rücken, die wenigen aufregenden Schritte zur Mitte der Bühne ging, machte sich belohnt. Die paar richtigen Schritte im richtigen Augenblick gegangen, erlangten große Bedeutung für ihr Leben. Sie wurde zu Probeaufnahmen bestellt, erwies sich nochmals besser als einige andere Bewerberinnen und bekam die Rolle. Gute fünfzehn Drehtage unter einem hervorragenden Regisseur, eine erfolgreiche Premiere mit anschließender Feier, gute Kritiken: Man sprach von Edith Hancke, die eine Adelheid, eine ahnungsvolle, frühreife Göre gespielt hatte, wie lange niemand. Der Rest ist schnell berichtet. Die DEFA, ihre Begabung nicht ungenutzt lassend, gab ihr eine neue Rolle, ähnlich der alten, in dem Film BÜRGERMEISTERIN ANNA, der sich in Arbeit befindet. So hat Edith Hancke also den schweren Anfang hinter sich, doppelt schön, weil sie jung ist, Talent hat und ein Selbstvertrauen zeigte, dass man, ohne ihre spezielle Situation verallgemeinern zu wollen, nur jedem von uns in jeder Lage wünschen kann.

Von Hause aus hat sie kein Theaterblut. Ihr Vater verkauft Büroartikel. Sie wohnt in Charlottenburg, vier Treppen hoch, und hat viele Zukunftspläne.

1949

In: *Start* Nr. 49/1949

Slatan Dudow
Zum Gedenken

Slatan Dudow war ein schwerer, breitschultriger Mann, er ging auf starken Beinen und großen Füßen. In meinen Augen ist er in der Zeit, in der ich ihn näher kannte, seit der Mitte der fünfziger Jahre, nicht älter geworden. Vielleicht beweisen die Fotografien das Gegenteil. Ich meine auch etwas anderes: Er hat seine Haltung nicht geändert und seinen Einsatz nicht verringert. Er war ein Mann voller Sarkasmus, der keinen

Streit vermied. Aber hinter seiner Ironie verbarg sich ein niemals infrage gestelltes starkes und einfaches Gefühl für die Leute, die darangegangen sind, die Welt zu ändern: die kleinen Leute. Er zeigte, dass die kleinen Leute groß sind, und er verschwieg nicht, wenn er sie kleinlich fand. Immer ging es ihm um die Moral der Geschichte.

Er hat, glaube ich, nicht zur Selbstverständigung gearbeitet. Selbstverständnis muss er sich früh erworben haben, spätestens wohl, als er seinen Film KUHLE WAMPE drehte, in gemeinsamer Arbeit mit Brecht und Eisler, inmitten großer Klassenkämpfe, Hitler schon am Horizont. Als ich ihn kannte, ging er an seine Filme mit der Ambition eines Moralisten. Er suchte vor allem nach dem Komischen, das sich einstellt, wenn man sich über eine Sache erhebt. Er wollte sein Publikum durch Heiterkeit urteilsfähig machen.

Obwohl man in den Jahren, in denen sich die öffentliche Wertschätzung eines etwas altertümelnden Stils bediente, mit dem Wort »Meister« nicht sparsam umging und auch ihn damit bedachte, fiel ihm selten jemand um den Hals, wenn er mit einer Geschichte kam. Seine Fabeln waren auf den ersten Blick spröde, solide gebaut, aber die Konstruktion blieb sichtbar, es fehlte ihnen Flitter und jener Hauch des Ungefähren, den mancher mit Poesie verwechselt. Bei seinen Filmen gab es oft einen Punkt, wo niemand an die Sache glaubte, seine Freunde nicht ausgenommen.

Dudow notierte sich die Einwände, mit Geduld allerdings nur, wenn jemand bereit war, Dudows Idee im Prinzip zu bejahen. Er war von seinem Stoff, was Ausgangspunkt und Ziel betraf, immer überzeugt und war zu Debatten jeder Lautstärke bereit, um seine Ansicht durchzusetzen. Bei Einzelheiten war er weniger sicher. Er fragte Freunde und Kollegen nach ihrer Meinung, vor allem Jüngere. Aber da er schwer schrieb, änderte er nicht leicht etwas, das er einmal geschrieben hatte.

Besessen und zugleich gelassen betrieb er seine Projekte vom ersten Entwurf über die verschiedenen Stufen des Manuskripts bis zur Realisierung des Films mit Schauspielern, Kameramann, Architekt, Kostümbildner, Tonmeister, Maskenbildner, Requisiteur. Denn er kümmerte sich um alles, auch um Dinge, die ihn nach Meinung anderer nicht kümmern mussten. Man erzählt, dass er bei einem angeklebten Bart, der ihm nicht gefiel, die Haare nachzählte und empört befand, dass es zu wenig waren. In einer anderen Szene, in der ein kaltes Büfett stand, zählte er die Brötchen und überprüfte den Aufschnitt. Und er behauptete, dass man, um Barthaare und gekochten Schinken zu sparen, die Glaubwürdigkeit seines Films gefährde. Es gibt mehr solcher Geschichten, und nach ein paar Jahren ist schwer zu sagen, ob sie wahr sind. Aber wahr ist, dass Dudow nicht nachgab, nicht im Großen, nicht im Kleinen und auch dann nicht, wenn es lächerlich wirkte. Und vielleicht ist das mit ein Grund dafür, dass ein Film, den er machte, seine Identität behielt, von dem Augenblick an, wo er zum ersten Mal von ihm sprach, bis zur Premiere.

Er arbeitete langsam, er machte wenig Filme, und die waren nicht billig. Das warf man ihm häufig vor, man nannte ihn den teuersten Regisseur der DEFA. Er grinste und sagte: »Im Gegenteil, ich bin der billigste. Jeder Film, der gemacht wird, und man weiß vorher, dass niemand reingeht, kostet doch Millionen. Die helfe ich sparen, indem ich keinen mache.«

Natürlich verhielt er sich den ökonomischen Problemen der Filmproduktion gegenüber nicht gleichgültig. Aber er weigerte sich, Qualität und Kosten, Politik, Rentabilität und Kunst als etwas voneinander Unabhängiges zu betrachten. Einen schlechten Film hielt er auch dann für zu teuer, wenn er für das halbe Geld gedreht wurde. Er sah zu viel Geld aus dem sprichwörtlichen Fenster fliegen, um zu akzeptieren, dass man gerade bei ihm scharf rechnete. Diese Fragen haben uns vor zehn Jahren so bewegt wie heute.

Selbstverständlich ging es Dudow auch um Persönliches: Er wollte seine Arbeitsmethode rechtfertigen, die Zeit kostete und dementsprechend Geld. Aber in dem eigenen Problem sah er ein allgemeines: die Notwendigkeit, nach den großen Gründen dafür zu suchen, warum bei uns der Film zu viel kostet und zu wenig einbringt. Er war für Ökonomie, aber er schätzte jene Art von Ökonomen nicht, die Groschen sammeln, während ihnen die Markstücke durch die Finger rutschen. »Das sind Leute, die glauben, dass sie sparen, wenn sie den Reinemachefrauen zwanzig Pfennig abziehen.« Oder er drückte sich schlichter aus: »Das sind Idioten.« Solch Ärger bremste ihn nicht. Er stritt um die Kalkulation seiner Filme wie um die Barthaare und später um die Kritik. Mit seinem Spaß am Überspitzen hatte er, glaube ich, im Einzelnen nicht immer recht, im Allgemeinen meistens. Und in seine Filme ging das Publikum, bereitwillig Eintritt zahlend, stimmte zu, lehnte ab, fragte. Filme, die ohne Echo vorübergingen, hat Dudow nicht gemacht.

Jeder, der ihn kannte, weiß, wie gern er lachte. Ironie hielt er für eine Möglichkeit, Distanz von den Dingen zu gewinnen, nicht, um sich von ihnen zu entfernen, sondern um sie besser betrachten und letztlich handhaben zu können. Einmal brachte er einen Artikel mit, in dem von der Verzehnfachung des menschlichen Wissens in kurzer Zeit die Rede war. Er sagte: »Gut. Und wie wird es mit der Dummheit?« Die Dummheit war das ernsteste Ziel seines Spottes. Er gab sich selten mit einer Sache ab, ohne auch ihre allgemeinen, philosophischen Aspekte zu erörtern. Aber vor allem beschäftigte ihn eine bestimmte, historisch konkrete Dummheit: die kleinbürgerliche.

Deutschland, in dem er von 1922 bis 1933 lebte, bot genug Stoff zu diesem Thema. Und als er nach dem Krieg wiederkam, saßen Millionen geistiger Kleinbürger – und wie viele Arbeiter unter ihnen – nicht nur in wirklichen Trümmern, sondern auch in den Ruinen ihrer Denk- und Fühlklischees und fragten sich, noch immer redlich, wie so viel beflissene Redlichkeit sie so ins Elend hatte bringen können. Doch da machte Dudow mit UNSER TÄGLICH BROT keinen bitteren Film, sondern einen behutsamen: die Geschichte des Neuanfangs einer Fabrik. Er zeigte die neuen Eigentümer und ihre ersten Schritte in eine Wirklichkeit, die Urteil verlangte, nicht mehr Vorurteil.

Dass Film die allgemeine Einsicht zu befördern habe, dass er, gewollt oder ungewollt, Waffe im Kampf der Klassen ist, dass unsere Filme also unsere Waffen sind, das verstand sich für Dudow so von selbst, dass er es für die Voraussetzung des Gesprächs hielt. In einer kleinen Monographie über Slatan Dudow, die Hermann Herlinghaus schrieb, steht zu lesen, dass Dudow 1925 bei Fritz Langs METROPOLIS hospitiert hat. Die Primitivität des Geschichtsbildes in diesem berühmt gewordenen Film, die Mystifikation des Konflikts zwischen Arbeitern und Unternehmer, enttäuschte ihn so, berichtet Herlinghaus, dass er nach einer prinzipiell anderen Arbeitsmöglichkeit suchte und sich den Spielgruppen der Internationalen Arbeiterhilfe anschloss. Er brauchte Boden unter den Füßen, weil er sich eine Art von Film vorzustellen begann, der, mit Bewusstheit gemacht, Bewusstheit erzeugt.

Es lohnt sich übrigens, das schmale Buch von Herlinghaus zu lesen. Es ist im Henschelverlag erschienen. Herlinghaus hat Dudow ausführlich befragt, er gibt eine Darstellung seiner Entwicklung, vieles steht darin, was kaum jemand weiß.

Dudow hat über sich selbst wenig gesprochen. Vielleicht gehörte auch das zu seinem Stil, die Welt nicht zu erklären, indem er sich selbst erklärte. Wenn man etwas aus seinem Leben wissen wollte, musste man ihn fragen. Auch über seine Arbeit mit Brecht hat er nicht viel geredet, auch nicht, als es Mode wurde, Begegnungen mit Brecht, und wären sie noch so flüchtig gewesen, als Ausweis eigener Bedeutung vorzuzeigen.

Dudow hat manchmal Brecht zitiert, vor allem zu Problemen der Fabel und des Genres. Er sprach gern darüber, dass die richtige Wahl des Genres für die Darstellung eines Sachverhaltes von größter Bedeutung sei und dass man dazu nicht etwa eine glückliche Hand, sondern historische Analyse brauche. Und dann führte er Beispiele an, etwa dass Leute Komödienstoffe als Tragödien erzählen, weil sie den geschichtlichen Prozess oder die Dialektik des Tragischen und des Komischen oder beides nicht verstünden. Er fühlte sich Brecht in diesen Gedanken sehr verpflichtet.

Dudow, der in solchen Fragestellungen modern war, war nicht modisch. Das gilt für seine Filme, aber auch für Dinge, die ganz privat sind. Er trug, scheint mir, jahrein, jahraus dieselben Anzüge, im Winter dunkel, im Sommer beige, und falls es andere waren, wurden sie nach dem Modell ihrer Vorgänger gemacht. Es war eine unauffällige, vor allem bequeme Kleidung. Jacken und Hosen, in denen er Platz hatte. Es gibt ein altes Foto aus der Zeit der Arbeit an Kuhle Wampe oder an der »Mutter«: Brecht, Zigarre rauchend, Eisler daneben und Dudow, der mit einem Zeigestock auf eine Tafel weist. Wenn ich es ansehe, denke ich, dass er den Schnitt seiner Hosen schon damals gewählt hatte, ein für alle Mal. Seine Entscheidungen waren haltbar.

Als ich ihn kannte, wohnte er mit seiner Familie ohne Aufwand in der Wolfshagener Straße in Pankow. Im Sommer, wenn er nicht drehte, lebte er in Saarow, wo er sich ein kleines Haus gemietet hatte, eher eine stabile Laube, mit einem Zimmer, einer Küche und einer Terrasse. Er kochte selbst, eine Frau aus der Nachbarschaft kaufte für ihn ein, vor allem Gemüse und Obst. Gemüse und Salat aß er in doppelten Portionen, dazu trank er Apfelsaft. Dicht hinter seinem Zaun begann ein Zeltplatz zu wachsen. Er sah es erschrocken, aber auch gespannt: Die Zeit von Kuhle Wampe fiel ihm ein, und er war neugierig auf die Zeltplatzbewohner von jetzt.

Neugierig war er überhaupt. Für eine Geschichte hatte er immer Zeit. Er verschmähte auch keinen Klatsch. Er lachte mit zusammengekniffenen Augen und sagte einen stereotypen Satz: »Das ist ja wunderbar ...« Und dann versuchte er meist sofort, die Geschichte zu verbessern. Wir haben stundenlang auf der Straße gestanden und erzählt, immer auf dem Sprung zu gehen, und immer fiel jemand noch etwas ein. Natürlich ist das nichts Besonderes, aber ich erwähne es hier, weil er da immerhin fast sechzig war. Vielleicht, wenigstens in den Augen Jüngerer, ist das ein Merkmal Junggebliebener: Man kann ihnen etwas erzählen. Und zwar ohne die eigene Tonart zu wechseln, ohne die Mitteilung aufzubereiten für ein entfernteres Ohr.

Mit Dudow konnte man so reden. Er lebte nach vorn. Mehr, als alte Erfahrungen an den Mann zu bringen, interessierte es ihn, neue zu machen, auch die einer sich ändernden Sprache. Nicht nur, dass er Redewendungen und Jargon sammelte und das für etwas Kostbares hielt. Nein, hinter den Sprechweisen war er den Denkweisen auf der Spur.

Er war ein ausdauernder Diskutierer. Manchmal kam er abends um acht auf eine halbe Stunde und blieb bis zwei. Worüber man auch sprach, seine Beziehung zu einem Thema war analytisch. Das machte seine Bildung provokativ und damit produktiv auch für andere. Zu einem Gegenstand, von dem er wusste, hatte er eine Meinung, und für die Meinung hatte er Argumente. Er saß hinter seinem Apfelsaft und operierte mit der Antike, aber das war immer Antike plus Dudow.

Wir waren damals in der DEFA in einer Produktionsgruppe. Dudow, Klein, Carow, die Küchenmeisters, Wischnewski.

Befragt, warum er so selten einen Kollegen im Atelier besuche, sagte Dudow: »Weil ich vorher weiß, dass er alles falsch macht.« Dabei war er eigentlich immer bereit, die Logik eines anderen mitzudenken. Er musste nur die Idee einer Sache für tragfähig halten, und da war er anspruchsvoll. Er verlangte unbedingt jenes Besondere im Allgemeinen, das einen überhaupt aufmerksam werden lässt. Er sah sich selbst und uns alle in der Rolle des Erzählers in alten Zeiten, der auf dem Platz sitzt und seine Geschichte so vortragen muss, dass jemand stehenbleibt und zuhört. Oder er sagte zugespitzt: »Ein Film muss für die Gesellschaft werben und nicht die Gesellschaft für den Film«.

Er war nicht zufrieden mit dem Stand der Überlegungen zur Spezifik der Kunst und ihrer sozialen Funktion. Er dachte, dass man oft etwas von Kunst erwartet, das zu liefern sie nicht imstande ist, und andererseits zu wenig auf die ihr möglichen Wirkungen aus ist. So sehr er seinen Zuschauer erziehen wollte, so glaubte er doch, dass das in der Regel nur mittelbar geschehen könne, über Moral, Gefühl, Philosophie, mittelbar und im Ensemble mit mannigfaltigen anderen Einflüssen. Und er meinte, um eine Sache begreifbar zu machen, jedenfalls mit ästhetischen Mitteln, bedürfe es neben der ins Bewusstsein tretenden Wirkung auch der nicht abfragbaren.

Wenn wir mit ihm über unsere Filme redeten, so ärgerten ihn vor allem Denkfehler. Er meinte, dass jede neue Arbeit durchaus eine Summe möglicher Irrtümer enthalte, aber es müssten eben neue sein und keine alten. Er sagte oft: »Bestimmte Dinge kann ich am Tisch ausrechnen, dazu muss ich nicht ins Atelier gehen.«

Er konnte es wirklich. Die Entwürfe zu seinen Filmen sind groß, klar und poetisch. Wenn er dann mit den Schauspielern begann, entstand eine weitere Dimension seines Vorhabens, minutiös gearbeitet, frei von Zufall. Dennoch hat er, glaube ich, seine exakt geplanten Szenarien nicht in jedem Fall so belebt, wie er gewollt hat. Mir schien damals, dass er im Voraus sogar die Details so genau fixiert hatte, dass ihm dann im Moment des Drehens, wenn sich alles entschied, manchmal die Frische der Erfindung fehlte.

Bestimmte Schwierigkeiten aber bereitete er sich vorsätzlich. Seine letzten Filme handeln von jungen Leuten in unseren Tagen. Der Weg zu diesem Thema war für ihn weiter als für uns, die wir gerade halb so alt waren wie er, ausgerüstet nicht mit Beobachtungen, sondern mit alltäglicher Erfahrung. Manchmal behandelte er Dinge, die uns bekannt waren und kaum mitteilenswert erschienen wie Entdeckungen. Und manchmal entdeckte er etwas Wertvolles, wo wir schon nicht mehr hinsahen. Nähe kann den Blick so hindern wie Entfernung. Ich erinnere mich an vieles Reden über diesen Punkt: Wo ist die wünschenswerte Mitte zwischen Nähe und Distanz?

Dudow bat, sofern es um seine Filme ging, immer um Kritik. Aber er hörte sie nicht gern. Dabei glaube ich, dass er sie ernsthaft hören wollte, aber sein schweres, cholerisches Temperament stand ihm dabei im Wege. Mit bloßen Eindrücken durfte man ihm nicht kommen, allenfalls mit einigermaßen durchdachten Vorschlägen. Er hat solche Vorschläge oft in seine Überlegungen aufgenommen, aber fast nie spontan. Er arbeitete lange an seinen Filmen und brauchte lange, ehe er von ihnen loskam. Zwei, drei Jahre nach einem Film wurde seine Haltung unbeschwerter, und er kam auch auf eigene Fehler zu sprechen, wenn er jemand helfen wollte.

Dudow besaß einen blauen Mercedes. Aber er fuhr nicht selbst, er hatte einen Fahrer. Ein Mercedes und ein Chauffeur: Das brachte ihm immer mal wieder von Leuten, die ihn nicht kannten, oder auch von solchen, die sich das Bild eines Mannes gern simpel malen, den Vorwurf unangemessener Lebensführung ein. Er ärgerte sich manchmal darüber und rechnete vor, was es kosten würde, wenn er einen Dienstwagen beanspruchen würde. Eine Zeitlang bezahlte das Studio den Chauffeur, dann tat es Dudow selbst.

Und dann beschloss er plötzlich, doch noch fahren zu lernen. Es machte ihm großen Spaß. Ein paar Wochen lang besprach er mit jedem, der dazu geeignet schien, seine Fahrschul-Erlebnisse, fasziniert wie ein Achtzehnjähriger von den Fertigkeiten, die er erwarb. In einer Winternacht mit glatten Straßen fuhr er in Berlin gegen einen Sandkasten. Ich kenne den Hergang aus seiner Schilderung. Er fuhr auf eine Kreuzung zu, und bei dem Gedanken, dass aus der anderen Richtung auch jemand kommen könne, bremste er, begann zu rutschen und prallte, nicht sehr heftig, gegen den Kasten. Es kam aber niemand. Dudow beschäftigte die Komik der Sache: Jemand erleidet ein reales Malheur, weil er ein nur gedachtes vermeiden will. Wir lachten, und nichts war uns ferner als die Vorstellung eines brutalen, irreparablen Moments, der einen, der mit uns am Tisch saß, für immer wegnehmen würde.

Wenn man sich Dudow nur schwer alt denken konnte, ohne Vitalität, ohne Streitlust, umso weniger war zu glauben, dass er nicht mehr da sein sollte. Der Tod hat sich hinter einen Baum gestellt, um ihn zu erwarten.

Am 12. Juli 1963, gegen Morgen, als er von seinem Drehort in der Nähe von Fürstenwalde nach Saarow fahren wollte, ist er am Lenkrad eingeschlafen und verunglückt.

Statt eines Anrufs von ihm kam die Nachricht, die man nicht wahrhaben wollte. Statt eines Termins, der vereinbart war, kam ein anderer, letzter, an einem traurigen Sommertag auf dem Dorotheenstädtischen Friedhof.

Slatan Dudow ist 1903 in Bulgarien geboren worden, als Sohn eines Eisenbahners.

Als er von der Oktoberrevolution hörte, war er vierzehn Jahre alt. Er hat den bulgarischen Soldatenaufstand scheitern sehen und den großen

Eisenbahnerstreik erlebt, der fünfundvierzig Tage dauerte. Er kam nach Berlin und studierte nicht nur Theaterwissenschaft und Schauspiel, sondern auch Marxismus und, in den Vierteln der Arbeiter, die Gesetze der Geschichte in ihrer Alltäglichkeit. Auch er wurde verjagt. Er ging nach Paris und in die Schweiz. Und er kam wieder, um der Vernunft zu helfen, gerade hier, gerade in Deutschland. In seinem Film KUHLE WAMPE gibt es eine Sentenz: »Und wer soll sie ändern, die Welt? Die, denen sie nicht gefällt.« Zu denen hat er gehört.

Wenn ein großes Wort verlangt wird, kann man es aussprechen: Er ist der Begründer des sozialistischen deutschen Films. Aber er ist kein Mann für ein Postament. So weit ist er nicht weg. Die ihn kannten, fragen oft, wenn sie vor einem Problem stehen oder einer Schwierigkeit:

»Was, meint ihr, würde Slatan machen?«

1969

In: *Die erste Stunde. Porträts.* Hrsg. Fritz Selbmann, Berlin 1969, S. 103–113

Gerhard Klein
Seine Filme waren voller Poesie

Gerhard Klein hatte besondere Augen, er konnte mit der Logik der Kamera sehen. Aber in seiner Art, sich auf der Welt umzublicken, steckte noch eine andere Logik, die man eher erwirbt, als dass man sie besitzt. Er hat die Augen aufgeschlagen im Nordosten Berlins, in einer Laubenkolonie, hat sich dann umgesehen im schrägen Licht der Straßen und Höfe hinter dem Görlitzer Bahnhof, hat sonntags im Spiegelglas Stummfilme gesehen, in einem seitlichen Raum des Kinos, zum halben Preis: Gerade, als Dudow KUHLE WAMPE drehte, war Gerhard Klein ein Junge in jenen Mietskasernen. Grund genug wohl, aus dem Fenster zu springen, aber da waren welche, die verteilten Flugblätter. Gerhard Klein hat kindlich dabei geholfen, zuletzt noch, als tagsüber viele schon »Heil« schrien, und nachts schrillten die Trillerpfeifen. Wer von daher kommt, hat es nicht leicht. (...)

Es kommt ja immer darauf an, was einer weiß über das schnell Gelernte hinaus, was er mit den Sinnen versteht und mit dem Verstand fühlt, was er in sich aufbewahrt von Kindheit an. Und, natürlich, dass einer nicht aufhört zu fragen.

Gerhard Klein, der alles von Grund auf gelernt hat, auch das Filmemachen, ist durch das ungeheuer veränderte, befriedete und wieder bedrohte Berlin gegangen und hat sich nach den Schicksalen derer erkundigt, die nun groß wurden. Er fragte hartnäckig und nach jeder Einzelheit, und er bemerkte, was andere kaum sahen. Die Poesie seiner Filme, in denen selbst die leeren Straßen von denen reden, die in ihnen wohnen, gewann er aus seinem tiefen Respekt vor der Wirklichkeit. Er war überzeugt, dass ein Satz in der Küche anders gesagt wird als in der Stube. Er konnte zeigen, wie ein Hof riecht. Er glaubte an die künstlerische Beweiskraft des genauen, nicht vertauschbaren Bildes: In solchen Bildern, die ihren Gegenstand durchleuchten, hat er das schaurige Gemüt des deutschen Faschismus beschrieben.

Die Kamera hier oder dort aufzustellen, das zerfurchte ihm, wenn er mit seiner Lösung nicht zufrieden war, für Stunden das Gesicht. Ein paar Meter Film am Schneidetisch zu pointieren, das war ihm der Verzicht auf eine Nachtruhe wert. Er war zuerst sich selbst unbequem, aber dann auch anderen. Billiger, das haben wir wohl auch von Gerhard Klein zu lernen, ist Leistung von Rang nicht zu haben.

Es ging ihm nicht um abstrakte Ästhetik, er dachte an den Zuschauer. Eine Mark ist viel Geld, hat er oft gesagt. Und er meinte, vom Sozialismus reden, der für viele da ist, hieße so reden, dass viele zuhören, dass es viele verstehen. Wenn ein Film von ihm lief, rief er beliebige Kinos an, fragte nach Karten und hoffte auf abschlägigen Bescheid. Oder er fuhr an den Kinokassen vorbei, um mit einer sinnlichen Lust die Leute zu sehen, die in seinen Film gingen. In letzter Zeit sprach er oft spöttisch, aber mit dem Spott des Besorgten, über die zunehmende Virtuosität, die ehrliche

Konfrontation mit dem Publikum zu umgehen. Ein Mann hinterlässt uns ja auch seine Unruhe. Er hinterlässt uns die Dinge, die uns gemeinsam waren, und die wir nun ohne ihn voranbringen müssen, ohne ihn, der so viel davon verstand.

Die Zeit wird unseren Schmerz verwischen, aber der Verlust wird uns nicht geringer erscheinen. Wir werden uns an Gerhard Klein erinnern, wie wir uns an Dudow erinnern ...

1970

In: *Neues Deutschland*, 1. Juni 1970

Über Walter Gorrish
»Kann man gar nicht schreiben«

Das ist ein Satz, den er manchmal beim Erzählen einfügt. Nicht glaubhaft wäre, meint er, was ihm widerfahren ist, was er gesehen, gehört, erlitten und bestanden hat.

Tatsächlich, sein Leben wäre im Voraus nicht zu erfinden gewesen, allerdings auch dieses bisherige Jahrhundert nicht, in dem er eine Zeitlang umhergefahren ist wie Odysseus, nur dass er aus Wuppertal stammt, gelernter Stukkateur, anschließend Arbeitsloser, nebenher Amateurboxer, Kommunist. Damit hängt dann das meiste zusammen: Straßenschlachten, Illegalität, Emigration, Spanienkrieg, französisches Lager, deutsches Zuchthaus, Strafbataillon, Meuterei, Überlaufen, Partisanenkrieg.

Im Sommer und Winter 1944 begann ein Mann namens Walter Kaiser, der sich nachher nach dem Mädchennamen seiner Mutter Gorrish nannte, etwas aufzuschreiben. Er war mit zwei russischen Schreibblocks und Kopierstift versehen. Es war aber nicht sicher, ob er mit seiner Schreiberei je zu Ende kommen würde; das Risiko war nicht nur literarischer Natur. Die Voraussicht reichte bis zum nächsten Waldrand. Wer in ein Haus trat, musste schneller schießen als die, die sich darin verbargen. In der Stille zwischen den Gemetzeln, in den heißen und kalten russischen Wäldern, hat dieser Mann seine erste Erzählung geschrieben, die in Spanien spielt.

Die Schrift ist klar und gut lesbar, die Zeilen folgen den vorgegebenen Linien, wenig ist geändert, kein Platz verschenkt. So sehen Schulhefte aus oder vielleicht die Papiere zurückliegender Dichter, die mit Herzensgewissheit und ruhiger Hand geschrieben haben, über Land und Meer, den Tod und das bunte, wilde Leben. Der Tod, wie gesagt, hat den späteren Schriftsteller Gorrish, als der Arbeiter, Flüchtling, Maschinengewehrschütze, Kommissar, Gefangener, Gefolterter, Geflohener und wieder Kommissar war, verschiedentlich angesehen, so nah, dass er sein Gesicht kennen muss: sehr helle Augen vor allem, wie man sie sich bei den Seefahrern nördlicher Meere vorstellt.

In diesen Augen hat sich ein Lächeln gehalten, eine stille, manchmal spöttische Freundlichkeit. So lächelnd macht er die Tür auf, wenn man ihn besucht, und gelegentlich auch die Kommodenschublade, in der die zwei russischen Schreibblocks nicht allein geblieben sind. Hier soll nichts aufgezählt werden, aber der Film FÜNF PATRONENHÜLSEN sei genannt, weil in ihm eine Geschichte von der Art steckt. die Gorrish manchmal mit dem Zusatz versieht: kann man gar nicht schreiben.

Gorrish redet nicht viel von sich. Wenn es sich ergab, habe ich nicht nur etwas über ihn erfahren, sondern immer auch das Vergnügen, das in poetischer Mitteilung steckt: Spannung, Verwunderung, Erschütterung, das schlagartige Erhellen einer Wirklichkeit.

Was einer erlebt, kann schwer davon getrennt werden, wie er es erlebt. Hört man Gorrish zu, hat man den Eindruck, dass er, was ihm auch geschah, erstaunlich fähig war, mehr als sich selbst zu beobachten. Er hat deutlich hingesehen, auch wenn das Ende nicht abzusehen war, es sei denn, im fatalsten Sinn. Auch wenn der Atem ihm stockte, hatte er den Atemzug Zeit, sich etwas Unverwechselbares einzuprägen. Dinge von banaler Größe, wie das Rauschen des Flusses oder einen Mond wie im Kino in dem Augenblick, da er zu sterben meint; Kleinigkeiten bis zu dem Knopf an der Jacke des Mannes, der ihn schlägt, eine bestimmte

Zigarettenkippe, ein Blick in einem besonderen Moment, ein Geräusch. Das mag in dieser oder jener Lage Kaltblütigkeit gewesen sein oder auch äußerster Lebenswille; in Hinblick auf das Schreiben ist es, ungewöhnlich entwickelt bei ihm, die Begabung des Erlebens, die davor kommt.

Es sind ihm Menschen begegnet, auf beste und schlimmste Weise, Freunde, Feinde, Aufrechte, Gebrochene; er hat sie alle angesehen.

Die Literatur braucht die Gerechtigkeit solcher nüchternen Beobachtung. Parteilichkeit heißt ja nicht Vorurteil. Nicht seine Ansicht soll ein Schriftsteller mit bemessener Realität garnieren, sondern aus der vollen Wirklichkeit soll er uns Einsicht gewinnen helfen. Gorrish ist Partei, fast solange er zurückdenkt, und es ist keine beliebige; er war Partei um den höchsten Einsatz; er war es, als er nicht daran dachte, Schriftsteller zu sein und wäre anders wohl keiner geworden: der Gedanke, der die Details ordnet, der zur Wahrheit drängt und zum Bedürfnis, sie zu sagen – kommt der für einen, der mit ihr kämpft, zustande ohne die Partei?

Nach der Schule hatte Gorrish mit Papier nichts zu tun, er schrieb nur seinen Namen unter die Lohntüte. Sein Mädchen wohnte um die Ecke, so musste er auch keine Briefe schreiben. Das war schon in Spanien, er war schon Parteisekretär im Tschapajew-Bataillon, als man ihm sagte: »Wir brauchen eine Wandzeitung.« Was ist eine Wandzeitung? Eine Zeitung, die an der Wand hängt. Er heftete den ersten Zettel an: »Keine Munition verschwenden!«, darunter schrieb er seinen Namen. Nach zwei Tagen hing ein zweiter Zettel: »Einverstanden! Soldat I.« Eine Weile war er Adjutant des schon berühmten Schriftstellers Ludwig Renn, aber bei ihm lernte er damals das Militärische. Dann nahm er an einem Preisausschreiben der Arbeiter-Illustrierten teil; er beschrieb, wie die Interbrigadisten ein Kornfeld hinter dem Graben mähen, und gewann einen Preis dafür, einen Stapel Bücher, abzuholen in Prag. Da wusste man noch nicht bei allen Befürchtungen, was dann kam: die Niederlage in Spanien, der Krieg. Und was es kosten würde, wusste man noch nicht.

Gorrish hat die Anarchisten, die zu stolz waren, sich hinzulegen, im Maschinengewehrfeuer fallen sehen; er ist über die Sierra geirrt, halb verdurstet, vor Augen die besondere Art, mit der Francos Marokkaner mit Gefangenen verfuhren; er ist über den Ebro geschwommen, der einzige von acht Versprengten, Geäst hat ihn festgehalten; er hat seine letzte Handgranate abgezogen, als man ihn anrief, doch waren die Posten Republikaner. Er hat sich danach im Spiegel nicht erkannt.

Später ist er, von der Gestapo angefordert, an einen französischen Gendarmen gekettet, aus dem noch nicht besetzten Südfrankreich ausgeliefert worden. Die auf ihn warteten, wollten ihn, wenigstens noch ein Weilchen, lebend. Die Finger brachen sie ihm gleich. Er hat standhalten können, von Verhör zu Verhör, sein Körper war stark, sein Kopf gut genug. Gefesselt, angespuckt und sehr verlassen hat er auf deutschen Bahnsteigen gestanden. Zuchthaus, Hunger, Strafbataillon, darin eine Handvoll Kommunisten. Nach Wochen haben sie sich, von Spitzeln umgeben, dennoch verständigt. Am ersten Tag an der Front entwaffnen sie die Offiziere. Gorrish läuft voran, den anrollenden sowjetischen Panzern entgegen, entgegen seinen Genossen, aber was wissen die von ihm? Er stürzt über einen verborgenen Draht, so komisch hilflos mag er die Regung in ihnen wecken, anzuhalten und vom Panzer zu steigen. Er sagt:»Ich nix Kapitalist ...« Sie lassen die Maschinenpistole, schon an seinen Kopf gesetzt, sinken. Trotzdem kann er nicht beweisen, wer er ist, bis er nach Moskau kommt. Seine Hoffnung ist Ehrenburg, den hat er in Spanien einmal durch den Graben geführt, an einer bestimmten Stelle hat er gesagt: Hier müssen Sie sich bücken, Genosse Ehrenburg. Aber vorher noch wird er zu Weinert gebracht, der erkennt und umarmt ihn und gibt ihm alle seine Zigaretten. Nicht lange, und Gorrish trägt wieder eine Waffe und fliegt und fährt und marschiert nach Westen, die Kugeln fliegen ihm entgegen. Kann man gar nicht schreiben.

In diesem Satz klingt Schmerz mit. Auch in den eigenen Reihen ist Bitteres geschehen. Die das Richtige taten, taten nicht nur das Richtige. Die Umstände waren, wie man sie vorher nicht denken konnte: Nachher will man sie so nicht denken. Aber diesem Missverständnis dürfen wir uns, nicht nur der Literatur wegen, nicht hingeben; dass die Erinnerung etwas auslassen könnte. So viel ist es wohl nicht, das nicht erklärt werden kann. Bliebe ein Rest, müssen wir ihn uns zutrauen.

Es gibt robuste Erzähler, denen die eigene Rolle mühelos zur Hauptrolle gerät, Publikum macht sie mitteilsam, Applaus erfinderisch. Solche Erprobung ist manchen Geschichten durchaus bekömmlich. Gorrish erzählt anders, und seine Geschichten sind andere. Ihre Einzelheiten sind verbindlich, der Vorgang ist bis zum absurden Zufall zwingend: So war es. Er war dabei. Es hat ihn eher still gemacht.

Auf einer Versammlung, als er von sich sprechen sollte, sagte er: »Es war einmal ein Junge, der wollte die roten Sterne auf den Kremltürmen sehen. Aber die Ereignisse brachten es mit sich, dass er, um nach Osten zu kommen, zuerst nach Westen musste ...«

Einmal, als Simonow da war, beim Essen, erzählte er eine von seinen Leben-und-Tod-Situationen. »Ein deutscher Kommunist wurde in ein Lager eingeliefert«, begann er, aber dann verschwieg er, dass er von sich sprach. Ich habe ihn später gefragt, warum. Er sagte: »Ich wollte nicht anders am Tisch sitzen als ihr.« So kann geschehen, dass wir manchmal nicht wissen, wer mit uns am Tisch sitzt. So könnte geschehen, dass etwas nicht gefragt und nicht gesagt wird über eine unvergleichlich geprüfte Generation deutscher Revolutionäre. Aber gestern, heute und morgen müssen wir vor ihren Gesichtern das eigene gewinnen.

Was das Boxen betrifft, so kann Gorrish noch immer zeigen, wie man einen linken Haken schlägt. »Weißt du, ich hatte eine starke linke Hand, von meiner Mutter, die schälte links Kartoffeln. Und meiner Oma trug ich den Kohleneimer am ausgestreckten Arm hoch. Vor dem Kampf traten wir auf die Handschuhe, angeblich wurden sie davon härter. Weißt du, einmal habe ich das Gesicht meines Gegners glasklar vor mir gesehen, offen und ungeschützt, es war, als wenn die Zeit stillstand. Ich konnte nicht zuschlagen. Und weil ich zögerte, schlug er. Ich wurde wütend, ich war damals in Form, er ging k. o. Aber das hat mich lange beschäftigt. Warum konnte der das, und ich konnte es nicht? Ich habe immer an das Gute geglaubt. Ich konnte von Menschen nie Böses denken ...

Weißt du, die Helden waren keine Denkmäler. Wirklich, meist waren es kleine Leute, die hatten verbeulte Hosen an, man hätte es ihnen nicht zugetraut. Das ist komisch, aber es ist so ... Es gab einen, den nannten wir den blinden Otto. Er ist vor Madrid blind geschossen worden, danach hat er unten im Graben gesessen und die Internationale gesungen. Sie haben die Stellung gehalten. Der blinde Otto war immer noch dabei, wenn wir uns mal getroffen haben. Jetzt ist er eine Treppe runtergefallen und gestorben. Kann man gar nicht schreiben ...«

Wäre ich Verleger, wäre ich das imaginäre »wir« unserer Literaturgesellschaft, ich ginge von Walter Gorrishs Tür nicht, bis er geschrieben hat, was man gar nicht schreiben kann.

1972

In: *Neue Deutsche Literatur* Nr. 1/1972, S. 21 ff.

Bruno Apitz
Gratulation

Nicht oft geschieht etwas, das im nächsten Moment schon wie ein Gleichnis erscheint. Und vielleicht wird so ein Vorgang gebraucht, damit ein Buch entstehen kann, das ohne Raffinesse groß und einfach ist, ein Buch wie »Nackt unter Wölfen« von Bruno Apitz. Die Geschichte des jüdischen Kindes, das in Buchenwald von Häftlingen beschützt, versteckt und gerettet wurde, auch um den Preis des eigenen Lebens, ist, in 28 Sprachen übersetzt, um die Welt gegangen. Vor allem aber und zuerst ist es hier gelesen worden. Ein Zeugnis von der Bewährung weniger unter schrecklichen Umständen, haben Leute, die in diese Umstände anders und oft dumpf verwickelt waren, es sich vor Augen gehalten und mögen es gelesen haben wie eine bestürzende, aber auch befreiende Wahrheit. Vielleicht auch wie ein dunkles Märchen mit einem doch noch guten Schluss, das ihnen kein notwendiges Gefühl erspart hat, nicht Schuld noch Scham noch Reue, das ihnen aber auch Ermutigung nicht versagte, ohne die es nicht weitergehen konnte. Jetzt, wo alles und längst nicht alles in der Schule gelernt werden kann, lässt sich auch aus einem Buch wie diesem erfahren, dass Geschichte keine Abstraktion ist, sondern dass in ihr die alltäglichen und manchmal unvorstellbaren Geschichten von Menschen stecken.

Nicht oft geschieht es, dass ein Buch und der Mann, der es geschrieben hat, zu solcher Identität gelangen. Apitz war in Buchenwald von Anfang bis Ende. Er bezieht sich auf Ereignisse, an denen er beteiligt war. Er hat aber keinen Bericht geschrieben, sondern einen Roman, der von einem gnadenlosen Kampf in einem erstaunlichen leisen Ton erzählt, mit einer freundlichen, fast zärtlichen Menschlichkeit, die auch von Apitz selbst ausgeht und die er wunderbarerweise aus der absurden Welt des Lagers gerettet hat. Apitz und sein Buch, sein Buch und er fallen mir ein, wenn ich daran denke, wie wichtig, neben allen Programmen zur Veränderung der Welt, das glaubwürdige menschliche Beispiel ist.

Ich habe den Krieg als Kind erlebt und auch wie ein Kind. Die Unnatur des Faschismus blieb mir verborgen, er war schon immer da. Als ich danach begriff, was unter dem Himmel meiner Kindheit außerdem geschehen ist und was es bedeutete; als ich Leute kennenlernte, die von geheimgehaltenen Orten zurückgekehrt waren und wenig darüber sprachen, versuchte ich, in ihren Gesichtern zu lesen. Ich wunderte mich nicht über Härte und Ungeduld, eher über die Geduld, die sie aufbrachten, und am meisten darüber, dass sie noch lachen konnten. Und nicht zu meinen geringsten Entdeckungen gehörte es, mit wie verschiedenem Gesicht man Kommunist sein kann.

Bruno Apitz, ein schmächtiger, empfindsamer, aber wohl auch starker Mann, der selbst im Lager Gedichte geschrieben und der geschnitzt und gezeichnet hat, stand auf der Liste der sechsundvierzig langjährigen Häftlinge, die die SS noch in den letzten Tagen ihrer Herrschaft ans Tor befahl, um sie umzubringen. Sie stellten sich nicht mehr, die illegale Organisation verbarg sie, fünf bange Tage später hat das Lager Buchenwald sich selbst befreit. Die Stunde, die ihm als letzte zugedacht war, hat Bruno Apitz in diesem April um dreißig Jahre überlebt.

Dreißig Jahre rechnen die Statistiker für eine Generation, und anscheinend ist dieses Maß nicht nur für die Statistik von Belang. Nach dreißig Jahren, scheint es, verdecken die neuen Tatsachen allmählich die alten. Was für die einen, die weniger werden, gestern war, liegt für die anderen, deren Zahl wächst, in weiter Ferne.

Gewiss, wir wollen nichts vergessen. Gewiss, unsere Gesellschaft selbst ist eine Sinngebung für das Leiden und Widerstehen in jenen Jahren. Dennoch, nach einer Zeit geraten Taten und Untaten aus dem lebendigen Bewusstsein, es sei denn, sie gerieten zu Literatur oder zu der Überlieferung, die von Mund zu Mund geht.

Bruno Apitz hat ein Buch geschrieben, das den Atem der Legende hat. Er wird fünfundsiebzig Jahre alt.

1975

In: *Sonntag* Nr. 18/1975

Wieland Herzfelde als Verleger

Das Wort »verlegen« hat verschiedenen Sinn, ich zum Beispiel bin es. Verlegen, die rechte kurze Rede zu finden über einen Verleger und Schriftsteller, der mit einem Bein so sicher in der Literaturgeschichte steht, wie mit beiden Beinen unter uns. Ich will nicht beschreiben, was hier zu besichtigen ist an Dokumenten und Raritäten. Ich will nur sagen, wie nah mir Texte und Bilder sind. Heutiges Gefühl und das von damals berühren sich, und das bedeutet vielleicht, dass da etwas vorweggenommen wurde, dass etwas gesagt wurde, das lange richtig bleibt. Ich kann auch kein Bild des Malik Verlags entwerfen, es sei denn das allgemeinste: Er war ein in Deutschland einzigartiges Instrument zur Förderung und Verbreitung von Literatur, die der sozialen Revolution verpflichtet ist. Herzfeldes Wirken dient dieser Sache; wie leicht ist das gesagt im Überblick.

Aber damals wie heute führen die Wege, um die es sich lohnt, ins Abenteuer und ins Unbekannte.

Herzfeldes Name, wie Heartfield, wie Grosz, wie andere Namen, hatte, als ich ihn zum ersten Mal hörte, einen Klang von Legende. Ich war ja kaum auf der Welt, als er ins Exil ging. Später, als für unsereinen Lernen und Begreifen glücklich zusammenfielen, war es eine erstaunliche Entdeckung, dass es die Leute wirklich gab, deren Namen sich anhörten wie Botschaften aus fernen Zeiten und Gegenden. Noch erstaunlicher, dass man eines Tages in ein Zimmer mit ihnen geraten konnte, an einen Tisch, in ein Gespräch. Erstaunlich und wunderbar ist es bis heute, auch beunruhigend, weil wir uns sorgen müssen, nichts zu verlieren von ihrem weiten Blick, von ihrer Geschichts- und Kunsterfahrung, von ihrer Kenntnis der verflochtenen Wege, der Nebenwege und Umwege.

Man möchte meinen, dass einer, der so viel Welt gesehen und verstanden hat wie Herzfelde, sie nun nicht mehr erklärt haben will von Jüngeren etwa, sondern dass er das Seine verteilen will, und damit wäre es getan. Aber Herzfelde ist ein Freund des Dialogs geblieben, der Rede und Gegenrede, des Zuhörens, der Wahrheitssuche als eines gemeinsamen Vergnügens. Er ist ein Mann kämpferischer, aber auch heiterer Aufklärung, mit Freundlichkeit und Geduld, die aus einem klaren Denken kommen. Und dabei hilft er uns auch zu verstehen, dieser mit Kunst so politisch und so fantasievoll umgehende Mann, dass die Literatur immer auch ein Spiel ist, nicht die Welt, sondern ihr Bild, gemacht aus Übermut und Verzweiflung, aus Liebe und Hass, und wäre es nicht so, verlöre sie vielleicht nicht den Verstand, aber Leib und Seele. Ich sehe und bewundere an Wieland Herzfelde, der nun achtzig wird, die Lust zur Arbeit, die Fähigkeit zu täglicher Mühe und Freude, die unermüdete Neugier auf Bücher, Theater, Bilder, Filme, auf Menschen also. Turek, dessen berühmt gewordenes erstes Buch auch im Malik-Verlag erschienen ist, hat erzählt, wie er an einem Sonntagmorgen unangemeldet von Leipzig nach Berlin kam, wie er in Herzfeldes Küche einen Kaffee trank und einen bestimmten Vorschuss verlangte, genau den Preis eines Faltbootes, und wie er das festverschnürte Manuskript auf den Knien hielt, bis Herzfelde losging, um sich das Geld zu borgen. Turek sagte: Später habe ich natürlich verstanden, dass er als Verleger erstmal in das Paket reinsehen wollte. Und er fügte hinzu: Es hätten ja auch Mauersteine drin sein können.

Herzfelde hat Risiken dieser und anderer Art gemeistert auf seiner langen Strecke durch Gesetz und Zufall unseres Jahrhunderts. Und was er gedacht und gesagt und geschrieben hat bisher, und was er verlegt hat, es lässt sich finden an vielen Orten: auch in den Gewissheiten und Fragen einer neuen Gesellschaft, hier und in deutscher Sprache.

Er soll gesund bleiben und lange mit uns.

1976

Ansprache zur Eröffnung einer Ausstellung zum 80. Geburtstag von Wieland Herzfelde in der Akademie der Künste der DDR. In: *Mitteilungen der Akademie der Künste* Heft 4/1976, S. 15 f.

Günther Rücker
Glückwunsch

Ich sehe ihn gern Brot schneiden. Durch den Brotlaib, den er mit der Linken hält, zieht er mit der Rechten das Messer an die Brust. Die Fertigkeiten der Großmütter leben in solcher Bewegung und einfacher Leute Gastfreundschaft. Bei Rücker gehört der Tee dazu, doppelt stark, und gelegentlich ein enormer Streuselkuchen, den seine Frau Anke bäckt. Ich spreche nicht von dem Schweinebraten, den sie, obwohl von der Küste stammend, inzwischen auf böhmische Art bereitet. Anke gehört überhaupt dazu und muss, wenn Günther sechzig wird, ein bisschen mit gepriesen werden.

Wo Rücker geboren wurde, öffnen sich die Täler nach Süden, ein Stück weiter, in Böhmens Mitte liegt Prag. Tschechische, deutsche und jüdische Welt haben sich einmal berührt und befruchtet. Wie jemand die Landschaft der Kindheit in sich aufhebt, so vernimmt er vielleicht auch den Klang der Sprachen, in denen um ihn herum erzählt wird und die

Farben und Tonlagen einer besonderen Kultur bilden ihm Auge, Ohr und Stimme. Bei Rücker, scheint mir, ist es so: Durch seine Kinderstube, in den dreißiger Jahren, sind ab und zu auch Fremde gegangen, Flüchtlinge aus Deutschland. Sein Vater war Tischler, seine Mutter führte ein paar Reichenberger Müllermeistern die Bücher. Die Eltern stimmten nicht ein in das Heim-ins-Reich-Geschrei, sie waren linke Leute. Als aber die Rechnung kam, haben sie mit bezahlt. Nun ging es, in bitterem Gegensinn, wirklich heim ins Reich; das allerdings gerade zusammengebrochen war und bald auch auseinander.

Ohne Hitler und den Turnlehrer Henlein, ohne den Protektor Heydrich, ohne Theresienstadt und ohne einen Ort, der Lidice hieß, hätte sich Rückers Leben also möglicherweise nicht nach Norden gewendet. Vielleicht hätte er anders auch das Schreiben nicht versucht. Ende und Anfang, Verlust und Gewinn, die Scham über deutsche Schuld, die Lust auf die Änderung deutscher Zustände, der Mut, der mit einem neuen politischen Denken kam, daraus ergab sich ein Lebensgefühl, das in Rückers Fall wohl vorhielt. Wie will man davon das Herzklopfen trennen, mit dem sich einer Beschäftigungen zutraut, die aller Verwandtschaft und Bekanntschaft gegenläufig und unter dem Fremdwort Kunst summiert sind?

Günther Rücker, gelernter und praktizierender Regisseur und ausdauernder Schriftsteller, hat aus Herkunft und Erfahrung unter Hinzusetzung von Menschenliebe, Marxismus und Höflichkeit seine Identität gemacht.

Wer zu ihm kommt, empfängt die Gastlichkeit, von der die Rede war, auch im Geistigen. Er kann sich der uneigennützigen Fähigkeit Rückers bedienen, sich an den Denkspielen anderer zu beteiligen.

Rückers Spaß dabei mag immerhin sein, dass er sich im Erfinden übt und manchmal auch im abschweifenden, abendfüllenden Erzählen. Jedenfalls gehört er zu der Handvoll Personen, von denen ich weiß, dass sie sich über den Erfolg des Nachbarn freuen.

Hier soll nichts über seine Filme stehen und nichts über seine Hörspiele, ohne die diese Gattung in unserem Land nicht wäre, was sie ist. Das alles wäre schon ein Lebenswerk zu nennen, wenn das Leben nicht weiter ginge, mit einem neuen Alter sozusagen, wenn einer sechzig wird.

1981

In: *Sonntag*, 29. Januar 1981

Für Koni

Lieber wäre ich still. Ich denke immer noch, er könnte wieder zu Hause sein, die Tür aufmachen und vorangehen in die Küche. Er kochte gern, aß gern, liebte Geselligkeit bei Tisch, vorausgesetzt, man nahm eine Mahlzeit als ruhige Hauptsache und nicht als Vorwand für ein ehrgeiziges Gespräch. Ob er wollte oder nicht, er lebte sichtbar, als Filmregisseur, als Präsident der Akademie, als Mann in den öffentlichen Dingen: Sein Name war eine Institution. Das bestärkte wohl sein Bedürfnis nach Alltäglichkeit, nach Familie, nach behutsamer Freundschaft, die ihn mit sehr unterschiedlichen Leuten verband. Die Kneipe, die er eines märchenhaften Tages eröffnen wollte, sollte nahe dem Reichstag liegen, unter der Erde, von beiden Seiten durch unrühmlich bekannte Gänge erreichbar. Essen sollte dort als vertrauensbildende Maßnahme gelten.

Wer wie er den Krieg erlebt hat, in der Roten Armee, vom Kaukasus bis Berlin, wer über die Front zu den Deutschen gerufen hat, auch wenn Schüsse die Antwort waren, der war sich seiner Haltung später sicher. Er setzte, über die Grenze hinweg, auf den Umgang mit Vernunft, auf das Gespräch, auch über jene Trennlinien hinweg, die manchmal zwischen uns verlaufen. Sein Respekt vor Menschen entsprach seiner großzügigen Natur, aber darin steckte auch ein klarer politischer Gedanke. Der Sozialismus, meinte er, sei für viele da, und viele müssten, immer aufs Neue, an ihm beteiligt sein.

Aus den Träumen heraus, in die ihn Medikamente stürzten, sprach er von der Macht des Menschen über den Menschen und dass wir erst anfangen würden, darüber nachzudenken. Mir fiel ein, dass er einmal gesagt hat: Macht kann nicht gedeihen ohne Güte. Er hatte von solcher Güte, hatte die Geduld dazu und die Kraft, unerschöpflich viel, wie wir dachten.

1982

In: *Film und Fernsehen* Nr. 10 /1982, S. 6

Rosemarie Rehahn
Glückwunsch für Rosemarie R.

Mein erster Blick, als ich eintrat, fiel respektvoll auf Rosemarie. Sie war längst kompetent in allen Fragen des Berufs, den ich ergreifen wollte und mir wohl auch sonst für immer entwachsen. Ich war sechzehn, sie vierundzwanzig. Fortan trat ich mit klopfenden Herzen an ihren Tisch in der Redaktion und zeigte ihr, was ich geschrieben hatte. Nicht erst heute weiß ich, wie gut ich daran tat, auf sie zu hören. Wie ersprießlich auch, wenn ein Vorbild auch ein schönes Bild abgibt. Rosemaries Blond erhellte uns Stuben und Seelen.

Die zertrümmerte Stadt war dunkel und kalt, aber unsere Wege lagen im Morgenlicht. Vor uns dehnte sich unendlicher Raum. Doch soweit ich meine Fantasie auch vorausschickte zu den besonnten Gestaden künftiger Menschheit, ich habe mir nicht träumen lassen, dass plötzlich fünfunddreißig Jahre um sein werden, und ich reihe mich unter die Gratulanten und sage Rosemarie Rehahn, dass ich sie dauerhaft bewundere und füge dem mein artiges Erstaunen hinzu, dass der Geburtstag, der ihr ins Haus steht, der sechzigste ist. Was war das nur für ein merkwürdig, kurzer Film bis hierher, Rosemarie? Können wir uns nicht noch mal eine Karte kaufen?

Dieses Mädchen Rosemarie, Kriegsstudentin der Germanistik und Kunstgeschichte, hat sich im ersten Sommer nach dem Krieg nach einem geistigen Ort umgesehen, so weit entfernt wie möglich von den Glaubensmustern der Nazis. Boten den nicht, fragte sie sich, die Kommunisten?

Sie sprach bei der *Deutschen Volkszeitung* vor. Ein Mann in Turnschuhen namens Fritz Erpenbeck, der noch nicht lange aus Moskau zurück war, machte sich eine Idee von ihr, anscheinend eine freundliche, und ließ sie einen Lebenslauf schreiben.

Und so saß sie, als Reporterin mit schon halbjähriger Laufbahn schließlich in einer Runde im Berliner Verlag, die an einem Sonntag im Frühling sechsundvierzig über eine neue Jugendzeitschrift beriet. Ihr fiel der Name ein: *Start*.

Der *Start* erschien wöchentlich und existierte drei Jahre. Als ich dort auftauchte, ein rundes Jahr später, waren Joachim Herrmann, Horst Schiefelbein und Julian Lehnecke schon da, mehr als zehn Leute waren wir nie.

Arne Rehahn war unser Chefredakteur, auch er Anfang Zwanzig. Er hatte seine besondere Entscheidung zu Hitler getroffen: Zum ersten Mal allein in der Luft, hatte er sein Flugzeug über die Front nach Frankreich geflogen, was man übrigens nicht von ihm erfuhr. Ich dachte damals, dass Arne alles weiß. Woher Geschichte kommt und wohin sie geht, und was uns aufgetragen war nach jenem Krieg, das schien er ein für alle Mal bedacht zu haben. Er machte davon behutsam Gebrauch und niemals, ohne zuzuhören.

Es gab nicht viel Platz in der Redaktion, und Rosemarie und Arne hatten ihre Schreibtische gegeneinandergestellt. So konnten sie sich anblicken, während sie mit verschiedenem Temperament die wöchentlichen Entwürfe des Blattes betrieben, er von klarer Ruhe, sie von rasch bewegtem Gefühl. Dass sie eines Tages heirateten, war uns so einleuchtend, dass wir es fast überflüssig fanden.

Die Stunde war uns allen günstig. Die Wege zueinander waren kurz, die Türen standen offen. Das kritische Nachdenken über das mörderische Umfeld unserer Kindheit war zugleich das konstituierende Denken der neuen Gesellschaft. Der Weltgeist wohnte im Hause.

Wir übten die schlichte Tugend, zu schreiben, wie uns zumute war, und den Leser dachten wir uns so ähnlich wie unseren Nachbarn. Aus solchen Haltungen, meine ich, verbunden mit einer Lust an der Mühsal des Formulierens, hat Rosemarie Rehahn ihren Stil gemacht und hat ihn behauptet und verfeinert bis auf den heutigen Tag.

Ihre erste ernsthafte Filmkritik, findet sie, war die zu EHE IM SCHATTEN. Dann hat sie also seit Maetzigs Film, der den frühen Ruf der DEFA begründen half, am Hell-Dunkel-Spiel unserer Filmproduktion beigewohnt und hat zugleich Jahr um Jahr von den Filmen vieler Länder gesehen, was ihr erreichbar war, eine erdumspannende Schleife glücklich und unglücklich belichteten Zelluloids. Welche Prüfung für das Auge. Welche Erprobung der Zuneigung zum Gewerbe der Kritik.

Der Blick der Filmkritikerin Rehahn bei so viel flimmernder Erfahrung ist schon lange von schöner Normalität, ihre Sprache ist kein Cineasten-Code. Aber auch in geradlinigem Deutsch ließe sich der Leser ja verfehlen, zum Beispiel durch Unaufrichtigkeit. Seit 1954 bei der *Wochenpost,* hat Rosemarie Rehahn bald drei Jahrzehnte lang Nachricht vom Film verbreitet, und ihre Leser sind, was jeder Verleih sich wünscht, ein Millionenpublikum.

Auf die Dauer für so viele Leute zu schreiben heißt, sich zu erkennen zu geben und sich zu bekennen und wiedererkennbar zu sein. R. R., auf eine Anfrage, hat geäußert; sie wolle ihren Leser, den Zuschauer, nicht belehren oder überreden. Wohl aber will sie ihn auf einen eigenen Gedanken bringen, sein Gefühl berühren und ermutigen und ihn für das Abenteuer gewinnen, in seinen verschiedenen Lebenslagen von einem Film betroffen zu sein und eine menschliche Botschaft zu empfangen. Sie hat zuweilen ärgerliche Filme auf zierliche Art umgebracht. Doch gewöhnlich, ich scheue das Wort nicht, ist Liebe der Antrieb ihrer kritischen Vermittlung, damit Kino und Leute sich treffen und Kunstverstand, Realitätssinn und ein wissendes und wertendes Verhältnis zur Geschichte sich stützen und miteinander gedeihen, bei denen, die Filme machen, und bei denen, die sie ansehen.

Aber es ist ihre Weise nicht, einen Film, der nur gut gemeint ist, einen guten Film zu nennen.

Manchmal bekommt sie zu hören: Du kannst dir das leisten. Wahr ist, sie leistet es sich. Und wahr ist auch, dass sie so, unversehens in dreißig Jahren, zu einer Person öffentlicher und sozialistischer Glaubwürdigkeit geworden ist.

Der sechzigste Geburtstag also, wie sich errechnen lässt, aber wer nicht will, muss es nicht glauben. Die neue Zeit, liebe Rosemarie, zu der wir damals manch besseres und schlechteres Gedicht gedruckt haben, das sind nun beinahe die alten Zeiten. Es hatte so viel mit Arne zu tun, dass wir uns damals verwundert zutrauten, uns selbst zu ändern und jeden anderen Menschen und in aller Kürze die Welt. Nun dauert es noch, und Arne ist schon gestorben.

Was kann ich dir wünschen, nach allem, als deinen Teil an dem Glück, das wir alle brauchen, und dass, durch vieler Menschen Kraft, auch durch unsere, die Schatten nicht wachsen zur Nacht ohne Ende, dass es ein Lichtspiel bleibt, ein Spiel im Licht, an dem wir teilnehmen, lustig und traurig, erhaben und trivial.

Was spielt das Kino demnächst? Der Kritiker hat keine Wahl. Er geht hin und wird sehen.

1983

Drehbuchseite für eine Zeitungsfrau

Totale:

Das Land war Deutschland, die Landschaft Ostpreußen, das Mädchen bekam den Namen Rosemarie. Vorkrieg, Krieg, Nachkrieg, nach allem Tod und so vielem vergeudeten Leben, war die Jugend noch nicht vorbei. Doch kam für immer ein Motiv hinzu, ein nicht verordneter Antifaschismus. Berlin war nun das Zuhause. Die Heimat wurde ein kleineres Land mit drei Buchstaben, das sich persönlich nehmen ließ, weil es begann und Unbescheidenes vorhatte: in deutscher Geschichte eine Wende zu sein.

Halbnah:

Jahrzehntelang war es die *Wochenpost*, in der sie die Filmkritik schrieb. Auch wenn der Zeitgeist Phrasen wollte, ist ihr die Sprache nicht ausgegangen. Wenn es sich um das Kino handelte, schrieb sie immer auch über das Leben, das die Filme meinten. Besorgt, dass Fantasie und Wirklichkeit sich nicht verlören, zog sie den Zustand der Gesellschaft in Betracht. Über Schauspieler und andere bunte Personen hat sie liebevoll gründliche Porträts verfasst, entlarvend insofern, als sie die alltäglichen Züge der nichtalltäglichen Leute entdeckte. Ihrer Routine Schluss heißt, sich das Schreiben schwer zu machen, damit der Leser es leicht habe.

Nah:

Das Gesicht nicht verloren, aber die Spuren der Verluste. Was war der Mühe wert, was war umsonst? Was wird demnächst gespielt in diesem Theater?

Dass der Film des Jahres nicht rückwärts läuft, das wäre schon was.

Groß:

Glückwunsch

zum Siebzigsten für

Rosemarie Rehahn.

1993

In: *Wochenpost* Nr. 4/1983 + *Wochenpost* Nr. 4/1993

Ludwig Turek

Als Erzähler gilt landläufig ein Mann, der schreibt. Der Erzähler Ludwig Turek hat außerdem das Erzählen in der älteren, mündlichen Form ausgeübt. Und wer ihm dabei zugehört hat, kam ins Staunen. Der Mann geriet unter die Wölfe bei den Tataren und unter türkische Räuber. Man kreuzte sieben Meere auf einer Jolle und segelte mit einer Ladung amerikanischer Jungfrauen um Korsika. Man aß bei Heinrich Mann und wohnte bei André Gide, spielte Schach mit Aljechin und saß in Paris im

Gefängnis und man blickte, ein Roter vor den Gewehren der Weißen, dem Tod ins Auge an der Ruhr und in Litauen. Und man erfuhr von einer Kindheit am Stadtrand von Stendal. Die war so bunt und grausam, als wäre sie von Gorki beschrieben. Wer von dort herkam wie Turek, brauchte wohl Nüchternheit wie Fantasie und Kraft wie Schlauheit, um seine Lage zu begreifen und verändern zu wollen.

Turek hatte von allem reichlich, und so wurde er ein politischer Mensch, ein Kommunist schließlich, und zuerst ein Schriftsetzer und dann ein Schriftsteller. Sein berühmtestes Buch »Ein Prolet erzählt« bringt seinen Weg auf den richtigen Titel. Merkwürdige Leute in merkwürdigen Umständen lässt Turek in allen seinen Büchern auftreten. Aber wenn er von ihnen sprach, traten sie mit besonderer Leichtigkeit aus seinem Gedächtnis. Unglaubliches mit leuchtenden Details trug er vor im Ton bescheidener Verlässlichkeit. »Da wunderst Du Dich, Junge, aber so war es.«

Er selbst war die Mitte in allen Abenteuern. Sein Blick war das Maß. Seine Geschichten schritten fort von Ort zu Ort und von Tat zu Tat. Kein Verweilen fand statt zwecks Rückblick und zweiflerischer Bewertung. »Am nächsten Morgen«, so hieß es oft bei Turek, »ging es dann wieder weiter.«

So folgte er zu Lande und zu Wasser durch unser verworrenes Jahrhundert Gottes ruhigem Zeitmaß. Ich habe manches von ihm mehrmals gehört. Die Pointen erschienen an erwarteter Stelle, sodass man den Genuss des Wiedererkennens hatte. Aber die Nuancen wechselten, je nach Publikum, denn Turek verstand sich auf Wirkung. Er konnte einen Satz, der schon unterwegs war, sozusagen in der Luft noch drehen, um ihn ins Ziel zu bringen. Wie viel von allem war blank erlebt und pur berichtet, wie viel war oft probiert und ständig verfeinert, welche von seinen wahren und unwahrscheinlichen Geschichten waren erfunden oder aber verändert durch die unmerkliche Arbeit, die die Erinnerung leistet? Was war von seinem robusten Witz und seiner Selbstgewissheit Kunst und Lebenskunst zugleich?

Turek hat sich zur Theorie seiner mündlichen Mitteilungen nicht verbreitet. Er hat dagesessen und erzählt, und wer dabei war, kam ins Staunen.

1983

Vortext zum Hörspiel *Die Grünsteinvariante*, gesprochen von Wolfgang Kohlhaase am 28. August, 1983, Radio DDR II, Hörspielabteilung / Hauptabteilung Funkdramatik, Länge 3'13". In: Deutsches Rundfunkarchiv Babelsberg, Archivnummer 3002404

Konrad Wolf
Notizen für einen Film

Eher weiß ich, wie dieser Film nicht werden soll: keine akribische Biografie, keine Folge von Interviews, keine Wiederholung von Bekanntem, kein Denkmal aus Zelluloid.

Ich notiere hier ein paar Gedanken, Motive, Schauplätze, ohne damit die Erzählweise des Films bestimmen zu wollen. Vielleicht muss mehr in den Film hinein, vielleicht weniger, vielleicht anderes.

Mein erster Zugang zum Thema ist die Erinnerung, es wird der einzige nicht bleiben können. Ich bemerke, wie vieles ich nicht weiß. Ich würde Konrad Wolf jetzt manches fragen wollen, nach Vorgängen und Umständen, nach Gedanken und Gefühlen unter solchen Umständen. Details sind wichtig, überhaupt Genauigkeit, das scheinbar Nebensächliche darf nicht fehlen, das Zufällige an einem Lebenslauf, der als exemplarisch nur verstanden werden kann, wenn er nicht denaturiert wird zu einem Lehrstück.

Erinnerung braucht Erkundigung. Es haben ihn viele Leute gekannt, per Adresse oder Lebenslage weit auseinanderwohnende Leute. Er selbst hat selten jemand aus dem Gefühl verloren, der ihm einmal nahe war. Zuweilen traf man einen Gast bei ihm, womöglich von einem anderen Erdteil, es war, als schlüge man eine Seite in einem ungeschriebenen Geschichts- und Geschichtenbuch auf. Wege über die Erde in diesem

Jahrhundert der sozialen Umwälzung und des möglichen Weltendes, Fußspuren über Berge und in Abgründe hinein. Nicht nur die Zukunft ist uns nicht so klar, auch die Vergangenheit ist es nicht. Der Frage nach Sinn oder Sinnlosigkeit unseres Geschicks ist Konrad Wolf nicht ausgewichen in die glatten Antworten, aber er hat ihr seine Gewissheit entgegengestellt von der unzerstörbaren humanen Mitte der Revolution. Solche Haltung ist wohl nicht zu haben ohne die Mühe der täglichen Arbeit, und, hat man gelebt wie er, ohne den Einsatz aller Lebenskraft.

Wir kannten uns näher seit ICH WAR NEUNZEHN. Jahre vorher habe ich einmal hinter ihm auf einer BMW gesessen, als wir zu Walter Gorrish fuhren, wegen eines Films, aus dem nichts wurde.

Ein anderes Motorrad ist seinem Bruder Markus Wolf aufgefallen, eine 125er, an der ein langer Mensch bastelte, auf der Brücke am Bahnhof Lichtenberg, im Juni 1945. Sie trafen sich dort zufällig und hatten sich zwei Jahre nicht gesehen, zwei Jahre im Krieg. Nun tuckerte Koni für die eben gegründete *Berliner Zeitung* durch die zertrümmerte Stadt.

Man kann sich den Mann, der mit und ohne Bart von so vielen Protokollfotos blickt, in früherer Zeit also auf verschiedenen Motorrädern vorstellen. Man konnte ihn auch, als er schon war, was der öffentliche Anstand eine Persönlichkeit nennt, in einem badewannengroßen Plasteboot, das für seinen Sohn gedacht war, auf der Dahme teils segeln und teils treiben sehen. Aber so ein Bild hätte kaum konkurrieren können mit der Welt der dunklen Anzüge, in der er, wie dieser und jener, vorwiegend zu sehen war. Groß, schwarz und schweigsam, erschien er lange auch mir als ein Mensch, an den schwer heranzukommen war.

ICH WAR NEUNZEHN war eine Arbeit, bei der wir uns gut fühlten, alle die dabei waren, aber Wolf war vielleicht besonders glücklich. Es war seine eigenste Geschichte, ohne dass sie, wie er zuerst befürchtet hatte, nicht nachvollziehbar wurde, er machte einen historischen und zugleich seinen persönlichsten Film. Beim Drehen bewegte er sich wie damals in zwei Sprachen. Er war wieder in Bernau, wo er tatsächlich Kommandant gewesen war, was er, glaube ich, vorher kaum jemand erzählt hatte. Nach dem Film wurde er Bernauer Ehrenbürger, nach einem Bierbrauer und einer Hebamme der Vierte. Den Dritten fragte er, der Idylle misstrauend, aus den verlegenen Stadtvätern heraus, der Dritte, sein Vorgänger, war Hitler.

Wolf war mit siebzehn zur Roten Armee gegangen, in der Gegend von Noworossisk, eingezogen, freiwillig? Der Weg der 47. Armee war auch der seine, durch die Ukraine, durch Polen, vorbei an Majdanek und schließlich auch an Sachsenhausen vorüber, die langen Straßen des Krieges, von denen die Filme von Roman Karmen und die Tagebücher von Konstantin Simonow handeln, mit denen er später befreundet war. Auch Wolf schrieb Tagebuch, auf Russisch. Deutsch und russisch schrieb er Briefe nach Hause, zu Hause hieß Moskau. Ehe er nach Deutschland kam, hatte er die Toten am Wege gesehen, unzählbar, in beiden Uniformen und ohne Uniform. Er trank unverdünnten Sprit und rauchte Machorka und war mit neunzehn Leutnant. Alles viel zu früh, hat seine Mutter gesagt.

Als er zwanzig war, bei der Kommandantur in Halle, oblag ihm bei Razzien die moralische Belehrung der örtlichen Prostitution, nachdem die Militärpolizei und der Arzt das Ihre getan hatten. Er arbeitete in Berlin im Apparat von Alexander Dymschitz. Er war Dolmetscher beim Sachsenhausen-Prozess im Pankower Rathaus. Wenn ihm, auch in solchen Zusammenhängen, bis zur Qual unklar war, ob er deutsch oder russisch empfand, wenn er nicht wusste, wo er leben wollte, so soll er früh gewusst haben, auch wenn es sich verdächtig gut anhört, dass er Filmregisseur werden wollte.

Kindliche Liebe zum Kino, Beispiel des Vaters, Klima der Familie? Er hat sich sechsmal TSCHAPAJEW angesehen, ein anderer Film seiner Liebe war WIR AUS KRONSTADT und Wsewolod Wischnewski wohnte mit den Wolfs auf einem Flur. Konrad Wolf spielte auch eine Kinderrolle bei Gustav von Wangenheim. Wer noch gehörte zum Umgang der Familie? Wer kam auf die Datscha nach Peredelkino? Was nimmt ein Zehn- und Zwölfjähriger auf von den Wichtigkeiten der Erwachsenen? Und hatten sie eine Chance gegen die beiden Hunde, die es auf einem Foto gibt?

Eva Siao hat das Bild gemacht, die während der Kulturrevolution in China, deren Anhängerin sie zunächst war, sieben Jahre in Einzelhaft saß. Hat sie Koni noch getroffen, als sie jetzt nach Berlin kam? In den Märchen, die Friedrich Wolf für seine Kinder erfand, tritt vielerlei freundliches Getier auf. Sein Sohn, der Akademie-Präsident Wolf, pflegte an Straßenrändern, notfalls auch in öffentlichen Anlagen, für das Meerschwein seines Sohnes Mirko Gras zu zupfen.

Als die Wolfs nach Moskau kamen, war Konrad neun Jahre alt. Er war in Hohenzollern geboren, zu Füßen der Burg, es hat ihm immer gefallen, dass dieser Name in seinem Ausweis stand. Man lebte in Stuttgart, die Mutter stammte aus einer christlich gesinnten Familie, wie war die Familie des Vaters? Wer hat welche Rolle gespielt? Friedrich Wolf, Dramatiker und Arzt, war auch ein Anwalt gesunder Lebensführung, Koni hat sich vor allem an viel kaltes Wasser erinnert, in dem Buch seines Vaters. In »Die Natur als Arzt und Helfer« sieht man ihn im Garten in einer Badewanne sitzen.

In der Nacht des Reichstagsbrandes ist Friedrich Wolf auf Skiern nach Österreich geflohen. Der Bruder entsinnt sich an Haussuchungen, an drohende und an verlegene Polizisten. Dann sind sie fort aus Stuttgart. Einige Wochen Schweiz. Ein Sommer in Frankreich, in der Bretagne, ein Leuchtturm mit einem einbeinigen Wärter, ein paar Fischerhäuser, eins auf den Namen Vaillant-Couturier. Friedrich Wolf beginnt »Professor Mamlock«, seine Söhne üben das heimliche Rauchen. Wasser in Zisternen, Ginster, der im Kamin verbrannt wird, Delfine im Meer, einer heißt Pitschpatschfitschless und wird nachher zwölf Briefe schreiben, von einem Schiff, auf dem Friedrich Wolf nach Amerika fährt.

Aus Deutschland kommt die Schwester der Mutter zu Besuch, Tante Grete, die eine Lebenszeit später noch immer zu Besuch kommen wird, unverheiratet und daseinsfroh, jetzt nach Berlin, in die Deutsche Demokratische Republik. Die Hitler kommen und gehen, Tante Grete ist geblieben und war auch da, als Koni begraben wurde.

Über Wien und Warschau sind die Wolfs nach Moskau gelangt, haben die berühmte Grenzstation passiert, den Bogen mit dem Stern. Aber der

Bruder berichtet, dass er die ganze Fahrt über Karl May gelesen habe, etliche Bände, die Else Wolf für Bela Ilyes mitbrachte. Moskau mit den Augen der Kinder: Es gab Straßenbanden und man trug keine kurzen Hosen. Schulwege durch den Alten Arbat, erst zur Liebknechtschule, dann in die 110. russische, in die auch Maja Turowskaja ging. Moskau in der zweiten Hälfte der dreißiger Jahre: Konrad Wolfs bewusste Kindheit. Es kamen die Schutzbundkinder aus Wien (Ule Lammert), es kamen die spanischen Kinder. Es zog ein Krieg herauf, und brach zuerst in Spanien aus, und alles gab es zugleich: Solidarität, den Elan der Fünfjahrpläne, den Kult der Wachsamkeit, die Prozesse gegen geständige Volksfeinde. Wenn die Kinder Spanienkrieg spielten, ließen sie die gute Seite gewinnen.

Es gab auch eine Freundschaft zwischen drei Jungen, Konrad Wolf, Vitja Fischer und Lothar Wloch. Fischers Vater war ein liberaler amerikanischer Zeitungskorrespondent, Wlochs Vater war in Berlin Stadtverordneter der KPD gewesen. Er verschwand, als die Verhaftungen auf die Emigranten übergriffen. Es gab viele Verhaftungen im Umfeld der Wolfs. Lothar Wloch und seine Mutter wurden nach Deutschland ausgewiesen oder man legte ihnen die Ausreise nahe. Wer die Kraft hatte, verweigerte sich dem Misstrauen, das um sich griff, und widerstand der Zerstörung menschlicher Beziehung. Man lebte mit schrecklichen Fragen, die erst der Krieg wegschob. In der Anderthalb-Zimmer-Wohnung der Wolfs herrschte Konis Mutter Else und hielt die Tür offen mit einer tatkräftigen Verlässlichkeit, die ihr niemand vergessen hat, der sie damals kannte.

Im Oktober 41, auf Moskau bezogen der dunkelste Punkt des Krieges, fuhren die Evakuierungszüge nach Taschkent und Alma Ata, Zwischenstation Kasan. Ein paar Namen von vielen: Becher, Scharrer, Lukács, Plievier, Hay, Leschnitzer, Wangenheim. Überfüllte Zimmer, vollgestopfte Züge, kein Wasser, tagelanges Halten. Konrad Wolf hat erzählt, wie der sensible Dichter Marschak einen entnervten Stationsvorsteher bedrohte, er brüllte: Ich bin der Stalinpreisträger Samuil Marschak und habe einen Revolver. Koni, sein Bruder, auch die Tochter der Weinerts und andere

Kinder schliefen im Gepäcknetz, für sie mag das Abenteuer die Strapaze übertroffen haben.

Konrad Wolf studierte Filmregie, mit der Generation der Soldaten (Tschuchrai, Kulidshanow). Alexandrow, Romm, Gerassimow waren seine Lehrer. Er wohnte in einem Durchgangszimmer, wo? In Berlin war er Sowjetbürger gewesen, nun, in Moskau, war er DDR-Bürger. Er hatte die in diesem Alter vorgesehenen Freundinnen, aber nach den Vorstellungen der Behörden hatten sie die jeweils falsche Nationalität. Er traf Angel Wagenstein aus Bulgarien, mit dem er später STERNE machte, seinen ersten Film mit internationaler Resonanz. Werner Bergmann war dabei schon sein Kameramann, Bergmann, der als PK-Berichter der Wehrmacht in der Sowjetunion einen Arm verloren hatte. Sie kamen gut miteinander aus, vielleicht, weil sie sich ihre so verschiedene Vorgeschichte immer bewusst machten. Eigentlich steckte Wolfs Thema auch in dieser Partnerschaft.

Über das Filmemachen mit Konrad Wolf, über Anekdotisches und Prinzipielles, über seine veränderten und unveränderlichen Ansichten zum Beruf muss Doris Borkmann eine Menge wissen, sie war seine Assistentin, solange ich mich entsinne. Man könnte auch Schauspieler fragen, Kurt Böwe vielleicht. Ich selbst könnte etwas zu sagen versuchen, wir haben vier Filme miteinander gemacht.

Von einem haben wir gelassen, obwohl wir ein Drehbuch geschrieben hatten, nach einem Text von Daniil Granin, »Die schöne Uta«. Wolf fand bei Granin einen grüblerischen Ton, der ihm lag, den Krieg und die Jetztzeit, die Russen und die Deutschen, den Zorn und die Verwunderung darüber, welche Barbarei ausgezogen war aus den sauberen Städten mit den gotischen Kirchen. Granin sprach von sich: Er war mit dem Panzer nach Deutschland gekommen, und nun kam er wieder und wieder und fand die guten Deutschen, die fleißigen, aufbauenden, sich wandelnden, auch solche, die widerstanden und gelitten hatten und fand doch die Summe nicht unter allen Posten. Wir konnten den Film schließlich nicht machen, weil wir seinen inneren Blickpunkt nicht fixieren konnten, lag er hier oder dort? Aber ein Gewinn der Mühe war die Bekanntschaft mit Granins moralischer Rigorosität und mit Granin selbst. Wolf und Granin mochten sich. Granin führte uns in Leningrad herum, aber er zögerte, ehe er mit uns in die Nähe von Puschkino fuhr, auf ein Feld zwischen Eisenbahndämmen, wo die Schüler, aus denen Soldaten geworden waren, in flachen Gräben einen eisigen Winter lang durchhielten, während hinter ihnen die Stadt verhungerte. Granin lief vor uns her auf die früheren deutschen Stellungen zu, er brach mit seinen Halbschuhen durch dünnes Eis, aber da er sich zum Schritt des Soldaten entschlossen hatte, lief er unbeirrt weiter, und Wolf und ich folgten ihm und fühlten uns auf komische Weise schuldig, weil wir versuchten, trockene Füße zu behalten. Dabei umgab uns eine Traurigkeit, mit der jeder allein war.

Wolf war noch nicht vierzig, als er Präsident der Akademie der Künste wurde. So vermute ich, er hat zunächst abgelehnt, ehe er es einmal mehr als eine Konsequenz seiner Biografie nahm, als eine Pflicht, der er sich stellte. Man vergegenwärtige sich ein paar Namen. Wie sollte er diesen und anderen vorsitzen oder ihnen, falls das jemand meinte, gar etwas vorsagen? Originelle Leute sind oft schwierig, und die Sache, die die Akademie befördern helfen sollte, war nicht einfacher, und originell war sie auch, gemessen an bisheriger Erfahrung.

Wir einigen uns, was die Künste in der sozialistischen Gesellschaft angeht, leicht auf den historischen Aspekt und auf die Utopie. Wir haben es schwerer mit der Praxis: Was alles soll und kann Kunst bewirken hier und in diesem Moment? Erhellungen werden von der Akademie erhofft, aber kein Präsident muss etwas Bindendes verlautbaren, sein Amt hat keinen Kodex, er kann es wahrnehmen nach seiner Statur. Doch kann es ihm schon geschehen, dass er auf seinem Stuhl zwischen den Stühlen sitzt.

Wolf hat sich den Problemen, wie immer man sie sehen mag, nicht besserwisserisch genähert. Er vertraute darauf, dass verschiedene Erfahrungen von Menschen, soziale, politische, psychologische, auch künstlerische, miteinander verglichen werden können. Kunst selbst versucht ja solchen Vergleich. Wolf meinte, dass gerade unsere Gesellschaft Politik braucht, als gemeinsames Bewusstsein der öffentlichen Dinge.

Ihm war die Bequemlichkeit suspekt, mit der sich manche Leute in Konflikten zur jeweiligen Mehrheit schlagen. Was Wunder, wenn man sich vorstellt, in welcher Minderheit diejenigen waren, die wie er über die Front gerufen haben. Schüsse waren die Antwort, heißt es in ICH WAR NEUNZEHN. Auch der schöne Brief von seinem Vater an ihn fällt mir in dem Zusammenhang ein, geschrieben mitten im Krieg, über Zivilcourage.

Wolf konnte zuhören. Er achtete Menschen und Meinungen. Er hat für vielerlei Gespräch in der Akademie gesorgt, zur Selbstverständigung und über die Grenzen der eigenen Position hinaus. Er war hilfsbereit im Großen und Kleinen. Über Jahre hinweg ist er zu einer Person des Vertrauens geworden, beinahe zu einer Instanz. Wie lässt sich messen, was ihn das alles gekostet hat? Es war ein Stück Leben.

Sein Beruf war das Filmemachen. Er hat sich auf Wirklichkeit eingelassen ohne Vorurteil. Ein Mann mit Position, hat er seinen Blick nicht verengt zum Überblick, der die Augen schmal macht. Er wußte, dass man Nähe so braucht wie Distanz. Das Alltägliche, die Normalität dieses Landes suchte er nicht nur als Ausgangsstoff für die Arbeit, sondern als einen Teil Heimat, den er in sein so besonders zusammengesetztes Lebensgefühl aufnahm. Als wir SOLO SUNNY vorbereiteten, ging seine Ehe kaputt. Er ist nachts allein durch Berlin gelaufen, er erlebte eine Stadt, wie er sie nicht kannte und traf Leute, die ihm bisher nicht begegnet waren, in aller Verzweiflung war er dankbar dafür. Er war damals bei Wieland Förster wie in einem Versteck, er klopfte dort Steine.

Die Normalität, die ihm so wichtig war, richtete er sich zu Hause ein, Ruhe nach Feierabend, die Gesichter der Familie, Kochen, Essen, Trinken, gelegentlich Gäste. Er hatte eine stille tiefe Beziehung zu seiner Mutter, die in Lehnitz wohnte. Seine Treue, seine Beharrlichkeit, seine Geduld, vielleicht kam das von ihr. Er war zu langer Freundschaft fähig. Wenn er in Moskau ein Hotelzimmer bezogen hatte, griff er zum Notizbuch, in dem in seiner kleinen Schrift viele Nummern standen, beim Lesen kniff er die Augen zusammen, hier ist Koni, sagte er am Telefon. Er war auch nicht zu alt für neue Freundschaft.

Wenn die Flaschen leerer wurden, begann er manchmal zu singen, was er nicht gut konnte. Er ersetzte Stimme durch Gefühl und sang weiche russische Lieder: Schwarzer Rabe oder das Lied eines Sträflings, der aus Sachalin geflohen ist:»... die Frau, die findet einen anderen; aber die Mutter ihr Söhnchen nie mehr.« Es war schön und einfach mit ihm in solchen Momenten, es war lustig und immer auch ein bisschen traurig. In seinen letzten Tagen, schon in den Träumen, in die ihn die Medikamente stürzten, hat er solche Lieder gesungen. Er sprach deutsch und russisch durcheinander. Alles kam noch einmal vor, in Bruchstücken klarer Gedanken: die Politik, das Filmemachen, unser Umgang miteinander, das, was wir erreichen, das, was wir versäumen. Einmal sagte er:»Was kümmert ihr euch hier um mich, und draußen tobt der Atomkrieg.«

Er dachte daran, einen Film über Rosa Luxemburg zu machen. Gibt es Notizen? Er hatte auch vor, eine andere Geschichte zu erzählen, die von den Moskauer Kindern Koni, Lothar und Vitja, er wollte sie weitererzählen, bis auf den heutigen Tag. Als in Berlin der Krieg zu Ende war, hatten sie sich wiedergetroffen, George Fischer, ein Bruder Vitjas, war amerikanischer Offizier, Lothar war ein Flieger bei den Deutschen gewesen. Und nun waren sie Männer von fünfzig, in Alaska, in Westberlin, in Ostberlin und gehörten zu einer Generation, die die Welt verwaltet. Wolf ist mit Wloch nach Amerika gefahren, sie haben Vitja Fischer in Alaska besucht. Was hatte überdauert von den Farben der Kindheit?

Wolf hat über seine Reise nach Amerika ein Interview gegeben. Alaska hatte ihn beeindruckt. Das Leben in großen Räumen, dieser und jener Zug in der Mentalität der Amerikaner, erinnerten ihn an die Sowjetunion. In den grenzenlosen Flächen vor dem Pol, die dem Auge kein Ziel bieten, erblickte er das elementare Gesicht des Planeten, der den Menschen gemeinsam ist.

Auch Lothar Wloch ist schon gestorben. Vitja Fischer könnte man fragen, wie es war, als sie sich trafen, wie es ihnen ums Herz war.

Auf der Berliner Begegnung der Schriftsteller und Wissenschaftler, 1981, die Wolf, Stefan Hermlin unterstützend, mit veranstaltete, hat er nicht lange gesprochen. Er fühlte sich nicht gut, ohne dass er ahnte, wie es um ihn stand. Er hat Günter Grass eine Frage gestellt: Glauben Sie, die Russen wollen Krieg?

1984

In: Archiv-Blätter 14 der Akademie der Künste, zusammengestellt und erarbeitet von Torsten Musial und Kornelia Knospe, Berlin 2005, S. 11 ff. Diese Notizen wurden für den Dokumentarfilm DIE ZEIT, DIE BLEIBT. EIN FILM ÜBER KONRAD WOLF verwendet.

Wieland Herzfelde
Am Grab

Wieland Herzfelde, von dem wir Abschied nehmen, hat sich der Idee verschrieben, dass, radikal gedacht und auf lange Sicht, die Kunst den Kommunismus braucht und der Kommunismus die Kunst. Nicht Niederlagen, nicht Siege haben ihn gehindert, das Ziel noch vor sich zu sehen. Er war ein Virtuose des Machbaren und hat doch den Sinn nicht verloren für das Denkbare, das, wenn es in die Welt soll, noch immer unsere ganze Kraft braucht, unsere Solidarität und unsere Fantasie. So hat er lange gelebt und ist lange nicht alt geworden. In der sandigen Erde Berlins sind viele begraben, die mehr Gerechtigkeit wollten, Berühmte und Namenlose, nicht wenige kamen um durch Gewalt.

Wieland Herzfelde, der in Frieden gestorben ist, liegt nun bei ihnen und ist weiter mit uns. Dank, Wieland, für alles.

1989

In: *Sinn und Form* Nr. 1/1989, S. 6

Werner Bergmann

Werner Bergmann ist an den Folgen eines Unfalls gestorben, den er in Tbilissi erlitt. Er hat dort junge Kameraleute unterrichtet, er war neunundsechzig Jahre alt. Was kann man lehren in diesem Beruf? Es sind wohl Handwerk und Gewissen. Beides war bei ihm zu haben.

Jetzt, wo man in viele und neue Richtungen reist, ist er gern in eine ältere Richtung gefahren, als man ihn einlud, dorthin, wo sein Leben einmal beinahe geendet und sich gewendet hat. Denn es war dreiundvierzig Jahre her, dass er auf russischer Erde lag, unter einem Sternenhimmel, man hatte ihm den Arm amputiert, und er hörte die Stille der Welt.

Er war auch damals schon ein Kameramann. Die Kamera hatte er auf ein Sturmgeschütz montiert, sie folgte dem Lauf der Kanone und verfolgte den Flug der Granate, für die Deutsche Wochenschau in Berlin, und so noch nicht beobachtet. Der Krieg war ein technisches Abenteuer und eine filmische Aufgabe, nur schossen die anderen zurück.

Es gehörte zu Bergmanns Talenten, dass er sich selbst beobachten konnte und dass er die Dinge sah, ohne dass ihm ein Schleier späterer Meinung vor die Erinnerung fiel. Er vergaß nicht die Verführung jener Jahre, er verdrängte und verleugnete sie nicht, er war ein Zeuge, auf den Verlass war.

Die linke Hand war ihm geblieben. Er besaß das Gehäuse einer Arriflex, er besorgte sich die fehlenden Teile, er baute sich die Kamera zusammen, mit der einen Hand. Mit der einen Hand hat er künftig Filme gemacht, die Kamera auf der Schulter ohne Arm. Er ließ sich ungern helfen. Mit der einen Hand hat er auch die Leica bedient, die er stets bei sich trug: Auf Tausenden von Fotos finden sich Menschen und Umstände, denen er begegnet ist. Mit der einen Hand schrieb er Notizen und Tagebücher und schrieb zuletzt am Bericht seines Lebens. Er wollte ordnen, was gewesen ist. (…)

Eines Tages war Konrad Wolf in die Tür getreten. Sie verglichen nicht ihre so verschiedenen Kindheiten, sondern begannen ihren ersten gemeinsamen Film. Später erst fanden sie heraus, dass sie zu einem bestimmten Datum in der Ukraine sich nahe waren, getrennt durch die Front. Sie hätten sich treffen können, so oder so.

Nun hatten sie beide den Krieg überlebt und waren noch immer jung und wollten Filme machen und wollten, dass man vernünftiger lebt und dass Deutschland anders wird. Jede Generation hat ihre Morgenstunde und ihren Tag und ihren Abend. Niemand besitzt das ganze Bild der Zeit, in der er lebt. Die Gewissheiten wachsen langsam und sind anfechtbar. Die Rechnungen werden nachgereicht. Den Geschichten der Eltern folgen die Geschichten der Kinder.

Wer Filme macht, der muss den Dank des Vaterlandes nicht anstreben. Wir wollten uns aber einmischen, wenn es um eine neue soziale Ordnung ging. Mit den Konflikten, die daraus folgten, war Bergmann in Gesellschaft. Mit Lob und Tadel hat er auskommen können, nicht so mit der demütigenden Selbstgerechtigkeit, mit der wenige für alle sprachen.

Die Unlust an den Nachrichten der Kunst, die wir beklagten und doch in einer Art von Selbstverleugnung nicht für das Wichtigste nahmen, hat sich am Ende ausgewachsen zu jener Unfähigkeit, die Wirklichkeit zu verstehen, die nun mehr kostet, als Bücher und Bilder und Filme.

Wolf und Bergmann haben zwölf Filme gemacht, ein Lebenswerk, das entstanden ist auch durch ihren pfleglichen Umgang mit ihrem gegensätzlichen Temperament. Bergmann warf große und kleine Fragen auf, Wolf antwortete, indem er tief oder weniger tief schwieg. So haben sie manche Entdeckung gemacht.

Sie haben DEFA-Geschichte geschrieben, und die, zu ihrem besseren Teil, ist deutsche Filmgeschichte, und jene, zu ihrem besseren Teil, ist Filmkunst der Welt. Werner Bergmann ist zu nennen, wenn über Kameramänner von Rang gesprochen wird. Die Gefährlichkeit des Berufs, das ist vor allem das Scheitern vor den eigenen Ansprüchen. Weiß man, was man ahnt, kann man sagen, was man weiß, wie zeigt man, was man sieht? Bergmann, als er längst ein gepriesener Mann war, hat solche Zweifel gekannt, so vielleicht blieb er jung und erfinderisch. Von allen Filmen sei

ICH WAR NEUNZEHN erwähnt, weil hier zusammenkam, was Bergmann und Wolf in ihrer Jugend trennte und verband, was schmerzliche Erfahrung und schließlich für beide ein Lebensthema war: die Russen und die Deutschen in diesem Jahrhundert.

Zu jenem April, als der Film entstand, zweiundzwanzig Jahre nach dem Ende des wirklichen Krieges, fällt mir ein, dass die Arbeit leicht ging. Der Stil des Films, dessen Geschichte Wolf gehörte und zu der doch jeder beitrug, entstand spielerisch, wie unter der Hand. Man kann sehen, was Bergmann dabei geleistet hat: eine direkte, schwerelose, nüchterne und poetische Fotografie. Ich kannte Bergmann aus den fünfziger Jahren, als Gerhard Klein seinen ersten Spielfilm machte, der für Bergmann der zweite war. Wir folgten dem Muster der Neorealisten, kurze Brennweiten, grobkörniges Material, Straßenszenen, wann immer es ging. Klein und Bergmann trafen sich in ihrer Leidenschaft für die technische Seite des Filmemachens, aber auch in ihrer Ambition, mit der Kamera das Prinzip einer Geschichte zu erkunden, ihren Untertext, ihre Melodie. Es ließ sich etwas lernen, wenn man ihnen zusah, obwohl sie doch gerade anfingen.

Bergmanns Arbeitsweise war gesellig, er trug seine Zweifel vor, seine Form der Zustimmung war der Einwand. Wenn du meinst, sagte er oft und hockte sich hinter die Kamera und tat, was vereinbart war, und fügte die Besonderheit hinzu, die er im Auge hatte. In seinem Babelsberger Leben hat seine Stimme den Dresdener Klang nicht verloren, den Klang der Kindheit, als er mit seinem Vater ins Kino ging und wusste, er würde Kameramann werden. Vielleicht wird eine Zeit der Vergesslichkeit kommen. Werner Bergmann aber hat gelebt und gearbeitet gegen das Vergessen. Wer will, kann in den Bildern, die er gemacht hat, für immer einen Augenblick der Wahrheit finden, so wie er sie gesehen hat.

1990

In: Werner Bergmann, *Das verwundete Objektiv. Ein Bericht aus Briefen und Notizen 1939–1943.* Aufbau-Verlag, Berlin 1992, S. 9–12

Walter Beltz
Grußwort zur Verleihung des Lion-Feuchtwanger-Preises

Die Vergabe des Lion-Feuchtwanger-Preises ist der schöne Anlass, meine Damen und Herren, Sie in der Akademie der Künste zu begrüßen, vor allem aber natürlich Sie, sehr geehrter Herr Beltz, denn Sie bekommen ihn ja.

Die Sektion Literatur und Sprachpflege hat so befunden. Wer von Ihnen wusste, war sogleich ein Fürsprecher des Vorschlags, wer danach oder erneut zu Ihren Büchern griff, griff in die Fülle, ein Reichtum, kunstvoll gemischt aus dunklen Quellen und erhellender Darstellung, die ich nur darum ein Lebenswerk nicht nennen will, weil diesem Wort ein Klang anhängt, als wäre alles schon getan und vorbei.

Der Mann, den wir hier preisen und ehren, pflegt mit den Göttern den vernünftigsten Umgang, so entdeckt man den Menschen, der in den frühen Zeiten sich ein Bild macht von sich selbst und damit wohl bis heute nicht fertig ist. Wer sich, und sei es an Beltzens Hand, in die mythische Vergangenheit begibt, wer die alten Geschichten der Priester und Propheten liest, in denen die noch älteren Geschichten stecken, wer die vortrefflichen Erfindungen der Religion betrachtet, dem mag übrigens durch den Sinn gehen, was alles die Kunst einem Publikum schuldet, das unter den Himmeln und Gewölben des Glaubens nicht länger wohnt.

1990

Der Lion-Feuchtwanger-Preis 1989 wurde dem Religionswissenschaftler und Orientalisten Prof. Dr. sc. Walter Beltz am 13. September 1989 verliehen. In: *Mitteilungen der Akademie der Künste der DDR* Nr. 1/1990, S. 3

Karl Kohlhaase
Für meinen Vater

Karl Kohlhaase ist gestorben, mein Vater. Er hat lange und gern gelebt, am Ende war es ihm über. Von den Menschen, mit denen er jung gewesen war und alt geworden ist, gab es kaum noch jemanden. An den Wochenenden kam er zu uns, zu Emöke und mir, aber Eltern und Kinder leben ja nur zur Hälfte in der gleichen Zeit. Wie alle Leute im Alter hat er oft von früher erzählt. Wie alle, die sich zu den Jüngeren rechnen, haben wir manchmal zugehört und manchmal nicht.

Mein Vater wurde 1902 in Pasewalk geboren, der mittlere von drei Söhnen. Die Wohnung bestand aus Zimmer und Küche, der Wasserhahn war auf dem Flur, das Klo auf dem Hof, im Stall hielt man ein Schwein. Mein Vater ging in Holzpantoffeln zur Schule. Er lernte gut, aber Erdkunde verweigerte er, weil er sicher war, dass er die Gegenden, von denen die Rede war, nicht besuchen würde. Deshalb hat ihn der Lehrer vor der Karte von Europa an den Ohren strafend auf die Höhe von Neapel gehoben. Mein Vater wurde einundvierzig Jahre alt, ehe er zum ersten Mal ins Ausland kam, er trug einen Helm und ein Gewehr, es ging nach Russland. Er hat den Krieg überstanden und vier Jahre Gefangenschaft. Neapel hat er wirklich nicht gesehen.

Als er aus der Schule gekommen ist, hat er Tischler werden sollen, aber weil er, in der Werkstatt schlafend, sich vor den offenen Särgen fürchtete, ist er weggelaufen und wurde Schlosser. Als Schlosser hat er gearbeitet bis in sein achtundsechzigstes Jahr.

Das Haus seiner Kindheit war aus schiefem Fachwerk. Gegenüber lagen nebeneinander das Gefängnis und das Gymnasium, beide aus den gleichen roten Ziegeln, aus denen man auch Kasernen baute.

Zu Pasewalk gehörte das Regiment der Kaiserin, die Kürassiere. Im November nach dem ersten Krieg hat mein Vater zugesehen, wie man den Offizieren die Schulterstücke abriss. Doch das Städtchen blieb geteilt zwischen den niederen Leuten und denen, die sich für bessere Leute hielten:

Hauswirte, Ladenbesitzer, kleine Beamte. Ein Mensch namens Hitler lag in Pasewalk im Lazarett und beschloss, Politiker zu werden.

Mein Vater beschloss nur, dass er woanders hin wollte, wo es weniger Vorurteil gab und weniger Standesdünkel. Seinem Schulfreund Helmut folgend gelangte er bis Stargard in Pommern, wo er bei der Eisenbahn Lokomotiven reparierte und seinen täglichen Lohn in Kuchen anlegte, bevor ihn die Inflation fraß.

Auf einem Tanzboden lernte er meine Mutter kennen, Charlotte Lentzkow, seine spätere Frau, ein Mädchen mit sieben Geschwistern. Sie arbeitete auf einem pommerschen Gut als Kinderfrau und folgte ihm nach Berlin, als er dort, nach einer Zeit der Arbeitslosigkeit, eine Stellung gefunden hatte. Und damit waren die Jahre der Wanderungen schon vorbei und vielleicht auch die Jugend. Sie zogen nach Adlershof in die Genossenschaftsstraße 29 in eine Dachstube und wechselten noch einmal in das Haus mit der Nummer 43, zwei Zimmer parterre, ein Stück Garten, ein Hof mit Kaninchenställen. Dort blieben sie für immer, unter Nachbarn, die Leute ihresgleichen waren, und in meinen ersten zwanzig Jahren war ich dabei.

Merkwürdig, man weiß nicht so viel von seinen Eltern. Ich wünsche mir, dass sie sich geliebt haben. Alles in allem sind sie miteinander ausgekommen. Manchmal stritten sie, mein Vater laut und heftig, meine Mutter mit stiller Standhaftigkeit. Mein Vater arbeitete Schicht, solange ich denken kann. Er fing an um sechs Uhr früh, um zwei Uhr mittags, um zehn Uhr abends. In diesem Rhythmus lebten wir. Nach dem Krieg ging er noch einmal zwanzig Jahre lang in die Fabrik. Es war nun die Zeit der Pläne, in der es oft planlos zuging. Mein Vater hat marode Maschinen in Gang gehalten, er hat sich aufgeregt bis in den Schlaf hinein, und das Herz hat ihm wehgetan. Wenn er aber aus seinem Leben die Summe zog, hat ihm der Versuch, der sich Sozialismus nannte, eingeleuchtet.

Und doch, wie sehr würde ich ihm das Märchen gönnen, meiner Mutter und ihm, dass man einmal zur Probe leben könnte und dann noch mal richtig. Meine Mutter ist zu Hause gestorben, zehn Jahre vor meinem

Vater. Er hat sie mit so viel Mühe und Kummer gepflegt, dass es ihn fast vor ihr umgebracht hätte. Er hat nicht aufgehört, an sie zu denken, den Rest seiner Tage, an denen er nun allein durch die Straße lief, früh, um die Zeitung zu holen, mittags zum Essen in die Betriebskantine, früh und spät zum Friedhof. Viele Leute kannten ihn, er wurde alt und älter und war immer noch da, wie die Häuser und wie die Kastanien. Ein halbes Jahr vor seinem Tod fiel er um, lag eine Nacht lang im Keller und konnte nicht mehr aufstehen.

Indem er die Welt immer noch freundlich ansah und das Wetter ihn mehr freute als ärgerte, indem er gern ein Glas hob, vorausgesetzt, es war kein Wasser darin, war er doch auf nichts mehr neugierig. Das letzte Ende taugt nichts, sagte er ohne Bitterkeit. Wenn er vom Grab meiner Mutter kam, sagte er: »Auf dem Friedhof muss ich aufpassen, dass sie mich nicht dabehalten, denn dort gehöre ich hin.« Und er sagte: »Wenn auf der Beerdigung nicht gelacht werden darf, geht keiner mit.«

Nun ist er angekommen, zweiundneunzig Jahre alt, und wir sind mit ihm auf seinem letzten Weg. Es ist traurig und es ist gut so.

1995

In: *Trauer ist ja die Fortsetzung der Liebe. Abschiede und Erinnerungen.* Hrsg. Horst Pehnert, Das Neue Berlin, Berlin 2001, S. 77

Konrad Wolf
Die Frage nach dem Sinn von allem

Konrad Wolf, den viele Koni nannten, wäre jetzt siebzig geworden. Wäre er anwesend, könnte er sich in den Handbüchern des Films an guter Stelle finden, wenn auch mit eingeschränkter Rente wegen Staatsnähe. So oder so, es würde reichen für einen Topf Pelmeni und einen Schluck Wodka und einen Witz auf eigene Kosten. Also alles vergeblich, alles umsonst?

So wird nicht reden wollen, wer seine Filme sieht, die aus einem Lebensgefühl kamen, das ohne Selbstgerechtigkeit war. Es hatte mit seinem Talent zu tun, dass er Wirklichkeit sinnlich erfuhr und sie nicht einem Dogma unterwarf. Seine Filme, zumal die schönsten, sind nicht modisch, nicht im ästhetischen und nicht im politischen Verständnis. Das bewahrt sie davor, altmodisch zu werden. Wer sich nach den Deutschen erkundigt und was sie sich selbst und anderen angetan haben, wer sich für den Versuch interessiert, in dem kleinen halben Land eine andere Art der täglichen Gerechtigkeit einzurichten, der findet bei ihm Geschichten, denen man nachsinnen mag, wenn man einen Vorbehalt hat gegen die umgehenden Weltbilder für Anspruchslose.

Konrad Wolf ist mit siebzehn zur Roten Armee gekommen, in einer Wendezeit, doch mögen es die Zeitgenossen eher für eine Zeitenwende gehalten haben. Jene Armee hatte an der Wolga den Krieg gewendet. Fortan rief Wolf den Männern im deutschen Ostheer zu, den verlorenen Kampf zu beenden. Die hielten das aber für Landesverrat, zunehmende Ausnahmen behandelten die Standgerichte. Er sprach mit Gefangenen und seltenen Überläufern und entwarf Flugblätter. An Majdanek, Sachsenhausen und Sanssouci vorbei fuhr er mit dem hinfälligen Lastwagen, auf den ein Lautsprecher montiert war, bis Berlin. Drei Jahre lang hat er Tagebücher und Briefe geschrieben, russisch, wie es die Militärregeln verlangten, das er aber auch besser sprach als deutsch. Was waren ihm, als er neunzehn war, seine Landsleute, die bis zum letzten Tag schossen und andererseits die Hitlerbilder rechtzeitig von der Wand nahmen?

Es war nicht so, dass er hier gleich leben wollte.

Was aber waren die Deutschen, die von den Russen besetzt wurden, sich selbst? Was wollten sie künftig sein? Wer jung genug und alt genug war, begriff die Stunde nicht als letzte, sondern als erste. Ein radikal anderes Denken wurde verfügbar. Die Nazizeit ließ sich als Irrweg verstehen. Vielleicht auch der Volksseele, vor allem aber der deutschen Gesellschaft. Hitler war nicht nur ein schrecklicher Mann mit einem komischen Bart, sondern die deutschen Eliten hatten ihren Frieden mit ihm gemacht, bevor sie seinen Krieg mit ihm machten. Darüber stand auch etwas in den Büchern, die ins Land kamen, auf grobem Papier gedruckt, Entwürfe von Menschlichkeit in schönem Deutsch. Mit den Büchern kamen bald auch aus aller Welt Schriftsteller zurück. Manche sehr berühmt und hier inzwischen fast unbekannt, sie hatten die Katastrophe vorhergesagt und sich zu wehren versucht. Das Gras wuchs über nicht zählbaren Gräbern. Nichts schien einleuchtender, als die Gesellschaft zu ändern.

Konrad Wolf, Sohn eines Dichters, der weggegangen war, um wiederzukommen, folgte der Familie, wie der politischen Idee, die ihn in ihre Pflicht nahm, doch hing er an Moskau als Ort der Kindheit und vielleicht auch als Hauptstadt eines Traums. Er liebte ein deutsches Mädchen, als er noch ein sowjetischer Offizier war, und als Student mit neuem DDR-Pass liebte er ein russisches Mädchen, solche Lebenslagen mögen ihm, der nie leichtfertig lebte, mehr ans Herz gegriffen haben als das vielbesprochene Problem der nationalen Identität. Die ergab sich. Er kam endgültig hier an und eröffnete entschlossen ein normales Leben mit Frau und Kindern und Scheidung und Frau und Kind. Wer je mit ihm nach Russland fuhr, verstand, dass ein Teil von ihm dort geblieben war.

Als Regisseur begann er nicht als Wunderkind. Er studierte an der Moskauer Filmhochschule inmitten der Generation ehemaliger Soldaten und lernte sein Handwerkszeug im Licht revolutionärer Filmkunst und im Schatten pathetischen vaterländischen Kinos. Sein erster eigener Film war ein musikalisches Lustspiel, das im Erzgebirge spielte, es verriet nichts von der Person, die Wolf war. Doch traf er bei jener Gelegenheit den Kameramann Werner Bergmann, der für die Deutsche Wochenschau einen Arm in der Sowjetunion gelassen hatte. Daraus wurde eine Freundschaft, die in beider Leben passte, daraus wurden zwölf Filme. Wolf war kein Mann der Kunstgriffe. Er suchte einen Stoff zu ergründen, erst dann suchte er den Stil. Er arbeitete still und genau und verführte andere fast wortlos zu ihren besten Möglichkeiten, er vertraute den Schauspielern, wenn er sie gewählt hatte, er inszenierte nach seiner Natur, eigentlich war er ein scheuer Mensch. Als solcher geriet er in öffentliche Ämter.

Zu viel Hoffnung und zu viel Befürchtung richteten sich auf Kunst. Wolf war betroffen, sein Film SONNENSUCHER konnte nicht erscheinen, vergeblich wartete dann ein um vierzehn Jahre verspätetes Publikum auf die Dinge, die das Verbot erklärt hätten.

Wie ist die Welt und wie soll man über sie reden? Dieser nie beendete Streit zog sich über die Jahre, nur dass die immer wieder belehrten Künstler mit der Zeit das Gespräch vermieden und jüngere Leute gar nicht mehr dabei sein wollten. Dass in der Kunst sensible Entdeckungen stecken, dass es ihr gemäß ist, der Welt ihre Mängel zu nennen, dass sie große Augen und Ohren hat und von Lebensluft umströmt ist, das wollte die praktizierende Politik nicht wissen, mehr noch, sie ging dagegen an im Namen ihres Führungsanspruches. Bei meist nicht glücklicher Finanzlage gab es allerhand Geld für Kultur, doch in deren Produktionen wollten die Politiker, auf die es ankam, letztlich nur finden, was sie selbst sicher zu wissen glaubten, sie wollten beruhigt und nicht beunruhigt sein. Wolf war das Geschick von Menschen nahe, die Überlebende waren, die dem Faschismus widerstanden hatten, die aus Arme-Leute-Wohnungen durch Zuchthaus, Untergrund und Asyl an die Spitze eines Staates gelangt waren, in der Spanne eines halben Lebens. Doch nun betrieben sie das Regieren als eine Art Verschwörung der Getreuen, die Gegenverschwörungen vorzubeugen hatten. Bei ungeliebten Nachrichten sahen sie nach dem Boten und hatten die Kunst im Blick, auch als ihnen die allgemeineren Zustände mehr und mehr außer Sicht gerieten.

Als politischer Mensch, der Filme machte, lebte Wolf mit schärferen Bildern der Realität. Er versuchte Brücken der Verständigung zu bauen, so verstand er wohl auch seine Rolle als Präsident der Akademie der Künste. Doch stand er dabei, wie andere auch, oft im Spagat. In dieser anstrengenden Haltung war er eine Brücke in leiblicher Gestalt. Mit ihm ließ sich reden, wenn mit sonst niemand. Als er starb, waren Leute traurig, die sich nicht grüßten.

In dem Jahr, als zwölf Filme verboten wurden, ohne dass man ihn um seinen Rat gefragt hätte, sagte er einmal: Es geht nicht mit der Partei. Aber nichts geht ohne die Partei. Noch hörte es sich nicht an wie ein Schlusswort.

Auch wenn man Wolf gut kannte, blieben manche Motive seines Lebens unerörtert. Er war mit ihnen nicht fertig, vielleicht wollte er sie aber auch aufheben für die größere Wahrheit, die in einer erfundenen Geschichte möglich ist. Dazu gehörte ein Thema, das er »Troika« nennen wollte, und das inzwischen so etwas wie einen Ruf als nicht gedrehter Film hat. Er wollte von drei Kindern erzählen, zwei deutschen und einem aus Amerika, die in Moskau groß wurden, einem Platz der Zuflucht, bis es sie auseinandertrieb, als man immer mehr Menschen verhaftete, die so waren wie die anderen, die man nicht verhaftete. Er wollte berichten, wie die drei sich wiedertreffen, als junge Männer und als Männer an der Schwelle des Alters: die Frage nach dem Sinn von allem, an die Weisheit der Geschichte gerichtet, oder falls die Geschichte gerade am Blindenstock geht, einfach an ein Publikum. Denn es wird schon ein Publikum geben für die Tragödien und Komödien, die sich abspielten, als man sich vornahm, ein Gemeinwesen einzurichten, in dem das Geld nicht alle Dinge regelt, ohne dass man herausfand, bis auf weiteres, was denn sonst die Dinge regelt.

Konrad Wolf, Kind aus Schwaben, Schüler in Moskau, Soldat gegen die Deutschen, deutscher Filmregisseur, hat für eine Utopie gelebt, die das Jahrhundert verbraucht hat, ohne sie zu ersetzen.

1995

In: *Neues Deutschland*, 20. Oktober 1995

Alfred Hirschmeier

Von Alfred Hirschmeier konnte man sich die Welt wünschen. Er verfügte über alltägliche Gegenden und historische Landschaften, über Schlösser und Katen und Vorder- und Hinterhäuser, über Eisenbahnzüge im In- und Ausland, über Tag- und Nachtlokale, über alte Tapeten und über den fleckigen Putz an der Wand einer Zuchthauszelle. In seiner Fantasie lebten die Orte aber zwei Mal, so, wie sie waren, und so, wie sie werden konnten, wenn er sich ihrer annahm. Mit dem zweiten Blick prüfte er alle Natur auf ihre Eignung für künftige Filme. Sein Gedächtnis war ein Archiv unerschlossener Szenerien, in denen menschliches Schicksal sich abspielen konnte. Nichts Zufälliges: Ein Zimmer erklärte eine Wohnung, die Wohnung einen Menschen. Wenn er eine Dekoration eingerichtet hatte, pflegte er in den Hintergrund zu treten. Er sagte: Nimm dir Zeit. Und während man sich umsah, zwischen mancherlei Mobiliar und der Vielzahl der Dinge, die er wie zufällig zusammengetragen hatte, sagte er oft: Die Sachen sind zum Wegnehmen da. Es war nicht der schnelle Blick, sondern der gründliche, redliche, der ihn entdecken ließ, was nötig war.

Wenn ich ins Studio kam, aus den vielbesprochenen Gründen zeitweilig auch nicht so gern, freute ich mich, Hirschmeier zu treffen. Er schien mir ein tröstliches Zeichen dafür zu sein, dass alles weiter geht. Er saß unter dem Dach und hatte die Hände nicht in den Schoß gelegt. Man konnte die schmale Treppe zu ihm hinaufsteigen in seine Werkstatt, wo sich in seinen Blättern und Modellen die Filme und die Zeitläufte wunderlich mischten.

Wir bedachten die Bedingungen unserer Arbeit, die Schwierigkeiten, die Möglichkeiten, und uns bedrückte jene Unlust an der Wirklichkeit, die als herrschende Meinung auftrat. Dabei hatte Hirschmeier daran mitgewirkt, dass in dieser Firma namens DEFA-Filme entstanden waren, die man so vielleicht nur hier hatte machen können. Filme, zu denen die gediegene Arbeit so vieler Kollegen im Studio beitrug, Filme mit künstlerischer und politischer Ambition, mit Wahrheiten, tragisch oder komisch, auf die viele Zuschauer warteten. Gelegentlich gab es die Resonanz, die sich jeder erhoffte. Immer mal hatte dieses kleine Land ein großes Publikum. Alfred Hirschmeier, schwerer werdend, stiller und manchmal bitter, war dennoch eine Art Langstreckenläufer, ein Mann, der nicht von der Bahn ging, auch zuletzt nicht, als das Studio, in dem er seine Tage verbracht hat, aus der einen Zeit in die andere geriet, in die neuen Geschäftslagen. Er hat seine Maßstäbe nicht aufgegeben und hat sich die

Lust erhalten zu arbeiten, wozu auch die Neugier auf junge Leute gehörte. Er wollte weitersagen, was er wusste. Ich habe ihm gern zugehört. Seine Überlegungen galten immer dem ganzen Film, nicht nur seinem Metier. (...) Mir fällt ein, wie wir um den Tisch saßen, in Sachen ICH WAR NEUNZEHN, Konrad Wolf, Werner Bergmann, Doris Borkmann, manchmal Herbert Ehler und Alfred Hirschmeier. Zum ersten Mal sah ich, wie er auf vorgeschnittenem Papier die Bilder zeichnete, die wir uns ausdachten, flüchtig, aber so verbindlich, dass sich, wenn man die Skizzen mit dem fertigen Film vergleicht, in ihnen seine Struktur ankündigt. Es war Frühling wie jetzt, und es war ein besonderer Frühling, von dem der Film handelte. Der Krieg war aus, der Frieden begann. Wolf erinnerte sich an sein merkwürdiges Geschick, als wir drehten, aber wir alle erinnerten uns. Denn so oder so, für Leute unseres Alters hatte jener Moment der Geschichte die Richtung unserer eigenen Geschichten geändert, das Kindheitsbild, das Bild von Deutschland. Das Leben ging anders weiter, und eigentlich begann es erst, das Leben, das mir jetzt (...) so vorkommen will, als wäre es nur ein langer Tag gewesen.

Das Filmemachen ist eine arbeitsteilige Angelegenheit. Jeder bringt sein Handwerk mit, und man braucht ein paar gemeinsame Träume. Wir hatten sie, und was auch aus ihnen wird, wir wären ärmer, wenn wir sie nicht gehabt hätten. Alfred Hirschmeier hat in mehr als vier Jahrzehnten in Babelsberg Spielraum für Filme gebaut, haltbare Arbeit, die Filmgeschichte wird davon wissen. Wie froh sind wir gewesen, wenn wir sagen konnten, vor uns das Abenteuer eines Films: »Die Sache kann werden. Fredi ist dabei.«

1996

In: *Trauer ist ja die Fortsetzung der Liebe. Abschiede und Erinnerungen.* Hrsg. Horst Pehnert, Das neue Berlin, Berlin 2001, S. 97

Renate Krößner
Man befürchtet weniger, an eine schlechte Schauspielerin zu geraten, als an die falsche.

Renate Krößner, von der wir nicht viel wussten, kam und ließ sich besichtigen. Von einem Film, der eine Weile zurücklag, hatte ich alles vergessen, bis auf die Art, wie sie gelacht hatte. Kürzlich war sie in Jeans, aber auf hohen Hacken, durch einen anderen Film gestöckelt, die Nase aufwärts, eine Zigarette im Mundwinkel. Das hatte Konrad Wolf gefallen. Nun redeten wir, ab und zu fiel sie zierlich ins Berlinerische. Dabei beherrschte sie die Tonlage der Stadt, auch wenn sie hochdeutsch sprach. Wie man in Berlin sich ausdrückt, das ist, ähnlich wie in anderen großen Städten, eine Art zu denken, ehe es eine Art zu sprechen ist, Reflex sozialer Erfahrung, von Kennern sogar nach Stadtgegenden unterschieden. Sunny, unsere Hauptperson, gehörte zum Prenzlauer Berg und zum reisenden Tingeltangel, und Renate Krößner schien von beiden Welten etwas zu wissen.

Von den weiblichen Rollen, die Kino bevorzugt, war sie nicht die Königin, sondern das Mädchen von nebenan. Sie war schön, aber nicht nur und nicht von allen Seiten. Man konnte ihr nachsehen, ohne gleich zu wissen, wie man sie findet. Ihr Gesicht bestand aus verschiedenen Gesichtern. Als sie an diesem Tage gegangen war, wollte Konrad Wolf nicht weitersuchen, und ich auch nicht.

Beim Drehbuch hatte ich mich auf ein Mädchen bezogen, das ich kannte und das alles in allem wie Sunny lebte. Nun trat die Person aus jener Wirklichkeit und meiner Fantasie neu vor mein Auge und würde, welch angenehmer und banger Gedanke, für immer so aussehen wie die Schauspielerin unserer Wahl.

Es folgten die Übungen mit Kostüm und Maske. Renate Krößner, den mittleren Liebreiz der Schlagerszene vor Augen, wollte nicht schön sein. Sie wollte gefallen, indem sie nicht gefiel. Wir meinten, sie müsste gefallen, damit sie nicht gefallen könne. Das scheint nur ein Wortspiel zu sein, doch war es ein Thema der ersten Drehtage, ehe die Figur die Gestalt gewann, die uns gemeinsam einleuchtete.

Den Dialog, so entsinnt sich mein Autorenohr, sprach sie leicht und so, wie ich es meinte. Wichtiger war es, dass sie sich in den Nachbarschaften der Handlung bewegte, als hätte sie nie woanders gewohnt. Wie sie eine Stulle schmierte und aß, wie sie in weißer Bluse anders saß als im Pullover, wie eine Schürze sie farblos machte und ein Hut verwegen, das hatte mit Lebensgefühl und Lebenslage zu tun, mit dem, was man unbewusst gelernt hat.

Doch nichts davon hätte sich hergestellt ohne ihre dünnhäutige schauspielerische Intelligenz. Wolf hat sie sehr geschätzt und hat sie zu schützen gesucht, vor ihren Zweifeln ebenso wie vor zuviel Selbstgewissheit. Er war ja ein Mensch und ein Regisseur, der immer mal jemand zu seinen besseren Seiten ermutigte.

SOLO SUNNY und Renate Krößner gewannen ihr Publikum und diverse Preise. Ich sehe Sunny vor dem Spiegel sitzen, wie sie sich mit langem Blick befragt, und sehe sie über den Hof des Jahres 78 kommen, mit seinen Kindern, Katzen, Tauben und alten Frauen.

Während ich mich zu erinnern versuche, wie es war, als wir mit Renate den Film drehten, fühle ich mich zugleich in ein Publikum versetzt und blicke auf das flüchtige Leben, von dem, auch dank ihr, die Bilder noch da sind.

1996

In: *Vor der Kamera. Fünfzig Schauspieler in Babelsberg.* Hrsg. von Ralf Schenk im Filmmuseum Potsdam, Berlin 1996, S. 153

Ulrich Schamoni
Hier wird kein letztes Wort gesprochen, Ulli

Ulli ist tot. Was es nicht mehr geben wird, ist die verlässliche Freude, mit der er die Tür öffnete, wenn man zu ihm kam.

Was gibt es denn Neues, pflegte er zu fragen.

Von Persönlichem abgesehen, meinte er die Dinge, die nicht in der Zeitung stehen. Aus seiner Stadt wusste er, wie die Welt regiert wird. Zu seinen Talenten gehörte es, Leute von so verschiedener Art zu kennen, dass sie sich nicht getroffen hätten, wenn nicht in seinem Garten.

Er saß gern in seinem Haus, meist auf demselben Sofa, zwischen Wänden mit Gemälden jeden Stils und jeder Größe, umstellt von Elektronik und von alten Apparaten, die er mitbrachte, wo immer er war.

Er saß auf den Zeitungen einer Woche, und das Telefon hörte nicht auf zu klingeln.

Unvermutet aber kam er aus Hongkong zurück, aus Lanzarote oder aus Tiflis, oft war er rasch entschlossen mit jemand mitgefahren. Er war ein Freund mit großen Reichweiten.

So war er auch nach Leipzig gekommen, zur Dokumentarfilmwoche, in den von hier aus gesehen damals etwas entfernten Osten. Er hatte Michael Lentz begleitet. Sie sahen sich Filme an und übten die Geselligkeit. So haben wir uns kennengelernt.

Er wohnte hier, ich dort, in der anderen Hälfte Berlins, bis kürzlich vor acht Jahren haben wir uns nur gelegentlich gesehen. Wie konnten wir so lange befreundet sein?

Vielleicht, weil wir uns Geschichten erzählten, von hier und von dort, ohne dass wir gegeneinander recht haben wollten. Eher haben wir versucht, die ernste Welt ein bisschen komisch zu finden. Die Konfrontation der Systeme war um uns und sie war auch in uns, aber mit Ulrich Schamoni war es leicht, ein Gefühl zu gewinnen, dass das größere System Leben heißt, in das jeder auf seine Weise verwickelt ist und nicht öfter als einmal.

Er war ein sinnlicher und spielerischer Mensch. Die Projekte, die er betrieb, bekamen seine Gestalt und sein Gesicht, er war begabt mit Bemerkbarkeit.

Doch was es ihn auch kostete, und wie es seine Tage und Nächte fraß, wenn etwas nicht gelang, die Unternehmungen, denen er zur Existenz verhalf, blieben immer auch ein Spielzeug in seinen Händen, mit dem er staunend umging. Weder Erfolg noch Misserfolg haben ihn altern lassen.

Wenn es stiller um ihn war, ging seine Fantasie verwunderliche Wege. Video oder Polaroid oder der Computer wurden ihm zu wechselnden Leidenschaften. Er erprobte die Geräte als Instrumente der Poesie und stellte schöne Dinge her, die es so noch nicht gab: Collagen, Geschichten aus Bildern, die zwischen Malerei und Fotografie schwebten, alte Märchen, von ihm anders erzählt. Er war bewandert in den einträglichen wie in den brotlosen Künsten. So hat er auch die Panda-Bären im Zoo rund um die Uhr gefilmt, damit man verfolgen kann, was sie nachmittags um viertel Vier machen oder nachts um Drei. Natürlich befürchtete er, dass sich zu wenige Augen dieser schönen Möglichkeit zuwenden würden, doch im Kleinen wie im Großen war es ihm ein Vergnügen, eine Sache zu tun, die niemand erwartete, eine Tür aufzustoßen, ein Stück über den Weg hinaus zu gehen.

Zuletzt hat er mit der Kamera seine Tage beschrieben, die vergingen. Als er wusste, dass er auch in einem letzten schlimmen Spiel der Erste sein würde, als er wusste, dass wir es wussten, hat er davon abgesehen, das Thema zu behandeln.

Er zeigte viel Mut und große Würde, und er meinte es gut mit den Menschen, denen er sich nahe fühlte.

Und mit solchen, die er geliebt hat: Erika, Ulrike, die bei ihm waren am Ende.

Auch das gehört dazu: Er war Kartenspieler und Bildersammler und Bewahrer von Merkwürdigkeiten jeder Art und ein Kenner von Grappa und Zigarren.

Wir hatten ihn gern. Viele haben ihn gern gehabt. Hier wird kein letztes Wort gesprochen, Ulli. Es wird noch geredet werden von dir.

1998

In: *Trauer ist ja die Fortsetzung der Liebe. Abschiede und Erinnerungen.* Hrsg. Horst Pehnert, Das Neue Berlin, Berlin 2001, S. 150

Bernhard Wicki

Bernhard Wicki hat haltbare Filme gemacht, vierzehn an der Zahl, von denen, über die Zeit hinweg, Gesichter und Landschaften bleiben und eine pathetische Intensität des Erzählens.

In vielen Jahren und beinahe hundert Rollen hat er zugleich den Beruf des Schauspielers ausgeübt, als schwerer Held oder mit leichtem Schritt. Als er aber die Szene als Regisseur betrat, hat er sie geprägt durch Gewicht, Leidenschaft und Stil.

Gleich zu Anfang hat Wicki DIE BRÜCKE gedreht und nahm damit Platz in der Filmgeschichte, die hier nicht vorgetragen werden soll. Er war kein Mann der Manifeste und Debatten, er passte in keine Gruppe, eher war er ein Einzelgänger, der, weithin sichtbar, dem deutschen Kino Reputation verschaffte. Der Stil, wie es heißt, ist der Mensch.

Als Wicki achtzehn war, Schauspieleleve in Berlin, hatte ihn eine Denunziation in das Konzentrationslager Sachsenhausen gebracht. Er kam zu den Politischen und hat überlebt, auch mit Hilfe von Menschen, die nicht überlebt haben. So selten und schwer er darüber sprach, so wenig hatte er es vergessen. Einmal sagte er: Es war meine Chance, kein Nazi zu werden.

Und er zählte dieses halbe Jahr am Rand der deutschen Hauptstadt und am Rand des Lebens zu den Motiven, die seinen Weg bestimmt haben, so wie manches andere: die Begegnungen mit Max Ophüls und Käutner, die Gespräche mit Dürrenmatt, die Liebe zur Fotografie, den Neorealismus.

Teils Schweizer, teils Österreicher, teils Deutscher, hat Bernhard Wicki sich der Stille von dreierlei Provinz nicht hingegeben und lebte mit unruhigem Herzen in der Welt, wie sie ist und nicht bleiben sollte. Wenn Wicki Filme drehte, war er besessen, eigensinnig und rücksichtslos, gelegentlich ruinierte er sich und andere. So ist er zu Anekdoten gekommen und zu Ehren.

An alten Männern ist kein Mangel, aber immer mal wieder gibt es einen großen alten Mann.
Bernhard Wicki ist am 5. Januar dieses Jahres achtzigjährig in München gestorben.

2000

Trauerrede für Bernhard Wicki in der Akademie der Künste in Berlin am 7. oktober 2000.
In: Archiv Elisabeth Wicki-Endriss + Archiv Kohlhaase

Ludwig Engelhardt

Ludwig Engelhardt hat lange schon in der Stille gelebt.

Wo er gewohnt hat, liegt hinter dem letzten Haus das Haff, und die Wege verlieren sich in den Wiesen. Ich habe ihn dort besucht wie andere auch.

Einmal waren seine Frau und seine Kinder bei ihm, einmal zwei Studenten. Aber meist war er allein, wie er es liebte oder brauchte. Er war gastfreundlich und war doch nicht unfroh, wenn man wieder abfuhr. In der Ruhe der Natur war er ein unruhiger Mann.

Hin und wieder, sich entschuldigend, ging er beiseite und hängte sich an eine Stange, den Kopf nach unten. Ich dachte an eine Übung der Askese, ehe ich wusste, dass er den Krieg mit seiner Gesundheit bezahlt hatte, ein paar Monate lang in amerikanischer Gefangenschaft und danach, durch merkwürdiges Geschick, noch einmal vier Jahre in Russland. Er war ein Überlebender, als er noch jung genug war, um den Beruf zu versuchen, der ihm vorschwebte.

Jahrelang, wenn ich an ihn dachte, dachte ich ihn mir zu dritt. Die beiden anderen waren Marx und Engels. Das Projekt, das die Arbeiten Werner Stötzers, Margret Middells, Arno Fischers und Peter Voigts mit einschloss, hatte ihm den Platz in der Mitte gelassen, das eigentliche Denkmal, das Risiko. Denn die bärtigen Propheten waren zum Emblem erstarrt, zu Ikonen geworden und zu Titanen ernannt, die gelegentlich aus Felsen hervorwuchsen: Marx und Engels. Was war da noch zu machen?

Er wollte sie sich vorstellen als Intellektuelle des 19. Jahrhunderts, hat er gesagt. Denkende Leute mit sitzender Lebensweise, sozusagen. Er beriet sich mit Fritz Cremer und anderen und entschied, wie klein oder wie groß sie werden sollten. Als er den ersten Gips anrührte, war er auf sich gestellt, doch umzingelt von Erwartungen und Befürchtungen.

Später ragten die beiden sitzend und stehend in den Himmel, Bäume im Hintergrund und in der Nähe grasende Pferde. Wenn man sie an dieser Stelle zum ersten Mal sah, waren sie von einem Gewicht, auf das man nicht gefasst war. Man mochte an archaische Steine denken oder an den Weltgeist und hörte das Summen turmhoher Mückenschwärme. Engelhardt schnitt Brot, wir tranken Rotwein und versuchten, etwas zu sagen.

Es war ein unvergleichlicher Ort, an dem Ludwig Engelhardt mit Marx und Engels allein war, im Sommer wie im Winter, und durch seine Hände gehen ließ, was er mit ihnen erlebte. Marx und Engels wurden ernst und erdenschwer.

Wie man weiß, waren die Auftraggeber nicht zufrieden. Auf anderen Plätzen wurden Wunschbilder mit steinern flatternden Fahnen aufgestellt, so wollten die Sieger der Geschichte sich überliefert wissen, ehe die Dinge jenen anderen Lauf nahmen. Die nachdenklichen Vordenker aber, wie Engelhardt sie gesehen hat, stehen nun mitten in Berlin, wieder eingeholt vom Kapital, und erlauben doch den ermutigenden Gedanken, dass die Geschichte wohl kein letztes Wort hat, gestern nicht, heute nicht, und nicht morgen.

Es gab eine Karikatur des Monuments, auf der sagt Marx: Entschuldigt, Leute, es war nur so eine Idee.

Das hatte Ludwig gefallen, wie ich mich erinnere. Es gibt Gründe, warum die Idee verunglückt ist. Und es gibt Gründe, warum sie auf die Welt kam.

Was Ludwig Engelhardt beschäftigt hat, war das Scheitern vor dem eigenen Maßstab. Aber zuletzt kam dazu die Sorge, ihm könnte tatsächlich verlorengehen, was er geschaffen hat, weil das Material zerfällt, oder durch zerstörerischen Unfug. Er hat in den vergangenen Jahren mit nachlassender Kraft gearbeitet, unsicher lebend und kaum beachtet, ohne Auftrag und ohne Mittel für die Gießerei. Er hinterlässt Figuren, die beinahe vollendet sind, im ganzen Sinn des Wortes.

Wer die Porträts betrachtet, die er gemacht hat, streng formuliert, in achtungsvoller Nähe zu einem Menschen, der sieht Anspruch und Ergebnis seiner Mühe und die Richtung seiner Kunst.

So steht er mir vor Augen, unser Freund, der Bildhauer Ludwig Engelhardt, sein Charakter und die Zeit seines Lebens.

2001

In: *Sinn und Form* Nr. 3/2001, S. 424 f.

Günter Reisch
Zum 75.

Lieber Günter,
    ich glaube, ich weiß noch, wann ich Dich zum ersten Mal gesehen habe. Es war in der Jägerstraße. Du gingst auf der Seite, wo die Wochenschau hauste. Du winktest über die Straße hinweg jemandem zu, der mit mir ging. Vielleicht war es Günther Rücker, der dann ein Freund für immer wurde und ein Partner in der Arbeit, für Dich wie für mich.
    Jedenfalls erfuhr ich, nachdem Du gewinkt hattest, dass Du näher als ich an den wunderbaren Hallen warst, in denen die Scheinwerfer standen. Du warst Regieassistent. Ich hingegen nannte mich Dramaturgischer Assistent und versuchte, während ich es schon war, herauszufinden, worum es sich dabei handelt.
    Außer dass wir uns leichten Sinnes in anderer Leute Text mischten, suchten wir damals dringlich nach dem positiven Helden. Der positive Held war die theatralische Gestalt des Neuen Menschen, den die Politiker im Leben sogleich entdeckt hatten, es handelt sich etwa um das Jahr 1950, und den sie sich auch im Kino wünschten. Die DEFA machte damals nur

sechs oder acht Filme im Jahr, also war Zeit für lange theoretische Debatten, in denen die Mitarbeiter der Dramaturgie um einen großen runden Tisch saßen und viele Zigaretten rauchten. Es waren Spinnstunden des Wunschdenkens. Aber es gab ja auch Assistentinnen in unserem Kreis, denen schob man Zettel zu mit einer alten Frage: Was machst Du denn heute Abend?

Also begegneten wir einerseits, ohne das Wort zu kennen, dem Dogmatismus und andererseits dem Leben.

Ich weiß nicht, ob Du immer schon zum Film wolltest. Ich nicht. In meinem Berliner Vorort war niemand beim Film. Aber ich war im richtigen Moment im richtigen Alter, alles war möglich. Um von Dir zu reden, muss ich notgedrungen von mir reden, wir waren vielleicht in einer ähnlichen Lage. In der sind wir jetzt wieder, aber lieber als an das Alter denke ich bei dieser kleinen Rede natürlich an die Jugend, von der wir ja nicht absehen wollen.

Wo wir wohnten, Leute wie Du und ich, waren ein paar Jahre zuvor die ärmeren Sieger einmarschiert. Der Krieg, den sie gewonnen hatten, hatte sie mehr geschlagen als uns. – Im Februar hatte ich noch den Film KOLBERG gesehen. Im Sommer schon gab es TSCHAPAJEW und WIR AUS KRONSTADT, in denen die romantischen Maschinengewehre der Revolution mitwirkten, die mit den Handwagenrädern. Aber bald sah man in Berlin auch den MALTESER FALKEN und DIE KINDER DES OLYMP, so oder so waren es Nachrichten aus einer Welt, die man uns verschwiegen hatte. Das Ende nach Art der Nibelungen, das uns verheißen war, hatte nicht stattgefunden. Es gab kein Ende.

Es fing etwas an.

Dazu gehörte das Bedürfnis, darüber nachzudenken, warum der Krieg bis vor die eigene Haustür kommen musste, um aufzuhören.

Es gab die Versuchung, sich die eigene Kindheit und die deutsche Geschichte anders als nach bisheriger Gewohnheit zu erklären, auch, indem man sich zur eigenen Verwunderung zutraute, Filme darüber zu machen.

So verstanden war die DEFA von Beginn an eine Anti-Ufa, wenn sie damit auch nicht sogleich eine eigene Filmsprache hatte.

Und Dir und uns allen, die wir damals anfingen, war es ganz selbstverständlich, dass das Kino auch mit dem Alltag, mit der sozialen Wirklichkeit und mit der Geschichte zu tun haben sollte. Zwar fuhr Stalin auf der Leinwand dem Feind entgegen, in weißer Uniform auf einer Lokomotive stehend, aber zugleich gab es die Neorealisten oder die sowjetischen Filme der dreißiger Jahre oder erste polnische Filme oder die klassischen Franzosen. Es gab in den verschiedenen Künsten die Emigranten, die zurückgekommen waren. Seghers, Brecht, Eisler, Dudow, Wolf, um nur einige zu nennen. Es gab die ersten Filme von Staudte, Maetzig oder Engel. Es gab Menschen in unserer Nähe, die im Konzentrationslager überlebt hatten wie Apitz und Geschonneck.

Es gab Vorbilder für unsere ersten Bilder.

Dass der Sozialismus, der den Faschismus besiegt hatte, seinerseits deformiert war, erwies sich später als lebenslange Frage. Damals, denke ich, konnten wir es kaum bemerken. Dazu kamen wir dann noch und hatten gemeinsame Konflikte oder jeder seine eigenen, als wir an die Pädagogik der Besserwisser gerieten. Dennoch gab es immer wieder Filme, die sich dem Realitätsverlust widersetzten, in den die Politik zunehmend verfiel, und es gab ein Publikum, das darauf wartete. Und immer mal wieder, und Du hattest Deinen besonderen Teil daran, wurde an der Strecke, auf der das Ziel nicht näher kam, gerne gelacht.

Alles lange her, lieber Günter. Ich erwähne es, weil es sich gelegentlich so anhört, als wäre in Babelsberg zwischen der Ufa und der jetzigen Ereignislosigkeit nichts gewesen.

Du hast dort zwanzig Filme gemacht. Eines Tages macht man den letzten, vorsätzlich oder ohne es zu wissen, was vielleicht eher zu wünschen ist.

Ich hätte Dir noch ein paar Versuche gegönnt.

Ich sehe aber, dass Du noch immer unterwegs bist, mit der Tasche über der Schulter, wie damals auf der anderen Straßenseite (…). Du arbeitest mit jungen Leuten. Es ist ein schöner Gedanke, dass sie Dir zuhören. Der Beruf braucht Moral und Handwerk, und die meisten Fragen stellen sich immer wieder neu.

In Zeiten mit wenig Gewissheiten wünscht man sich Glaubwürdigkeit. Du bist, neben allem anderen, ein glaubwürdiger Mann. Ich gratuliere Dir mit Respekt.

2002

Geburtstagsansprache, gehalten am 10. Dezember 2002 in der Akademie der Künste. In: *Apropos. Film* 2003. Hrsg. von der DEFA-Stiftung / Bertz Verlag, Berlin 2003, S. 316

Klaus Wischnewski

Klaus Wischnewski ist in Kolberg geboren worden und hat in Stettin gewohnt, zwei Städte, die jetzt in Polen liegen. So ist ihm deutsche Geschichte gleich persönlich begegnet. Seine Stimme behielt einen pommerschen Klang.

Mit jenem Frühling, in dem der Krieg endete, mag es ihm aber geschehen sein wie mir und wie so vielen Anderen ähnlichen Alters. Wer sich dafür bereit hielt, über den brach mit dem Frieden, den die Russen brachten, das Denken herein. Die Welt, die so mörderisch war, die deutsche Welt zuerst, konnte nicht nur begriffen, sondern sie musste verändert werden. Es war an uns, damit sogleich zu beginnen. Die Wege waren hell und führten geradeaus.

So blieb es dann aber nicht.

Wir haben uns kennengelernt, als Klaus Wischnewski in die Dramaturgie der DEFA kam, mehr als ein Dutzend Jahre später. Wie es schien, begann eine gute Strecke.

Die Kinos waren zuletzt oft leer geblieben. Die Zuschauer hatten dort wenig angetroffen, was sie selbst betraf. Wir wollten versuchen, über die Gesellschaft, an der wir uns beteiligt fühlten, ehrlicher zu reden. In dieser Angelegenheit trafen sich unterschiedliches Alter und Temperament, vor allem aber waren jene dabei, die inzwischen erwachsen geworden waren. Klaus Wischnewski hatte seinen Teil daran, dass das Studio sich anders organisierte, so dass man mehr voneinander wusste und die Filme gemeinsam zu verantworten waren. Seine Überlegungen steckten in vielen Projekten.

Selbst als das Land verriegelt wurde, meinten wir, es könnte nun, weniger gefährdet, offener mit sich selbst umgehen. Das war aber eine zu schlichte Idee von Dialektik. Welche Veranstaltung folgte, ist bekannt.

Wenn man die Protokolle liest, wenn man die Tonbänder hört, den Applaus, den die Redner sich spenden lassen, den Humor, den sie sich gönnen, die Sicherheit, mit der sie den Ton des Tribunals finden und unter den Freunden die Feinde bezeichnen, dann ist man noch immer erstaunt über soviel unbedarfte Gewissheit.

Ich stelle mir vor, man hätte, Dokumentarfilm im Voraus, dem Gremium des Jahres 65 die Bilder von 89 zeigen können.

Einmal warteten wir, Klaus war dabei, in Babelsberg auf Slatan Dudow, wir waren noch jung genug, um ihn für alt zu halten. Er trat in die Tür und hatte gerade gelesen, dass die Menschheit die Summe ihrer Intelligenz alle drei Jahre verdoppelt. Ich sehe ihn grinsen und höre seine weiche slawische Stimme. Er fragte: Und was ist mit der Dummheit?

Klaus Wischnewski, wie andere, wurde aus dem Studio entlassen, aber jenes Gefühl der Zuständigkeit, das sich herleitete aus den frühen Zeiten, hat er sich nicht nehmen lassen. Menschen, deren Potenzen er schätzte, verließen das Land, das hat ihn bekümmert, aber es war nicht die Richtung seiner Gedanken. Er blieb am Ort und bei seinen Maßstäben und hat sie erprobt an den Umständen des Berufs und der Verhältnisse. Er hat mitgewirkt, als am Deutschen Theater großes deutsches Theater gespielt wurde.

Er war Filmkritiker. Er hat Dokumentarfilme geschrieben. Er hat geholfen, das Leipziger Festival zu retten.

Das sind magere Stichworte zu seinen Tätigkeiten.

Er hat Menschen Liebe, Freundschaft und Solidarität erwiesen, bei allem Wechsel der Zustände.

Oft war es das Beste, man lachte. So, wenn einem neuerliche Landsleute die DDR beibrachten, die sie aber nur gesehen hatten, wie Tacitus die östlichen Germanen sah: hinter der Elbe im Nebel. Und in unserem längeren Leben zuvor ist es ja nicht nur hinderlich, sondern auch komisch gewesen, wenn dieselbe Instanz und manchmal die nämliche Person den Malern das Malen, den Dichtern das Dichten und den Filmleuten das Kino erklärte. In törichten Momenten, bei leichter Ermüdung, haben wir uns vorgestellt, die Missverständnisse, wenn nur Zeit bliebe, könnten auswachsen, etwa so, wie gefärbtes Haar auswächst. Es blieb aber keine Zeit, und es waren nicht nur Missverständnisse.

Schließlich war einer der Gründe, die zum Ende führten, im Verein mit anderen Gründen, die Unlust der Politik an der Wirklichkeit. Das hat oft auch die Kunst betroffen, doch zugleich war es Stoff, aus dem sie gemacht worden ist.

Anmut sparet nicht noch Mühe, hatte sich der Dichter gewünscht. Für die Sache, die nicht scheitern sollte, haben viele Menschen ihre Mühe nicht gespart. Die Anmut ist uns schwer gefallen.

Klaus Wischnewski war ein Mann, mit dem das Gespräch weiterging, auch wenn man sich lange nicht gesehen hatte. Er hatte unverändert Lust an sinnvoller Arbeit, er war zornig und traurig ohne selbstgefällig zu sein, wenn er das so gründlich Misslungene bedachte, und er sah mit Ironie auf jene Leute, die ihre Erinnerungen auf den jeweils letzten Stand bringen.

Wer könnte dich vergessen, Klaus. Wer wissen will, wie es mit unseren Jahren gegangen ist, der findet die Spur deines Lebens und kann sie lesen.

Wir hatten unsere Zeit. Wenn es nicht die beste war, so war es nicht die schlechteste.

Ein Gruß zum Abschied, lieber Klaus.

2003

In: Archiv Kohlhaase

Peter Hacks
Nachmittags

Hacks gehört nicht zu den Schriftstellern, die Gruppen bilden. Er steht zu seinen Freunden und Ansichten. Wenn beide sich sehr voneinander entfernen, bleibt er bei den Ansichten. Im Sommer auf dem Land geht er früh zu Bett und schreibt jeweils ein Stück. Im Winter in der Stadt ist er ein Nachtmensch und verfasst Gedichte, Essays und Kinderbücher. Wir treffen uns selten und pflegen doch den Umstand, dass wir uns lange kennen. Wir erzählen uns, was wir erleben. Die Arbeit erwähnen wir beiläufig. Hacks, scheint mir, ist ein autonomes System. Was er geschrieben hat, ist entschieden. Die herrschenden Meinungen zur Literatur vernachlässigt er, oder er betrachtet sie mit fundiertem Vorurteil.

Mein Metier, den Film, hält er für eine mindere Kunst, falls er vom Leben nur abschreibt, mehr noch, wenn er das Leben verführt, vom Kino abzuschreiben. Ich räume ein, dass die redlichen oder törichten Träume meiner Nachbarn und ihre bescheidenen Wünsche an die elende Realität mich berühren, ja, dass ich sie teile. Die meisten Tage der Menschheit sind Wochentage. Oft glänzt das Triviale im Kino, aber manchmal leuchtet auch der Alltag und in Geschichten zeigt sich die Geschichte. Und im Kino gibt es von den Schauspielern die Gesichter.

Niemand erklärt mir so gut wie Hacks, was eine Fabel ist, ein Konflikt, ein Charakter, eine Szene, ein Stück, ein Stoff. Sein strenger Blick auf den Beruf lässt sich mit Gewinn ertragen.

Wir bereden den Gang dieses Sommers, und der Gang des Sommers bringt uns auf die Politik, die vor oder nach der Wahl von einer Minderheit betrieben und von der Minderheit der Minderheit bestimmt wird. Der Sozialismus, der uns dann immer noch einfällt, war eine ausgedachte Ordnung und konnte sich nicht darauf verlassen, dass das Geld die Dinge regelt. Er hätte jenes öffentliche Bewusstsein wirklich gebraucht, nach dem seine praktizierenden Politiker riefen, ohne dass sie es sich als Debatte, als Prozess, als Widerspruch vorstellen konnten. Sie wollten auch von den Nachrichten, die in der Kunst stecken, nur die angenehmen. Brechts morgendliche Lust auf die unbequeme Frage haben sie nicht geteilt.

Warum gescheitert ist, was nach Hacks eine deutsche Erfindung in russischer Bauart war, darüber wird man leicht uneins. Wer kennt die besseren Gründe? Wer hatte welchen Teil daran?

Es folge, heißt es, eine ganze Konterrevolution auf eine halbe Revolution. Das meint wohl nicht nur den halben Erdkreis oder das halbe Land, sondern von den nötigen Veränderungen nur die Hälfte.

Es sind unsere Jahre. Ohne viele Worte bemerken wir, dass wir alt geworden sind. Wer alles weiß, sagt man, hat geirrt. An Gründen aber, warum die Sache versucht wurde, mangelt es weniger denn je.

Hacks hat großes Theater im Sinn, wozu Tradition gehört, ohne die viel versäumt wird auf den Bühnen. Seine Stücke, so wie ich sie gesehen habe, in denen er die Welt zusammenfügt, sind gut für die Schauspieler und den Apparat des Theaters und schön für Gebildete und Ungebildete. Er bemalt keine Scherben.

Man weiß nicht, was kommt, sagen die Leute. Das ist ein banales Gefühl, aber es beschreibt den Moment. Die Eigentumsgesellschaft gibt sich als Naturrecht aus, andere Entwürfe des Gemeinlebens wohnen wieder dort, wo man sie immer fand: bei den Dichtern. Es gilt als fraglich, ob die Dichter die Welt ändern. Dass die Welt diesen Dichter nicht ändert, scheint gewiss. Würde man ihn fragen, wohin er gehe, könnte er sagen: In die andere Richtung.

2003

In: *In den Trümmern ohne Gnade. Festschrift für Peter Hacks*. Hrsg. André Thiele, Eulenspiegel Verlag, Berlin 2003, S. 72 f.

Eberhard Esche

Es gibt eine Redensart, der wir glauben wollten:
Warum treibt man Sport? Um gesund zu sterben. Doch dann verließ uns Eberhard Esche, unser Freund Ebi, an einem Sonnabendmittag und kam nicht mehr wieder.

Er ging aus der Tür mit seiner großen Trainingstasche, vorher hatte er beiläufig gesagt, er müsse sich einer medizinischen Prozedur unterziehen.

Wenige wissen, dass Eberhard Esche sich in seinem nicht öffentlichen Dasein mehr als dreißig Jahre lang einmal in der Woche Boxhandschuhe anzog und dass er vor einem kleinen Kasten an der Hallenwand beim Fußballspielen ein großer Torwart war.

Als er nicht mehr in Berlin wohnte, kam er aus Kraatz, wo er an seinen Büchern schrieb und in seinem Garten die Natur verwandelte, eigens in die Stadt. Unser geselliger Versuch, das Alter zu betrügen, zerrte an den Sehnen, aber wärmte die Seelen, beides war ihm lieb. Wir schuldeten uns auf Gegenseitigkeit ein paar Geschichten, wenn möglich komische.

Esches Leben, vor allem in den letzten Jahren, war das eines fahrenden Sängers. Er reiste mit seinen Soloprogrammen. In vollen Sälen erwartete ihn ein Publikum, in dem viele ihn kannten, das sich aber auch änderte, als zu den Lebenslagen die Geschäftslagen kamen. In kleineren Räumen, sein Ruhm reichte weit, saßen bisweilen Bankiers und andere Zugezogene. Die alten Texte »Deutschland ein Wintermärchen« oder „Reineke Fuchs«, Heine und Goethe, aufgeführt von Esche, passten auf die neuen alten Verhältnisse.

Nicht aus Mangel an Nachfrage wollte Esche jetzt aufhören. Es fehle ihm die Kraft, hat er gesagt, und demzufolge auch die Lust. Man wollte es ihm nicht wirklich glauben.

Das Theater, und es war immer das Deutsche Theater in Berlin, das er meinte, hatte er verlassen, mit Konflikten, die er beschrieben hat. Oft fühlte er sich wie ein Überlebender, wenn er von Kollegen sprach, mit denen er über Jahrzehnte verbunden gewesen ist. Wolfgang Langhoff,

Wolfgang Heinz, Benno Besson und Adolf Dresen, Elsa Grube-Deister, Dieter Franke, Rolf Ludwig, Herwart Grosse, Klaus Piontek, ein Glanz geht aus von dieser unvollständigen Reihe.

Wären sie noch da, was für Theater könnte gespielt werden. Aber vielleicht auch nicht. Vielleicht war es ein unwiederholbarer Augenblick, in dem dieses Theater möglich war.

Ein soziales Modell schien noch nicht gescheitert zu sein, ein Vorrat an Utopie noch nicht verbraucht.

Wer hier wohnte, hatte zu kleinen Preisen Eintritt. Aber es kamen auch Leute von weit her, kamen aus Paris und London oder New York nach Berlin und begaben sich sozusagen ins Unfreie, um eine Bühne zu besuchen, die spielerisch die Erhellung der Geschichte betrieb.

Gelegentlich denke ich, ich habe alles Theater meines Lebens schon gesehen. Und Ebi, den ich damals noch nicht kannte, spielte den Lancelot.

Was das Theater nicht bewahren kann, vermag das Kino. In alten Filmen erblickt man das Porträt des Schauspielers als junger Mann. Man sieht einen schlanken, schönen, verletzlichen Menschen. Die Kamera zeigt ja nicht nur das Handwerk des Schauspielers, sie ist dicht an seiner Haut und manchmal sieht sie durch die Haut hindurch. Esche hat sich im Film gern der blanken Natürlichkeit verweigert. Er fügte, in Wort und Geste, Ironie hinzu, so kam er zu seinem besonderen Stil, der nicht nur Technik war, sondern Haltung und Charakter.

WIE HEIRATET MAN EINEN KÖNIG? heißt ein schöner poetischer Film. Der König heißt Esche. Das Bauernmädchen heißt Cox Habbema. Als ich beide fern des Films getroffen habe, dachte ich, für Glück gibt es ein Beispiel.

Eberhard Esche konnte eine Bühne mit einem Stuhl füllen und einen Abend mit seiner Stimme.

Zuletzt hat er in Berlin Texte von Peter Hacks vorgetragen, mit dem er befreundet gewesen ist und dessen Ansichten ihm nahe waren. Bei aller Unlust an fast Allem freute es ihn, eine wohlwollende Erwähnung zu lesen, und es verwunderte ihn auch. Denn in den meisten Etagen der Kunst- und Weltbetrachtung sind die Maßstäbe verblichen, die seine waren, oder es sind andere.

Bei Hacks gibt es einen Zweizeiler:
Ob heute Nacht dein Feind stirbt oder du,
in beiden Fällen, Bruder, hast du Ruh.

2006

In: Archiv Kohlhaase, 27. Mai 2006

Frank Beyer

Frank Beyer hat das Ende seiner Kindheit beschrieben. Er war dreizehn und im Krieg zu schnell gewachsen. Ein tausendjähriges Reich war verschwunden. Die Amerikaner kamen und gingen. Die Russen kamen und blieben. Seine Familie, das waren kleine Leute, Sozialdemokraten. Als ihm sein Hitlerjungenhemd zu kurz geworden war, im letzten Kriegsjahr, und ein neues gekauft werden sollte, sagte seine Mutter: »Nun nicht mehr.«

Sein Vater aber war in Russland gefallen.

Die Schule ging weiter und das Dreisatzrechnen galt noch. »Ein Infanterieregiment marschiert in einer Stunde fünf Kilometer ...« Die Schüler als neue radikale Pazifisten buhten den Lehrer aus. »Es kann ja auch russische Infanterie sein«, sagte der Lehrer, der sich im Amt gehalten hatte, weil er nicht in der Nazipartei gewesen war. Ein Onkel wurde verhaftet, zu Unrecht eines Verbrechens im Krieg verdächtigt, und war später ein gebrochener Mann. Mitschüler verschwanden, sie sollten eine Widerstandsgruppe gegründet haben. Das war schwer verständlich und dunkel. Aber zugleich gab es die täglichen enormen Abenteuer des Neuanfangs, einen Impuls, den er empfangen hat, ähnlich wie ihn damals Viele empfangen haben, für den wir im richtigen Alter waren, und der sich nicht vergessen ließ. Mit Brechts »Hauspostille« wappnete er sich gegen die Romantik im Deutschunterricht, erwarb einen Schmalfilmvorführerausweis, spielte Laientheater, wurde Sekretär im örtlichen Kulturbund und wechselte an das Theater in Crimmitschau, wo er alles war: Dramaturg, Regieassistent und Inspizient. Er meldete sich an für die Theaterwissenschaft. Dann machten ihm die neuen Verhältnisse zu seiner Überraschung den Vorschlag, Filmregisseur zu werden. Es war ein Zufall, dass er nicht in Moskau studierte, sondern in Prag, mit jenen Altersgenossen, die in den sechziger Jahren im Prager Frühling berühmt wurden. Er kam zurück in ein Land, in dem von Kunst viel erhofft wurde, aber, wie sich zeigen sollte, auch viel befürchtet. Mit fünfundzwanzig machte er seinen ersten Film. Sieben Jahre später hatte er sieben Filme gemacht.

Leute unseres Alters waren an einem Kino interessiert, das sich an die Wirklichkeit hielt. So gut es ging, sahen wir uns nach Beispielen um, angefangen bei den Neorealisten, aber auch bei Polen, Russen, Ungarn oder Franzosen, und wir blickten kaum auf den westdeutschen Film, der seine cineastische Revolte noch vor sich hatte.

Was die DDR anging, so lebte sie mit Mängeln, denen die Politik den Mangel an Offenheit hinzufügte. Wer den Alltag beschrieb, begegnete schnell Besserwissern. Es war leichter, die Geschichte zu zitieren. Das Gerede vom verordneten Antifaschismus aber trifft nicht den Punkt und trifft schon gar nicht Frank Beyer.

Seine Filme, die in der schlimmen Zeit spielen, in die seine Kindheit fiel, von FÜNF PATRONENHÜLSEN bis zum AUFENTHALT, brauchten keine Verordnung. Wie das Dorf, aus dem er kam, lag auch Buchenwald in Thüringen. Jurek Becker, sein Freund und Drehbuchautor, hatte ein Ghetto in Polen überlebt, und er musste daran nicht erinnert werden, damit er JAKOB DER LÜGNER schrieb.

Die unrühmliche Veranstaltung im Jahr 65, in der die Politik sich die Wirklichkeit abbestellte, betraf Frank Beyer nicht allein. Doch von allen verbotenen Filmen wurde SPUR DER STEINE mit einem organisierten Volkszorn am spektakulärsten verfolgt. So etwas hatte er nicht für möglich gehalten, es verletzte ihn tief und änderte seinen Blick auf die

Gesellschaft. Nach dreiundzwanzig Jahren, als er seinen Film zum ersten Mal wieder sehen konnte, erwies der vor altem und neuem Publikum noch immer seine Güte und war ein Zeugnis für verlorene Chancen des Kinos in der DDR.

Er hat einige Jahre lang keine Filme machen dürfen, man hatte ihn an das Theater nach Dresden verwiesen. Von außen betrachtet mochte das als erträgliche Verbannung gelten. Für ihn hieß es, sich nach dem Sinn seiner künftigen Arbeit zu fragen und nach den Gemeinsamkeiten, die geblieben waren. Er hat nichts aufgegeben, was ihm wichtig war. Er wollte weiter Filme machen, und er wollte es als Realist tun, mit genauem Blick auf die Umstände, wie sie waren. Von den Konflikten, die für diesen Fall bereit standen, hat er seinen Teil auf sich genommen. Einige seiner schönsten Filme standen noch aus.

Seinen Ansichten treu, war er immer auch in Debatten verwickelt, eigene Projekte betreffend, oder öffentliche Angelegenheiten, die das Land bewegten. Er hat an Statur und Glaubwürdigkeit gewonnen, und indem er ein bekannter, angesehener Mann war, wurde nichts für ihn leichter.

Zwischen Selbstzufriedenheit und Unzufriedenheit bildeten sich im Lauf der Jahre schärfere Fronten. Das betraf nicht nur die Kunst und die Politik, das ging durch Generationen, Berufe und Lebenslagen. Freunde gingen weg, manchmal mit schwerem Herzen.

Frank Beyer hat Gründe genannt, warum er dageblieben ist. Er wollte ein Publikum nicht verlassen, dem er sich nahe fühlte. Er wollte den Platz der Auseinandersetzungen nicht räumen, in denen er sich unter Kollegen wusste, die ähnlich dachten wie er. Und schließlich hatte er in den achtziger Jahren in der Bundesrepublik gearbeitet und ihm war bewusst, dass auch der Markt Aspekte von Zensur hat. Ideologie macht sich lautstark bemerkbar, und leise herrscht das Geld. Zuerst oder zuletzt hatte er auch private Motive, zu wohnen wo er wohnte, die er öffentlich nicht erörtern wollte. Er hatte sein Glück und sein Unglück auch ohne die Kunstprobleme.

Als er im Jahr 1991 den Deutschen Filmpreis für sein Gesamtwerk erhielt, sagte er in seiner Dankesrede: »… Inzwischen habe ich zwei unbewältigte Vergangenheiten, die ungefähr so alt sind, wie ich selber, eine kürzere, zwölfjährige, die ich in Filmen reichlich abgearbeitet habe, und eine längere, fünfundvierzigjährige, in der ich ziemlich verwurzelt bin. Und ich zweifle daran, dass es einen Sinn macht, diese Wurzeln auszureißen … Ich finde Ihre Entscheidung, diesen Bundesfilmpreis einem Regisseur zu geben, dessen sämtliche Kinofilme im DEFA-Studio in Potsdam-Babelsberg entstanden sind, sehr bemerkenswert. Weil doch, folgt man manchen Stimmen aus den alten Bundesländern, unter den Bedingungen der Kulturpolitik in der DDR künstlerische Filme dort gar nicht entstehen konnten …«

Frank Beyer war nun verdientermaßen in guter Lage, er vergaß nicht, dass es Anderen anders ging. Er konnte Filme machen nach seinen Möglichkeiten und Interessen. Nach allem war es einleuchtend, dass man ihm einen großen Stoff anbot, vier Teile Fernsehen, die »Jahrestage« von Uwe Johnson. Noch einmal deutsche Geschichte und was sie zerriss und zusammenhielt in der Zeit, die auch seine war. Er wollte nicht mehr, als er vordem gewollt hatte. Doch hat man ihm, ausgerechnet ihm, dann die Kompetenz bestritten, die künstlerische, moralische und letztlich politische. Er konnte den Film nicht machen. Wer ihn gepriesen hatte wegen seiner Standhaftigkeit in östlichen Strapazen, konnte zur Kenntnis nehmen, dass er es auch jetzt nicht für den Zweck aller Mühe hielt, mit der Direktion einer Meinung zu sein. Zur deutschen Vereinigung hatte er sein Gewissen mitgebracht.

Es war gut mit ihm zu arbeiten. Wir übten uns bei unseren ernsthaften Erfindungen in Heiterkeit und wenn die Geschichte, die wir uns vorstellten, eine traurige Wendung nahm, verbarg er seine Rührung nicht. Er tippte sich das Drehbuch, wenn die letzte Version entstand, mit zwei Fingern in die Schreibmaschine und lernte es dabei auswendig. Die Ehrlichkeit, um die es ihm ging, bestand auch aus der täglichen Wahrhaftigkeit. Er hatte seinen Plan und war beim Drehen doch offen für die

Entdeckungen des Augenblicks, zu denen er alle ermutigte, vor allem natürlich die Schauspieler. Er sah zu und hörte zu und entschied. Ohne Eitelkeit stand er in der Mitte der Szene.

Seine Krankheit war ein langer Abschied von der Hoffnung, noch einen Film zu machen, eventuell einen komischen. Denn in unserer kunstlosen Existenz sah er immer auch die Komödie.

Eben erst haben wir vor seinem ländlichen Haus in der noch sommerlichen Sonne gesessen. Er sang mit wenig Atem ein paar Takte Operette, was er gern tat, Erinnerung an Crimmitschau. Wir redeten, was man so redet und sagten zum Abschied, was man so sagt.

So ist es wohl, lieber Frank. Der letzte Film wird nicht gedreht, das letzte Wort wird nicht gesprochen.

2006

Rede zur Trauerfeier am 11. Oktober 2006 in der Akademie der Künste. In: Archiv Kohlhaase

Hermann Kant
Durch das Fenster und in den Spiegel

Mit Hermann Kant bin ich vor mehr als vierzig Jahren nach Warschau gefahren. Uns erwartete der polnische Schriftstellerverband. Wir tranken mit freundlichen Kollegen Mineralwasser und Kaffee und führten im Stil solcher Beziehungen ein paar folgenlose Gespräche. Wir hatten Zeit herumzulaufen durch eine Stadt, die wiedererstand aus Geröll. Gelegentlich trafen uns Blicke, die uns fühlen ließen, dass man Deutsch noch immer nicht gern hörte. An vielen Stellen gab es Mauerreste mit Einschüssen und Gedenktafeln, hier hatten Exekutionen stattgefunden. Kant wusste, wo das Ghetto gestanden hatte. Er erzählte mir, dass er in Warschau in Gefangenschaft gewesen war.

An einem dieser Tage zeigte er mir ein Gefängnis. Erst als wir davor standen, erfuhr ich, dass er darin ein Jahr lang gesessen hatte. Ihm war Besonderes geschehen. Als neunzehnjähriger Soldat hatte er ein paar

Tage lang Krieg geführt, dann war er von der Roten Armee gefangen und später an die Polen überstellt worden. Als seine Kolonne in Warschau ausgeladen wurde, hatte eine Frau mit dem Finger auf ihn gezeigt und ihn für den Mörder ihrer Tochter gehalten. Man zog ihn aus der Reihe und steckte ihn in eine Zelle zu Anderen, die waren nicht die Falschen. Denen waren Auschwitz oder Majdanek Tätigkeitsfelder gewesen und der Transport von Juden eine Fahrplanfrage und die Erschießung von Geiseln eine Maßnahme zur Befriedung der Bevölkerung. Als er diese Seite seines Vaterlandes entdeckte, konnte er nicht lange hoffen, dass die polnische Behörde Verwechslungen untersuchen würde.

Wo ein Bundeskanzler in einem späteren und besseren Jahr das Knie beugte, hat er Leichen ausgegraben und daneben sein schmales Brot gegessen, und wenn die Posten nicht eingriffen, warfen die Leute mit Steinen, von denen in Warschau genug herumlagen.

Kant sagte, auf das Gefängnis blickend, er wolle darüber schreiben, aber er brauche Zeit, und auch ein deutscher oder polnischer Leser brauche vielleicht noch Zeit. Dann verstummte er vor diesem Ort. Wir fuhren weiter nach Zakopane und spielten drei Tage lang Schach. Nach einigen Jahren kam das Buch heraus, Kant nannte es, seiner Neigung zu lakonischen Titeln folgend, DER AUFENTHALT. Doch war der Roman nicht so lakonisch, wie ich es, meiner Neigung zu lakonischen Geschichten folgend, vermutet hatte. Hier lag ein gedankenvolles, redemächtiges Buch vor, reich an Gestalten und Schauplätzen in verschiedenen Tonlagen der Erinnerung, ein spezieller deutscher Bildungsroman. Ich las Kant und nicht Kafka, an den ich vielleicht gedacht hatte, als Kant mir in Warschau in aller Kürze etwas über seinen Aufenthalt erzählt hat.

Das Fernsehen der DDR hat dem Regisseur Frank Beyer angeboten, den Roman zu verfilmen, in drei oder fünf Teilen, ganz wie er dachte. Beyer schätzte den Roman, aber er sah keinen Weg, die Haltung des Erzählens, die Fülle der Dialoge, die Ebene der Gedanken, die Rückgriffe auf die Kindheit der Person, die nun Mark Niebuhr hieß, in den Rahmen eines Films zu bringen. Er sprach darüber mit mir und so kam das Projekt auf meinen Tisch und verwandelte sich in den Plan für einen Kinofilm. Ich kam auf den Gedanken, man sollte dem Roman die Novelle entnehmen, die unerhörte Begebenheit, die Geschichte einer Verwechslung und nichts als das. Wir baten Kant um seine Meinung, und er stimmte zu, indem er, glaube ich, seine Hoffnungen äußerte und seine Befürchtungen verschwieg. Wir fuhren zu dritt ins Studio, wo Kant ungefragt erklärte, seine Rechte gäbe es nur für ein Drehbuch von mir und die Regie von Beyer. Das war vor allem für Beyer von Bedeutung, der nach dem Verbot von SPUR DER STEINE aus dem Studio ausscheiden musste und nach Konflikten, die sich im Lauf der Zeit erneuert hatten, nach Fernseharbeit, Untätigkeit und Inszenierungen in der Bundesrepublik, nichts lieber suchte als eine normale Arbeitsmöglichkeit bei der DEFA.

Aus Niebuhr, dem nicht nur die Polen ans Leben wollen, sondern auch seine Landsleute, denen er nicht gleich sein will und gegen die er sich mit der Keule der Beredsamkeit wehrt, wurde im Drehbuch ein stiller und beinahe verlorener Mann, der dann das Gesicht des jungen Sylvester Groth hatte.

Der Roman kommt zu einer großen Szene. Niebuhr verlässt den Käfig. Der polnische Leutnant, kaum älter als er, der ihn ein Jahr lang befragt hat, begleitet seine Entlassung. Das Gefängnisbuch ist eine handgeschriebene Kladde. Derselbe Mann, der ihn dort eingetragen hat, streicht seinen Namen. Eine Uhr hängt an der Wand und gibt Stunde und Minute an.

Ich hatte mein Herz angehalten, schreibt Kant. Der Vorgang ist stumm. Dem wollte der Film nichts hinzufügen, nur einen letzten Satz. »Sie werden nicht erwarten, dass wir uns entschuldigen«, sagt der Leutnant, der in diesem Moment das Weltgericht darstellt.

Hermann Kant wurde an jenem Tag von einem Tor zu einem anderen gefahren, dahinter lag ein gewöhnliches Gefangenenlager. Aus eigenem Antrieb ging er bald noch eine Tür weiter, zum Aktiv der Antifaschisten.

Als wir den Film vorbereiteten, wollte Kant mitkommen nach Warschau. Wir wollten Schauspieler suchen und Örtlichkeiten besichtigen, auch das Gefängnis. Am Tag der Reise sagte er ab, mit einer lapidaren Entschuldigung, die in etwa hieß: Mir ist klargeworden, dass ich da nie wieder rein will. Er schickte uns einen Zettel, auf dem waren die Gegebenheiten der Anlage zutreffend eingezeichnet, auch der Galgen, von dem er damals nicht gewusst hatte, ob der auf ihn wartete.

Mark Niebuhr, wie ihn der Film sieht, braucht eine dicke Haut, er hat sie nicht. Anders als im Roman, hat er kaum Worte. Unseren filmischen Bedürfnissen folgend, hofften wir, den Prosaschriftsteller Kant nicht zu verfehlen, bei dem sich, neben Risiken und Nebenwirkungen der Virtuosität, immer auch die Kunst der Einfachheit findet, angefangen bei seinen frühen Erzählungen. Er hat sich und seine Figuren mit vielerlei Wortspiel gerüstet, dahinter, denke ich manchmal, verbirgt sich noch ein anderer, verletzlicher Mann, der zögert, sich preiszugeben.

Leute wie ich, nur fünf Jahre jünger, hatten es leichter als er. Das Kriegsende brachte mich nicht an den Rand des Lebens, sondern in seine Mitte. Der Untergang der Nibelungen hatte nicht stattgefunden. Ich stieg aus dem Berliner Keller, als die Kanonen verstummt waren, machte Augen und Ohren auf und hatte nichts zu verlieren, nicht mal die Uhr, die ich nicht besaß.

Die Weltbilder, die durch die Sieger ins Land kamen, in Ost und West, waren von beträchtlicher Anziehungskraft. Im Osten kam der radikale Vorschlag hinzu, die Geschichte, zumal die deutsche, mit einem Blick zu sehen, der sich weniger auf die Verirrungen der deutschen Seele richtet als auf die deutsche Gesellschaft. Davon ging eine große Verführung aus.

Kant, der aus Hamburg stammte, aber einen Teil seiner Kindheit in Parchim verbrachte, blieb im Osten und wurde Student. Er hat erzählt, wie er mit dem Rad von Berlin nach Hamburg gefahren ist, um seine Mutter zu besuchen, die aber etwas vorhatte und ihn ohne rechte Freude begrüßte, weshalb er sich umdrehte und die knappen dreihundert Kilometer zurückfuhr, empfindsam, aber auch robust.

In seinem ersten Roman »Die Aula« hat er beschrieben, wie er die ABF absolvierte. Wir sind von Kürzeln umzingelt, man denke an PISA, also muss ABF, es ist lange her, vielleicht erklärt werden. Gemeint war die Arbeiter- und Bauern-Fakultät, eine Einrichtung, die den Erwerb des Abiturs möglich machte, vor allem für junge Leute aus sozialen Gruppen, denen der Gedanke daran oft fremd war. Der gelernte Elektriker Kant hat geschildert, wie die einen nach Bildung hungerten und andere eher dazu genötigt wurden, aber früher oder später fühlten sie sich ausgerüstet für die Welt und für die Wissenschaften. Jeder Anfang hat etwas Träumerisches, heißt es. Eine Generation studierter Leute hat sich in diesem Buch abgebildet gesehen und hat sich später zugetraut, dieses kleinere und auch auf Dauer ärmere deutsche Land in Gang und für verbesserbar zu halten, allmählich gegen das bessere Wissen, das sie in ihm erworben hatten. Hermann Kant, auch in solchem Zusammenhang, hat sich zu seiner Arbeit als Funktionär bekannt wie zu einer Lebensentscheidung. Funktionär sei er länger gewesen als Schriftsteller, hat er gesagt, und also war er auch bei den Schriftstellern Funktionär und endlich der Präsident ihres Verbandes. Das Amt brachte es mit sich, dass er der Politik die Literatur erklären musste und der Literatur die Politik. Daran sind viele gescheitert, schließlich auch er.

Begabt mit pointierter Rede, war er ein Gewinn für das Debattenwesen und erwarb sich ohne Mühe Freunde und Feinde. Auf Kongressen trieb er mit dem Rechenschaftsbericht, wenn er ihn vorzutragen hatte, artistischen Aufwand. In gewagten Konstruktionen brachte er die Bücher von Schriftstellern auf eine Reihe, die sich so sehr verbündet nicht fühlten. Das war der applaudierte Spaßteil des Rituals einer Gemeinsamkeit, in die immer wieder die tatsächlichen Konflikte störend einbrachen. Im Alltag, weiß ich, hat Kant sich für andere stille, unbedankte Wege gemacht, für Druckgenehmigungen, für Nachdrucke, für Reisepässe. Dass er sich solche Wege machen konnte, sortierte ihn in den Augen mancher Kollegen zu den Mächtigen. Häufig ging es um Dummheiten. Auf viele Dummheiten wusste er Witze, oft bittere.

Aber im Sommer 79, als neun Schriftsteller aus dem Berliner Verband ausgeschlossen werden sollten, beschleunigte er das Verfahren. Wer das Protokoll nachliest, begegnet Stefan Heym und Hermann Kant als Hauptkontrahenten. Beide sorgen sich um die DDR. Kant beschwört ihre Festigkeit, Heym befürchtet ihre Erstarrung. Beide verstehen sich auf das Zerschneiden von Tischtüchern. Heym hatte ein Buch, das hier nicht erscheinen sollte, im Westen veröffentlicht, er war deshalb vor einem Gericht kriminalisiert worden und hatte keine Besserung gelobt. Das *Neue Deutschland* bezeichnete ihn, einen Emigranten, der in der amerikanischen Armee gegen Hitler gekämpft hatte, abwertend als ehemaligen USA-Bürger, was Kant empörte. Ein Brief an den Staatsratsvorsitzenden spielte eine Rolle, dessen Echo in den Westen gelangt war, und in dem die Kollegen an Heyms Seite neue alte Behinderungen der Literatur befürchteten und eine Koppelung von Zensur und Strafgesetzen. Vielleicht lieferte dieser Brief, im Hinblick auf einen anderen Brief drei Jahre zuvor, Biermann betreffend, den Grund für die disziplinierte Hysterie der Veranstaltung im Schriftstellerverband, als ließe sich die DDR nur noch vor der Sommerpause retten. Dabei war dringend zu vermuten, dass die Regierung überhaupt keine Post bekommen wollte, egal auf welchem Weg. Sie wollte sich nichts fragen und nichts sagen lassen. Das Problem, das auch die Schriftsteller anging, betraf die ganze Gesellschaft. Es war der Wirklichkeitsverlust der Politik.

Wenn eine Sache insgesamt scheitert, scheitert sie auch an manchem Nachmittag. Ich kann mir diesen Junitag vor siebenundzwanzig Jahren in Kants Leben nur als einen traurigen Tag vorstellen.

Nun hat er hier und da, mag sein, für immer eine schlechte Presse. Sein gern genannter Name soll belegen, was jene Diktatur, ein anderes Kurzwort der abschließenden Betrachtung, den Künsten getan hat. Jemand, der es so hören will, kann abschreiben bei jemandem, der es auch so gehört hat.

So ärmlich kann ich mich nicht erinnern an vergangene Tage, nicht an Freundschaften, nicht an Feindschaften.

Hermann Kant ist achtzig Jahre alt. Er kann sich messen lassen an den Seiten, die er der Literatur hinzugefügt hat, und er ist damit nicht am Ende. Er hält am Dasein fest, indem er schreibt. Das Haus, das er bewohnt, mit dünnen Wänden, ist auch im Winter ein Sommerhaus. Wie mancher, der ein Gleichnis auf das Leben sucht, so stelle ich es mir vor, blickt er durch das Fenster und in den Spiegel.

2006

In: *Neues Deutschland*, 14. Juni 2006

Willy Moese

Nun wird Willy nicht mehr aus dem Auto steigen, das von Maria gelenkt wird, einen prüfenden Blick auf Katzen und Kürbisse werfen und beim Kaffeetrinken ein Thema eröffnen, das sich schwer beenden lässt. Er war ein Freund des geselligen Nachdenkens.

Die Dinge der Stadt, im Wortsinn die Politik, bewegten ihn, zugleich war er mit kräftigen Schuhen, einem großen Hut und einem kleinen Fernglas immer für einen Waldspaziergang gerüstet, egal wie das Wetter war. Merkwürdigerweise sprach er auch noch Spanisch.

Gelegentlich erfuhr man, warum. Er hatte einen deutsch-böhmischen Vater, der noch in der K. u. K.-Monarchie aufgewachsen war, und eine spanische Mutter, und er hatte die Kindheit in Barcelona verbracht, bis an Spaniens Himmel die Legion Condor erschien und der Bürgerkrieg begann, als eine Art Vorspiel des großen Krieges. Und bevor der zu Ende ging, hatte man den Jungen mit der spanischen Vergangenheit in eine deutsche Uniform gesteckt.

Als es Deutschland dann doppelt gab, hat er sich, ein Verbesserer der Welt in Gedanken, für den östlichen Entwurf entschieden. So hat er die Hoffnungen geteilt und die Enttäuschungen erlitten, die mit diesem Wohnort verbunden waren.

Er ist aber nicht bitter geworden und nicht selbstgerecht. Er nahm nicht das Weltgewissen für sich in Anspruch, ihm genügte sein eigenes. Er war in den Konflikten, die nicht ausblieben, seinen Freunden ein Freund.

Und wenn sie das Land verließen, in dem er bleiben wollte, fanden sie, wann immer sie wiederkamen, hinter derselben Tür denselben Mann.

Willy Moese, scheint mir, lebte nach seinem eigenen Maß. Er pflegte seine Talente. Bekannt als Karikaturist, beherrschte er außerdem vielerlei Handwerk und Kunst. Er malte, reparierte Möbel, sammelte schöne Gegenstände aller Art und baute märchenhaftes Spielzeug. Er verstand sich, nicht ohne Marias Beistand, auf die Geheimnisse der Trödelmärkte. Er besaß Landkarten von überall und war ein Kenner der Nebenwege. Er wusste, wo zwischen Berlin und der Ostsee die Fischadler wohnen und verfertigte ein Verzeichnis ihrer Brutstätten. Auf fernen Lichtungen kannte er die Hirsche und die vermutlich auch ihn.

So verschiedenen Interessen ging er nicht einzelgängerisch nach, sie verbanden sich mit seiner Begabung zur Partnerschaft. Wenn man sich Treue, Verlässlichkeit, Anstand in einer Person vorstellen will: Er war der Mensch dafür.

Nicht viel jünger als Du, lieber Willy, gehe ich traurig ein letztes Stück Weg mit Dir, und traurig denke ich: Wieder ist einer weg, der wusste, wie es war.

2007

In: Archiv Kohlhaase

Ulrich Plenzdorf

Nach dem Krieg, als in der geteilten Welt zwei deutsche Provinzen entstanden, zog Ulrich Plenzdorf mit seinen Eltern von Westberlin nach Ostberlin. Sie waren in der KPD gewesen, als Hitler an die Macht kam. Seine Mutter hatte noch Beitrag kassiert, als man dafür schon erschlagen werden konnte. Ein Jahr lang saß sie in einem frühen KZ. Nun zogen die Eltern, ihrer Jugend treu, auf die andere Seite, und Ulrich Plenzdorf betrat mit 16 Jahren den geographischen und politischen Ort, von dem fast alles handelte, was er später geschrieben hat.

Er begann Philosophie zu studieren und ließ es wieder, er war drei Jahre lang Bühnenarbeiter bei der DEFA, ein Jahr Soldat in der Volksarmee, dann ging er an die Filmhochschule in Babelsberg, schließlich begann er, ausgerüstet mit dem Stoff solcher Erfahrungen, Drehbücher zu schreiben.

Sein zweiter Film wurde verboten, in jenem Jahr, in dem zehn Filme nicht herauskamen, da war er nicht in schlechter Gesellschaft. Er fühlte sich anders belehrt, als gemeint war. Er blieb bei Träumen und Zweifeln und seiner spontanen Verletzlichkeit, weil es auch künftig und bleibend um etwas ging, das Brecht das tägliche Brot der Gerechtigkeit genannt hat.

Im Jahr 1972 erschien in der Zeitschrift *Sinn und Form* ein Text von Plenzdorf und von unerhörter Art. Er hieß: »Die neuen Leiden des jungen W.«

Goethes Liebesgeschichte, die amerikanische Tonlage Salingers, dessen Roman »Der Fänger im Roggen« eben um die Welt ging, und die Lebenslage eines Ostberliner Lehrlings namens Edgar Wibeau, daraus machte Plenzdorf das Bild einer Generation in einer so genauen Prosa, dass sie sich dafür eignete, in mehr als dreißig Sprachen übersetzt zu werden.

Was anfangs ein Film werden sollte, den die DEFA nicht haben wollte, war zur Novelle geworden und wurde ein Theaterstück mit Hunderten von Inszenierungen, auch in der DDR, und wurde in der Bundesrepublik dann doch noch ein Film. Plenzdorfs plötzlicher Ruhm machte ihn nicht einsam, er liebte ja den Film als gesellige Tätigkeit. Seite an Seite mit anderen wollte er sich in die Gesellschaft einmischen und Lebensstoff ins Kino bringen, es musste nicht sein eigener sein. Er war ein Mann schneller Entwürfe und war gern ein Bearbeiter.

Er hatte einen guten Blick und eine leichte Hand. Die Vermittlung von Geschichten zwischen den Gattungen hat er für seinen Hauptberuf gehalten, so hat er auch für das Theater und für das Fernsehen gearbeitet. Er wohnte vorsätzlich in der Nähe von Konflikten und trat der herrschenden Meinung, die die Allgemeinplätze besetzt hielt, mit einem gewissen

Übermut entgegen, denn er erreichte die Leute in den Nebenstraßen. Wovon jeder träumt, der Filme macht, ist ihm mehr als einmal gelungen: das Lebensgefühl eines bestimmten Augenblicks zu treffen. Wenn DIE LEGENDE VON PAUL UND PAULA gezeigt wird, heute wie damals, erkennt sich ein Publikum.

Plenzdorf konnte immer noch etwas anderes, Unerwartetes. Er konnte das Monodrama eines Zehnjährigen, »Kein Runter, kein Fern«, für das er den Bachmann-Preis bekam und das in der DDR nicht gedruckt wurde.

Im wieder größeren Deutschland hielt Plenzdorf, beinahe selbst eine Legende, sich nach wie vor an den Osten, da kannte er sich aus. Nach dem alten interessierte ihn der neue Opportunismus. Er machte mit neuen Partnern bessere und schlechtere Erfahrungen.

Zunächst schien er der richtige Mann für das Drehbuch zu sein, als Strittmatters Roman »Der Laden« verfilmt werden sollte, drei Teile Fernsehen, eine Dorfchronik aus der Lausitz, ein Roman aus Strittmatters Lebensgeschichte. Doch dann geschah es ihm, so hat er es erzählt, dass er wieder an eine herrschende Meinung geriet, die kam von weit her und wusste besser, wie hier alles gewesen ist. Strittmatters Leben, wenn man es so sagen will, änderte sich für das Abendprogramm.

Plenzdorf träumte danach einen Traum, oder er hat ihn sich ausgedacht. Darin führt er Strittmatter den Film vor und bittet ihn um Nachsicht. Das ist es nun, Erwin. Und Strittmatter sagt tröstend in seinem Lausitzer Deutsch: Schlimmer als Krieg is et ooch nich.

Später, Plenzdorf war 69, hat man ihn in einem Interview nach der Auftragslage befragt. Als Antwort gab er seine E-Mail-Adresse an. Stehe zur Verfügung. Der gerühmte Kollege, Verfasser von fünfzig Titeln in vielen Feldern, hatte kaum noch etwas zu tun.

Einst, als es Mode, aber nicht überall gern gesehen war, trug Plenzdorf die Haare lang. Es stand ihm gut und war eine Art Verweigerung von Anpassung mit Hilfe von Frisur.

Er blieb dabei auch, als er älter wurde. So war er leicht und schon von weitem zu erkennen, von gleicher Statur, mit gleichem Gesicht.

Edgar Wibeau, der Partner von Werther und Holden Caulfield, hat eine Maschine erfunden, mit der er in die Luft fliegt, als er sie falsch bedient. Er sagt am Ende: Das war's, Leute. Macht's gut.

2008

In: *Sinn und Form* Nr. 1/2008, Seite 139 f.

Werner Stötzer

Zu Deinem Siebzigsten, lieber Werner, hattest Du in Berlin eine Ausstellung. Die Siebzig sah man Dir nicht an, allenfalls ließ sich bemerken, dass Du sie schon drei Tage lang gefeiert hattest.

Nach kundigen und langen Reden auf Dich warst Du an der Reihe, und man hörte Dein schönes, fränkisches R.

»Meine Damen und Herren, auch ich pflege bei solchen Gelegenheiten gern das Wort zu nehmen.« Und dann sagtest Du, die Zigarre in der Hand, in die aufmerksame Stille: »Diesmal nicht.«

Einmal habe ich Dich gefragt, vor einem Deiner Steine, die so offen sind für Gefühl und Gedanken, wie Du entscheidest, dass die Arbeit beendet ist. Deine Antwort, denke ich jetzt, passt auf das Leben, an dem wir festhalten und das wir verlieren.

»Ich höre auf«, hast Du gesagt. »Aber ich bin nicht fertig.«

2010

In: Archiv Kohlhaase

Jutta Hoffmann

Oft denkt man an Filme, indem man sich an Schauspieler erinnert. Ich habe Jutta Hoffmann in großen Rollen gesehen, die aus besonderen Momenten gemacht waren. Ein Blick, ein Gang, ein so oder so gesprochener Satz, ein Lachen, ein Schweigen. Ihr Gesicht und das Entstehen eines Gefühls.

Es ist wahr, weil es schön ist. Oder ist es schön, weil es wahr ist? Sie spielt eine Handlung und keine Meinung, und ein Publikum kann entdecken, was die Fantasie ihm erlaubt. Das halte ich bei der Schauspielerei für die Kunst.

2011

In: Peter Warnecke, Birgit Scholz, *Jutta Hoffmann. Schauspielerin*. Hrsg. vom Filmmuseum Potsdam, Das Neue Berlin, Berlin 2012, S. 57

Kurt Maetzig
Zum 100.

Wenn jemand Hundert wird, ist über ihn alles schon einmal gesagt worden. Wir sehen ihn ungläubig an, aber sein Bild ist vollendet. Nur die Redner, die dem Jubilar ihren Respekt bekundet haben, Jahrzehnt um Jahrzehnt, altern sichtbar. Ich war fünfzehn, als ich im Berliner Kino meiner Kindheit EHE IM SCHATTEN sah. Ich entsinne mich an die Stille danach.

Viel später erst wusste ich, dass Kurt Maetzig auch von sich gesprochen hat. Seine jüdische Mutter ist aus dem Leben gegangen, ehe man sie holen konnte. Es hat auch mit den frühen DEFA-Filmen zu tun, dass Leute wie ich nach dem Krieg das Ende als Anfang verstehen konnten. In der Erinnerung gehört es zum Glanz dieser Jahre, dass man auch ohne zu studieren viel begreifen konnte. Nichts erschien einleuchtender, als die Gesellschaft anders einzurichten.

Wenn künftig von der DEFA die Rede war, sah ich auch Bilder von Kurt Maetzig. Er trug einen Augenschirm, stand neben der Kamera und Schauspieler hörten ihm zu. Was ein Regisseur macht, wusste ich dennoch nicht genau. So zählt es zu meinen persönlichen Wundern, dass ich gute fünf Jahre später Drehbücher schrieb, ein Kollege von ihm wurde und ihm bei der Arbeit zusah, wenn auch von weitem.

Thälmann hatte nicht überlebt, wie vordem Luxemburg und Liebknecht nicht überlebt hatten. In Deutschland ist immer von rechts geschossen worden und aus der gleichen Richtung wurde die Geschichte erklärt. Maetzigs Film war ein Gegenbild. Dafür gab es nach allem, was geschehen war, ein breites Bedürfnis, auch wenn der Film eine Nähe zu pathetischen sowjetischen Mustern hatte. Mit der Zeit sah man deutlicher, dass auch das Gegenbild ein Spiegel mit blinden Flecken war, der Praxis einer Partei folgend, die sich ihre innere Geschichte nicht bewusst machte, die Kämpfe der Fraktionen, das Unrecht in den eigenen Reihen. Das war mehr als ein filmästhetisches Problem. Der Mangel an Offenheit verfestigte sich zu einer Art Grundregel des Regierens.

Kurt Maetzig beließ es nicht bei seinem schnellen Ruhm. Er suchte Stoffe in vielen Genres, verlor die Politik nicht aus dem Auge, aber auch nicht die Kinosäle, die leer blieben, wenn sie nur der Belehrung dienen sollten. Er wollte unterhalten, allerdings auf erhellende Weise. So erklärt sich auch, dass er noch vor Gagarin im Weltraum war. Eine gemischte Menschheit bestieg in Babelsberg ein Raumschiff, und wir sahen in der wenig schönen Kantine eine schöne Japanerin.

Kurt Maetzig gehörte wie Slatan Dudow zu den Vorbildern für Jüngere. Dudow war begleitet von der Legende des proletarischen Films KUHLE WAMPE, den er mit Brecht und Eisler gemacht hatte. Er arbeitete langsam und einzelgängerisch, Maetzig rasch und gesellig.

(...) Kurt Maetzig ist im Lärm der Welt ein leiser, nüchtern denkender, höflicher Mann geblieben, mag sein aus gutbürgerlicher Erziehung, wohl aber auch, weil er dafür hielt, dass niemand die Wahrheit allein besitzt.

Das Land hatte inzwischen eine geschlossene Grenze. Man lebte hier, weil man sich so entschieden hatte oder weil es so gekommen war. Geblieben waren die offenen Fragen, gern auch Widersprüche genannt. Wer Filme machte, wollte solche Fragen in Gesellschaft bringen und das Kino zu einem Ort machen, an dem das Publikum seinem Lebensgefühl begegnet. Jenes Plenum, scheint mir, war noch etwas anderes, als die Zuspitzung langer Missverständnisse zwischen Kunst und Politik.

Der Versammlung fiel es nicht schwer, von Filmen nichts zu verstehen. Doch eigentlich hat die Politik sich am Beispiel der Kunst die Realität abbestellt. Von der aber hätte sie so viel wissen sollen wie möglich, auf kurze und auf lange Sicht. DAS KANINCHEN BIN ICH eröffnete die Liste der verbotenen Filme. Von den zurechtgewiesenen Künstlern war Maetzig der prominenteste. Die Rituale verlangten, dass auf so viel Tadel Einsicht folgte, zu der niemand Lust hatte. Kurt Maetzig hat einen Brief geschrieben, der ihm damals so wenig gefallen haben mag wie heute. Er sprach nicht für alle, aber es war auch ein praktischer Brief. Nach einer Handvoll sinnloser Filme, zu denen die Ministerien die Drehbücher lasen, Landwirtschaft, Justiz oder Gesundheit, je nach Thema, konnte es weitergehen. Filme macht man nicht zu Hause und nicht ohne Geld. Weitermachen hat nicht bedeutet, sich zu unterwerfen.

Kurt Maetzig, der die DEFA mit gegründet hat, verließ sie, als er fünfundsechzig wurde. Mit Bärbel, seiner Frau, lebt er seit langem auf dem Land, zugewandt der Filmkultur, beschäftigt mit seinen Ehrenämtern.

Studierter Naturwissenschaftler, erklärt er Kindern, Enkeln und Urenkeln jederzeit gern die Computer. Er lebt bescheiden, wenn man die Schönheit des Platzes nicht in Betracht zieht. Ein weiter Mecklenburger Himmel. Ein Garten. Gewinn und Verlust in hundert Jahren. Der Schnee vor dem Haus. Die großen Fragen.

Einmal habe ich ihn sagen hören: Ich glaube unbeirrt an ein Leben vor dem Tod. Halte daran fest, lieber Kurt, solange es dich freut, solange es dich schmerzt, solange es dich wundert.

2011

In: Archiv des Filmmuseums Potsdam

Horst Pehnert

Er war ein schöner Junge, sagte Ruth, als wir die alten Fotos ansahen. Auf einem davon stehen die beiden, von Familie umgeben, vor dem Standesamt, Ruth hat Blumen im Arm, und sie ist ein schönes Mädchen. Das war 1956 in Leipzig, Horst Pehnert stammte aus Borna. Sein Vater war Schneider. Weil das Geld nicht reichte, arbeitete seine Mutter bei der Bahn und hob die Kelle, damit die Züge abfahren konnten.

Es geschah viel Neues in jenen Jahren. Es war auch neu, dass künftige Minister aus solchen Richtungen kamen. Horst war der FDJ früh beigetreten. Sie trug die Sonne in ihrem Wappen, und natürlich war es die Morgensonne. Für ihn wie für andere unseres Alters war der Anfang vielleicht die beste Zeit. Die Türen standen offen. Die Weltgeschichte schien verständlich zu sein. Sie hatte ein Ziel, und das lag nicht länger in weiter Ferne.

Horst Pehnert hat mit leichter Hand kleine Texte für die *Leipziger Volkszeitung* geschrieben. Kein Wunder damals, dass er bald in Berlin ankam, bei der *Jungen Welt,* die es ziemlich weit links von der Mitte immer noch gibt, und deren Chefredakteur er später wurde, nachdem er zum Studium nach Leipzig zurückgekehrt war, an die Fakultät, die man das Rote Kloster nannte. So wurde er Journalist. Aber er war auch Funktionär, eine Tätigkeit, die rundum verdächtig war, wie man heute mit gesichertem Unwissen weiß. Pehnert ist es seinerzeit gelungen, für seine Zeitung täglich eine halbe Million Leser zu gewinnen.

Die Bilder aber wurden von den Wunschbildern bedrängt. Die Sprache begegnete der Phrase. Das war nicht nur eine Frage des Stils. Denn wenn die Art des Sprechens die Art des Denkens ist, dann wurde auch in Phrasen gedacht. Da ging viel Verstand verloren und viel Wirklichkeit. Doch die Utopien waren lange nicht verbraucht und auch nicht die Poesie dazu: Nach den Mühen der Gebirge folgen die Mühen der Ebenen.

Ich habe Horst Pehnert kennengelernt, als er für mich amtlich noch nicht zuständig war, wohl aber für das Ballett, zu dem Emöke gehörte.

Er war inzwischen stellvertretender Fernsehintendant und auch mit der Unterhaltung befasst. »Der Kessel Buntes« war erfunden worden. Berühmte Leute und bunte Vögel kamen ins Land, die Gagen wurden zuweilen in Meißner Porzellan bezahlt. Pehnert war ein konzilianter Partner. Die Bevölkerung und die Regierung waren sich nahe in ihrer Liebe zur Revue. Nur die Kabarettisten und die Conférenciers waren den Behörden nicht geheuer. Pehnert selbst aber lachte gern.

Er saß nicht in dem redensartlich großen Haus, in dem die unverrückbaren Gewissheiten geschmiedet wurden. Er saß nicht weit ab in einem kleineren Haus, das von der Straße her einen großen Eingang hatte und drei schmale Ausgänge zum Hof. Von den Filmministern der DDR war er der dreizehnte. Die großen Verbote waren vorbei. Ihre Veranstalter hatten sich im Kino die Realität verbeten, doch die meldete sich zurück, nicht zuletzt, weil die Leute, die Filme machten, täglich mit ihr zu tun hatten. Alles ging weiter. Der neue Minister wollte Ermutigung verbreiten, aber er sollte auch die Bedenklichkeit verwalten. Das war (…) ein Dilemma, dem er sich stellte, ein schwer handelbarer Konflikt.

In den 13 Jahren, in denen er die Sache machte, entstand ein Klima, in dem sich arbeiten ließ. Hunderte Filme mussten an ihm vorbei, Fiktionen und Dokumente. Nicht ohne sein Zutun entspannte sich die Beziehung zur Berlinale, zu der nun die besten DEFA-Filme fuhren und Preise gewannen. Spielte er Minister? Ich glaube nicht. Nur den Verkehrspolizisten hielt er gelegentlich seinen Ausweis entgegen.

13 Jahre lang war er mit wenigen befeindet, mit vielen befreundet. Wir waren ja ein kleines Land. Jeder kannte jeden. Das machte es leichter und schwerer. Wir redeten über das Filmemachen und über die Politik, seltener über den Anfang und häufiger über ein schwer vorstellbares Ende. Als er nicht mehr Minister war und sozusagen ohne Beruf, redeten wir noch immer über die Politik. War das Ziel falsch? Oder der Weg? Der Sozialismus ist aus Gründen gescheitert, aber die Gründe, warum er auf die Welt kam, sind noch da.

Horst hatte eine gute Stimme. Er sang gern und stritt gern, beides laut. Oft war Frank Beyer dabei, der auch gerne sang und stritt. Ruth brachte Obstsalat mit. Horst hatte mit Ruth drei Söhne. Sie wuchsen heran und brachten drei Schwiegertöchter ins Haus. Und weil der Wechsel zum Leben gehört, kam jeweils eine weitere Schwiegertochter hinzu, die ersten aber blieben eingebunden in die Zuneigung von Horst und Ruth. Auf Pehnerts Familienfeiern begegnet man also Müttern und Vätern, acht Enkeln und vier Urenkeln; ob groß, ob klein, es sind schöne Menschen. Die Frage, wer ist hier wer, ist zugelassen. Wenn man sich aber ein Bild von der allmählichen Besiedelung der Erde machen will, hier ist es zu haben.

Horst hat eine Wand am Esstisch mit Fotografien geschmückt, Momente, die ihm wichtig waren in den Jahren, die vergingen. Man sieht ihn, nur diese seien genannt, mit Konrad Wolf und Günther Rücker, mit Walter Momper und Fidel Castro. Das erzählt von ihm.

Ich erinnere mich an zwei Zeilen auf einem Plakat: Wären wir unsterblich, würden wir alles ändern. Da wir aber sterblich sind, wird vieles so bleiben, wie es ist. (...)

2003

In: *Junge Welt*, 24. April 2013

Regie: Andreas Dresen

Ein Drehbuch, sage ich manchmal, ist das Notieren einer Geschichte zum Zwecke ihrer Verfilmung. Es ist zu Ende erzählt und doch ein Zwischenprodukt. Der Autor ist sein Absender, der wichtigste Empfänger der Regisseur. Ich fühle mich wohl, wenn auf dem Briefkasten, und sei es der elektronische, Andis Name steht. Fast alle, die mit ihm gearbeitet haben, nennen ihn Andi. Da mischt sich Respekt mit Zärtlichkeit und mit der Erinnerung an sinnvoll verbrachte Zeit. Wer vorbei kommt, wo Dresen einen Film dreht, der findet ihn nicht als den Lautesten. Eher steht er am

Rand, in kurzen Hosen, wenn es warm genug ist, ein stiller Beobachter der Szene, ein Wächter über die Nuancen. Er weiß, was er will, aber er weiß nicht alles besser. Das macht den Leuten Lust, die dabei sind, im Kern ein immer gleiches Team, und ermutigt ihre Fantasie. Was uns betrifft, so will er lieber etwas lesen als hören. Was aufgeschrieben ist, verlässt den heiteren Bezirk der guten Absichten und macht sich auf den Weg zur Form. Ein Drehbuch, versteht sich, braucht einen Anfang, eine Mitte und ein Ende, einen weiterreichenden Gedanken, eine Tonlage, sogar eine Erwägung der Kosten. Aber einige Fragen, keine Kleinigkeiten, versuchen wir gleich zu besprechen. Wir erwähnen ein paar Filme, die uns nicht gefallen haben und sind schon ein Stück weiter. So wollen wir es nicht machen. Was wollen wir wem warum und wie erzählen? Wir vergleichen unsere Motive.

Ich benötige meine Lebenslage, meinen Blick auf die Welt, wie sie ist und nicht bleiben sollte, und meinen Umgang mit allerlei Kunst und Kino. Zu meinem Vergnügen ähneln sich unsere Gesichtspunkte, obwohl ich schon lange genug nur noch lange Hosen trage. Wir teilen das Interesse an den Leuten, die um die Ecke wohnen. Wir und die Hosenschneider wissen: Der Mensch ist eine Zwischengröße.

Ich denke, ich schulde als Drehbuchschreiber Andi für seinen Teil der Sache eine günstige Ausgangslage. Wenn die Tage in seinen Filmen so aussehen wie im Leben, hat es an vielen Tagen viel Arbeit gemacht. Es sind Andis Erfindungen, und die der anderen schönen Berufe, die dazu gehören.

Er hat das Drehbuch kritisch gelesen, aber er versteht es, sich zu freuen.

Dialoge, unterstellt, sie taugen etwas, nimmt er wörtlich.

Wenn die Handlung zu ihrem Recht, die Szene zu ihrem Licht und die Charaktere zu ihren Gesichtern kommen, dann gehe ich nicht verloren, sondern finde mich wieder.

Und ich bewundere am Schneidetisch, für den Andi sich so viel Zeit wie möglich nimmt, seine Fähigkeit, das gedrehte Material zu formulieren.

Wie ich weiß, wollte er in seine Verträge schreiben lassen, dass es nicht erlaubt sei, im Hinblick auf ihn die Wendung »Ein Film von ...« zu verwenden. Regie genüge.
Man hat ihm erwidert, das wäre ein Verlust für die Werbung.
In seinem Fall trifft es zu.

2013

In: Hans-Dieter Schütt, Andreas Dresen, *Glücks Spiel*. be.bra verlag, Berlin-Brandenburg 2013, S. 281f.

Doris Borkmann

Der Abspann des Films, der früher der Vorspann war, wird immer länger und läuft immer schneller.

Jede Leistung verdient es, mit Wertschätzung erwähnt zu werden. So erfahren wir zu Recht, wenn auch unnötigerweise, wer den Hund der Hauptrolle betreut hat.

Doris Borkmann hat mehr als hundertmal auf einem Titel gestanden. Regieassistenz, später Assistenzregie, dazu kam als weitere Variante ihrer Karriere das Casting. In den frühen Jahren, als wir anfingen, uns das Filmemachen zuzutrauen, kam auch sie in die DEFA. Nach einem halben Jahr am Schneidetisch, hat sie gewusst, dass sie Regieassistentin werden wollte. Dieser Beruf hat feste Pflichten, aber sie hat ihn sich eingerichtet, nach ihrem besonderen Format.

Es gibt Leute auf der Durchreise. Spätere Regisseure lernen bei früheren Regisseuren. Man trifft auch hängengebliebene, nörgelnde Genies. Doris aber wollte sein, was sie wurde und blieb: Assistenz der Regie.

Sie rüstete sich aus mit Handwerk und Moral.

Bei fünf Filmen war ich in ihrer Nähe. Viermal war Konrad Wolf der Regisseur und einmal Frank Beyer. Die Mitwirkung von Doris Borkmann ist verborgen, besser gesagt, sie ist sichtbar in einer Fülle täglicher Entscheidungen. Die schönsten Filme sind ja oft die gedachten. Sie müssen nur noch gemacht werden.

Wenn Doris dazu kam, manchmal lange vor dem ersten Drehtag, war der Film nicht länger ein Projekt. Was von nun an erwogen wurde, ging nicht mehr verloren. In ihrem Drehbuch sind oft auch die Rückseiten beschrieben, Protokolle unserer genauen oder vagen Absichten.

Wir hatten eine Geschichte, wenn auch der Schluss noch unklar war, ganz abgesehen vom Anfang. Wir hatten Geld, wenn auch nicht genug. Der Kameramann war da und der Szenenbildner. Wir redeten über die Schauspieler und wir konnten Doris Borkmann fragen.

Doris kennt in den umliegenden Landschaften die Talente und Gesichter einer ganzen Epoche. Dazu gehören auch wenig bekannte Leute. Es sind auch die Schauspieler in den kleinen Rollen, die einen Film reich und glaubwürdig machen. Buch und Regie schulden ihnen einen guten, bemerkbaren Auftritt. Doris weiß, wo sie zu finden sind. Und wenn aus einer Probe nichts wird, schreibt sie lange, kollegiale Briefe des Bedauerns.

Beim Film wird viel gewartet.

Oft wollten wir zunächst einen Kaffee trinken und unsere Augen richteten sich auf Doris. Natürlich wusste sie, wo es Kaffee gab. Sie war die stille Mitte unserer Tätigkeit, auch in Fragen des Wohlbefindens. Damit aus Gottes schönen Tagen gute Drehtage wurden, hat sie, neben aller Organisation, Mut verbreitet, Streit geschlichtet, Missverständnisse geklärt und unsere Hoffnungen hochgehalten.

Vielleicht ist ihr ein altes Buch begegnet, das nicht zur Filmliteratur zählt, es heißt: »Über den Umgang mit Menschen«.

Es ist gut, dass die DEFA-Stiftung mit Doris Borkmann eine Person preist, die berühmt ist und fast unbekannt zugleich. So fällt ein Licht auf einen Platz in der Maschinerie der Filmproduktion, an dem mehr Frauen als Männer zu finden sind. Lebenszeit und Lebenslust stecken in ihrer solidarischen Arbeit, viel früher Morgen, viel später Abend.

Gelegentlich treffen wir uns, liebe Doris, und der Mann an deiner Seite ist seit langem Herbert Ehler, der unser Produzent war, mit edler

Professionalität. Manchmal reden wir von denen, die nicht mehr da sind. Was wir wollten und immer noch wollen, ist ein Kino, das tägliche Geschichten erzählt und die große Geschichte nicht aus den Augen verliert.

Und immer denken wir an Koni. Er braucht es nicht, aber uns tut es gut.

Ich gratuliere dir am heutigen Abend, liebe Doris.

2014

Doris Borkmann erhielt am 14. November 2014 den Preis der DEFA-Stiftung für das künstlerische Lebenswerk. Die Laudatio hielt Wolfgang Kohlhaase. In: Archiv Kohlhaase

Ortszeit ist immer auch Weltzeit
Nachwort des Herausgebers

1.

Wolfgang Kohlhaase (Jahrgang 1931) hat über mehrere Jahrzehnte hinweg seine künstlerische Arbeit, das Schreiben von Drehbüchern für Spielfilme, publizistisch begleitet: in Interviews und Werkstattgesprächen, in Einzel-Wortmeldungen zu Kongressen und in Personen-Miniaturen über Freunde und Kollegen. Diese drei verschiedenen Text-»Sorten« bilden untereinander ein reiches Beziehungsgeflecht an Motiven, personalia, Filmen. Und Zeitläuften. Sie offenbaren, wie ein Künstler wach und aufmerksam die Haltung »seiner« Kunst zu seinem Umfeld einordnet. Oft denkt er dabei über die Grenzen seiner Profession hinaus. In seine Texte fließen fortwährend seine Erfahrungen ein, die er im lebendigen Umgang mit Kollegen und bei der Arbeit an den Filmen macht. Zugleich überprüft er fortwährend seine Positionen und Wertungen. Filmverständnis und Weltverständnis und Geschichtsverständnis gehen bei ihm auf besondere und eigenwillige Weise zusammen.

Dieser Reichtum macht die erhebliche Bedeutung und die ästhetischen Besonderheiten der Publizistik Kohlhaases aus.

2.

Alle seine Texte werden von den sinnlich-genauen Erinnerungen an jenes Jahr 1945 geprägt, in dem für Kohlhaase ein welthistorisches Ereignis und eine biographische Eigenart zusammenfielen: das Ende des Krieges und sein jugendlich-kindliches Erwachen – als Erkennen von etwas Neuem, jetzt eben Beginnendem. Ein außerordentlicher Glücksfall.

Die biographische Situation verband sich für ihn mit weiteren sehr günstigen Umständen, die von diesem besonderen Anfang herzuleiten sind: sein Lernen und Arbeiten im Nachkriegs-Berlin als Anfänger in der Redaktion jener (mittlerweile legendären) Jugendzeitschrift *Start* (1947–1949). Tägliche Arbeit und täglicher Umgang mit fast gleichaltrigen Kollegen und deren sehr unterschiedlichen biografischen, politischen und Bildungs-Hintergründen bildeten seine Lehranstalt und seine journalistische Werkstatt. Stil und Charakter des gegenseitigen kollegialen Umgangs, die journalistische Arbeit und der Redaktionsalltag in einer auflagenstarken Wochenzeitschrift schufen ihm ein lebenslang dauerhaftes Reservoir an persönlicher Haltung, realistischer Sicht auf Leute und Umwelt in allen Formen, eine sinnliche Wachheit, gepaart mit Skepsis gegenüber jeder Art von Schema oder Verengung. Und er war fleißig, schrieb viel, manchmal zusammen mit Kollegen, auch unter Pseudonym (und auch für den Rundfunk, leider sind diese Manuskripte und Sendungen verschollen). Operativer Tagesjournalismus pur mit kurzlebigen Texten: schnell geschrieben, schnell gedruckt und schnell überholt, und allesamt zu Themen und Geschichten über junge Leute im zerstörten Nachkriegsberlin.

Seine Herkunft von dieser besonderen journalistischen Praxis hat Kohlhaase stets sehr geschätzt und lebenslang wertgehalten. Sie stattete ihn auch mit Selbstvertrauen aus, mit der Gabe des immer auf's Neue naiven Blicks, mit spielerischer Disziplin. Und dieses Fundament wurde dauerhaft für seine Drehbucharbeit: immerhin über 30 Filme in über 60 Jahren.

Die inhaltlichen Verbindungen zwischen seinen Drehbüchern und seinen öffentlichen Äußerungen liegen auf der Hand: er will etwas weitersagen und erzählen, das ihm wichtig und bedenkenswert scheint, für das er sich als zuständig empfindet. Folglich tauchen über die Jahre hinweg manche Farben von Erinnerungen an Zustände, Leute, Widersprüche wiederholt auf. Die Wiederholung auch als Akt des Bekräftigens.

Die Überschau, die die Sammlung der Kohlhaaseschen Publizistik hier ermöglicht, erzählt auch etwas über die allmähliche Emanzipation des

Filmautors als Künstler – in der Branche und noch mehr in der Öffentlichkeit. Sooft sein künstlerisches Werk beurteilt und besprochen (und vielfach ausgezeichnet) wurde, so wenig jedoch wurde seine besondere Publizistik beachtet. Auch dies ein Grund für die größtmögliche Auswahl dieses Sammelbandes, trotz aller Schwierigkeiten bei der Recherche. Kohlhaases Filme sind ohne seine Publizistik denkbar, seine Publizistik ohne seine Filme nicht.

3.

Sein Lieblings-Lebens-Motto »Die Erscheinung ist reicher als das Gesetz« hat in Kohlhaases Anfängen seine Wurzeln, auch, dass es sich zum Motor für seine Filme und zum haltbaren Lebenselixier, zum Halteseil fürs eigene Denken über Film, Leben und Geschichte entwickeln konnte, und die vielen farbigen Varianten dieses Mottos sowieso. Er hat gerade diesen Denkansatz immer wieder öffentlich benannt und so auch in den Rang einer Mahnung – an andere – erhoben. Damit konnte er immerfort erfassen, dass es mehr gab als nur die Mathematik von Geschichten und Lebensläufen. Der Schritt von hier zu seinem Autoren-Credo »In Geschichten zeigt sich Geschichte« begann hier.

In diesem Kern entstand auch seine Neigung, sich über seine literarische Arbeit für Kino hinausgehend publizistisch zu Wort zu melden. Er will sich durchaus einmischen, jedoch vor allem will er aufmerksam machen auf Widersprüche und Disproportionen, auf Entwicklungsprobleme der Branche und der Gesellschaft über die Jahre hin. Eingeflochten sind stets Erfahrungen aus der eigenen Arbeit, auch mancherlei Fingerzeige auf Widersprüche in der Filmproduktion und im Kino-Betrieb. Das beginnt in der Nachkriegszeit der Sowjetischen Besatzungszone, geht über die DDR-Jahre und mündet in das vereinte Deutschland. Noch in seinen Dankesreden liest man seinen Anspruch mit. Formulierungsfreudig und stilbewusst finden seine Einwendungen öffentliche Beachtung. Die chronologische Ordnung seiner Texte bezeichnet die Entwicklung über die Jahrzehnte.

4.

Schon früh verbanden sich diese publizistischen Äußerungen mit einer literarischen Sonderform, die Kohlhaase begründete und bis heute pflegt, die er verfeinerte und zu literarischer Gültigkeit und feuilletonistischer Einmaligkeit führte: Miniaturen von Kollegen und Freunden. Es waren meist Glückwünsche zu runden Geburtstagen oder Erinnerungsworte, die oft nur an entlegenen Orten publiziert worden sind (und entsprechend mühselig recherchiert werden konnten). Oft hat er diese Texte zu den jeweiligen Anlässen auch selbst gesprochen. Am Beginn dieser publizistisch-feuilletonistischen Eigentümlichkeit stehen Texte über Slatan Dudow (1962) und über Gerhard Klein (1972). Dudow galt als künstlerischer Fixstern der frühen DEFA-Filmproduktion, und Gerhard Klein war der erste, wichtige Film-Arbeitspartner Kohlhaases. Der Älteste der Porträtierten war Wieland Herzfelde, eine Legende links-alternativer Kunst und Kunstpolitik, und auch persönlich eine beeindruckende Figur. Die Einheit von Kunstleistung und Biografie machte für Kohlhaase allemal den Kern seiner Erinnerung aus.

Über die Jahre hin hat Kohlhaase diese Form filigraner Personal-Vignetten verfeinert. Die Personaltexte wurden stilistisch kompakter, dichter, auch schlanker. Die Anordnung der hier abgedruckten Portraits folgt den Jahren ihrer Entstehung und nicht dem Alphabet – so wird ihre Entwicklung sichtbar. Besonderheiten seiner Kunst des Drehbuchschreibens flossen ein: Lakonismus, treffgenaue Pointensicherheit, Humor und elegante Ironie, Reichtum an Anspielungen und – ja, das auch – Anzüglichkeiten. Jedes Wort »sitzt«. In wenigen persönlichen Details teilt er Wesentliches und zugleich sehr Persönliches der Abgebildeten mit. Und er bezieht die Zeiten ein: stets sind da das Jahrhundert und die Jahrhundertwende mit Kriegsende und Neubeginn anwesend und die Utopie eines anderen Zusammenlebens. Und immerzu scheint der Respekt vor dem Leben und dem Werk der anderen durch. Gelegentlich benennt er auch literarische Größen, deren Werke er genau gelesen hat und deren Eigentümlichkeiten er für sich offenbar gut gebrauchen kann, sozusagen ideelle Ahnen seiner Texte, wie Polgar, Tucholsky, James Thurber, O'Henry, Ambrose Bierce (Texte von ihnen hatte er auf den Feuilletonseiten des *Start* gedruckt.) Auch die Kalendergeschichten Johann Peter Hebels sind seinen Texten nahe. Imitiert oder kolportiert hat er keinen. Es gibt in der deutschen Literatur, die Filmarbeit begleitet, nichts Vergleichbares, eine wundersame Rarität und eine besondere Prosa. Kohlhaase schlägt einen Ton an, den es so in der deutschen Erinnerungskultur nicht gibt.

Meist suchte er sich die Kandidaten für seine Adressen selbst aus. Es sind allemal Leute, deren Kunst, deren Biografie und deren Haltung ihm wichtig waren. Er kennt sie gut und schätzt ihr Werk und ihre Biografie, viele Persönlichkeitspartnerschaften sind dabei. Unter der Hand entstand so eine erstaunliche Porträt-Galerie. Es ist ein bemerkenswertes Zusammentreffen, dass diese ansehnliche Reihe über Kohlhaases eigene Neigungen hinaus wirklich bedeutende deutsche Künstler des vergangenen Jahrhunderts erfasst. Auch so kann – anscheinend auf einem Nebenfeld – Zeitgeschichte geschrieben und mitgeschrieben werden, von dem spezifischen Blick auf Filmgeschichte ganz abgesehen.

Dieses Mit-Schreiben bleibt stets als Nachkriegsgeschichte, dann als DDR- und schließlich als bundesdeutsche Geschichte erkennbar und weist doch weit über geographische Grenzen hinaus. Kohlhaases biographischer Ort – die Stadt Berlin – bleibt sein Lebenszentrum und benennt die Ausgangslage, so verschieden seine Beschreibungen der Stadt zu verschiedenen Zeiten auch sind. »Ortszeit ist immer auch Weltzeit«, sagte er einmal. Dies kann man auch umgekehrt sehen. Und: Nachahmer oder Nachfolger bei solcherart Literatur hat Kohlhaase bislang nicht gefunden.

5.

Die häufigste Form, sich publizistisch zu äußern und mit der größten öffentlichen Verbreitung, bildet für Kohlhaase freilich das Interview, das Werkstattgespräch. Das Gespräch als Urform von Partner-Beziehungen und menschlicher Kommunikation war ihm dabei auch ein gutes Mittel, beim Formulieren sich selbst zu verständigen. Oft gingen Rechenschaftslegung über den bisherigen Weg und das bisherige Werk mit neuen Fragen zusammen.

Die Interviews kommen zustande und werden ergiebig, weil die Interviewer in der Regel kompetente und sachkundige Partner sind und wissen, dass sie einen formulierungsbewussten und formulierungsfreudigen, mitteilsamen und gesprächsbereiten Partner vor sich haben, der so antwortet, wie er denkt. Wie jeder gute Interviewpartner antwortet er jedoch manchmal nur auf Umwegen oder auch gar nicht. Diese Interviews und Werkstattgespräche ergänzen die Solotexte Kohlhaases auf eigentümliche Weise.

Und auch in diesen Dialogen sind die genaue Wortwahl und die Treffsicherheit der Beobachtungen zu bemerken. Da ist nichts dem Zufall eines Plappergesprächs à la Talkshow überlassen. Der Wille zum Perfekten behält die Oberhand. (Redakteure erinnern sich, dass Wolfgang Kohlhaase buchstäblich bis zum Redaktionsschluss noch an einzelnen Formulierungen feilte.) Wie anderswo auch wird anscheinend nebenher Formuliertes dann schnell zitierbar.

Alle seine Auskünfte sind gespickt mit Anekdoten, mit Splittern der Erinnerung an Leute, an Arbeits- und Drehsituationen, stets genau beobachtet und markant beschrieben. Dabei lässt er auch unerwartete Blicke nicht aus, sofern sie seinem Welt- und Kunstverständnis entsprechen oder etwas sehr Neues hinzufügen. Die wechselvolle Balance Kohlhaases zwischen seinen Filmen und seiner Publizistik erinnert von ferne an Texte Alexander Kluges, solange der auf diese Weise seine Filme begleitete, bei aller gebotenen Unterschiedlichkeit, versteht sich.

Kohlhaase verfolgte mit seiner Publizistik keine geschlossene oder gar langfristig geplante Strategie: er äußerte sich von Fall zu Fall und wie es ihm nötig schien. Dass sich dennoch über die Jahre hin und nun im Rückblick eine Strategie erkennen lässt, liegt an Kohlhaases Werk, also seinen Filmen, an aktuellen Anlässen und an der Qualität seiner Texte.

Manche der alten Texte, darunter auch spontane Beiträge aus zurückliegenden Diskussionen, hielten dem heutigen Blick des Verfassers nicht mehr stand. Frühe Wortmeldungen »vom Tage« und mancherlei vergangenes Spontanes bieten – bei aller mittlerweile vergessenen Tagesaktualität – Mitteilenswertes, wobei sich viele DDR-Interna schnell kontextualisieren lassen. Kohlhaases Perfektionismus steht dem Vertrauen in seine frühen Texte entgegen, was man respektieren muss, auch wenn es Verzicht bedeutete.

6.

Die vielfältige, fein ziselierte Verflochtenheit untereinander – von Filmen, Themen, Leuten, Film-Motiven, Lebensantrieben, von Gedanken zu Ästhetik und Kunst und zur Geschichte – machen dieses Lesebuch aus: Es will und soll folglich auch manchmal quer gelesen werden. Und es ist also auch ein Buch zum Blättern, das viele Entdeckungen bereithält. So kann und muss man sich Kohlhaases Welt- und Filmverständnis und seinen Wandel durch die Zeiten aus seinen diversen Auskünften zusammensetzen – eine reizvolle, möglicherweise auch fordernde Unternehmung, die Vergnügen macht, Entdeckungen und Überraschungen bringt und viel über Kunst und Wirkung, Kunstverwaltung und ästhetische Fragen und über die Welt um die Ecke während 50 Jahren aussagt. Da haben auch nachwachsende jüngere Zuschauer seiner Filme ihren Gewinn, wenn sie nun seine Leser werden.

Wenn er einmal für seine Filmfiguren »das Recht des Einzelnen auf seine eigene Idee« forderte, so nimmt er dies auch für sich selbst in Anspruch. Das zeigen seine Filme – und seine Publizistik, wie hier nun nachzulesen ist.

Günter Agde

2014

Wolfgang Kohlhaase: Filmografie

1952/1953. DIE STÖRENFRIEDE
Regie: Wolfgang Schleif | Buch: Hermann Werner Kubsch, Wolfgang Kohlhaase | Kamera: E. W. Fiedler | Bauten: Otto Erdmann | Schnitt: Friedel Welsandt | Musik: Joachim Werzlau | Produktion: DEFA-Studio für Spielfilme, Potsdam-Babelsberg

1953. BITTE NICHT STÖREN. ›Das Stacheltier‹ 2./3. Folge.
Regie: Richard Groschopp | Buch: Richard Groschopp, Wolfgang Kohlhaase | Kamera: Erwin Anders | Schnitt: Charlotte Modniewski | Musik-Beratung: Walter Raatzke | Produktion: DEFA-Studio für Wochenschau und Dokumentarfilme Berlin Produktionsgruppe Satirischer Kurzfilm, Fernsehzentrum, Berlin/DDR

1953. DIE DEFA-RAKETE. 1. FOLGE. SATIRE – HUMOR – ZIRKUS – TANZ
Regie: Richard Groschopp | Buch: Walter Heynowski, Wolfgang Kohlhaase, Erich Brehm, Erwin F. B. Albrecht | Kamera: Erwin Anders | Schnitt: Charlotte Modniewski | Musik: Walter Raatzke | Produktion: DEFA-Studio für Wochenschau und Dokumentarfilme Berlin, Produktionsgruppe Satirischer Kurzfilm

1953. STREICHHOLZBALLADE. Puppentrickfilm.
Regie: Johannes Hempel | Buch: Wolfgang Kohlhaase | Kamera: Rolf Sperling | Bauten: Johannes Hempel | Puppen-Gestaltung: Gerhard Behrend | Schnitt: Manfred Porsche | Musik: Heinrich Wilhelm Wiemann | Produktion: DEFA-Studio für populärwissenschaftliche Filme, Dresden, Gruppe Trickfilm

1953/1954. DER BART IST AB. ›Das Stacheltier‹ 18. Folge.
Regie: Richard Groschopp | Buch: Richard Groschopp, Wolfgang Kohlhaase | Kamera: Erwin Anders | Schnitt: Charlotte Modniewski | Musik-Beratung: Walter Raatzke | Produktion: DEFA-Studio für Wochenschau und Dokumentarfilme Berlin, Produktionsgruppe Satirischer Kurzfilm

1953/1954. ALARM IM ZIRKUS. (Arbeitstitel AKTION B)
Regie: Gerhard Klein | Buch: Wolfgang Kohlhaase, Hans Kubisch | Kamera: Werner Bergmann | Bauten: Willy Schiller | Schnitt: Ursula Kahlbaum | Musik: Günter Klück | Produktion: DEFA-Studio für Spielfilme, Potsdam-Babelsberg

1954. EINE BÄREN GESCHICHTE. ›Das Stacheltier‹ 19. Folge.
Regie: Richard Groschopp | Buch: Richard Groschopp, Wolfgang Kohlhaase, Georg Honigmann | Kamera: Erwin Anders | Schnitt: Charlotte Modniewski | Musik-Beratung: Kurt Grottke | Produktion: DEFA-Studio für Wochenschau und Dokumentarfilme Berlin, Produktionsgruppe Satirischer Kurzfilm

1955/1956. EINE BERLINER ROMANZE
Regie: Gerhard Klein | Buch: Wolfgang Kohlhaase | Kamera: Wolf Göthe | Bauten: Karl Schneider | Schnitt: Ursula Kahlbaum | Musik: Günter Klück | Produktion: DEFA-Studio für Spielfilme, Potsdam-Babelsberg

1957. BERLIN – ECKE SCHÖNHAUSER. (Arbeitstitel WO WIR NICHT SIND …)
Regie: Gerhard Klein | Buch: Wolfgang Kohlhaase | Kamera: Wolf Göthe | Bauten: Oskar Pietsch | Schnitt: Evelyn Carow | Musik: Günter Klück | Produktion: DEFA-Studio für Spielfilme, Potsdam-Babelsberg

1959. DER SCHWEIGENDE STERN / MILCZĄCA GWIAZDA
Regie: Kurt Maetzig | Buch: Jan Fethke, Wolfgang Kohlhaase, Günter Reisch, Günther Rücker, Alexander Graf Stenbock-Fermor, Kurt Maetzig; nach dem Roman »Astronauci« von Stanisław Lem | Kamera: Joachim Hasler | Bauten: Anatol Radzinowicz, Alfred Hirschmeier | Schnitt: Lena Neumann | Musik: Andrzej Markowski | Produktion: DEFA-Studio für Spielfilme, Potsdam-Babelsberg, Zespół Iluzjon, Warschau / Wytwórnia filmów fabularnych Wrocław

1960/1961. DER FALL GLEIWITZ
Regie: Gerhard Klein | Buch: Wolfgang Kohlhaase, Günther Rücker | Kamera: Jan Čuřík | Bauten: Gerhard Helwig | Schnitt: Evelyn Carow | Musik: Kurt Schwaen, Karl-Ernst Sasse (Arrangement von Rundfunktiteln) | Produktion: DEFA-Studio für Spielfilme, Potsdam-Babelsberg, Gruppe Berlin

1962. JOSEF UND ALLE SEINE BRÜDER
(Arbeitstitel JOSEF UND DIE OSTPENNER)
Regie: Erwin Stranka | Buch: Karl Georg Egel, Wolfgang Kohlhaase | Kamera: Roland Gräf | Bauten: Alfred Drosdek | Schnitt: Bärbel Weigel | Musik: Georg Katzer | Produktion: DEFA-Studio für Spielfilme, Potsdam-Babelsberg, Künstlerische Arbeitsgruppe Berlin für Deutscher Fernsehfunk Berlin

1962/1963. SONNTAGSFAHRER
Regie: Gerhard Klein | Buch: Karl Georg Egel, Wolfgang Kohlhaase | Kamera: Helmut Bergmann | Bauten: Paul Lehmann | Schnitt: Evelyn Carow | Musik: Wilhelm Neef | Produktion: DEFA-Studio für Spielfilme, Potsdam-Babelsberg, Künstlerische Arbeitsgruppe Berlin

1965. Berlin um die Ecke
Regie: Gerhard Klein | Buch: Wolfgang Kohlhaase | Kamera: Peter Krause | Bauten: Alfred Drosdek | Schnitt: Evelyn Carow | Musik: Georg Katzer | Produktion: DEFA-Studio für Spielfilme, Potsdam-Babelsberg, Gruppe Berlin

1967. Grenada, Grenada, Grenada moâ …
(Granada, Granada, du mein Granada)
Regie: Roman Karmen | Buch: Roman Karmen, Konstantin Simonov | Deutscher Text: Wolfgang Kohlhaase, Konrad Wolf, Johannes Knittel, Gerda Malig | Kamera: A. Sarancev, V. Citron, Archivmaterial | Musik: Kara Karaev | Produktion: CSDF – Central'naâ studiâ dokumental'nyh fil'mov [ЦСДФ], Moskau

1967. Ich war neunzehn (Arbeitstitel Heimkehr)
Regie: Konrad Wolf | Buch: Wolfgang Kohlhaase, Konrad Wolf | Kamera: Werner Bergmann | Bauten: Alfred Hirschmeier | Schnitt: Evelyn Carow | Beratung: Anton Ackermann, Nikolaj Surkov | Produktion: DEFA-Studio für Spielfilme, Potsdam-Babelsberg, Künstlerische Arbeitsgruppe Babelsberg 67

1970. Fisch zu viert
Regie: Kurt Jung-Alsen | Buch: Wolfgang Kohlhaase, Rita Zimmer nach ihrem gleichnamigen Hörspiel | Kamera: Rosemarie Sundt | Musik: Helmut Nier | Produktion: Deutscher Fernsehfunk Berlin/DDR

1971/1972. Leichensache Zernik
Regie: Helmut Nitzschke | Buch: Helmut Nitzschke, Gerhard Klein, Joachim Plötner, Wolfgang Kohlhaase | Kamera: Claus Neumann | Bauten: Georg Kranz | Schnitt: Evelyn Carow | Musik: Hans-Dieter Hosalla | Produktion: DEFA-Studio für Spielfilme, Potsdam-Babelsberg, Künstlerische Arbeitsgruppe Berlin

1972. FISCH ZU VIERT
Regie: Ulrich Lauterbach | Buch: Wolfgang Kohlhaase, Rita Zimmer nach ihrem gleichnamigen Hörspiel | Kamera: Werner Rosemann | Bauten: Claire-Lise Leisegang | Musik: Siegfried Franz | Produktion: Hessischer Rundfunk, Frankfurt/Main

1972. TUREK ERZÄHLT
Regie: Richard Cohn-Vossen | Buch: Richard Cohn-Vossen, Wolfgang Kohlhaase | Kamera: Hans-Eberhard Leupold | Schnitt: Charlotte Beck | Produktion: DEFA-Studio für Kurzfilme, Potsdam-Babelsberg, Künstlerische Arbeitsgruppe Profil für Fernsehen der DDR

1973. DER NACKTE MANN AUF DEM SPORTPLATZ
Regie: Konrad Wolf | Buch: Wolfgang Kohlhaase | Kamera: Werner Bergmann | Bauten: Alfred Hirschmeier | Schnitt: Evelyn Carow | Musik-Bearbeitung: Karl-Ernst Sasse | Beratung: Werner Stötzer | Produktion: DEFA-Studio für Spielfilme, Potsdam-Babelsberg, Gruppe Babelsberg

1974. FISCH ZU VIERT
Regie: Harry Kalenberg | Buch: Wolfgang Kohlhaase, Rita Zimmer nach ihrem gleichnamigen Hörspiel | Produktion: Österreichischer Rundfunk, Wien

1976. LASSET DIE KINDLEIN ...
Regie: Evelyn Rauer [Evelyn Schmidt] | Buch: Eberhard Geick, Evelyn Rauer, Wolfgang Kohlhaase nach seiner gleichnamigen Erzählung | Kamera: Eberhard Geick | Bauten: Gerhard Kulosa | Schnitt: Edith Kaluza | Musik: Peter Rabenalt | Produktion: Fernsehen der DDR

1976. Mama, ich lebe
Regie: Konrad Wolf | Buch: Wolfgang Kohlhaase nach seinem Hörspiel »Fragen an ein Foto« | Kamera: Werner Bergmann | Bauten: Alfred Hirschmeier | Schnitt: Evelyn Carow | Musik: Rainer Böhm | Produktion: DEFA-Studio für Spielfilme, Potsdam-Babelsberg, Gruppe Babelsberg mit Unterstützung von Studio Lenfil'm, Leningrad

1977. Ein Trompeter kommt
Regie: Edgar Kaufmann | Buch: Wolfgang Kohlhaase nach seinem gleichnamigen Hörspiel | Kamera: Rosemarie Sundt | Bauten: Ulrich Vetter | Musik: Georg Katzer | Produktion: Fernsehen der DDR

1978/1979. Solo Sunny
Regie: Konrad Wolf | Buch und Co-Regie: Wolfgang Kohlhaase | Kamera: Eberhard Geick | Bauten: Alfred Hirschmeier | Schnitt: Evelyn Carow | Musik: Günther Fischer | Produktion: DEFA-Studio für Spielfilme, Potsdam-Babelsberg, Gruppe Babelsberg

1982. Der Aufenthalt
Regie: Frank Beyer | Buch: Wolfgang Kohlhaase nach dem Roman »Der Aufenthalt« von Hermann Kant | Kamera: Eberhard Geick | Bauten: Alfred Hirschmeier | Schnitt: Rita Hiller | Musik: Günther Fischer | Produktion: DEFA-Studio für Spielfilme, Potsdam-Babelsberg Gruppe Babelsberg mit Unterstützung von Zespoły Filmowe, Warschau

1984. Die Grünstein-Variante
Regie: Bernhard Wicki | Buch: Wolfgang Kohlhaase nach seinem gleichnamigen Hörspiel und Bernhard Wicki nach Geschichten, die Ludwig Turek erzählt hat | Kamera: Edward Klosinski | Bauten: Alfred Hirschmeier | Schnitt: Tanja Schmidbauer | Musik: Günther Fischer | Produktion: Allianz Film Produktion GmbH, Berlin/West | Produktionshilfe: DEFA-Studio für Spielfilme, Potsdam-Babelsberg

1985. Die Zeit die bleibt. Ein Film über Konrad Wolf
Regie: Lew Hohmann | Buch: Wolfgang Kohlhaase | Co-Autoren: Lew Hohmann, Christiane Mückenberger, Regine Sylvester | Kamera: Christian Lehmann | Schnitt: Karin Wudtke | Musik: Günther Fischer | Produktion: DEFA-Studio für Dokumentarfilme, Berlin/DDR, Produktionsgruppe document für Fernsehen der DDR

1988. Der Bruch
Regie: Frank Beyer | Buch: Wolfgang Kohlhaase | Kamera: Peter Ziesche | Bauten: Dieter Adam | Schnitt: Rita Hiller | Musik: Günther Fischer | Produktion: DEFA-Studio für Spielfilme, Potsdam-Babelsberg, Gruppe Babelsberg

1989. Eine gewisse Freiheit.
Wolfgang Kohlhaase – Drehbuchautor
Regie: Dorothea Neukirchen | Mitwirkender: Wolfgang Kohlhaase | Für: Westdeutscher Rundfunk

1991. Nachtausgabe: Verbotene Filme der DDR
Regie: Ute Geisler | Mitwirkende: Heiner Carow, Wolfgang Kohlhaase, Kurt Maetzig, Margit Voss | Produktion: Südwestfunk

1991. Die Augenzeugen
Regie: Hermann Dernbacher | Mitwirkende: Wolfgang Kohlhaase, Kurt Maetzig | Für: Sender Freies Berlin

1991. Begräbnis einer Gräfin
Regie: Heiner Carow | Buch: Wolfgang Kohlhaase nach seiner gleichnamigen Erzählung, Dorothee Dhan (Mitarbeit) | Kamera: Martin Schlesinger | Bauten: Lothar Holler | Schnitt: Monika Willi, Kerstin Preuss | Musik: Stefan Carow | Produktion: Artus-Film Produktionsgesellschaft mbH, München | Für: Deutscher Fernsehfunk / Südwestfunk

1992/1993. Inge, April und Mai
Regie: Wolfgang Kohlhaase, Gabriele Denecke | Buch: Wolfgang Kohlhaase nach seiner gleichnamigen Erzählung | Kamera: Igor Luther | Bauten: Klaus Winter, Hans-Joachim Schwarz | Schnitt: Evelyn Carow | Musik: Günther Fischer | Produktion: Filmpool Film- und Fernsehproduktion GmbH, DEFA-Studio Babelsberg GmbH, Potsdam, Zweites Deutsches Fernsehen

1994. Die DEFA – Zwischen Utopie und Wirklichkeit
Buch: Fred Gehler, Ralf Schenk | Regie: Ullrich Kasten | Schnitt: Gudrun Bramann | Mitwirkende: Hermann Schauer, Konrad Schwalbe, Kurt Maetzig, Herwig Kipping, Klaus Wischnewski, Egon Günther, Ulrich Weiß, Wolfgang Kohlhaase, Gero Gandert | Kamera: Wolfgang Lindig | Musik: Wolfram Bodag

1994. Die Nacht der Regisseure
Regie: Edgar Reitz | Buch: Edgar Reitz | Kamera: Christian Reitz, Peter Petridis, Stefan von Borbély | Bauten: Peter Junghans | Schnitt: Horst Reiter, Michael Tischner | Musik: Nikos Mamangakis, Aljoscha Zimmermann | Mitwirkende: Enno Patalas, Volker Schlöndorff, Helma Sanders-Brahms, Margarethe von Trotta, Wolfgang Kohlhaase, Frank Beyer, Hans Jürgen Syberberg, Peter Schamoni, Alexander Kluge u. a. | Produktion: Edgar Reitz Filmproduktions GmbH für British Film Institute TV, Zweites Deutsches Fernsehen, ARTE/Premiere | Deutscher Beitrag zur Reihe »Bilder in Bewegung – Das Jahrhundert des Kinos«

1997. Der liebe Gott in Berlin –
Der Regisseur Gerhard Klein 1920–1970
Regie: Ullrich Kasten, Fred Gehler | Kamera: Wolfgang Lindig | Schnitt: Peter Petersen | Mitwirkende: Gerhard Klein, Wolfgang Kohlhaase, Rosel Klein, Ernst-Georg Schwill u. a. | Produktion: TFC Transfer Film & TV Produktion und Consulting GmbH für Ostdeutscher Rundfunk Brandenburg

1997. DER HAUPTMANN VON KÖPENICK
Regie: Frank Beyer | Buch: Wolfgang Kohlhaase nach dem Bühnenstück »Der Hauptmann von Köpenick« von Carl Zuckmayer | Kamera: Eberhard Geick | Bauten: Götz Heymann | Schnitt: Clarissa Ambach | Musik: Peter Gotthardt | Produktion: Hannover Film GmbH für Norddeutscher Rundfunk, Bayerischer Rundfunk, ORB, Sender Freies Berlin, Westdeutscher Rundfunk, Österreichischer Rundfunk, SF DRS

1997. FINDEN UND ERFINDEN –
DER DREHBUCHAUTOR WOLFGANG KOHLHAASE
Regie: Ullrich Kasten | Buch: Ullrich Kasten, Fred Gehler | Kamera: Wolfgang Lindig | Schnitt: Peter Petersen | Mitwirkende: Wolfgang Kohlhaase, Frank Beyer | Produktion: TFC Transfer Film & TV Produktion und Consulting GmbH für Ostdeutscher Rundfunk Brandenburg

1998. ZUR PERSON: WOLFGANG KOHLHAASE
Regie: Daniel Berlin | Mitwirkender: Wolfgang Kohlhaase, Günter Gaus | Produktion: Ostdeutscher Rundfunk Brandenburg

1998. MEIN LEBEN IST SO SÜNDHAFT LANG.
VICTOR KLEMPERER – EIN CHRONIST DES JAHRHUNDERTS
Regie: Ullrich Kasten | Buch: Ullrich Kasten, Wolfgang Kohlhaase, Walter Nowojski (Mitarbeit) | Kamera: Wolfgang Lindig | Schnitt: Jan Dottschadis | Musik: Rainer Böhm | Produktion: TFC Transfer Film & TV Produktion und Consulting GmbH für Sender Freies Berlin, Ostdeutscher Rundfunk Brandenburg in Zusammenarbeit mit Norddeutscher Rundfunk, Arte Deutschland TV GmbH

1999/2000. DIE STILLE NACH DEM SCHUSS
Regie: Volker Schlöndorff | Buch: Wolfgang Kohlhaase, Volker Schlöndorff | Kamera: Andreas Höfer | Bauten: Susanne Hopf, Eckhard Wolf | Schnitt: Peter Przygodda | Produktion: Babelsberg Film GmbH, Potsdam-Babelsberg, Mitteldeutsches Filmkontor GmbH, Mitteldeutscher Rundfunk, Norddeutscher Rundfunk, Arte Deutschland TV GmbH

2001/2002. BABY
Regie: Philipp Stölzl | Buch: David Hamblyn, Wolfgang Kohlhaase | Kamera: Michael Mieke | Bauten: Karin Betzler, Peter Weber, Tim Bertz | Schnitt: Sven Budelmann | Musik: Ingo Ludwig Frenzel | Produktion: DoRo Fiction Film GmbH, Gemini Film GmbH & Co. KG, IdtV Film B. V., Diemen-Zuid / Twin Film Feature GmbH für Norddeutscher Rundfunk, Arte Deutschland TV GmbH

2002. JENSEITS DER UFA. ZUM SCHEITERN DES DEUTSCHEN NACHKRIEGSFILMS
Buch und Regie: Peter H. Schröder, Alexander Bohr | Kamera: Adam Olech | Mitwirkende: Wolfgang Kohlhaase, Kurt Maetzig, Enno Patalas, Artur Brauner, Gyula Trebitsch, Hans Abich, Franz Antel, Eric R. Pleskow, Wolf Schwarz, Hans Helmut Prinzler u. a.

2004. FILMEN FÜR EIN BESSERES DEUTSCHLAND. DER DEFA-REGISSEUR KURT MAETZIG
Buch: Dorothea Schildt, Markus Tischer | Mitwirkende: Günter Witt, Angelika Waller, Armin Mueller-Stahl, Kurt Maetzig, Wolfgang Kohlhaase, Egon Günther | Regie: Dorothea Schildt, Markus Tischer | Produktion: Rundfunk Berlin-Brandenburg

2005. SOMMER VORM BALKON
Regie: Andreas Dresen | Buch: Wolfgang Kohlhaase | Kamera: Andreas Höfer | Bauten: Susanne Hopf | Schnitt: Jörg Hauschild | Musik: Pascal Comelade | Produktion: Peter Rommel Filmproduktion, X-Filme Creative Pool GmbH in Zusammenarbeit mit Rundfunk Berlin-Brandenburg, Westdeutscher Rundfunk und Arte Deutschland TV GmbH

2006/2007. WOLFGANG KOHLHAASE – LEBEN IN GESCHICHTEN
Regie: Lutz Pehnert | Mitwirkender: Wolfgang Kohlhaase | Produktion: Rundfunk Berlin-Brandenburg Potsdam + Berlin, Arte Deutschland TV GmbH

2007. AUGE IN AUGE – EINE DEUTSCHE FILMGESCHICHTE
Regie: Michael Althen, Hans Helmut Prinzler | Buch: Michael Althen, Hans Helmut Prinzler | Kamera: Matthias Benzing | Schnitt: Tobias Streck | Musik: Robert Pabst, Christian Birawsky | Mitwirkende: Michael Ballhaus, Doris Dörrie, Andreas Dresen, Dominik Graf, Wolfgang Kohlhaase, Caroline Link, Christian Petzold, Tom Tykwer, Wim Wenders, Hanns Zischler | Produktion: Preview Production GbR in Co-Produktion mit Transit Film GmbH in Zusammenarbeit mit Westdeutscher Rundfunk, Südwestrundfunk, Goethe Institut e. V., Friedrich-Wilhelm-Murnau-Stiftung, DEFA-Stiftung

2007–2009. WHISKY MIT WODKA
Regie: Andreas Dresen | Buch: Wolfgang Kohlhaase | Kamera: Andreas Höfer | Bauten: Susanne Hopf | Schnitt: Jörg Hauschild | Musik: Jens Quandt, Günther Fischer (Piano) | Produktion: Senator Film Produktion GmbH, Peter Rommel Productions für Rundfunk Berlin-Brandenburg, Westdeutscher Rundfunk, Bayrischer Rundfunk, Mitteldeutscher Rundfunk, Arte Deutschland TV GmbH

2008/2009. Haus und Kind
Regie: Andreas Kleinert | Buch: Wolfgang Kohlhaase | Kamera: Johann Feindt | Bauten: Gabriele Wolff | Schnitt: Gisela Zick | Produktion: kineo Filmproduktion Peter Hartwig für Bayerischer Rundfunk, Arte Deutschland TV GmbH

2009. Bauer sucht Kultur (Staffel 2)
Buch: Christine Thalmann, Steffen Prell, Tim Evers, Norbert Kron | Mitwirkende: Rolf Zacher, Ursula Werner, Emöke Pöstenyi, Dieter Moor, Wolfgang Kohlhaase, Norbert Leisegang | Kamera: Alexander Seidenstücker | Produktion: Kobalt Productions GmbH

2009. Lebensläufe: Günther Fischer – Von Zwickau in die Welt
Buch: Angela Henkel, Jürgen Haase | Mitwirkende: Andreas Dresen, Günther Fischer, Hilmar Thate, Armin Mueller-Stahl, Wolfgang Kohlhaase | Produktion: Mitteldeutscher Rundfunk

2009/2010. Spur der Bären
Buch: Alfred Holighaus | Buch und Regie: Hans-Christoph Blumenberg | Schnitt: Florentine Bruck (Montage) | Mitwirkende: Andrzej Wajda, Costa-Gavras, Peter Schamoni, Artur Brauner, Michael Verhoeven, Claudia Cardinale, Rainer Simon, Agnès Varda, Katrin Saß, Rosa von Praunheim, Wolfgang Kohlhaase, Tom Tykwer, Michel Ciment, Volker Baer, Dieter Kosslick u. a. | Produktion: zero fiction film GmbH

2011. I Phone You
Regie: Dan Tang | Drehbuch: Wolfgang Kohlhaase | Kamera: Andreas Höfer | Schnitt: Sebastian Thümler | Bauten: Susanne Hopf, Li Ya Ding | Produktion: Reverse Angle Production GmbH Hamburg

2015. ALS WIR TRÄUMTEN
Regie: Andreas Dresen | Drehbuch: Wolfgang Kohlhaase nach dem gleichnamigen Roman von Clemens Meyer | Kamera: Michael Hammon, Niklas Hoffmann | Schnitt: Jörg Hauschild | Szenenbild: Susanne Hopf | Musik: Jens Quandt | Produktion: Rommel Film e. K. Berlin | Koproduktion: iskremas Filmproduktions GmbH Potsdam, Cinéma Defacto Paris, Bayerischer Rundfunk München, Mitteldeutscher Rundfunk Leipzig, Rundfunk Berlin-Brandenburg Berlin + Potsdam, Arte France Cinéma Paris

2017. IN ZEITEN DES ABNEHMENDEN LICHTS
Regie: Matti Geschonneck | Drehbuch: Wolfgang Kohlhaase nach dem gleichnamigen Roman von Eugen Ruge | Kamera: Hannes Hubach | Szenenbild: Bernd Lepel | Schnitt: Dirk Grau | Produktion: Moovie – the art of entertainment GmbH Berlin | Koproduktion: Zweites Deutsches Fernsehen Mainz

Danksagung

Kerstin Boettcher, Michael Brie, Jochen Brunow, Andreas Dresen, Elisabeth Wicki-Endriss, Uwe Figge, Jörg-Uwe Fischer, Bettina Gaus, Matti Geschonneck, Renate Goethe, Michael Hanisch, Peter Hartwig, Katja Hevemeyer, Lew Hohmann, Alfred Holighaus, Ulrich Kasten, Thomas Keck, Ingrid Kirschey-Feix, Karin Kiwus, Christian Lehmann, Susanne Leinemann, Birgit Mehler, Jens Mehrle, Clemens Meyer, Dietrich Mühlberg, Lutz Pehnert, Christiane Peitz, Hans-Helmut Prinzler, Hans-Georg Rodek, Peter Rommel, Johannes Roschlau, Sabine Söhner, Regine Sylvester, Wolfgang Trampe, Arno Widmann

CineGraph Hamburg, Redaktion *Sinn und Form*, Redaktion *Berliner Zeitung*, Redaktion *Tagesspiegel*, Bibliothek der Hochschule für Film und Fernsehen »Konrad Wolf« Potsdam-Babelsberg, Deutsches Rundfunkarchiv Babelsberg, Deutsche Filmakademie Berlin, Bundesarchiv SAPMO, Be.bra-Verlag Berlin, Bertz + Fischer Verlag Berlin, Ballhaus Ost

Leider konnten nicht alle Rechte – auch für Nachdrucke – zweifelsfrei geklärt werden. Berechtigte Ansprüche sind an den Verlag oder an den Herausgeber zu richten.

Personenregister

Ackermann, Anton 177
Albrecht, Susanne 77
Alexandrow, Grigori 18, 20, 279
Aljechin, Alexander 272
Altman, Robert 91
Antonioni, Michelangelo 91
Apitz, Bruno 261 ff., 306
Axen, Hermann 87
Bakunin, Michail 138
Ballmann, Herbert 187
Balzac, Honoré de 125
Becher, Johannes R. 278
Becker, Boris 173
Becker, Jurek 315
Beglau, Bibiana 80
Bergman, Ingmar 91
Bergmann, Werner 188, 195, 202 f., 279, 284 ff., 292, 296
Bernt, Reinhold 17
Beyer, Frank 12, 59 ff., 64 f., 108, 157, 206, 212, 233 ff., 237, 314 ff., 320, 334, 336
Bieler, Manfred 192
Biermann, Wolf 323
Bobrowski, Johannes 148
Böwe, Kurt 279
Borkmann, Doris 202, 279, 296, 336 ff.
Braun, Volker 84
Brecht, Bertolt 129, 246, 249 f., 306, 311, 314, 326, 330
Busch, Wilhelm 120
Carow, Heiner 251
Castro, Fidel 334
Cocteau, Jean 14, 20
Cooper, James Fenimore 123
Cremer, Fritz 303
Čuřík, Jan 23 f.
Dalichow, Bärbel 209
Darrieux, Danielle 14
Deickert, Karl-Heinz 17
Drapińska, Barbara 15
Dresen, Andreas 11, 85, 89, 93, 96 f., 98, 103 f., 106, 212, 237, 313, 334, 336
Drinda, Horst 26
Dudow, Slatan 24, 245-254, 256, 306, 308, 330, 342
Düren, Fred 204
Dymschitz, Alexander 276
Ehler, Herbert 296, 337
Ehrenburg, Ilja 259
Eisler, Hanns 246, 250, 306, 330

Personenregister 363

Engel, Erich 243f., 306
Engels, Friedrich 302f.
Engelhardt, Ludwig 204f., 302ff.
Erpenbeck, Fritz 269
Esser, Paul 17
Fassbinder, Rainer Werner 84
Fainzimmer, Alexander 19
Fischer, Arno 302
Fischer, George 282
Fischer, Günther 237
Fischer, Vitja 278, 282
Flaischlen, Cäsar 122
Förster, Wieland 194, 204, 281
Fontane, Theodor 125f., 176
Freytag, Gustav 217
Friedrich, Inka 85, 97
Friese, Siegfried 70, 73
Gagarin, Jurij 330
Gerassimow, Sergej 279
Geschonneck, Erwin 106–112, 306
Geick, Eberhard 50f., 202, 237
George, Götz 233f.
Gide, André 272
Gladkow, Fjodor 30
Goethe, Johann Wolfgang 312, 326
Gorbatschow, Michail 172f.
Gorjunow, Anatolij 19
Gorki, Maxim 30, 125, 240, 273
Graf, Dominik 89
Granin, Daniil 279f.

Grimm, Gebrüder 121
Grosse, Herwart 26, 313
Grosz, George 264
Groth, Sylvester 109, 237, 320
Gurezkaja, Tatjana 15
Haby, François 119
Hadeln, Moritz de 231
Hager, Kurt 58, 60
Hartl, Karl 20
Hay, Julius 278
Heartfield, John 264
Hellberg, Martin 22
Hemingway, Ernest 125
Henlein, Konrad 266
Herlinghaus, Hermann 249
Hermlin, Stefan 197, 283
Herrmann, Joachim 269
Herzfelde, Wieland 263ff., 283, 342
Herzog, Werner 84
Heydrich, Reinhard 266
Heym, Stefan 323
Hindemith, Harry 26
Hirschmeier, Alfred 195f., 202, 294ff.
Hitler, Adolf 23, 106, 124, 141, 166, 175f., 246, 266, 269, 276f., 289, 291, 314, 323, 325
Honecker, Erich 179, 183
Hoppe, Marianne 238
Hoppe, Rolf 26, 233f.
Iwanow, Sergej 19

Jakubowska, Wanda 15, 20
John, Joachim 225
Johnson, Uwe 317
Jutkewitsch, Sergej 30
Käutner, Helmut 156 f., 181, 207, 241, 301
Kafka, Franz 319
Kant, Hermann 58 ff., 62 f., 68 ff., 73, 206, 235, 237, 318–323
Karmen, Roman 276
Kawalerowicz, Jerzy 24
Klein, Gerhard 12, 23 f., 91, 108 f., 143 ff., 157, 181, 185, 187 f., 193, 199, 212, 251, 254 ff., 286, 342
Kłosiński, Edward 203
Kluge, Alexander 344
Koch, Lotte 88
Korb, Irene 17
Krause, Brigitte 17
Krause, Peter 28
Krößner, Renate 231 f., 297 f.
Kubsch, Hermann Werner 183 f.
Küchenmeister, Claus und Wera 251
Kulidshanow, Lew 279
Kurella, Alfred 24
Lammert, Ule 278
Lang, Fritz 249
Lehnecke, Julian 269
Leschnitzer, Franz 278
Lessing, Gotthold Ephraim 125, 224

L'Herbier, Marcel 20
Liebknecht, Karl 329
Lilienthal, Peter 233
Lorca, Federico García 125
Lukács, Georg 278
Luther, Martin 174
Luxemburg, Rosa 282, 329
Maetzig, Kurt 192, 207, 240, 270, 306, 329 ff.
Makarenko, Anton 30
Mann, Heinrich 272
Marschak, Samuil 278
Marx, Karl 80, 138, 302 f.
May, Karl 86, 121 f., 278
Merkel, Angela 85, 88
Middell, Margret 302
Mielke, Erich 179
Mitchum, Robert 225
Momper, Walter 334
Mondi, Bruno 17
Müntzer, Thomas 174
Napoleon 174
Neutsch, Erik 191
Orlowa, Ljubow 18
Pieck, Wilhelm 87
Platzeck, Matthias 88
Plievier, Theodor 125, 141, 186, 278
Pöstenyi, Emöke 157
Polgar, Alfred 88, 118, 343
Ponto, Erich 226
Reck, Hartmut 21

Rehahn, Arne 269
Rehahn, Rosemarie 87, 157 ff., 268, 270 ff.
Reitz, Edgar 207
Renn, Ludwig 258
Riefenstahl, Leni 23, 25
Rohmer, Éric 216
Romm, Michail 30, 279
Rommel, Peter 103
Rücker, Günther 23, 26 f., 29, 144, 265 f., 304, 334
Salinger, J. D. 326
Sander, Otto 233
Schall, Ekkehard 21
Schamoni, Ulrich 84, 181, 298 f.
Scharrer, Adam 278
Schelcher, Raimund 21, 189
Schiefelbein, Horst 269
Schiller, Friedrich 125, 224
Schleyer, Hanns Martin 74
Schlöndorff, Volker 75, 77, 84, 87, 210 ff., 227, 233
Schmidt, Andreas 94, 97
Scholochow, Michail 30, 125
Schwarz, Jaecki 33
Schygulla, Hanna 237
Seghers, Anna 125, 139, 306
Siao, Eva 277
Simon, Rainer 232
Simonow, Konstantin 60, 260, 276
Sparwasser, Jürgen 178
Stalin, Josef 306
Staudte, Wolfgang 16, 20, 207, 228, 306
Stifter, Adalbert 125
Stötzer, Werner 204, 302, 328
Stranka, Erwin 24
Strittmatter, Erwin 160, 191, 327
Tarkowski, Andrei 30
Tempelhof, Lissy 26
Terechowa, Margarita 43
Thälmann, Ernst 329
Tremper, Will 181
Trotta, Margarethe von 233
Tschuchrai, Grigori 30, 279
Tucholsky, Kurt 88, 125, 343
Turek, Ludwig 264 f., 272 ff.
Turowskaja, Maja 278
Uhl, Nadja 85, 97
Viett, Inge 75, 77 f., 222
Vláčil, František 23, 91
Voigt, Jutta 24
Voigt, Peter 302
Wagenstein, Angel 201, 279
Wagner, Richard 90
Wajda, Andrzej 203
Wangenheim, Gustav von 276, 278
Wallace, Edgar 86
Weinert, Erich 259, 278
Wenders, Wim 233
Wessely, Paula 14
Whitman, Walt 125

Wicki, Bernhard 203 f., 212, 233, 301 f.
Wilde, Oscar 125
Winogradowa, Maria 15
Wirowski, Maciej 60
Wischnewski, Klaus 46 ff., 251, 307 ff.
Wischnewski, Wsewolod 267
Wloch, Lothar 278, 282
Wolf, Christa 191
Wolf, Friedrich 277
Wolf, Konrad 12, 33, 44 ff., 58, 108, 144, 157, 164, 177, 180, 198, 201, 212, 227, 231 f., 274 ff., 283 ff., 290 ff., 296 f., 334, 336
Wolf, Markus 275
Ziesche, Cooky 93
Zille, Heinrich 120

Die Texte folgen den Originalen der Drucke und den Überlieferungen in den Archiven. Auslassungen des Herausgebers sind mit (...) gekennzeichnet.

Verlag Neues Leben –
eine Marke der Eulenspiegel Verlagsgruppe Buchverlage

ISBN 978-3-355-01903-3

2., erw. Auflage 2021
© 2014 Eulenspiegel Verlagsgruppe Buchverlage GmbH, Berlin
mit freundlicher Genehmigung der
henschel SCHAUSPIEL Theaterverlag Berlin GmbH
Alle Rechte der Verbreitung vorbehalten.
Ohne ausdrückliche Genehmigung des Verlages ist es nicht gestattet, dieses Werk oder Teile daraus auf fotomechanischem Weg zu vervielfältigen oder in Datenbanken aufzunehmen.

Umschlaggestaltung: Buchgut, Berlin, unter Verwendung eines Fotos von picture-alliance / ZB
Printed in EU

www.neues-leben.de